国家社科基金丛书
GUOJIA SHEKE JIJIN CONGSHU

北方王门学理实践与区域学术共同体的建构

Theory and Practice of the Northern Wang Yangming's School and
the Construction of Regional Academic Community

阮春晖 著

人民出版社

目　　录

绪　论 ……………………………………………………… 001

第一章　北方王门所涉人物群体 ……………………… 016
　　第一节　《明儒学案》的划分依据 ………………… 017
　　第二节　牟宗三"三系论"的借用与延伸 ………… 027

第二章　北方王门对良知学的义理辨进 ……………… 035
　　第一节　"知止""以通训格"与"职分用功":尤时熙提撕本
　　　　　　心之三途 ………………………………… 036
　　第二节　从"天聪明"到"只体得一良字":张后觉之学的前
　　　　　　后转进 …………………………………… 061
　　第三节　为宗、为务与为本:孟化鲤之学的多重展开 …………… 086
　　第四节　"万物一体"的理论与实践:杨东明的自得之学 ……… 105
　　第五节　心学与关学的互进:南大吉之学的双层期待 ………… 122

第三章　北方王门内外思想互动形成的核心辩题 ……… 148
　　第一节　围绕"无善无恶"形成的思想争辩 ……… 148
　　第二节　"六经有无心学"之争 ………………… 164

第三节 良知面向的多维解读 …………………………………… 182

第四章 北方王门的讲学实践 ……………………………… 198

第一节 张后觉与荏平讲会 …………………………… 200

第二节 孟化鲤与新安讲会 …………………………… 212

第三节 杨东明与虞城讲会 …………………………… 223

第四节 张信民与渑池讲会 …………………………… 232

第五节 王以悟与陕州讲会 …………………………… 244

第五章 北方王门区域学术共同体的建构 ……………… 256

第一节 "文化—地理"的思想元素及内在体系 ………… 257

第二节 北方阳明学于"文化—地理"系统的多层建构 ……… 270

第三节 北方王门区域学术共同体的建构 ……………… 286

结 语 ………………………………………………… 294

参考文献 ……………………………………………… 302

绪　　论

一、阳明后学总的研究情形

关于阳明后学的研究,大抵呈现出两条线路,一是思想义理,二是文献整理。

思想义理方面的研究,最为集中且更具传统学术影响力的著作当数黄宗羲的《明儒学案》。《明儒学案》将阳明后学分列为八个学案,包括浙中、江右、南中、楚中、北方、粤闽王门以及《止修学案》《泰州学案》诸学案。各学案分叙各家学术义旨,其中指"阳明一生精神,俱在江右",又指泰州之学渐失王学之传,幸得江右"为之救正"。其"救正"所指,既包含"纠其所偏以归于正"的意味,也蕴含两个学术流派的思想往来。事实上,在各学案的"叙论"及各学者的"叙传"中,黄宗羲都有关于学案和学者的简括说明,并加以适当评析。"评析"所议,就隐含着对各学派、学者思想立场及思想来往的评判,可视为黄宗羲对某一学派、某一人物的学术甄别。

清人对于阳明之学,存在着"由王返朱""尊朱辟王"及"朱王调和"几股流向,致使王学相当式微,阳明后学思想传承谱系研究几乎一片空白,《四库全书》也只收录了罗洪先、胡直、邹元标等少数几人的文集。清末民初,出现了"王学复兴"倾向,因时局所需,其重点在王阳明之学,对于阳明后学的思想义理及其互动,只略有提及。梁启超的《中国近三百年学术史》指出邹东廓、钱绪山等人能发挥师说,在思想上亦和"事功派""文学派""势利派"有"打架"现象。章太炎的《诸子略说》指出王畿、王时槐、万廷言、邹德涵之学有儒佛之合成,暗含其学有儒佛会通之意。

延至 20 世纪 30 年代至 80 年代,阳明后学思想研究起了波澜,研究群主要集中在我国和日本。我国内地(大陆)有嵇文甫《晚明思想史论》(1944)、容肇祖《明代思想史》(1941)、侯外庐《宋明理学史》(下卷)(1987)等;我国港台地区有牟宗三《心体与性体》(1968)、《从陆象山到刘蕺山》(1979),唐君毅《中国哲学原论——原教篇》(1973)、《中国哲学原论——原性篇》(1974)和钱穆《中国学术思想史论丛》(七)(1979)等。日本有岛田虔次《中国近代思维的挫折》(1949)、冈田武彦《王阳明与明末儒学》(1971)、荒木见悟《明代思想研究》(1972)等。我国内地(大陆)此时期的作品,涉及阳明后学的研究主要表现为"分列式"的研究范式,即将各家思想分头论述,形成关于这一派别的研究序列,而较少有各家思想的交错比对。如嵇文甫之"左右两派分别讲述",侯外庐以八章篇幅分议浙中、江右、南中、泰州等王门学者;我国港台地区的成果强调对阳明后学的"义理之疏导",即抓住某些核心议题,采用"叠议"之法层层论述,从而突出其思想互动的纵横。如牟宗三的《心体与性体》,先以"三系说"的义理形态确定阳明后学的基本分类,再以此为框架进行学理剖析。唐君毅以"悟本体即工夫"与"由工夫以悟本体"为基本工夫框架,将王龙溪和罗近溪归于前者,钱绪山、季彭山、邹东廓、聂双江、罗念庵等归于后者,并展开分析研讨。日本学者将阳明后学的思想解析置于晚明儒学的整体意域之中,凸显各派对良知主旨的不同诠释。如《王阳明与明末儒学》中关于阳明后学"三派"之分析,不过这种分析较多是在各派内部之间展开,如聂双江"归寂"之于罗洪先之"收摄保聚",邹东廓之"自慊"与欧阳南野之"反观",而较少有各派之间的比较论述。

20 世纪 90 年代,对阳明后学的研究呈扩开之势,其代表作主要有:杨国荣《王学通论——从王阳明到熊十力》(1990)、陈来《宋明理学》(1991)、林月惠博士学位论文《良知学的转折——聂双江与罗念庵思想之研究》(1991,后成书)、荒木见悟《阳明学的位相》(1992)等。在思想互动的提点上,以林著较为突出。该著虽着意于江右学者聂双江与罗念庵在良知把握上的"内转",但这种"内转"始终与王门之"关系"以及关于未发与已发、寂与感、致知与格物等"论辩"联系在一起,阳明后学的思想主旨和义理传达,就体现在这"关系"与"论辩"之中。

自 21 世纪以来,有关阳明后学的研究明显趋于张大,参与研究的学者人数也逐渐增多,专著和论文同步推进,阳明后学思想义理的相关研究也以多种形式呈现。大体而言,可见三条研究进路:

一是对数个王门学派进行深挖细掘,展示其理论交叉和学理性格。《阳明学研究丛书》(2009)之钱明《浙中王学研究》、徐儒宗《江右王学通论》、吴震《泰州学派研究》,以及陆永胜《心·学·政:明代黔中王学思想研究》(2016)等即属此例。钱明《阳明学的形成与发展》(2002)依据阳明后学之义理,将其分为五派,在各流派的"主旨与纠葛"中展开相关论述。张昭炜《阳明学发展的困境及出路》(2017)注重在义理的互动中展示各学派的理论关联。宣朝庆《泰州学派:儒家精神与乡村建设》(2018)通过考察 16 世纪平民儒家学派泰州学派在参与乡村建设中的思想及实践活动,凸显其所具有的时代意义。

二是个案研究向纵深推进,或在个案研究序列中推及对中晚明思想状况的探究。吴震《聂豹罗洪先评传》(2001)及其《罗汝芳评传》(2005)以及张卫红《罗念庵的生命历程与思想世界》(2009)三著虽是个案研究,然亦多方涉及各自研究对象与其他学人的思想交错,如聂豹、罗洪先对现成派的异议,罗念庵与佛道二教等。彭国翔博士论文《王龙溪与中晚明阳明学的展开》(2001,后成书)以王龙溪思想为问题中心,将阳明后学笼络在"本体与工夫之辨""三教融合"的论辩之中,论述独到精准。吴震《阳明后学研究》(2003),以中晚明颇受关注的"现成良知"作为阳明学及其后学思想展开的理论基点,力论钱绪山、陈明水、耿天台等人思想,在"阳明后学与讲学运动"中将其归之于一。刘勇《中晚明士人的讲学活动与学派建构——以李材(1529—1607)为中心的研究》(2015)在宏观分析中晚明理学学说和学派建构的理论基础之上,再个案探讨李材的"止修"学说及其讲学活动,使得对李材的个案研究有学理支撑,亦有实证支持。张卫红《敦于实行:邹东廓的讲学、教化与良知学思想》(2020)将邹东廓个案研究的重心置于其居乡讲学、乡族建设上,以此突出良知学的实践面向,在思想与讲学、乡族教化的互动中,将邹东廓之学归于"敦于实行"的理论特性。程海霞《良知学的调适——王塘南与中晚明王学》(2021)以江右思想家王塘南为论述核心,指出其良知学在"展开"与"转折"之间所具有的"调适"路向,并以此为焦点,拓展为对中晚明王学的整体把握。

三是在哲学史、思想史的传统研究进路中另辟讲学史、生活史或现象学、历史学的研究之路,阳明后学思想交流图景得以多途径展开。吴震《明代知识界讲学活动系年:1522—1602》(2003)中类似"邹东廓在狱中与吕泾野讲学"的载录,吕妙芬《阳明学士人社群——历史、思想与实践》(2003)以阳明学子的讲会活动来定位其"思想与实践",陈时龙《明代中晚期讲学运动:1522—1626》(2005)以讲学为线索将阳明后学重要人物的学术往来囊括其中。这些作品有一个共同点,就是以讲会之"移动视角"来剖析阳明后学代表人物在思想内容与文化实践方面的差异与对话。瑞士学者耿宁《人生第一等事——王阳明及其后学论"致良知"》(上下册,2014)以现象学的进路,开启"现象学的阳明学"之研究视野,具有示范作用。焦坤《阳明心学与明代内阁政治》(2021)采用历史学的实证方法,突出对史料的搜集与解读,叙述了王阳明及其门人弟子在明代政治中所发挥的作用及产生的影响。

文献整理研究方面,张宏敏《阳明后学文献整理的回顾与思考》(2016)和张昭炜主编的《阳明学文献整理与研究的新进展》(2018)已有详细论述。前者讨论了1949年以来中国科学院、中国社科院历史所中国思想史研究室和浙江省社科院哲学所、国际阳明学研究中心在阳明后学文献资料整理方面所取得的学术成果与正在推进的研究项目;后者主要介绍了即将推出的"阳明后学文献丛书"第三编的相关内容。结合两位学者的观点陈述,这里对之再作几点概括或稍做一些内容的补述。

第一,《明儒学案》之前的几部学案体、宗传体著作。我们既将《明儒学案》视为对阳明后学思想义理评价最集中且相对客观、完善的著作,也将之视为阳明后学文献整理最集中且最能体现其学的最初文献。在强调这点的同时,也不能忽略《明儒学案》之前的几部学案体、宗传体文献,如刘元卿《诸儒学案》、周海门《圣学宗传》、孙奇逢《理学宗传》等。刘元卿《诸儒学案》择取王艮、邹守益、王畿、欧阳德、罗洪先、胡直、罗汝芳、耿天台诸人,对其生平有简要述评,并载其相关讲学语录。周海门《圣学宗传》在王阳明之后录徐爱、钱德洪、王畿、邹守益、欧阳德、薛侃、王艮、何秦、徐樾、罗洪先、赵贞吉、王栋、罗汝芳诸人之生平点滴和讲学语录,在结构上与《诸儒学案》颇为接近。周海门另有《王门宗旨》十四卷,在记阳明之后,另有王艮、徐爱、钱德洪、王畿等语抄若干,意图将之统于王阳明之门户而不致另立宗旨。孙奇逢《理学宗传》则以"有主有辅、有内有外"的义例来编排,贯穿的主线则是儒家道统的成色含量。按照这个标准,王阳明属于"主"、属于"内",罗洪先也属于"主"、属于"内";阳明亲传弟子如徐爱、钱德洪、邹守益、王艮、薛侃、欧阳德、黄绾、南大吉、王道、穆孔晖等人属于"辅"、属于"内";其中北方王门的尤时熙、吕维祺、孟化鲤、孟秋也为"辅"为"内",但不在王门之中,而是以"明儒"身份呼之。王畿、罗汝芳、杨起元、周汝登四人则为"补遗诸子",属于"外"。孙奇逢的这种划分法颇为复杂,其意在突出宋明理学的道统地位,因而以周敦颐作为"主"和"内"的开始,但人物间的师承关系被"道统"所取代,"其学之旨"不易识取;且"主辅内外"的划分法也带有"今日之见"的成分,它在多大程度上能成为普遍标准,仍然值得商议。《明儒学案》尽管存在着"以地域代替学域"的质疑,但以地域作为划分依据,正可以最大限度去除人的主观评判。也需指出的是,在《明儒学案》的形成过程中,很大程度上和黄宗羲对此前文献的借鉴和吸收有关。如 1673 年,孙奇逢曾寄《理学宗传》于黄宗羲,为黄母八十寿;这一年,汤斌所辑《洛学编》成;也是在这一年,孙奇逢弟子魏一鳌辑《北学编》成;1676 年,《明儒学案》成书。从这一时间变化和思想互动中,可以知晓黄宗羲对此前成果的吸纳。尽管黄宗羲指《明儒学案》"皆从全集纂要钩玄,未尝袭前人之旧本",但从其"每见抄先儒语录者,荟撮数条,不知去取之意谓何,其人一生之精神未尝透露,如何见其学术"中的"每见"看,黄宗羲对相关文献是比较熟悉的,只不过在编纂《明儒学案》时,黄宗羲去其所不足,对之作了批判性的吸收而已。

第二,文献整理过程中出现的几个特点。一是领头人的作用。20 世纪 50 年代至 80 年代,侯外庐在编撰《中国思想史》的过程中,将一些阳明后学的思想讨论纳入其中,直接指导和带动了相关阳明后学的文献整理。《明道编》《何心隐集》等整理本得以出版,《宋明理学史》中有关阳明后学思想的讨论也得到相应文献的支持。侯先生在这一时期有关阳明后学的文献整理中,既是指导者、组织者,也是后来文献整理工作继续推进的影响者。20 世纪 90 年代,《王阳明全集》《黄宗羲全集》《刘宗周全集》先后整理出版,与吴光的推动、沈善洪等人的支持有很大关系。进入 21 世纪以来,《阳明学研究丛书》(2009)与《阳明后学文献丛书》(2007)、《阳明后学文献丛书续编》(2014—2015,其中《北方王门集》于 2017 年出版)等成果先后结集出版,吴光、董平、钱明所起的带头人作用不可忽视。此后,由杜维明、张昭炜先后负责第三编的工作,钱明负责第四编的工作。各编工作能顺利推进,与这些领头人在文献整理过程中发挥的中枢、协调、平衡等多重作用分不开。二是团队成员主要来自社科院和高校。如果说 21 世纪之前的研究团队主要还是集中于社科院的话,那么此后则出现了社科院与高校两个"学术高点"相结合的研究态势,且有逐渐转移到高校之势。在《阳明后学文献丛书》各编推进过程中,众多在阳明后学领域有研究的学者不断加入其中,尤其是一批年轻学者的引入,为文献整理注入了新鲜活力。这些学者大部分来自不同高校,便于充分利用各高校的学术资源和学术人脉,也有益于不同思路和不同观点的多面激发。三是文献整理表现为一个不断推进、不断连续的过程。从 19 世纪 50 年代至今,已有半个世纪之久,阳明后学的文献整理呈现出跨代接力、跨校合作、老中青互为传递的发展格局。由于阳明后学人物众多,文献资料自然不少,随着研究的步步深入,相关文献整理亦会随之展开。可以预见的是,阳明后学的文献整理不会止于第四编。四是文献整理的工作面与日本、韩国、新加坡、美国等国家的汉学家或科研部门相对接。由于历史的原因,一些古籍文献被保留在海外,参加文献整理的团队成员通过多种渠道寻找这些"孤本秘籍",使相关文献整理尽可能齐全。这项工作此前已有很好尝试,今后还可以不断加强完善,让学术上的"国际交流"成为推动该项工作的有益环节。如对于以日本学者冈田武彦、荒木见悟为主编所刊行的《和刻影印近世汉籍丛刊》中的阳明后学相关文献,我们完全可以将之取而比之,以见其中之异同。

第三,2014 年之后出版的几部阳明后学文献。其后又陆续出版了几部阳明后学的整理本。如张昭炜主编、李会富编校的《陶望龄全集》(上、中、下)(2019),陈梛编校的《薛侃集》(2014),钱明、程海霞编校的《王时槐集》(2015),张宏敏编校的《黄绾集》(上、下)(2014),张昭炜编校的《胡直集》(上、下)(2015),邹建锋、李旭等编校的《北方王门集》(上、下)(2017),钱明编校的《张元忭集》(2015),郭诺明校注的《李材四书学著作四种 南皋邹先生语义合编》(2021)。

二、北方王门研究概述

对北方王门的研究,实际上贯穿在阳明后学总的研究路数之中。不过,长期以来学界对阳明后学中的显派(如浙中、江右、泰州等)关注颇多,而对其他学派(如粤闽、南中、止修等)则着墨不多。尤其是北方王门,在相当长的一段时期内频受冷遇。侯外庐主编的《宋明理学史》用八章内容讲述阳明后学,这在当时已很突出,然所涉人物也只是浙中、江右、泰州和南中部分学者。牟宗三《从陆象山到刘蕺山》中"王学底分派"只涉及对浙中王龙溪、泰州罗近溪、江右聂双江与罗念庵四人的义理疏导。冈田武彦《王阳明与明末儒学》所设"王门三派",没有出现有关北方王门的探讨。其他研究成果都存在着类似情况。究其所以,一是《明儒学案》对北方王门评价不高,致有难以深入开展研究之嫌;二是阳明后学的文献整理本来相对滞后,北方王门学者的文献搜辑更是如此。因此,相较于整体性的阳明后学研究的热闹场景,北方王门的研究则显得落寞而寂凉。尽管如此,相关梳理仍可从分散零碎的研究中找到一些线索。

20世纪70年代至90年代,学界零星出现了关于北方王门学者的研究成果。论著如麦仲贵《王门诸子致良知学之发展》(1973)、卢广森和卢连章《洛学及其中州后学》(1999),论文如葛晋荣《杨东明的理气统一说》(1987)、吕景琳《明代王学在北方的传播》(1993)。这一时期的成果,受《明儒学案》影响较深,在义理的论述上主要沿袭黄宗羲的观点。如麦仲贵指穆孔晖之学"似得于禅门者多";孟秋之学追求平实简易,在对良知的体认上唯求良知心体,主张当下即是,良知现成;杨东明之学主要在论性各节,而以气质之外言性为要,认为"颇具独特之见,而非悬空之论"。

这一时期另有一种研究动向值得关注,即北方王门学者著述的影印版相继面世。张后觉《张弘山集》(1995)、张信民《印正稿》(1995)、杨东明《青琐荩言》(1996)、穆孔晖《大学千虑》(1997)、吕维祺《明德先生文集》(1997)、赵维新《感述录》、尤时熙《拟学小纪》(1997)、孟化鲤《孟云浦先生集》(1997)等俱被收入《四库全书存目丛书》之中。这为个案人物的思想研究,奠定了良好的文献基础。

21世纪尤其是近十余年以来,与阳明后学的整体研究进程相呼应,北方王门的研究也呈现出扩大之势。究其脉络,可见四层具体研究动态:

一是北方王门学者的文献得到更多点校整理。崔耕田、曹先武点校整理的《孟云浦集》(2007)、李似珍点校整理的《南大吉集》(2015)、邹建锋、李旭点校整理的《北方王门集》(2017)等是其中的代表性成果。其中《北方王门集》收录有穆孔晖《大学千虑》一卷、《玄庵晚稿》二卷,尤时熙《拟学小记》六卷、《拟学小记续录》七卷,孟化鲤《孟云浦先生集》八卷,张信民《印正稿》六卷,张后觉《张弘山集》四卷,赵维新《感述录》六卷、《感述续录》四卷,杨东明《山居功课》十卷、《青琐荩言》二卷。尽管孟秋的文集未被采入其中,但仍然是目前北方王门文献搜集整理最齐全的编校本。

二是个案研究逐步展开,成果形式主要是学术论文。其中扈耕田关于尤时熙(2009)、王以悟(2010)、张信民(2011)、吕维祺(2011)的系列论文;柴伟瑞《孟化鲤思想研究》(2009),黄巍魏、邹建锋《晚明北方王门心学巨子赵维新哲学研究》(2011),廖晓炜《明儒杨晋庵哲学探微》(2014),陈居渊《吕维祺〈孝经大全〉的学术思想特色》(2017)等论文显得较为突出。例如,扈耕田论尤时熙,突出其学的"自得"成分和格物观,有其创新之处。柴伟瑞论孟化鲤,将之置于孟氏之本体"真心说"与工夫之"洗心说"相统一的基础上,以得出孟氏之学的"实学"特征。赫兰国《〈茌邑三先生合刻〉版本源流考及其他》(2014)既有文献考证的价值,也能从考证过程中侧面探知张后觉及其弟子孟秋、赵维新的思想倾向。

值得一提的是,学者钟治国围绕北方王门的思想与实践,先后写出了《北方王门后学尤时熙的良知学思想发微》(2018)、《北方王门后学孟秋之良知学发微》(2018)、《穆孔晖的理学思想与其学派归属考论》(2020)、《河洛王学的"万物一体之仁"说通论》(2021),逐渐形成了关于北方王门研究的个案系列。其文义理缜密,注重对古籍文献材料的使用,显示出对研究对象的细致把握。

三是将北方王门作为整体研究对象的趋势有明显增强。这种研究进路又开出三个方向:洛阳王学、东昌王学和北方王学。实际上,在前面的个案研究中,已存在洛阳王学和东昌王学之分,也有将某一学者定位于整个王学之中。就洛阳王学而言,郑旭东《明代北方王门之洛阳王学综述》(2009)、翟爱玲《论明代洛阳王学的发展进程及其阶段性特征》(2019)较为典型。就东昌王学而言,有吕景琳《明代东昌王学述论》(1993)、彭耀光《明代中后期山东王学研究的回顾与前瞻》(2016)、钟治国《河洛王学的"万物一体之仁"说通论》(2021)。站在"北方"立场上的,又有孟成刚《明代中后期北方王门思想析论》(2015)、胡志娟《北方王门学术思想研究》(2018)等成果。

四是北方王学与关学、东林学的比较研究。刘学智《南大吉与王阳明——兼谈阳明心学对关学的影响》(2010)、岳贵明《略论南大吉对关学的贡献——兼论关学的心学特质》(2017)、潘璐《明代中期关中儒学与阳明学交涉研究》(2018)、秦蓁《从"北方王门"到"关学":阳明学的地域化研究——以关中南大吉为中心》(2020)等是其中的代表性成果。这些研究成果有一个共同思想指向,即注意到了关学与北方王学的某种内在关联,试图梳理其间的思想脉络。如关于南大吉,刘学智称其为"关中有王学之始",以及南大吉在由张载之学而为洛闽程朱之学又为阳明之学之转向历程中的作用。潘璐通过论述关中学者马理、吕柟与南大吉的交往,杨爵与尤时熙之师刘魁、孟秋之师周怡的交往,表明关学与北方王学之间有思想互动。

三、北方王门的讲学活动研究

如果说,黄宗羲之谓"北方之为王氏学者独少"是基于王门学派内部的比较维度而言的话,那么这种说法尚有一定事理依据。不过,如果从讲学实践这一视角来看待北方王门,则北方王门不仅不"独少",相反还显示出让人刮目相看的一面。由于北方之地受阳明之学的影响相对较浅,传统上受薛敬轩、曹月川等朱学立场的影响更多,故而在北方传播阳明之学就有更多误解或抵触。因而探究北方学者讲学实践与阳明心学的传播关系,探究其传播机制的地方性特征,就显得特别有意义。幸喜学界对此已有回应。早在1947年,钱穆在《王门之讲会》一文中,通过对江右、浙中和泰州王门讲学活动的分析比较,指出王门讲会乃当时一种社会运动,且讲会之制与乡约、书院有关,其后则又变为晚明之结社。钱穆先生对王门讲会所做的研究,具有开源意义,不过其中未涉及北方王门的讲学活动。此后较长一段时间,学界对此都较为沉寂。20世纪90年代,学者吕妙芬重拾此话题,写了《圣学教化的吊诡:对晚明阳明讲学的一些观察》(1998)等关于阳明学讲会的系列文章,然亦未涉及北方王门讲学活动。此后,学界对此渐有所关注。吴震《明代知识界讲学活动系年(1522—1602)》(2003)在特定时间段的总体叙述脉络中,加入南大吉、孟化鲤、孟秋、杨东明、王以悟相关讲学点滴。戴霖的《明代洛阳地区讲会论略》(2003)概述了孟化鲤、吕维祺、张抱初、王以悟等人在洛阳一带的讲会活动,借此说明明代洛阳地区讲会的特点及学术史意义。谢广山《孟云浦与豫西讲会》(2008)指出孟云浦对豫西讲会的初创之功,并对具体讲会流程有介绍说明,在此基础上指出孟云浦对豫西讲会的影响。俞樟华《王学编年》(2010)按照时间先后顺序对王阳明及其后学进行学术编年,从1472年王阳明出生一直到1676年,并以附录的形式记述了1677年至1911年有关王学的人事,其中收录有南大吉、尤时熙、穆孔晖等人部分讲学活动和思想资料。陈时龙《明代中晚期讲学运动(1522—1626)》(2007)在较为宏大的讲学叙事中也偶尔提及北方王门的讲学活动,如在谈到同善会时,即指出这是河南虞城杨东明所创;在谈到参加首善书院的讲学者名单时,也将杨东明列入其中。

　　以上成果梳理表明,关于北方王门的研究成果实际上是在阳明后学整体性的研究框架中进行的。尽管关于这一学派的研究总体上迟缓于整个阳明学研究,但正是随着阳明后学研究的整体推进,北方王门的研究才逐步进入阳明学研究视野之中,并呈现出愈发明朗的研究趋向。也需看到,对北方王门人物的认识仍主要是以《明儒学案》为蓝本,对"蓝本人物"所牵出的"其他人物"的研究,还有待更多笔力投入。即便是已有成果的义理分析,也仍有更多探究的必要。实际上,北方王门学者都有一段或长或短的为官经历,后又都归乡里居,其间的周转变化,都会对他们的思想义理和讲学行为产生很大影响。如何把捉其中的微妙转换,反映彼此人物关系和社会广角,是一个很有讨论价值的话题。现有成果多从哲学角度审视北方王门的学术思想,政治历史、讲学实践、文化地理相结合的多元研究视角不够明显,因而难以全面描摹北方学者的真实思想面貌,也难以多方位窥探当时文化生活的场景。另外,阳明之学北传后,与本地域原有的朱学、洛学、关学既相碰撞又相融汇,这在某种程度上促成了北方学术思想的新变。因此,纯粹的阳明学视角或朱子学立场已不能完全面对这种新的变局,如何基于文化心理和文化地理的研究触角来诠表这种文化现象,是我们开展相关研究需要思考的重要内容。

另外,关于北方王门的讲学活动在已有研究成果中虽有触及,但严格说来,这种触及是轻微的,只是偶尔提及或附带说明,尚未成为研究者的核心议题。实际上,北方王门学者曾大兴讲会,学友和门徒遍布北地,是阳明学在北地传播的骨干成员。如尤时熙讲学洛阳时,"闻风担簦而至者百数十人",其中除孟化鲤外,尚有董尧封、李根、李士元、谢江等众多学人。张信民讲书正学会和脱粟会,身边跟随者不下数十人。杨东明创办的兴学会有姓名可考者就有一百多人。吕维祺《明德先生文集》载录弟子也有近四十人。这些人无疑都属于北方王门群体。他们继承师门学说,相互启发商证,为阳明学的传播与发展同样做出了重要贡献。对于这些人物,理应给予足够重视,以便回望彼时学术情景,触摸其思想情怀,以促进当下人文研究。这些都足以成为研究北方王门新的话题中心。

四、本书写作思路、研究方法和结构内容

本书研究的核心为"区域学术共同体"这一概念的提出与证成。围绕这一核心论述点,尝试提出几个问题并进行解答:北方王门究竟是否如黄宗羲所说"为王氏学者独少"或"自得者鲜矣"? 北方王门有无一个基本统一的思想立场? 北方王学内部及其与其他王学的思想互动如何进行? 北方王门与地方朱子学如何相互影响? 北方王门讲会怎样牵动阳明学的传播? 当时的时局因素如何渗透到北方王门讲会之中? 在良知学旗帜下,由讲会带动的北方王门

学术群体,是否可以用"区域学术共同体"概括之? 如成,区域学术共同体的历史价值和时代启示体现在哪里? "问题意识"清单的提出与完成,即本书的基本写作思路。

在研究方法上,尝试运用以下几种方法:

第一,义理诠释法。立足于文献基础,通过对概念、判断、命题、思想体系的义理分析,确定北方王门各自思想特色,梳理其形成轨迹和核心特点,并找出诸家之异同。相关分析与解释尽可能接近作者思想原意,贴近彼时生活场景,同时也对思想本身进行适度的创新性诠释。

第二,文献研究法。研究阳明学及其阳明后学,其主要依据为古籍文献,如刻本文集、《四库全书存目丛书》、地方志等大型古典文献资料,以及后人整理的阳明后学文献系列丛书等。北方王门也是如此。本成果研究的基础、重点与结论,都与对这些文献的分析与归纳有关。

第三,始终将北方王学的分析置于"思想互动"的视域之中。这种互动不仅发生在北方王门内外,还与关学、东林学、甘泉后学有关;不仅有学理的互动,也有讲学的互动。因而相关分析和描述也是动态的。

第四,学科交互分析法。北方王门学者的义理建构和讲学实践,既是心学理路的内在转换与递进,亦是时节因缘促成。尝试贯通文化地理学、社会学、谱牒学、生活史的研究方法,对催生北地王学、区域学术共同体形成和发展的具体历史背景展开论述,将研究范围扩大到社会结构与生活面相的多个层次,并围绕"文化—地理"进行多重解读。

本书共分为五章,具体内容安排如下:

第一章,主要研究北方王门所涉人物群体。从《明儒学案》的"序"和"发凡"入手,结合周汝登《圣学宗传》和孙奇逢《理学宗传》,指出"万殊总为一致"的学术原则和各学者的"自得之学"是黄宗羲人物选择的主要依据。在人物具体安排上,《明儒学案》又考虑到各学者的品类人格及对师门的维护立场,总体上不存在"抑朱扬王"或"以地域代替学域"的倾向,北方王门所列七人有其学理依据。又从牟宗三"三系论"的思想立场出发,基于道德形上学、对先秦儒家原典的诠释立场和师门贡献的视角,将北方王门群体扩展到阳明多代弟子、负笈士子、教谕、地方官员、乡贤等人群,北方王门所涉人物群体得以大幅增加。通过论述,将《明儒学案》所列七人及其他忠信良知学的各类人物一并列入北方王门。

第二章,从"义理辨进"和"讲学实践"两个方面论述北方王门的学理实践。本章主要分析北方王门对良知学的义理辨进。择取尤时熙、张后觉、孟化鲤、杨东明、南大吉为研究典型,指出:"知止""以通训格"与"职分用功"乃尤时熙提撕本心之三途;从"天聪明"到"只体得一良字",体现出张后觉之学的前后转进;"万物一体"的理论与实践,最能体现杨东明的自得之学;心学与关学的互融,是南大吉之学的双层期待。分析过程中突出他们各自独有的思想单元,强调这种"独有"是在阳明良知学基础上的多层展开。同时,适时融入张信民、吕维祺、冯奋庸等其他北方王门学者对相关理论问题和学术现象的评论和看法,既重点落笔于各研究典型所形成的"自得"之学的入微之处,又从总体上把握北方王门之学的面貌特征。

第三章,探讨北方王门内外思想互动形成的核心辩题,进一步在"面"的层次分析北方王学的义理辨进。辩题分为三个方面:围绕"无善无恶"形成的思想争辩、"六经有无心学"之争、良知面向的多重解读。围绕核心辩题而形成的思想互动,涉及王门内外、北方王门与朱子后学、北方王门与东林学派的往来辩驳,也关联南北阳明学、心学与关学、心学地域化等多重问题的思考,其中的起承转合,在论述过程中给予特别留意。通过对这些问题的探讨,指出北方王门之学并非陷于"北方"这一地理范围内,而是有着更广的理论时空视角。同时,看到北方王门为维护良知心学所做的努力,以及这种努力对形成区域文化产生的实际影响。

第四章,梳理北方王门的讲学实践。"非知之艰,行之惟艰",讲学实践对思想理论的传播起着至关重要的作用。北方王门中,志意并躬行于讲学实践的主要有张后觉、孟化鲤、杨东明、张信民、王以悟。随着五人讲学活动的展开,分别形成茌平、新安、虞城、渑池、陕州五个讲会中心。着意梳理各讲会中心的形成过程、讲会内容、讲会间往来相应的学术场景,细寻其中的讲学痕迹,深省讲学运动背后所沉蕴的学术信仰、师道情怀和道德实践精神。行文论述基于对书信、讲语、交游、年谱、地方志等典籍文献的综合运用。

第五章,延伸探讨北方王门区域学术共同体的形成。北方王门之学内在于阳明心学之中,又带有区域文化的典型特征,朱熹、曹月川之学对其有显著影响。如此便关联着"文化—地理"问题的讨论。本章首先以《汉书·地理志》为中心,概述其中的"文化—地理"观,为北方王学区域特征提供理论依据;继而将北方王学置于这一观念系统中,使之与"文化—地理"的理论论述相统一。在此基础上,提出"北方王门区域学术共同体"这一概念并予以证成,认为忠诚稳固的学术群体、以阳明良知学为宗旨、多点互动所形成的活泼文化地理圈、"精思力践"的实践精神是这一概念得以成立的核心思想元素。由此及彼,思考古代区域学术共同体对当今中华学术共同体构建所具有的文化意义,以及对其他形式的共同体建设所能提供的文化思想基础。

总体而言,本书首先扣住典型人物的典型思想,突出各自思想单元的独立性和独特性,形成"点"的论述。同时,以"核心辩题"的形式,将北方王门内外的学者拉聚进来,既显明北方王门的基本学术立场,在行为过程中又形成"面"的论述。此外,还将论述视野前后拉伸,将北方王门置于我国传统文化的发展链条之中,引出历史上的"文化—地理"观,继而将之与当代意义上的学术共同体对接,从而形成"线"的论述。当然,在"点—面—线"相结合的论述方式中,始终跳跃着"讲学实践"这一动态视角,意在说明"义理辨进"离不开讲学,区域学术共同体的建构也与讲学息息相关,实践精神是成就思想人格的最重要尺码。

第一章 北方王门所涉人物群体

　　"北方王门学案"是《明儒学案》十七个学案之一,所列人物有穆孔晖、张后觉、孟秋、尤时熙、孟化鲤、杨东明和南大吉。相较于浙中、江右、泰州等学案,北方王门略显单薄。山东学者王道本受业阳明之门,然黄宗羲因其"自以为是",认为不可列之王门。① 从这一举动来看,黄宗羲对是否为王门人物显然有学术上的严格要求。对于《明儒学案》的人物选择和学术倾向,今之学者中也存在着"以地域代替学域"或"偏于阳明一系"的说法。针对黄宗羲之举和今之学者的说辞,我们不妨从黄宗羲所写"序""发凡"和相关学案的"案序"或"案主叙传"中找到相关依据来加以说明,也可以顺便解决北方王门的人物选择及其学术立场问题。

　　牟宗三从"宋明儒之大宗实以《论》《孟》《中庸》《易传》为中心,只伊川、朱子以《大学》为中心"②这一基本判断出发,将宋明儒整体划分为"三系"。牟宗三这种划分法在学界有争论,然在甄选人物方法上,重儒学传统、突出内圣之德仍然是我们阐明宋明儒学术立场的重要参考。这里也以牟宗三区分宋明儒的方法为讨论依据,以此对北方王门所涉人物群体作出说明。

---

　　① (清)黄宗羲:《明儒学案序》,《黄宗羲全集》第十册,吴光主编,浙江古籍出版社 2012 年版,第 635 页。
　　② 牟宗三:《心体与性体》(上),上海古籍出版社 1999 年版,第 17 页。

第一节　《明儒学案》的划分依据

《明儒学案》成书于康熙十五年（1676年）前后，至康熙三十一年（1692年）此书刊梓。刊梓之后的第二年（1693年），黄宗羲为该书作序，时黄宗羲已84岁，因老病不能书，口授其子黄百家，由黄百家书之而成。此后两年，黄宗羲即卒，故而此序可视为黄宗羲本人如何看待《明儒学案》的定论。实际上，黄宗羲前后写有两序，都写于1693年，吴光主编的《黄宗羲全集》以《明儒学案序》[①]和《明儒学案序（改本）》[②]加以区别。这里以"原序"和"改序"称之。两者有同有异，在讨论时也择要加以说明。

在两序中，黄宗羲对眼下的学术现状进行了尖锐批评，认为学者都有"必欲出于一途"的心理，表现为"剿其成说，以衡量古今，稍有异同，即诋之为离经畔道"的行为。这里的"成说"指的是信奉朱子学的旧说。黄宗羲对奉朱熹之学为权威、盲目打压其他学派的行为甚为不满，认为这会导致"黄茅白苇""焦芽绝港"式的学术荒凉。原序对此种学术荒凉之境的抨击较改序要多，语气也更强烈，而在改序对此则有所节制。黄宗羲认可的学术景象，乃是江淮河汉以至泾渭汇于大海的情景。江淮河汉是"万殊"，大海为"一致"，黄宗羲特别强调"万殊"之于"一致"的重要性。也就是说，正是因为江淮河汉昼夜曲折流归大海，才成就了大海的深沉广阔。黄宗羲以河海之喻，类比地指出当时学术界只重僵化权威、忽略个性学术的现状，认为这无异于将大海的源流阻断，陷入"清浅之患"的学术绝境。这是黄宗羲在改序中特别强调的地方，原序则于此没有提及，由此可见，黄宗羲对各人各派所持学术观点的重视。

---

① （清）黄宗羲：《明儒学案序》，《黄宗羲全集》第十册，吴光主编，浙江古籍出版社2012年版，第77—79页。

② （清）黄宗羲：《明儒学案序（改本）》，《黄宗羲全集》第十册，吴光主编，浙江古籍出版社2012年版，第79—80页。

　　黄宗羲对学术现状的批评,实际上是基于他的心学立场,"盈天地间皆心也"就是这一立场的宣示。这一命题有两重含义:一是人与天地万物为一体,人作为天地万物中最灵动的存在,能将天地万物之理都包盈于吾心,欲穷天地万物之理,只穷吾心即可。二是吾心变幻莫测,因而不能不万殊,求理于心,是在万殊之心中求理,因此黄宗羲又说"心无本体,工夫所至,即其本体"。这里的"无本体",是指把心作为认识的主体,人的意识活动变化多端,不能用静默停止的眼光来看待心的这种状态。心的这种无体状态,可以通过对意、知、物的把握而加以认识,也就是刘宗周(字起东,号念台,1578—1645)强调的"心无体,以意为体;意无体,以知为体;知无体,以物为体"①。心意知物的递进流程,就是黄宗羲所说的"工夫所至",进而达到对心体的认识。对于学者而言,只要采用了灵活变动的表现形式来求得心体的本来样式,在学术上都是可行的。因此,黄宗羲于《原序》中特别提道:"夫先儒之语录,人人不同,只是印我之心体,变动不居,若执定成局,终是受用不得。"照此看,黄宗羲主张以心为体,但并不主张只用一种独断静止的形式来反映心体,因为心体本为活动,怎可以"执定成局"的方式求得? 这实际上体现出黄宗羲学术上的多元化立场:凡是能印我心体的不同学术流派或学术主张,俱为有用,反之则"终是受用不得"。

　　在原序中,有一段关于黄宗羲拒绝为同门友恽日初《刘子节要》作序的请求,理由是黄宗羲认为恽日初"于殊途百虑之学,尚有成局之未化"。但在改序中,黄宗羲则只字未提。对此,黄宗羲在《答恽仲昇论子刘子节要书》和《蕺山学案》"案序"对此有交代。在《答恽仲昇论子刘子节要书》②中,黄宗羲认为刘宗周为学宗旨在于慎独,而慎独之功,则在于"意为心之主宰",这是刘宗

----

　　① (清)黄宗羲:《子刘子学言》卷一,《黄宗羲全集》第一册,吴光主编,浙江古籍出版社2012年版,第288页。
　　② (清)黄宗羲:《答恽仲昇论子刘子节要书》,《黄宗羲全集》第十册,吴光主编,浙江古籍出版社2012年版,第223—225页。

周一生辛苦体验得来的;而恽日初"于先师之言意者,一概节去",黄宗羲对此很不赞同。此外,《刘子节要》在史料选取、编撰体例等方面也与黄宗羲的主张不符,引发黄宗羲强烈的心理抵触情绪,故拒绝为《刘子节要》作序。在《蕺山学案》"案序"①中,黄宗羲更加直接地谈到他拒绝为《刘子节要》作序的缘由。在黄宗羲看来,明季大儒唯有高攀龙和刘宗周两人,这点与恽日初观点一致,不过早在黄宗羲就师刘宗周时,刘宗周就指出高攀龙有"半杂禅门"之实,叮嘱黄宗羲勿误入禅门。这番教导给黄宗羲很大启发,也树立了黄宗羲对于儒佛关系的基本立场,故黄氏称高攀龙是"大醇而小疵者",而刘宗周则是"醇乎其醇矣"。然在《刘子节要》中,黄宗羲指恽日初于高攀龙的禅门路径分之不清,又于刘宗周的慎独之说析之不明,故黄宗羲直言恽氏"未知先师之学",因而不为之作序。有学者据此以为,黄宗羲撰写《明儒学案》的主要目的之一,乃是受《刘子节要》的刺激而决意为其师作一部"正传"。这种说法从人之常理而言未必不成立。不过,从黄宗羲在改序中删掉这层话语的举动看,则又显示黄宗羲似乎有意避免为其师作"正传"的嫌疑。如果黄氏一意想给刘宗周立正传,则应强化此点而不应当删除。我们不妨就此推测,在黄宗羲看来,学问本不可执定成局,如以其师为正宗,岂不有违此意,再次落入"宗传"的窠臼之中? 因此,黄宗羲删除此段,一方面是避免把门第内的学术之争笼罩于全书,打消为刘宗周立正传的疑虑;另一方面也是与他在学术上的河海之喻相应,显示出学术争鸣在学术发展中的意义。故而在原序中,黄宗羲指出"上下诸先生,深浅各得,醇疵互见,要皆功力所至,竭其心之万殊者,而后成家,未尝以懵懂精神冒人糟粕";在改序中,又强调"诸先生不肯以懵懂精神冒人糟粕,虽浅深详略之不同,要不可谓无见于道者也"。基于这样的学术思考,黄宗羲于是"分源别派,使其宗旨历然",使听学者"从而自择"。很显然,黄宗羲编排《明儒学案》,不给从学者以定见,而是由他们自己选择裁取。既在选取人物

---

① (清)黄宗羲:《蕺山学案》,《黄宗羲全集》第八册,吴光主编,浙江古籍出版社 2012 年版,第 884—885 页。

上注重各抒己见,展现各家所长,所汇集的学术资料也由学者自我裁定舍取,将"必欲出于一途"的做法排除在外,这是黄宗羲撮录学案的初衷。在这层旨意上,《明儒学案》的学案安排、人物选取、语录选定,与黄宗羲所强调的"万殊"之不同紧密相应,通过各人的种种思想表达,正以见道体之无尽,刘宗周的思想录评,也融于这一叙述思路之中,将其与他人并列而论。当然,这种叙述架构,也是立足于黄宗羲"盈天地间皆心"的总体学术观点之上。黄宗羲的这种编撰主张,在其他几家为《明儒学案》所做的序中也可以看到。如《贾润序》称其论"不主于一家……其间或纯或驳,则在学者精择之而已";《仇兆鳌序》称其"绝不执己意为去取";《于准序》指其"备后学讨论",是"学人之津筏"。这些都反映出黄宗羲编撰《明儒学案》的真实用意。

　　黄宗羲的《明儒学案·发凡》,可以对此做进一步的确认。黄宗羲认为,各家自有各家的宗旨,不能以自家宗旨代替其他各家,而周海门的《圣学宗传》和孙钟元的《理学宗传》正犯了此种弊病。而且,在黄宗羲看来,周海门主张禅学,以禅学眼光为圣学立宗传,并且将之运用于整个儒家之学的排列体系之中,带有独断权威的倾向,显然是不合适的。因此,黄宗羲认为学者需跳脱于二人所设立的宗传体系之外,寻找学者各人宗旨而"使其在我"。这是黄宗羲突出各家之学的重要体现。至于学者如何运用已有先贤思想语录,《明儒学案·发凡》指出:"学问之道,以各人自用得着者为真。凡倚门傍户,依样葫芦者,非流俗之士,则经生之业也。此编所列,有一偏之见,有相反之论,学者于其不同处,正宜着眼理会,所谓一本而万殊也。以水济水,岂是学问!"黄宗羲反对盲目追随所谓的学术门户,强调各人自用得着者才是真学问,其意仍在于各家对学术的接受和真实运用。《明儒学案》所编排的内容,正可以从一偏之见、相反之论中体会不同的学术见解。这其实就是黄宗羲特别申言的"自得"之学:"古人之于学者,其不轻授如此,盖欲其自得之也。即释氏亦最忌道破,人便作光景玩弄耳。此书未免风光狼藉,学者徒增见解,不做切实工夫,则羲反以此书得罪于天下后世矣。"由此可进一步发现,黄宗羲作《明儒学案》的目的,是为学者整理前贤先生资料,其间的得失是非,黄宗羲并不说破,而是由学者自己去进修涵养,进而求取学术上的自得之真。这种"自得",也是从学者的自我立场出发,强调独立自我在学术上的吸收和转化能力,这与《理学宗传》和《圣学宗传》的思想进路明显有别。而对于"无所师承,得之于遗经者;或朋友夹持之力,不令放倒,而又不可系之朋友之下者;或当时有所兴起,而后之学者无传者",则俱列于"诸儒学案",实际上也完全打破了"宗传"的传承体系,将一批自得之学者列之于与姚江学案相同等级的学案体系之中,体现了黄宗羲对这部分学者的重视,这批学者也因《明儒学案》得以让后学者知晓他们的学术痕迹。

梁启超认为著学术史有四个条件:对重要学派要全数网罗,不可以爱憎为去取;叙某家学说,需将其特点提挈出来;要忠实撰写各家真相,勿以主观上下其手;在对各家时代和经历的叙述中看出人的全人格。① 其中"不以爱憎为去取""勿以主观上下其手"是提醒编撰者勿立足于门户之见,勿以主观情志来左右学案史的写作。梁氏认为黄宗羲的《明儒学案》,是同时具备这四个条件的,认可黄宗羲在编撰《明儒学案》过程中所持的公正立场。

还需提到的是,《明儒学案》中关于阳明及其后学的学案占了较大比重。之所以如此,按梁启超的说法,是因为阳明学是当时时代精神焦点之所在;且黄宗羲对于阳明以外的各学派,也还有其相当位置,并没有将其抹杀。② 梁氏这种"焦点说"很有启发意义。顾宪成(字叔时,号泾阳,1550—1612)也曾提道:"自阳明以来,谈良知者几且盈天下矣。徐而察之,其于良知似犹在离合之间也。"③表明阳明之学在晚明的流行程度,尽管各有说法,倒也促成了谈学

---

① 梁启超:《中国近三百年学术史》,《梁启超全集》第十二集,汤志钧等编,中国人民大学出版社 2018 年版,第 354 页。

② 梁启超:《中国近三百年学术史》,《梁启超全集》第十二集,汤志钧等编,中国人民大学出版社 2018 年版,第 354 页。

③ (明)顾宪成:《小心斋札记》,四库全书存目丛书子部第 14 册,齐鲁书社 1995 年版,第258 页。

之风的盛行。谈良知之学成为当时的文化焦点,作为身处文化焦点中的学者,不能不在学案中对这一焦点文化现象作出回应。尤其是黄宗羲在明亡以后,能够以过来人的学者身份对中晚明出现的焦点文化思潮重新进行检讨,这对于文化的时代把握和文化反思,较之他人更有发言权。且之,黄宗羲学宗刘宗周,对其师甚有感情,尝在大兵将渡、人心惶惑之际冒死看望绝食之中的刘宗周,可见其师生之情深;刘宗周之学又体认辛苦,无所不历,这些对黄宗羲的影响自然颇多,使得黄氏在政治、地理、史学等方面造诣颇丰。这些学术经历和思想锤炼,对黄宗羲的思想格局当有很大的塑造作用,在很大程度上推动了黄宗羲对明代学术所承担的学术责任和家国义务。在这种学术思想的驱动下,黄宗羲不太可能将一己之学或某派之学作为整个明代的代表,他认识到只有从"牛毛茧丝、无不辨析"的学术争鸣中,才可见出明代学术"前代不所及也"的真正之处。即便如攻击排挤良知的学者,黄宗羲也将之列入学案中,以见其学术上的不同之处。如《诸儒学案》中的徐问,黄宗羲指其为旧论缠绕,曾作《读书札记》独辟阳明,指良知之学欺天下后世,然黄宗羲不拘于此,将其读书札记大段列出,并自信其不能损于阳明。①

在这样一种学术安排之下,再来看《明儒学案》对北方王门人物群体的列置。《北方王门学案》"案序"对北方王门有一总体衡定:

> 北方之为王氏学者独少,穆玄庵既无问答,而王道字纯甫者,受业阳明之门,阳明言其"自以为是,无求益之心",其后趋向果异,不可列之王门。非二孟嗣响,即有贤者,亦不过迹象闻见之学,而自得者鲜矣。②

穆玄庵即穆孔晖(字伯潜,号玄庵,1479—1539),山东堂邑人,与王道、黄

---

① (清)黄宗羲:《庄裕徐养斋先生问》,《明儒学案》,沈芝盈点校,中华书局2008年版,第1240页。

② (清)黄宗羲:《北方王门学案》,《明儒学案》,沈芝盈点校,中华书局2008年版,第635页。

绾、蔡宗兖、徐爱等人一同受业于阳明，是阳明最早的弟子之一。尽管如此，黄宗羲指其未经师门锻炼，虽学阳明却流于禅，因而在阳明文集中没有记载他与阳明的相关问答。《堂邑县志·人物》中有关于穆孔晖之学的记载："孔晖资禀深纯，问学尤邃。初为古文辞，有声，既乃弃去。深研理学，抉其藩篱，务求自得。经籍之外，旁及二氏，择其至精者详说之，而折中于儒者"①之句，可见穆氏之学确有联络佛老之处，且尝试在二氏之间建立起某种联系。这点从穆氏对格物的解释中可以进一步看出。穆孔晖指程朱格物之义不明，旁人遂问其所据何在，穆孔晖曰：

> 《仓颉篇》云"格，量度之也"，见《文选·运命论》注。此程朱以前书。二公以《文选》为辞章之学，不暇久观，是以不及采。且《仓颉篇》乃训诂之最古者，以其书久废，故见之者鲜。在唐时其书尚行，故李善得以引用焉。不特此耳，考之内典，隋智顗《法华经文句》解《分别功德品》云"格量功德"，又云"格量多少"，其一篇内"格量"字甚多，此又在唐以前者。不特此耳，《大庄严经论》云："佛之弟子等，梵王所尊敬，况复如来德，如何可格量？"此其来又远。然则"格量"之义，古皆用之，而程子未之见，是以意虽暗合而解释弗畅，故使圣经难明。②

穆孔晖依据《仓颉篇》将"格"解释为"量度""格量"，本也无可厚非，毕竟《仓颉篇》是中国古代训诂之作，扬雄、班固对之也都有修订。但是，穆孔晖将这种解释与《法华经文句》《大庄严经论》对"格"的解释相等同，尤其在《仓颉篇》久废的情形下以佛经之解代替儒家之释，就有以佛代儒的意味，自然受到对儒佛之辨有严格边际的黄宗羲的排斥。尽管这样，黄宗羲仍将之列之于北

---

① （清）卢承琰修、刘淇纂：《堂邑县志》，《中国方志丛书·山东省》，(台北)成文出版社1968年版，第374页。

② （明）穆孔晖：《大学千虑》，《北方王门集》，邹建峰等编校，上海古籍出版社2017年版，第15—16页。

方王门,可能是顾及穆氏与阳明的师门之谊,也与前面所提及的《明儒学案》人物选择立场相一致。

与对穆孔晖的态度不同,阳明对王道则是充满学术期待。王道(字纯甫,号顺渠,1478—1547)为山东武城人,早年师事阳明,后转师湛甘泉,对阳明心学多有疑义。在阳明集中,收录阳明写给王道的书信就有四封,另有一篇《归王纯甫序》;在与弟子黄绾(字宗贤,号久庵,1480—1554)的书信中,阳明也谈到自己对王道的期待,中有"实是未忍一日而忘纯甫,盖平日相爱之极,情之所钟,自如此也"①之情感的真实表达。阳明在如此多的书信和文段中谈及王道,在弟子中是比较少见的。王道在学术上遵从朱子之学,尽管已入阳明门下,但其基本思想立场始终未有转圜,阳明多次寄以书信,试图扭转其学术主张。黄宗羲指阳明言其"自以为是,无求益之心",就出自阳明于 1513 年写给王道的书信《与王纯甫(癸酉)》之中:"纯甫所问,辞则谦下,而语意之间,实自以为是矣。夫既自以为是,则非求益之心矣"。② 在此信中,王道反复提到与"至善"相关的一系列问题:何者谓之善? 原从何处得来? 今在何处? 其明之之功当何如? 人头当何如? 与诚身有先后次第否? 诚是诚个甚的? 从阳明的回信中可以看出,王道主张从事事物物中寻至善,且将明善之功与诚身之功划作两截。这种观点与阳明所主张的"吾心之处事物,纯乎理而无人伪之杂,谓之善,非在事物有定所之可求也"③以及"非明善之外别有所谓诚身之功也"④的观点相悖,故阳明指这是王道之学的"受病处"。可以看出,王道坚持的是朱子之学由外而内的路线,与阳明所提倡的心外无物的思想立场有根本区别。

---

① (明)王阳明:《与黄宗贤》,《王阳明全集》,吴光等编校,上海古籍出版社 2017 年版,第170 页。

② (明)王阳明:《与王纯甫(癸酉)》,《王阳明全集》,吴光等编校,上海古籍出版社 2017 年版,第 174 页。

③ (明)王阳明:《与王纯甫(癸酉)》,《王阳明全集》,吴光等编校,上海古籍出版社 2017 年版,第 175 页。

④ (明)王阳明:《与王纯甫(癸酉)》,《王阳明全集》,吴光等编校,上海古籍出版社 2017 年版,第 175—176 页。

在与黄绾的书信中,阳明还谈到了他与王道之间的一段不愉快往事。阳明在南京时,与王道住处较近,两人相见时阳明对其时有规劝,但王道似乎仍不为所动。此后或有可能王道在京城时,对阳明之学还有非议之处,以致阳明有"仆窃疑有浮薄之徒,幸吾党间隙,鼓弄交构,增饰其间,未必尽出于纯甫之口。仆非矫为此说,实是故人情厚,不忍以此相疑耳"①的自我安慰之语。黄绾也写有《送王纯甫序》②,记有王道临别之际请求黄绾赠言之事。黄绾赠之以"内外之辩"之言,意即希望王道讲求内外之道,不偏重一方。其实,从学术倾向看,王阳明承认各人学术存在着深浅同异,对于学者而言,于其间的种种深浅同异,"惟当反之于心,不必苟求其同,亦不必故求其异";如有未合之处,"不妨致思";思之而终有不同,也并不是坏事,"但不当因此而遂加非毁,则其为罪大矣"③。阳明此说在黄宗羲处得到回应:"天下之议论不可专一,而天下之流品不可不专一。"④王道的"自以为是""无求益之心"可能涉及黄宗羲对于其人品的认识,加之王道在思想立场上有"门弟子之失",故而在北方王门中将王道排除在王门之外,"不可列之王门"之语气不可谓不坚决。不过,因王道后转师湛甘泉,黄宗羲还是在《甘泉学案》中为其留下一席之地,并指其论理气心性,无不谛当;论人物之别,不锢于先儒之成说,其识见之高明可知。⑤ 王道生于北方之地,学于阳明与甘泉,黄宗羲对其学之优劣分不同情形进行评析,由此亦可见《明儒学案》对人物思想所持的基本取向。

对于其他诸人,黄宗羲谓之"非二孟嗣响,即有贤者,亦不过迹象闻见之

① (明)王阳明:《与黄宗贤(癸酉)》,《王阳明全集》,吴光等编校,上海古籍出版社2017年版,第171页。

② (明)黄绾:《送王纯甫序》,《黄绾集》,张宏敏编校,上海古籍出版社2014年版,第187—188页。

③ (明)王阳明:《书石川卷(甲戌)》,《王阳明全集》,吴光等编校,上海古籍出版社2017年版,第300页。

④ (清)黄宗羲:《汰存录》,《黄宗羲全集》第一册,吴光主编,浙江古籍出版社2012年版,第331页。

⑤ (清)黄宗羲:《文定王顺渠先生道》,《明儒学案》,沈芝盈点校,中华书局2008年版,第1035页。

学,而自得者鲜矣"。对于这种评价,下文再作具体分析评论。尽管如此,黄宗羲仍对他们的学行以较高评价。如谓张后觉"深思力践,洞朗无碍";孟秋"所至惟发明良知";尤时熙"考究阳明之言行,虽寻常謦欬,亦必籍记";孟化鲤所言"发动处用功"皆师说也;杨东明能"得阳明之肯綮";南大吉亲炙阳明,犹"以不得闻道为恨"。站在南北王学比较的立场,北方王门在规模和影响上都不及南方,但对于北方王门中每个学者根据实情给予的不同评价,也算是较为中肯的了。

概观黄宗羲《明儒学案》对北方王门人物群体的布列,可看出几个特点:第一,王门弟子涉及第一二乃至三四代,如穆孔晖和南大吉为阳明第一代弟子;张后觉和尤时熙为阳明第二代弟子;孟秋和孟化鲤为阳明第三代弟子;杨东明学有多样性,受杨起元影响较深,而杨起元又得之罗汝芳,罗汝芳又得之颜钧,杨东明就是阳明第四代弟子。这种人物排列,可以看出阳明学在各代弟子之间的传递发展,并由此显出阳明学在北方传播的连续性过程。第二,北方王门的人物选择依据,和黄宗羲一贯倡导的"万殊总为一致"的学术原则相关联。在总体上,依旧强调各学者"自得之学"对整个道学形成的意义;在人物具体安排上,又会考虑到各学者的品类人格及对师门的维护立场。这种做法在中晚明儒佛之辨依然突出、黄宗羲维护师道尊严又很严格的情况下,是可以理解的。即便是今天,仍然可以作为我们衡量学术规范的重要依据。第三,从所在省份看,北方王门学者分属山东、河南和陕西。三省地理毗邻,亦含有其文化上的某种历史关联。正如《明史·儒林》所指出的:"初,伊洛诸儒,自明道、伊川后,刘绚、李吁辈身及二程之门,至河南许衡、洛阳姚枢讲道苏门,北方之学者翕然宗之。洎明兴三十余载,而端起崤、渑间,倡明绝学,论者推为明初理学之冠。"①可以看出,北方之学在宋以来其实已有共同的学术源头和传承体系,这对于给北方学人以共同的思想熏陶,对于区域文化的形成和发展,无

---

① (清)张廷玉等:《明史》卷二百八十二《儒林一》,中华书局 2013 年版,第 7239 页。

疑具有很重要的意义。同时,由于三省临近,往来较为便捷,在开展讲习交流、形成相对稳定的学术文化形态等方面,便具有文化地理的意味。

第二节　牟宗三"三系论"的借用与延伸

牟宗三论宋明儒学有"三系论"①一说。牟宗山首先挑出《论语》《孟子》《中庸》《易传》《大学》五部经典为儒家之学的文化主脉,并指出五者虽为内圣之学的代表,但其中亦有可辨之处:

> 据吾看,《论》《孟》《中庸》《易传》是孔子成德之教(仁教)中其独特的生命智慧方向之一根而发,此中实见出其师弟相承之生命智慧之存在地相呼应。至于《大学》,则是开端别起,只列出一个综括性的,外部的(形式的)主客观实践之纲领,所谓只说出其当然,而未说出其所以然。②

按照牟宗三的说法,《论》《孟》《中庸》《易传》有一条内在思想路线,即成德之教,也即仁教,强调生命智慧。它自《论语》发出,在《孟》《中庸》《易传》中得到传承和发展。如《孟子》以道德本心说仁,《中庸》"天命之谓性"则发挥《孟子》性善论,将性体与道体通而为一;《易传》又由道体说性体,将仁与天、与人合集,最终成就生命智慧的"最后之圆成"。当然,四者之间也有细密区分:《论语》《孟子》是主观地言仁、言心性,是为"上达"之路;《中庸》《易传》是客观地由天道建立性体,是为"下贯"之路。四者形成的逻辑线路,经由道德本心返归道体、性体,再由道体、性体下贯为人的道德本心,实现"上贯而下达"的道德进路。牟宗三称之为纵贯系统。至于《大学》,牟宗三认为它是"开

---

①　牟宗三:《心体与性体》(上),上海古籍出版社 1999 年版,第 36—52 页。关于"三系论"的细致分析,参见杨泽波《贡献与终结:牟宗三儒学思想研究(第二卷)》(上海人民出版社 2014 年版,第 51—72 页)以及杜保瑞《牟宗三儒学平议》第二章"对牟宗三谈宋明儒学之课题与分系的方法论反省"(新星出版社 2017 年版,第 40—76 页)相关内容。

②　牟宗三:《心体与性体》(上),上海古籍出版社 1999 年版,第 17 页。

端别起",因为《大学》只是就理想的太学制度而立言,虽整齐有条理,然它也只是实就虚拟的教育制度而客观地说出来,"此固是儒家教义之所函,不能谓其非儒家之义理,然就孔、孟个人之真实生命所呈现之义理、智慧言,此固远一层,而不足以由之以理解孔、孟之真实生命、智慧也"①。也就是说,与《论》《孟》相较,《大学》只是客观地呈现某种知识条理或道德原则,不能自觉地激发出人之真实生命中的义理和智慧。这就意味着不能从《大学》直接挺立出人之道德义理,而是以外在格物致知的认取之途来成就人之道德,进而体悟生命。牟宗三将之称为"横摄"系统。这实际上表明,《大学》所蕴含的道德与学问进路是通过外在挤注的方式而实现,它缺乏如纵贯系统一样上下贯通的自发灵动机制。如因格致程度不够,就可能导致认知断裂,这样一来,不仅成就道德会受阻,学问攻取之途亦就此无望。

基于《论》《孟》《中庸》《易传》《大学》的内在思想之质,结合宋明儒对五书的学术态度和轻重取舍,牟宗三认为宋明儒的发展主要有"三系":第一,五峰、蕺山系。这一系客观地讲性体,以《中庸》《易传》为主;主观地讲心体,则以《论语》《孟子》为主;同时主张心性为一,在工夫方面强调逆觉体证。第二,象山、阳明系。此系以《论语》《孟子》为主,含摄《中庸》和《易传》,尤重心的朗现、伸展、遍润,在工夫方面也是强调逆觉体证。第三,伊川、朱子系。此系注重《中庸》《易传》与《大学》的相合,而以《大学》为主,将孔子之仁只视为理,将孟子之本心转为实然的心气之心,于工夫特重后天的涵养以及格物致知的落实。② 牟宗三的这种"三分法"有两点易引发讨论:一是将二程分别视之,二是有贬视朱熹之嫌。就前者而言,牟先生将程颢从"二程""程朱"体系中简别出来而划入第一系,是因为在他看来,程颢另有一番义理是朱熹未曾继承的,朱熹所继者只是程颐的思想,而程颐并不足以代表"二程",而将程颢之学涵括在程颐之中,实则混淆了二者的思想差别。牟宗三自称于此"确费极大

---

① 牟宗三:《心体与性体》(下),上海古籍出版社1999年版,第45页。
② 牟宗三:《心体与性体》(上),上海古籍出版社1999年版,第42—43页。

的工夫",可见他对这一问题的重视。对于"三分法"有贬视朱子的质疑,牟宗三申明,"实因其所成之横摄系统与先秦儒家所原有及宋明、儒大宗所弘扬之纵贯系统为不合"①,并强调"吾人虽不能以之为标准,实不能不以之为中心(焦点)"②。也就是说,相应于儒学原典,两者属于不同的系统,系统之分法并无掺杂贬视之意;尽管所在系统不同,但朱熹学术上的中心价值无疑是不容否定的。

牟宗三"三系论"提出之后,在学界引起了很大反响,对于它的意义和不足所引发的讨论还在进行之中。本书所关注的,是这种"三分法"在思想人物的划分上所带来的启发性。第一,重视本体。牟宗三以心体与性体概指宋明儒学的两大基本趋向,实际上都是将本体笼罩其中。如刘蕺山之意体,陆王之心体,朱熹之性体。中国哲学史上有所谓的理本论、心本论和气本论,凡主张理或心或气为本体者,都可以划入对应的体系之中。以心学而言,凡主张以良知为本体者,在理论上就都可以划入阳明心学之门。当然,这种划分只是就其总体性趋势而言,在理学、心学或气学内部,又可以分出其他诸多流派。黄宗羲所列各王门,就是这种情况的体现。既然列之王门,对于良知自是充分认可,或至少是不持反对意见。第二,重视本体并不意味着可以归入儒林,佛道也有本体论,对于正统儒学而言,与其却是格格不入。因此,心学之重视本体,还要强调上下内外、动静语默以及主宰与流行、主观与客观的圆成。牟宗三指出:"伊川对于客观言之的'于穆不已'之体以及主观言之的仁体、心体与性体似均未能有相应之体会。"③牟宗三称程颐、朱子一系为歧出,缺乏上下内外、主观与客观的圆成是其重要原因。相应于阳明后学,因其从阳明之学而来,在这点上也当有所衡定。也就是说,是否遵循良知之学的内外圆成之道,是衡量其学是否为心学的重要条件。凡以良知为宗,并贯之以良知的圆融变化,则皆

① 牟宗三:《心体与性体》(上),上海古籍出版社1999年版,第47页。
② 牟宗三:《心体与性体》(上),上海古籍出版社1999年版,第49页。
③ 牟宗三:《心体与性体》(上),上海古籍出版社1999年版,第38页。

可为王门。第三,牟宗三主要是从义理的角度划分"三系",忽略了外在实践对内在义理的支撑。黄宗羲有言:"有明事功文章,未必能越前代,至于讲学,余妄谓过之。"①由此看出,身躬讲学是明代之学盛于前代的重要标志。因此,在进行有关明代心学的探讨时,对于明代讲学是不能轻易忽略的,不能只以义理作为划分的唯一依据或最主要依据。牟宗三也强调,心学之理是"既存有又活动",如果"存有"是从本体论角度而言,则"活动"不仅包括心体自身的圆满自成,也包括心体在生活实践中的呈现和应用。

这里讨论牟宗三的"三分法",也因为这种方法对本书界定北方王门学者有借用和延伸的参考价值。依黄宗羲《明儒学案》,北方王门有七人;如果借用牟宗三的"三分法",就可以用另一种视角来界定北方王门这一人物群体。在"三系论"中,牟宗三将人物的划分置于《论》《孟》等儒家经典,使得人物群体的划分都是在儒家的背景和视野之中。即便学术界对牟宗三这种人物划分的标准和结果有不同意见,但这种划分法其实在儒家系统中也是站得住脚的。一则因为《论》《孟》等经典本为儒家所强调,另则"三系"所涉及的人物都重视这些儒家典籍,在讨论时只要不脱离经典本身的思想语境和历史环境,不违背所讨论人物的基本思想立场,因而以对《论》《孟》《大学》等的不同解释来区分不同的系别人物,这本身是我们分析经典和思想人物的有效方法。

借用牟宗三的这种划分法,凡以《传习录》为规范、读《传习录》而好之、于《传习录》身体而力行之者,俱可列入王门。这种一般性的划分法同样适用于北方王门。如尤时熙"先生因读《传习录》,始信圣人可学而至"②,这实际上成为尤时熙跨入王门的标志。于《传习录》身体而力行之,则意味着对阳明之学的大力传播。由此而言,凡是以良知为宗、接受并传播良知学的学者,都可以纳入北方王门之列。也就是说,北方王门除《明儒学案》所列七人外,人物

---

① (清)黄宗羲:《明儒学案序》,沈芝盈点校,中华书局2008年版,第7页。
② (清)黄宗羲:《主事尤西川先生时熙》,《明儒学案》,沈芝盈点校,中华书局2008年版,第638页。

群体的范围实际上得到了拓展。例如,尤时熙弟子除孟化鲤外,尚有撰写《拟学小记跋》的洛阳门人吕孔良、撰写《刻拟学小记引》的洛阳门人刘贽,以及出现在《拟学小记》中的其他门人弟子等。孟化鲤的弟子中则有王以悟、吕维祺、张信民等理学名家,以及吕维祺弟子冯奋庸等,他们在各自的讲学实践中,培养出一批信奉良知之学的同道之人,这些人无疑也是北方王门的人物对象。杨东明学无常师,强调良知内外合一的内在特性,与阳明论良知前后呼应,形成属于自己的自得之学;同时,他又热衷讲习,通过创办兴学会、同善会等讲会中心,有名可考者就有一百多人,这对于阳明学在北方的广泛传播,无疑也是很重要的。张后觉年轻时本服膺程朱之学,后师从阳明门人颜中溪和徐波石,遂入阳明之门。张信民常与群弟子坐而论道,记录其讲学教言的弟子,有真实姓名的,亦有十余人。张后觉弟子中,学问特出者有孟秋和赵维新等。二人又各自开展讲学,身边时常围绕着一批热情的学者,形成一个个星火状的文化传递中心。这样,以良知为人物线索就会使大批北方王门学者逐渐浮现出来,一个区域性的学术群体也由之得以显现。这也提醒我们,在开展关于北方王门的人物研究和学术现象讨论时,这批人物群体显然是不能忽略的。这种人物甄选法,可以跳脱地域所构筑的固定地理范围,也可避免"地域代替学域"的争论,聚焦于问题的核心,不妨将之看作牟宗三"三系论"中的借用与延伸。

　　牟宗三"三系论"人物划分的另一个重要参考坐标,是突出义理本身的圆成与灵动。如象山、阳明之学,既主观地讲心体,又客观地讲性体,如此才能保证其学不致走向一偏。同时,由于良知有一种自觉的灵动力和贯彻力,它会下贯成为人们生活实践的指南,因而它又是灵动的。牟宗三据此认为,这样的理才是"即存有即活动"。因为存有,所以有依据;因为活动,所以有生命力。本体拥有的这种道德特性,牟宗三称之为"道德的形上学"。我们可以据此解释儒家之德的圆融性。

　　北方王门学者张信民在讲学时,有谈佛学者常来听学,并与王门其他弟子相与讨论。张信民《印证稿》记载了他在讲学时与奉佛教者的一段对话:

先生曰:"汝之教如何?"曰:"惟持斋诵经。"先生曰:"吾儒非无斋也。如斋戒神明,心斋坐忘,把世俗名利色心一切都淡,惟澄然保个素心。虽饮酒而不及乱,虽食肉而不使胜食气,于用酒肉之中,得不困于酒肉之妙,这便是不斋之斋。汝教持斋者或斋于外,未必斋于内;斋于共见,未必斋于独知,能有是乎?至于诵经亦只是口中诵念,求如吾儒六经即我、我即六经,未之有闻也。"其人默然,良久乃曰:"我闻父母固当孝顺,亦不可不朝夕焚香敬天地;吃着皇王水土,亦不可不敬皇王,不然便惹下罪了。"先生曰:"汝怕惹罪,是求福利耳。不知存心养性,所以事天也;修德砥行,所以敬君也。然亦只孝顺足以当之,能尽孝则为天地之完人,为朝廷之良民,福利孰大乎?"①

对于这段话,可以运用心体与性体、即存有即活动的相关原理来解读。在这段对话中,佛教者存有一心体,但这心体是主观之心体,是自我设定的,没有性体之客观性为之范围,亦即缺乏客观的道体原则来约束主观设定的心体,因而这种心体观在突出自我意识的同时也失去了客观的天道原则,在日用酬酢中也就内外不分、摒弃伦常秩序而陷入自我意识的幽深之中。此外,佛教的心体观只注重存有,而且只是主观性的存有;其活动也只限于自我意识内的思维活动,因而它只是自我的,而非他人、社会或国家的。儒家心体观则与之不同,它既表现出心体的主观面,也以性体之客观为之引领,主观面和客观面相辅相成。这些表现在日用之间,就是食用酒肉但不困于酒肉,有素心但能知孝顺,将自我的存心养性与事天敬君相统一。这就是心体与性体、存有与活动相互支撑所形成的伦理实践关系,也就是牟宗三所说的圆成之学。这种学问之道,是儒佛区别的根本点,也是现实生活中区分儒者与佛者的一个标志。这种区分法适用于整体性的儒佛之辨中,也适用于北方王门这种地域性的学术群体之间。因此,在界定北方王门这一群体时,可以容纳既坚持良知学立场又带有

---

① (明)张信民:《脱粟会语》,《北方王门集·印正稿》,邹建锋等编校,上海古籍出版社2017年版,第595—596页。

程朱之学倾向的学者,如穆孔晖、杨东明等,但不接受释道之学中内外两分的学人。牟宗三以此区别宋明儒为学之大纲领,实际上也成为我们区别何者为王门、何者为非王门的重要参考依据。本书在论述北方王门人物的来源划分与思想倾向时,也借用这种方法,以此说明北方王门与王阳明以及北方王门之间的学理关系。

黄宗羲和牟宗三的人物划分法,其实可以追溯到阳明大弟子钱德洪(字洪甫,号绪山,1496—1574)那里。钱德洪在《答论年谱书》中记有罗洪先(字达夫,号念庵,1504—1564)从"后学"转为"门人"之事。罗洪先在编录阳明年谱时,不称门生而称后学,理由是阳明在世时,他"未获及门委贽",意即不曾亲自执弟子礼而师之阳明。钱德洪则谓:"孔子之徒三千人,非皆及门委贽者乎? 今载籍姓名,七十二人之外无闻焉,岂非委贽而未闻其道者,与未及门者同乎? 韩子曰:'道之所在,师之所在也。'夫道之所在,吾从而师之,师道也,非师其人也。师之所在,吾从而北面之,北面道也,非北面其人也。兄尝别周龙冈,其序曰:'予年十四时,闻阳明先生讲学于赣,慨然有志就业。父母怜恤,不令出户庭。然每见龙冈从赣回,未尝不愤愤也。'是知有志受业,已在童时,而不获通贽及门者,非兄之心也,父母受护之过也。今服膺其学既三纪矣,匪徒得其门,且升其堂,入其室矣,而又奚歉于称门人耶?"钱德洪认为罗洪先足可以列入王门,理由有三:其一,孔子之徒三千人,载其姓名者只有七十二人,不能说七十二人之外就不是孔子之徒。意即罗洪先尽管在形式上没有行师门入室之礼,但已得良知根柢,仍可列之于王门。其二,道之所在,则师之所在。罗洪先向慕、遵从良知之道,即是以阳明为师。其三,罗洪先早有见阳明之心,虽则由于父母怜恤而不得出户庭实现此心愿,然及门之素志始终未变;且服膺阳明学数十载,其学已至登堂入室之境,故而无愧于阳明之门人。钱德洪继而以其他数人为例,向罗洪先解释他们成为王门的不同情形:黄绾与阳明在京师时为友人,学于越之后,黄绾退而执弟子礼;聂双江虽曾见过阳明,然彼时未信阳明之学,在阳明辞世后才由钱德洪和王畿为证列入王门;汪周潭"始未信师学,及提督南赣,亲见师遗政,乃顿悟师学,悔未及门而形于梦,遂谒师祠称弟子,遗书于洪(钱德洪)、汝中(王畿)以为证"。因此,钱德洪对于罗洪先此前质疑阳明之教深表理解,但在罗洪先翕聚精神闭关三年之后,已见阳明进学次第,自信所得已与阳明无异,因而完全可以进入阳明入室弟子行列。

从钱德洪所写书信看,"门生"与"后学"的主要区别在是否"及门委贽":及门委贽者为"门生"或入室弟子;未及门者、学之向慕者、后之学者或辈分上的谦称,则是指"后学"。由"后学"进入"门生",需有一定的师礼仪节。然钱德洪的书信不在于指出二者的区别,而是突出由"后学"转入"门生"的诸种可能。其总的前提是,凡服膺良知之道者,俱可列入王门,即"道之所在,吾从而师之";或自信所得与阳明所说一致,即"自信所得而征师之先得也"。在这一前提下,不管此前是僚者、友者、晚者抑或疑者,凡能"既得所闻""师没而学明""始洞然无疑",内心认同良知之学,都可以由"后学"转入"王门"。钱德洪的这种观点,实际上与黄宗羲、牟宗三有异曲同工之处。笔者以为,凡身处北方之地,不管有无直接或间接师承,也不论其说如何纷呈,但服膺良知之道、一意践行良知之旨者,对阳明之学有新的开拓和发展,都可纳入本书所涉北方王门人物群体范围。

第二章　北方王门对良知学的义理辨进

北方王门所在地域为山东、河南、陕西一带,与"大江以南"相较,三地在地理上形成"淮以北"的区域划分。在学术传承上,黄宗羲指北方王门学者"为王氏学者独少""即有贤者,亦不过迹象闻见之学,而自得者鲜矣"等论①,可谓评价不高。不过,浙中王门学者张元忭(字子盖、号阳和,1538—1588)对北方王门学者则另有一番评价:"有明正嘉之际,王文成公倡道于姚江,维时及门之士,自大江以南无虑千百人,而淮以北顾寥寥焉,诚阻于地也。既一再传,诸门人高第各以其学流布于四方,然后一二杰者,始兴起于齐鲁燕赵之间,而其毅然自树,超然独得,顾有出于及门诸贤之上,何哉? 今夫世胄之家,其子弟有父兄之教,或不能率,有父兄之书,或不能读,其得之也易,故其守之也不坚。如是而有成者,十无一二焉。瓮牖绳枢之子,崛起于布素,非有所承藉也,得一师则敬信而从之,得一书不成诵不置,得之弥艰,守之弥固,盖鲜有不成者。"②张元忭家在绍兴,状元及第兼翰林侍读,其学"从龙溪得其绪论"③,学

---

① (清)黄宗羲:《北方王门学案》,《明儒学案》,沈芝盈点校,中华书局 2008 年版,第635 页。

② (明)张元忭:《茌平弘山张先生墓表》,《张元忭集》,钱明编校,上海古籍出版社 2015 年版,第 335 页。

③ (清)黄宗羲:《侍读张阳和先生元忭》,《明儒学案》,沈芝盈点校,中华书局 2008 年版,第 323 页。

宗阳明,以他的身份和地位,这话当有其事理依据。就其表意而言,有两个
"对比"特别突出:一是早期阳明学在江南一带蔚然并兴,但由于地理阻隔,此
时阳明学在淮以北则寥寥无几;二是在传士杰推动下,北方阳明学兴起,虽得
之弥艰,却因守之弥固,反倒成就了阳明学在北方的崛起,这与南方阳明学
"守之不坚"亦形成对比,由此可见,张元忭对北方阳明学在北方传播的高度
认可。张氏这种说法,与黄宗羲评价北方王学有较大差异,两说于事实孰远孰
近,值得探讨。这里选取尤时熙、张后觉、孟化鲤、杨东明、南大吉在良知观上
的不同究证,探讨各人"自得"所形成的特色学理主张,论述其思想要义,以此
说明北方王门学者对良知之教愈有发明。

第一节 "知止""以通训格"与"职分用功":
尤时熙提撕本心之三途

尤时熙(字季美,号西川,1503—1580),河南洛阳人。因有好名声,时熙
于嘉靖元年(1522 年)时即举为乡试。也是在此时,时熙从友人处得到《传习
录》,开始接触阳明之学,且有契于心。《明史》记载:"时王守仁《传习录》始
出,士大夫多力排之。时熙一见叹曰:'道不在是乎?向吾疲志辞章,末
矣。'"①遂志意于阳明之学。后时熙任元氏县教谕,不久又改官章邱。历职期
间,时熙"一以致良知为教,两邑士亦知新建学"②,展现践行阳明学的意志和
努力。嘉靖庚子(1540 年)时熙入为国子博士,与时为祭酒的徐阶共事,徐阶
命国子监之士咸取法时熙,由此可看出其学之博正。在京师任职之时,时熙常
以不能师事阳明为憾,得知同在京城的刘魁(字焕吾,号晴川,1487—1553)得

---

① (清)张廷玉等:《明史》卷二百八十三《儒林二》,中华书局 2013 年版,第 7286 页。
② (清)张廷玉等:《明史》卷二百八十三《儒林二》,中华书局 2013 年版,第 7286 页。

阳明之传,遂于嘉靖甲辰之岁(1544 年)执弟子礼于晴川。① 此后,时熙于刘魁处问学甚勤,得其学甚多。不久,时熙迁户部主事,吏治廉且直,有政声。嘉靖丁未(1547 年),时熙乞养归乡,自此徜徉林泉,淡泊味道,日以修德明道为事。

另据时熙自述,他也曾亲炙于南中王门学者朱得之(字本思,号近斋,1485—?):"先生与晴翁则我亲炙也。"②先生即指朱得之,晴翁即晴川,两人皆与时熙有师生之缘。刘魁尝受学于阳明,后又从阳明弟子邹守益(字谦之,号东廓,1491—1562)问学。刘魁于学问有陶融,又直节于声名,在士林中颇得敬重。除受学于刘魁,时熙亦曾"受知"于南中王门学者周怡(字顺之,号讷溪,1506—1569):"熙始因晴川刘师,得受知于讷溪先生。"③从时熙"先生痛痒心切,因言信心,不嫌固陋,惠我药石,迄今服之,愈觉精切",以及"人师难逢,俨然侍侧,晤言朝夕,真见古人,如坐春风,如临化日"等语来看,时熙所言"受知"实等同于"受学",表明从周怡处受益良多。朱得之亦从学于阳明,"其学颇近于老氏"④,对于这种学问倾向,黄宗羲但以"自得"二字概括之。除以上三人外,黄宗羲还指时熙从黄德良⑤求学,可知时熙之学渊源颇广。

嘉靖二十一年(1542 年),御史杨爵、刘魁、周怡三人因朝廷建雷殿而上

---

①　尤时熙曾指:"甲辰之岁,得事晴川刘先生于京师,因得会遇近斋朱先生。"[语见尤时熙:《与王龙阳(丁卯)》,《北方王门集·拟学小记续录》,邹建锋等编校,上海古籍出版社 2017 年版,第 291 页]另,张元忭《河南西川尤先生志铭》指尤时熙于嘉靖辛丑(1541)以弟子礼见阳明门人刘魁。(语见《张元忭集》,钱明编校,上海古籍出版社 2015 年版,第 295 页)《明文海》收录张元忭《尤西川墓铭》,也记尤时熙于嘉靖辛丑(1541)拜见刘魁。这里从尤时熙之说。

②　(明)尤时熙:《与近斋朱先生(丙寅)》,《北方王门集·拟学小记》,邹建锋等编校,上海古籍出版社 2017 年版,第 157 页。

③　(明)尤时熙:《涧阳别怀》,《北方王门集·拟学小记》,邹建锋等编校,上海古籍出版社 2017 年版,第 198—199 页。

④　(清)黄宗羲:《明经朱近斋先生得之》,《明儒学案》,沈芝盈点校,中华书局 2008 年版,第 585 页。

⑤　黄骥,字德良,阳明弟子。尤时熙在《纪闻》中记载有黄骥说阳明事。参见《北方王门集·拟学小记》,邹建锋等编校,上海古籍出版社 2017 年版,第 227 页。

疏,力陈其弊,触怒嘉靖帝,被杖于廷,锢之诏狱,"三人屡濒死",但仍讲诵不辍。① 时熙从狱中请质刘魁,也正是此时。杨爵、刘魁、周怡都是时熙敬重的师长,作为这一事件的见证人,时熙感受到来自师长身上的人格力量,这种人格力量又转化为时熙治学之精神。《明儒学案》记尤时熙尝问"为学之要",晴川答之以"在立诚"。② 刘魁也不时谈起阳明之事,以淑门人。这些言行之于时熙,自然有潜在影响。时熙有言:"忠信是吾本体,即良知别名。"③将事之忠信与良知忠信连在一起,便是由此及彼的启发之学。时熙后将刘魁、周怡、黄德良所述阳明事,加以记录整理,编为《纪闻》,成为《拟学小记》的一部分。加以刘魁学于江右大儒邹守益,而邹守益主张做实落工夫,"卓然守圣矩,无少畔援"④,其学对时熙也当有影响。时熙对此有言:"赐下东廓先生教语,读之不逆于心,反之未有诸己。如病遇明医,勃有生意;又如行者疑路,忽逢识路之人。"⑤与刘魁不同,朱得之则近于老氏,这是其学异于阳明学之处,不过,也因其学近老,无意间反促成了时熙对于格物的新知解。后时熙以通训格,便是在朱得之的指点下完成的。正是因为这种师承关系,时熙常以阳明后学自谓,在家中设阳明位,朝夕焚拜,对阳明之尊信若此。

时熙所著有《拟学小记》《圣谕衍》行于世。《圣谕衍》今不见。关于《拟学小记》,时熙写有《自序》,道其由来:"拟学者,拟欲如此为学而未知其是否也。卷内所记,先因请教晴川刘先生,未及寄达先生逝"。⑥ 时熙归里后,"再

---

① 关于此事的具体情形,可参见张廷玉《明史》卷二百九之"刘魁",中华书局 2011 年版,第 5530—5531 页。

② (清)黄宗羲:《员外刘晴川先生魁》,《明儒学案》,沈芝盈点校,中华书局 2008 年版,第447 页。

③ (明)尤时熙:《上刘晴川师(辛亥)》,《北方王门集·拟学小记》,邹建锋等编校,上海古籍出版社 2017 年版,第 156 页。

④ (清)黄宗羲:《邹东廓守益》,《明儒学案》,沈芝盈点校,中华书局 2008 年版,第 8 页。

⑤ (明)尤时熙:《上刘晴川师(庚戌)》,《北方王门集·拟学小记续录》,邹建锋等编校,上海古籍出版社 2017 年版,第 254 页。

⑥ (明)尤时熙:《拟学小记自序》,《北方王门集·拟学小记》,邹建锋等编校,上海古籍出版社 2017 年版,第 94 页。

绎旧闻,遇会意辄笔之"①,于嘉靖己未(1559 年),时熙将之汇编成《拟学小记》。从求学时所记到汇编成帙,《拟学小记》历时十五年之久。其间经历离仕归乡、师亡友隔、病中折磨等生活事件,对人生之事当有更深体会。故时熙指出:"只今悠悠皓首,用是怛然感怀,不忍旧闻湮没,摹拟想像,聊存于此,姑以自验自考,窃比于古之箴铭。"②希望以此表明自己心路历程,又期待将之作为求益之资商讨于同志间。《拟学小记》虽已成编,但尚未刻梓成书。隆庆己巳(1569 年)冬,时熙与弟子吕孔良等人会于城南书舍时,将编成的《拟学小记》与诸生商榷求证,诸生虑手抄不及,遂相与捐金刻梓成八卷,于隆庆庚午(1570 年)出梓刊行,在洛阳一带流传。另外,尚有时熙门人李根编次的《拟学小记》六卷也在关中一带流行。除此以外,又有时熙弟子孟化鲤所编《拟学小记续录》七卷,于万历乙亥(1575 年)成书刊行。也就是说,当时《拟学小记》已有三种版本。《四库全书总目》记《拟学小记》有六卷、《续录》一卷,《千顷堂书目》则记为八卷,恐与当时刊行的版本有关。除《续录》外,时熙弟子孟化鲤在好友孟秋的支持下,摘《拟学小记》中话语,录为《拟学小记录粹》,孟秋特意为之作序。③ 两人还录有时熙要语一百条,称为《西川尤先生要语》。书成后,孟秋为之作序,④孟化鲤也写有《西川尤先生要语跋》⑤。《录粹》和《要语》是私下整理而成,未必大量刊行。今人邹建峰等以中国科学院图书馆藏秦茂林所刻《拟学小记合编》为底本,编校有《北方王门集》,含《拟学小记》六

---

① (明)尤时熙:《拟学小记序》,《北方王门集·拟学小记》,邹建锋等编校,上海古籍出版社 2017 年版,第 94 页。

② (明)尤时熙:《拟学小记序》,《北方王门集·拟学小记》,邹建锋等编校,上海古籍出版社 2017 年版,第 94 页。

③ (明)孟秋:《拟学小记录粹序》,《北方王门集·拟学小记续录》,邹建锋等编校,上海古籍出版社 2017 年版,第 347—348 页。

④ (明)孟秋:《尤先生要语序》,《北方王门集·拟学小记续录》,邹建锋等编校,上海古籍出版社 2017 年版,第 351 页。

⑤ (明)孟化鲤:《西川尤先生要语跋》,《北方王门集·孟云浦先生集》,邹建锋等编校,上海古籍出版社 2017 年版,第 484 页。

卷、《拟学小记续录》七卷并《附录》上下卷；其中《拟学小记》又以《原国立北平图书馆甲库善本丛书》影印八卷本《拟学小记》为校本，补充了相关内容，是目前整理时熙文集较全的文集。

时熙得刘魁、朱得之等人之师说，又以《拟学小记》及《续录》呼应阳明之学，使得时熙之学进入阳明学体系；加以自我体验生发，时熙也形成了属于自我的"自得"之学。浙中学者张元忭对时熙之学有一概要说明："其所问答，随人深浅，而要归于提撕其本心，令闻者各有所省。其大旨率祖文成而得于体验者为多。"①这里据此就尤时熙如何进一步辨进良知学进行分析。

一、知止与良知

时熙在师事刘魁之后，常得闻阳明许多遗言轶事，其中就听闻阳明之子王龙阳（王正亿，字仲时，号龙阳，1526—1577）其人。时熙女婿李根与王龙阳有交往，也使得时熙与王龙阳有交往之机。隆庆元年（1567 年），时熙曾两度书信王龙阳，述及对阳明的崇敬之情，希得到阳明手迹。王龙阳也回以时熙好意，赠之以阳明真像、手迹和巾扇，时熙大为感动。② 时熙又在家中设阳明位，晨起必焚香肃拜，对阳明之尊信由此可见。这种情感使得时熙一生致力于宣扬阳明之学，成为阳明学北传最为重要的传播中坚。

时熙说良知，是从"致知"与"知止"的关系入手：

"致知""知止"二义，只争毫厘。以止为工，则必谦虚抑畏，其气下；以致为工，则或自任自是，其气扬。虽日同由于善，而其归远也。此与通物之义相发，然亦只在意念向背之间，若知"知止"，则"致"即

---

① （明）张元忭：《河南西川尤先生墓铭》，《张元忭集》，钱明编校，上海古籍出版社 2015 年版，第 295—296 页。

② （明）尤时熙：《与王龙阳（丁卯）》，《北方王门集·拟学小记续录》，邹建锋等编校，上海古籍出版社 2017 年版，第 290—291 页。

"止"矣。①

时熙和朱得之的往来书信中,常言及"知止"话题。在回答弟子提问时,时熙常采用朱得之的说法,此段即时熙回答弟子李根的答语。实际上,朱得之在"知止"方面一直有自己的思考。其谓:"三年前悟知止为彻底,为圣功之准。近六月中,因病卧,忽觉前辈言'过'、'不及'与'中',皆是汗漫之言,必须知分之所在,然后可以考其'过'、'不及'与'中'之所在,为其分之所当为。中也,无为也。不当为而为者,便是过,便是有为。至于当为而不为,便是不及,便是有为。"②其思考过程由此可见。我们在此可以将阳明、时熙与朱得之三人之说合而言之。

阳明,对"知止"有他的说法。阳明谓:"明德、亲民无他,惟在止于至善,尽其心之本体,谓之止至善。至善者,心之本体;知至善惟在于吾心,则求之有定向。"③阳明在这一问题上的基本观点,认为止乃止于至善,知止即知至善只在吾心而不在外,明德、亲民最终都要归于至善,由此则志定、事定。由于至善为心之本体,止于至善又表现为"尽其心之本体",因而知止实际上就是即本体即工夫。阳明的这种看法,在时熙论知止处也得到体现:"知止则不驰逐,故有定而能得"。④ 在对至善的理解上,时熙也认为"良知即至善"⑤,止于至善也即止于吾心之良知。不过在阳明处,由于致知即致良知,因此致知与知止具有同等的含义。然在时熙这里,致知要与知止相等同,则首先要做到知止。

① (明)尤时熙:《与近斋朱先生(丁卯)》,《北方王门集·拟学小记》,邹建锋等编校,上海古籍出版社 2017 年版,第 162 页。

② (明)尤时熙:《纪闻》,《北方王门集·拟学小记》,邹建锋等编校,上海古籍出版社 2017 年版,第 232 页。

③ (明)王阳明:《大学古本傍释》,《王阳明全集》,吴光等编校,上海古籍出版社 2017 年版,第 1316 页。

④ (明)尤时熙:《经疑·大学》,《北方王门集·拟学小记》,邹建锋等编校,上海古籍出版社 2017 年版,第 96 页。

⑤ (明)尤时熙:《经疑·大学》,《北方王门集·拟学小记》,邹建锋等编校,上海古籍出版社 2017 年版,第 97 页。

这就意味着致知与知止之间仍有微妙差异。

时熙以为,"致知"与"知止"都具有工夫实践的意义,其目的都在于揭示善的存在。但"知止"是基于已有的良知之至善而力行,而"致"是基于寻求未知之善而践履。故而当以止为工,因已有良知的汲引,故能谦虚抑畏;而以致为工,因善在探求中,未有明确的道德指引,故或会自任自是,最终则可能无法获得善的真义。不过,时熙又特别提出,若能知"知止"之义,则"致"之工就是"止之工"。也就是说,只有当以"止"为头脑、为第一义工夫,行为中有良知的指引时,"致知"之"致"才获得与"止"同等的意义。其中的微言大义,在时熙看来就是"致知"与"知止"的毫厘之辨。

再观朱得之"分之所在"之说。朱氏认为"分"是考定"过""不及""中"的最终依据,对于"分"之所指,可从时熙于隆庆戊辰(1568 年)致书朱得之的书信中找到具体内容。时熙谓:

> 承批示诸条,皆服膺。而"分"字特拈出,真是日日见在,可据之实地。昔贤每每议道,然而不协于极者,亦因不察乎此耳。先生尝言下学,昨标"知止";尝言德、位、时,兹标"分"字,愈明切矣。……先生之言愈看愈精密,今拈"分"字,极是要领。盖莫非道也,对景切分,乃属见在,《易》与《论语》所言无非此旨。①

照此看,朱得之所言"分",从时间上看,当指"见在",即现在、当下之意。结合前句"必须知分之所在,然后可以考其'过'、'不及'与'中'之所在",可见朱氏之意是要在当下各样人伦日用中考知"过"、"不及"与"中"的含义,时熙称之为"可据之实地"。换言之,离开当下实践,"过""不及"与"中"便失去其意义。时熙还指朱得之"尝言下学,昨标知止;尝言德、位、时,兹标分字",这并不表明朱氏之学有前后的不同,而是突出朱氏对本体和工夫的兼顾:日用常行内,不离良知心体,知有所止;在对德、位、时等德性的追求中,致当下之所

---

① (明)尤时熙:《与近斋朱先生(戊辰)》,《北方王门集·拟学小记》,邹建锋等编校,上海古籍出版社 2017 年版,第 163—164 页。

在,据之以实地。如此知止与致知才是合一的。当然,朱氏"中也,无为也"的说法,也带有老庄的某种色彩,这与黄宗羲论其学"颇近于老氏"相符。但时熙在解读"知止"时去掉了其中的"无为"成分,可视作一种改造。同时,时熙又点出"致知"与"知止"合一的条件,这于阳明在这一问题上的看法而言,也是一种新进。

从时熙对"知止"的解说可见,"止"的工夫实际上是依本体而行、不断呈现本体的过程,所以时熙又说:"止之云者,复之也"。① 也就是说,时熙在工夫路线上采用的是由内至外、由外复内的形式,这是心学理论的根本特征。时熙复而认为,能明乎此、依乎此,即可谓"知本":"本乱则末乱,本治则末治,故知本为知之至。身,天下国家之本,良知又身之本,知止则知本,是为至善"。② 其逻辑过程表现为:身为天下国家之本,身之本又为良知,故知本即为"知良知是本";知本又为知之至,故"知良知就是知之至";又知止则知本,故"止"与"本"即为同质概念。这样良知就取得了"止"的地位,知止就是知良知,"止于至善"也即"止于良知"。故时熙总结道:"《大学》只是止至善。至善,性也,良知也。"③这样看来,时熙是通过对《大学》"知止"的解释,说明良知拥有至善之性,并以此将良知置于《大学》体系之中。事实上,这种解法也与阳明的主张相类似:"知止者,知至善只在吾心,元不在外也"。④ 时熙此种细腻的解释路径,有两点高明之处:第一,依据《大学》经典作义理发挥,显得有理有据,不至于被人指为妄谈。第二,在北地传播阳明学,本有空间和心灵的隔阂,如贸然将其原有之学一齐塞断、扫去,自然不能达到传教的目的。时熙采用这种

---

① （明）尤时熙:《经疑》,《北方王门集·拟学小记》,邹建锋等编校,上海古籍出版社2017年版,第96页。

② （明）尤时熙:《经疑》,《北方王门集·拟学小记》,邹建锋等编校,上海古籍出版社2017年版,第96页。

③ （明）尤时熙:《经疑》,《北方王门集·拟学小记》,邹建锋等编校,上海古籍出版社2017年版,第96页。

④ （明）王阳明:《传习录上》,《王阳明全集》,吴光等编校,上海古籍出版社2017年版,第28页。

"曲尽其蕴"的方式,方能有"奏廓如之效"。当然,也需指出,在时熙的解释语境中,"止"实际有两义:一是本体之止,二是达到本体之止的工夫。这两方面不可分看。知至善在吾心,便不会外求;当心存良知,良知自能详审精察于外,本体与工夫在这种情形下自不能二分。因此时熙特揭二者为一:"'知止'即所止皆良知也,工夫、本体一而已矣。"①由此可见,时熙在这点上与阳明将本体与工夫打并为一的理路相合。

"致知"与"知止"在阳明后学中亦有不同声音。此举数例:

> 《大学》言"知止",止者心之本体,亦即是功夫。苟非一切止息,何缘得定静安固?便将见前酬应百虑,认作天机活泼,何啻千里?②

> 止即此身之止于善,本即此善之本诸身,止外无本,本外无止,一以贯之耳。③

> 须思命脉只是一个善,诀窍只是一个止,如何反反覆覆,必要说归修身为本,必要揭出修身为本,必悟此,而后止真有入窍,善真有谛当,乃不为堕于边见也。④

以上三段话,俱为江右学者欧阳德(字崇一,号南野,1496—1554)、章潢(字本清,号斗津,1527—1608),以及李材(字孟诚,别号见罗,1529—1607)所言。从欧阳德的表述来看,认为"止"是本体与工夫的合一,只有止息于良知心体,将之作为事物的最终依据,对其他事才能做到定、静、安。同是江右学者的章潢,也认为"止"即至善,且至善具足于身中,本诸身而求之,自能由此及彼,生机条达,如此便将止、至善、良知、身以及工夫诸条融合于"止"。李材虽

---

① (明)尤时熙:《经疑》,《北方王门集·拟学小记续录》,邹建锋等编校,上海古籍出版社2017年版,第243页。

② (明)欧阳德:《寄聂双江》,《欧阳德集》,陈永革编校整理,凤凰出版社2007年版,第60页。

③ (清)黄宗羲:《征君章本清先生潢·论学书》,《明儒学案》,沈芝盈点校,中华书局2008年版,第573页。

④ (清)黄宗羲:《中丞李见罗先生材·论学书》,《明儒学案》,沈芝盈点校,中华书局2008年版,第679页。

处江西,学致良知之学,但后来稍变其说,将"知止"之"止"归于修身,进而提出"止修"之说。这种学术偏出招致黄宗羲的不满,指其"以知本之本与修身为本之本,合而为一,终觉龃龉而不安也"①。关于其中的学术转折,这里不多作评析。由此也表明,关于"知止"一说,在阳明后学中实有不同诠释视角,尤其是李材,将以修身为本与"知止"相联系,进而开出"止修"之学,可以看出"知止"在各人思想建构中的学理作用。时熙也从"知止"出发,阐明良知之至善,并将之与阳明倡导的"复之根本"的工夫主张相联,也可说是另辟蹊径。欧阳德和章潢俱为江右人士,他们在"知止"之论上与时熙有相似之处,地理上往来相隔,却在学理上遥相呼应,由此亦知《明儒学案》并非以地理取代学理,主要的还是取舍人物方便而已。

时熙提"知止"与"致知"之异同,和当时学术现状有关:"自阳明老师没,门户颇多,忧世教者,惩玄虚之习,为渐进之说,以一念自反即得本心为上上机,谓下学由工夫以完本体,先立本而后达用。言若近实而义实支离,心颇疑之"。② 世之儒者常持一偏之见,要么得本体而遗工夫,要么重渐进而忘本体,因而往往失却阳明旨意。时熙既以良知为心印,自有廓清此种学术不正之意,因而提撕本心,进一步发明良知之蕴。时熙首先区别良知和习知:

> 以闻见为学,故每以言语得失轻重前人,而替所尊信者争门户。孔子曰"何思何虑",曰"无知也"。然昏昧者亦曰无知,故于《大学》"致知"指其惺惺者言之。然又以习心所知为知者,故孟子云"良知"。良者,何思何虑之谓,皆因时救弊之言,会其意可矣。世所讲求,多是习知。③

---

① （清）黄宗羲:《中丞李见罗先生材》,《明儒学案》,沈芝盈点校,中华书局 2008 年版,第667 页。

② （明）尤时熙:《答陈绍龙》,《北方王门集·拟学小记》,邹建锋等编校,上海古籍出版社 2017 年版,第 174 页。

③ （明）尤时熙:《余言》,《北方王门集·拟学小记续录》,邹建锋等编校,上海古籍出版社 2017 年版,第 252 页。

　　"习知"在阳明未曾提出,不过与阳明所指"习心"有关,如阳明云"人有习心,意念上见有善恶在,格致诚正修,此正是复那性体功夫"①。凡心之轻慢争竞、浮妄躁急、世俗功利等念头和想法,都可划入习心之中。习心起于语言、嗜欲、起居、酬酢等习境之中。于学者而言,习心最明显的表现就是固执于学之成见,以日常闻见代替学之真谛,并伪饰成正学毁谤他人。这在时熙看来就是"习知"的典型表现。与之不同,良知摒除了种种习心,不执着于外在习染而达至于"何思何虑"的境地,这才是真知。世人之所以有"习知"的存在,是因为世儒并未真正窥得良知堂奥。时熙于此郑重指出良知与习知的不同,意在提醒不要被世儒所说的"习知"遮障缠绕,同时指出良知的真正面貌。

　　时熙指出良知与习知之别,并不表明有两个"知"。时熙指出:"知一而已。良知、习知,致之自辨。良知之训,是为学者立方,其实只是一个知。"②时熙这番话,与阳明论良知有相似之处:"良知只是一个良知,而善恶自辨,更有何善何恶可思? 良知之体本自宁静,今却又添一个求宁静;本自生生,今却又添一个欲无生;非独圣门致知之功不如此,虽佛氏之学亦未如此将迎意必也"。③ 阳明之意,是说良知自能辨善恶,就不必在良知上再寻善恶;良知本自宁静,也不必在良知上再求宁静。否则终不免头上安头,将心与理裂分为二。时熙"其实只是一个知"的说法,与阳明之说相接,同时也是对当时"异学"的反驳:"近谈学者,多说良知上还有一层,此言自静中端倪之说启之。夫良知无始终,无内外,安得有上面一层? 此异学也"。④ "异学"分良知为两截,与

---

　　① (明)王阳明:《传习录下》,《王阳明全集》,吴光等编校,上海古籍出版社 2017 年版,第133 页。

　　② (明)尤时熙:《经疑》,《北方王门集·拟学小记》,邹建锋等编校,上海古籍出版社 2017年版,第 96 页。

　　③ (明)王阳明:《答陆原静书》,《王阳明全集》,吴光等编校,上海古籍出版社 2017 年版,第 76 页。

　　④ (明)尤时熙:《长语质疑》,《北方王门集·拟学小记》,邹建锋等编校,上海古籍出版社2017 年版,第 199—200 页。

阳明"合一"之旨不合,故时熙坚决反对。"知一而已"是良知学的深邃之处,也是时熙对良知精微之理的细致把握。

在强调"只是一个知"的同时,时熙"致之自辨"之意,也就是要在格致的过程中去除良知与习知的区别,回复良知本体。这表明时熙在认可良知的前提下,仍然强调从"习"字、从"致"字上发挥工夫条理,以保证良知本体自现。刘宗周对此有一段论述,可以进一步说明这一问题:"知其为善而为之,为之也必尽,则亦无善可习矣。无善可习,反之吾性之初,本无善可习也。知其为恶而去之,去之也必尽,则亦无恶可习矣。无恶可习,反之吾性之初,本无恶可习也。此之谓浑然至善,依然人生之初,而复性之能事毕矣"。① 为善至尽头,则无善可习,达到吾性本有状态;去恶至尽头,则无恶可习,也返至吾性最初状态。为善去恶都属于习行,是针对不同的现实状态而采取的不同行为,都是因病立方,其旨归俱在返吾性之初。时熙指"致之自辨",实际上也含有两种工夫途径:致良知指向为善,去习知指向去恶。二者最终都复归良知本体,如此本体与工夫合一。

时熙将致良知与"安分尽心"相联,也显示出他在提撕良知本心方面的努力。时熙谓:

> 古人惟求自得。尧言"执中",舜言"精一",孔门却只说"求仁"。孔子曰"一贯",曾子却说"忠恕",各就自己会意处说,大旨不悖而已。即今致良知之训,岂非至当归一? 然每闻谈者,只成套语。某却于"勿自欺"三字觉口顺,窃谓此即安分尽心之旨,而致良知之训疏也。②

时熙以致良知为教,并不意味着固守阳明良知之说。时熙以为,尧之执中、舜之精一,以及孔子"一贯"、曾子"忠恕"之说与阳明致良知之训,都是各

---

① (明)刘宗周:《习说》,《刘宗周全集》第三册,吴光主编,浙江古籍出版社2012年版,第280页。

② (明)尤时熙:《与近斋朱先生(丙寅)》,《北方王门集·拟学小记》,邹建锋等编校,上海古籍出版社2017年版,第158页。

自就会意处说。既如此,时熙也可以就自己会意处说出对所求之学的自得体会,这个体会就是"勿自欺"。因此,"勿自欺"就成为时熙学术体悟的重点所在。当然,这层体会实际上也与朱得之的指点有关:"熙始见晴川师,问为学之要。师曰:'在立诚'。近斋注云:'诚无可立,但勿自欺,则诚者固有者也。'"①朱氏之意,是指诚本为己所固有,无须再立,只以勿自欺保有诚即可。相较而言,时熙之学显然更倾向于朱得之,由此再可见出朱氏对时熙之学的影响。"勿自欺"本为《大学》用语,在阳明及其后学中没有激起多大思想波澜。郝敬(字仲舆,号楚望,1557—1639)对"自欺"说有一段大论,其中与致良知有关的话语是:

> 若不从知止、勿自欺起,胡乱教人致良知,妄念未除,自欺不止。
> 鹘突做起,即禅家不起念,无缘之知,随感辄应,不管好丑,一超直入,与《中庸》"择执"正相反。既有诚意工夫,何须另外致良知? 不先知止、勿自欺,以求定静安虑,哪得良知呈现,致之以格物乎?②

这段话可以说是对阳明"合着本体的,是工夫;做得工夫的,方识本体"③之说的强烈质疑:在未识良知前,如何为"合着"? 在未复良知前,如何为"做得"? 或者说,在一个人初甚疑之、尚未体认到良知的情形下,如何保证他的工夫是"合着"本体的,也是能识本体的? 因为阳明对这一问题未及细讲,遂引发后学许多争论。郝敬则于此有答:先从知止、勿自欺做起,求得定静安虑,良知方能呈现,格物之功也才能实现。其思路是:勿自欺→定静安虑→良知呈现→实现格物。而阳明的思路是:良知呈现→工夫合本体→实现格物(合着本体的,是工夫);格物工夫→识本体→良知呈现(做得工夫的,方识本体)。

---

① (明)尤时熙:《纪闻》,《北方王门集·拟学小记》,邹建锋等编校,上海古籍出版社 2017 年版,第 228 页。

② (清)黄宗羲:《给事中郝楚望先生敬·四书摄提》,《明儒学案》,沈芝盈点校,中华书局 2008 年版,第 1323 页。

③ (明)王阳明:《传习录拾遗》,《王阳明全集》,吴光等编校,上海古籍出版社 2017 年版,第 1287 页。

尽管郝敬并不一定承认良知是"呈现"的，因为"呈现"意味着良知本有、人人自有，但他指出缺乏勿自欺的自我克制工夫是断不能使良知呈现的，而且也会使诚意工夫与致良知两两重复，互为掣肘。时熙的"勿自欺"之思，虽是针对当时"套语"而发，但其中的心思曲折，不妨以郝敬之说作为解释。

时熙由此进一步指出，"勿自欺"是"安分尽心"之旨。这种说法也来自朱得之。时熙谓朱得之之学"以安分尽心为指"①，并遵循其说，只依"安分尽心"四字学之。② 那么，何为"安分尽心"？时熙有言：

> 中心为忠，无思无为，心之本体。如心为恕，如其本体之心则为恕。人虽在人欲中，其心必有所不安，这是己所不欲，这不欲即是本体之心。③

> 心之所安曰义，即乎心之所安，是曰集义。④

心有忠恕，故能理性面对人欲，激起心中不安，这种心理状态在时熙看来就是"己所不欲"。"心必有不安"是明乎理，"己所不欲"是推乎理，这实际上就是心学中去除私欲之蔽的过程。时熙将心体包含的这种内在动能特质，称为"本体之心"。这与阳明的"自能说"有异曲同工之妙："若人真肯在良知上用功，时时精明，不蔽于欲，自能临事不动。不动真体，自能应变无言。"⑤吾人若能不安于人欲，并做到己所不欲，其实就是安心尽分，是孟子所说的"集义"。在阳明话语中，"集义是复其心之本体"⑥，是"必有事焉"的工夫过程，

---

① （明）尤时熙：《与讷溪周先生（己巳）》，《北方王门集·拟学小记续录》，邹建锋等编校，上海古籍出版社2017年版，第265页。

② （明）尤时熙：《与近斋先生书（六）》，《北方王门集·拟学小记续录》，邹建锋等编校，上海古籍出版社2017年版，第260页。

③ （明）尤时熙：《余言》，《北方王门集·拟学小记续录》，邹建锋等编校，上海古籍出版社2017年版，第251页。

④ （明）尤时熙：《答化鲤（丁卯）》，《北方王门集·拟学小记续录》，邹建锋等编校，上海古籍出版社2017年版，第298页。

⑤ （明）钱德洪：《征宸濠反间遗事》，《王阳明全集》，吴光等编校，上海古籍出版社2017年版，第1632页。

⑥ （明）王阳明：《传习录上》，《王阳明全集》，吴光等编校，上海古籍出版社2017年版，第28页。

亦只是致良知。时熙从"勿自欺"说到"安分尽心",又将之与孟子"集义"相联,隐隐与阳明的致良知对接,其义理的层层转折,可谓有一番苦心在,对阳明本心的提撕,亦从中可见。

二、以通训格

时熙最显明的理论新说,在于他提出了以通训格的观点。这里对其格物说作重点分析,以见其对良知说的进一步发挥。

时熙重视格物之训,视格物为学问头脑处,认为"于此未协,则一切处皆为错认矣"①,因而格物之训就成为他需着力解决的问题。在求解格物的过程中,时熙得益于刘魁之教颇多,时熙弟子孟化鲤就此指出:"盖为己之学,格物之旨也,而海内多宗之,乃真切为己,有功文成,则河南吾师西川尤先生与山东我疆孟公焉……尤先生得之泰和刘晴川魁,晴川、波石得之文成。溯厥源流,亦自有本,而所得于体验者为多"。② 可知时熙识得格物之旨且有功于阳明,与刘魁有很大关联,当然也和他自己的自得体验有关。另据时熙自述,他也与朱得之多次论及格物问题,时熙对格物的解释,更多来自朱氏的启发与指点,这恐与刘魁先于朱氏去世有关。

时熙于嘉靖四十五年(1566 年)作有《格物臆说》,但此说为"非定论",曾交给朱得之审阅。朱得之在肯定时熙深造之功的同时,亦指其说"未免为闻见所梏",并提醒他可能仍局限于阳明、刘魁的影响,希望时熙"尽涤旧闻,空洞其中,听其有触而觉,如此得者尤为真实"③。经朱氏提醒,时熙"舍师说、臆见而从近斋"④,

---

① (明)尤时熙:《与方山丘先生(丙寅)》,《北方王门集·拟学小记续录》,邹建锋等编校,上海古籍出版社 2017 年版,第 270 页。

② (明)孟化鲤:《尤孟二先生真笔卷跋》,《北方王门集·孟云浦先生集》,邹建锋等编校,上海古籍出版社 2017 年版,第 483—484 页。

③ (明)尤时熙:《格物臆说》,《北方王门集·拟学小记》,邹建锋等编校,上海古籍出版社 2017 年版,第 155 页。

④ (明)尤时熙:《格训通解》,《北方王门集·拟学小记》,邹建锋等编校,上海古籍出版社 2017 年版,第 149 页。

并于第二年(1567 年)拟成《格训通解》。虽然关于格物之训说法不一,但于时熙而言,"此最后说也,不落意见"①,表明这是他对于格物的自得之见。"最后说"虽已定,时熙犹将《格物臆说》附于《格训通解》后,以表明其对于这一问题的学思变化,展现出了古代知识分子应有的学术求真精神。同时,时熙将回答师友的书信专列成总,凡四十九通,称之为《质疑》,内容涉及讲学、良知、格物等话题,目的在"通志质疑"。② 又将与师友讨论的话题记录下来,名为《纪闻》,凡三十一条,录其中十九条;并特别指出其意在"人师难逢,高山仰止,尊闻所以怀刑也"③。在其弟子陈怀龙远游之际,时熙就平时积疑,名为《长语质疑》,凡三十三条,录其中二十三条,既为其赠行,更是委托陈怀龙带着他的这些疑问向贤者请益。④ 正是多年的"仍将格物讨论"⑤,所至唯发明格物之说,才形成了时熙对于此问题的新解。

阳明论格物,依时熙之见,主要有二:以格为正,物者意之用,故物是意指向的对象,而意为"一念",格物就是格念头,使之归于正的状态;格物也指事事物物皆得其理,"物"是致的活动对象,且是"并举事物",格物便是在众多的具体事物中致吾心之良知。⑥ 阳明这种解法,在时熙看来有相戾之处:前说专指一念,后说又并举事物。按照阳明性无内外、心外无物的说法,阳明解格物虽为两说而实为一说。据此,时熙提出"格训通解",意在生发阳明之意:

---

① (明)尤时熙:《格训通解》,《北方王门集·拟学小记》,邹建锋等编校,上海古籍出版社2017 年版,第 148 页。

② (明)尤时熙:《质疑》,《北方王门集·拟学小记》,邹建锋等编校,上海古籍出版社 2017年版,第 156 页。

③ (明)尤时熙:《纪闻》,《北方王门集·拟学小记》,邹建锋等编校,上海古籍出版社 2017年版,第 225 页。

④ (明)尤时熙:《长语质疑》,《北方王门集·拟学小记》,邹建锋等编校,上海古籍出版社2017 年版,第 199 页。

⑤ (明)尤时熙:《答李伯生(五)》,《北方王门集·拟学小记》,邹建锋等编校,上海古籍出版社 2017 年版,第 179 页。

⑥ (明)尤时熙:《格训通解序》,《北方王门集·拟学小记》,邹建锋等编校,上海古籍出版社 2017 年版,第 148 页。

愚尝妄意之,为《臆说》,"格"训"则","物"指好恶,盖本老师前说,谓吾心自有天则,学问由心,心只有好恶耳。至近斋朱先生乃始训"格"为"通",而专以通物情为指,谓"物我异形,其可以相通而无间者,情也",盖亦本老师后说,而文义条理加详焉。然得其理必通其情,而通其情乃得其理,二说只一说也。但曰"正"、曰"则",取裁于我;曰"通",则物各付物。取裁于我,意见易生;物各付物,天则乃见。且理若虚悬而情为实地,能通物情,斯尽物理,而曰"正"、曰"则"、曰"至",皆举之矣。是虽老师所未言,而实老师之宗旨也。①

时熙于此交代了"格训通解"的由来及其作用。以"格"训"则""物"为好恶,是时熙在《格物臆说》中阐明的观点,其意乃在使之与阳明格念头之说相应。在朱得之的影响下,时熙修改此前看法,遵从师说,继而训"格"为"通"。在时熙看来,以通训格,其文义条理益加详备,能将"正""则""至"之义皆囊举其中,避免以我之意见行事而使"物各付物",使格物实践有实地之处。时熙于此特别强调"物各付物",也就是排除我之私意、气习、成见的缠蔽,使物物得其所,让物在其本来状态中得以呈现。由此,格物是格本有之物,"通物情"是通物之本有之情。时熙的这层预设很重要,因为格物的目的即在于发现事物的本来面貌,凡有益于这种发现的方法和途径,都可采入其中,并对此前有缺陷的理论进行修正,如此才能优化人的认知能力,推动格致实践向前迈进并提升人的道德能力。时熙在《格训通解》中首先点出看似与格物无关的《孟子》论"亲"、舜之大孝,其意也在此。

时熙训"格"为"通",是要解决我与物的关系问题。按照他的说法,物我异形,其可以相通而无间者,乃为情。时熙如此论"我—情—物—事"之间的关系:

好恶,情也;好恶所在,则物也;好之恶之,事也。学本性情,通物

---

① (明)尤时熙:《格训通解序》,《北方王门集·拟学小记》,邹建锋等编校,上海古籍出版社 2017 年版,第 149 页。

我,故于好恶所在用工,而其要则在体悉物我好恶之情。盖物我一体,人情不通,吾心不安,且如子不通父之情,子心安乎?子职尽乎? ……物我一体,知本相通故也。故致知必在通物情,物情通而后吾之良知始快足而无所壅遏,是以必物格而后知乃至也。①

人皆有好恶之情。好恶有其来由,也有其去处。时熙谓:"好恶必有所因,无所因斯无好恶矣。是所因,物也;好恶非物也,情也。通物必于其情。"②指出人之好恶来自物的触动。好恶之情也会着落于物上,故时熙又谓"好恶所在,则物也"。当然,好恶之情不是仅仅落于物之上而已,而是表现为"好之恶之"的行为实践,如此好恶之情就转变为实际的行动。因此,时熙所言好恶之情,并非人之寻常好恶,而是指好好色、恶恶臭的道德本能。这点在阳明处已有说出:"人于寻常好恶,或亦有不真切处,惟是好好色,恶恶臭,则皆是发于真心,自求快足,曾无纤假者。"③在这一理路的设定下,"我—情—物—事"就成为一体,且这"一体"表现为往复连续的过程,"情"在其中起着重要的关联作用。正是在这层解说中,时熙以为"致知必在通物情",物情通则良知的道德潜能得以充分成为现实。

时熙以通训格,还需解决两个问题:"通"何以成立?如何在好恶之情上用功?对于前问,时熙认为:

> "则"自虽曰天则,然易流于意见。若"通"则物各付物,意见自无所容。盖才着意见,即为意见所蔽,便于人情不通,便非天则。天则须通乃可验,故"通"字是工夫。④

---

① (明)尤时熙:《格训通解》,《北方王门集·拟学小记》,邹建锋等编校,上海古籍出版社2017年版,第150页。

② (明)尤时熙:《化鲤私录》,《北方王门集·拟学小记续录》,邹建锋等编校,上海古籍出版社2017年版,第320—321页。

③ (明)王阳明:《与黄勉之(二)》,《王阳明全集》,吴光等编校,上海古籍出版社2017年版,第218页。

④ (明)尤时熙:《格训通解》,《北方王门集·拟学小记》,邹建锋等编校,上海古籍出版社2017年版,第150页。

时熙于此再次提到"物各付物",而"通"是达成"物各付物"状态的理想途径。由此也可以发现,时熙对阳明以"格念头"释格物保持了某种警戒之心,或者说"格念头"本身可能是有缺陷的。这其中起码有两个问题难以确定:一是如何确定念头为好为坏,二是如何"格念头",尤其在良知未明的情况下,"格念头"就是一个现实的难题。因此,时熙主张从物自身来确定人之好恶,而物则始终保持"物各付物"的状态,将人的主观意见撇开,从事物本身的立场来看待是非曲直,这样才能使我与物相通。

除此,时熙还于《大学》"物有本末"的相互关系中指出以通训格的文本依据。时熙谓:

> 上文既说"物有本末",则下文"格物"之"物"不当另有所指。下文既说"修身为本",又承上家国天下来,是家国天下为末也。若吾心好恶,则但可以言本,不可以言末矣。且本末相因而言,无末不可以言本也。又良知不虑而知,本无亏欠,若曰推及而离家国天下,非散精于闻见,即游心于杳冥,非《大学》格致之旨也。故致知必在格物,"物"字必通身、家、天下,则格之为通,益不可移易,而曰"则"、曰"正"、曰"至",皆在其中矣。①

此段指出格之为通的三层理由:第一,"格物"之"物"即"物有本末"之"物","格物"之"物"也有本末之分。第二,《大学》"修身为本"承家国天下而来,修身既为本,则家国天下为末;又身、心合一,则吾心之好恶,只可言本而不可言末。第三,良知本自圆满具足,必会推及于外,外在对象即为家国天下之物,是为"致知必在格物"。这样一来,"物"字既指吾身,是为本;又包含家国天下,是为末。如此"物"便通含身、家国天下,格物就在于将身、家国天下贯通为一个相互联系的整体。由此"格物"之"格"即为"通",格物也就是以良知之好恶通家国天下之事物。

---

① (明)尤时熙:《格训通解》,《北方王门集·拟学小记》,邹建锋等编校,上海古籍出版社2017年版,第151页。

时熙也提到,"通"并非只是简单相联,而是有其特定含义:"顺遂为通。任情则乐极生悲,能终遂乎? 肆意则利己损人,人情顺乎? 通人者必约己,虑终者必慎初,故制节谨度所以通之也。然亦只因人情而为之节文,不先立意见以待物也"。① 时熙将"通"说成"顺遂",意指人与物之间通过好恶之情自然相联,无一毫矫强作为于其间;且以"约己""慎初""制节谨度"为道德约制与章法手段,将好恶之情通贯于事物之中。与之相对的是任情肆意,它是以己之情感利害、强加于事物,以意见掺入用事,自然不能顺遂相通。

对于"如何在好恶之情上用功"之问,时熙指出:"须向所好所恶处用功。是所好所恶为物,而好恶非物明矣"。② 这种说法仍然承接"好恶必有所因"而来,也就是说,格物不是格好恶之情,而是格好恶所在知物。时熙"好恶必有所因""所好所恶处用功",坚持了阳明之于格物说的两重含义,但又有递进:一是好恶之情因物而起,格物的重点不是格念头,而在"有所因"之物。二是在物我之间以好恶之情相联结,既认为物是吾心好恶之"有所因",也以为"天下之物不出吾心好恶"③,以"有所因"取代阳明"心—意—知—物"架构中的"有所意",使物我相通的接点既来自外物,又指向外物,人之情与物之理得以有实地相接,从而避免将心之好恶与物之存在直接等同。

时熙以多年学历思索格物之解,除了对格物本身展开义理思考,还试图解决"良知如何外推"的问题,这其实也是阳明致力解决的难题。阳明学的基本道德主张,认为人己之间才力不同而纯乎天理则同,犹如精金之在足色而不在分两,但这种道德设定并不能消除生活中存在的私意障碍、作好作恶等现象。

---

① (明)尤时熙:《格训通解》,《北方王门集·拟学小记》,邹建锋等编校,上海古籍出版社2017年版,第150页。

② (明)尤时熙:《格训通解》,《北方王门集·拟学小记》,邹建锋等编校,上海古籍出版社2017年版,第150页。

③ (明)尤时熙:《答李伯生》,《北方王门集·拟学小记》,邹建锋等编校,上海古籍出版社2017年版,第178页。

阳明也以"不是不可移,只是不肯移"①作为教语加以点化,然究竟"如何移"以做到"无一毫人欲之私"则又显得较为阔疏。时熙乃阳明三传,且在北方之地,阳明之教法更需自得以求用。因此,时熙格物之训,是从"通物情"的特有视角,通过对格物的解释来言诠良知之本义。时熙所谓"良知不虑而知,本无亏欠""通人者必约己""人情不通,吾心不安"等话语,表明良知自身具有向外推扩的内在潜能。不离家国天下之事事物物,正是良知无所亏欠的外在表现,将此推致开去,物情相通,良知方能自然流行。"通物情"就是在这种过程中将良知潜能转化为现实的道德行为,实现人与物之间的相通相近。这种观点与阳明"只此良知无不具足""(良知)自有所不容已""(良知)自能尽人之情"等说法相似。且通物之情,是就人情浅近处说,与百姓实际生活多有关联:"夫婚未遂,其情睽以旷;丧未葬,其情哀以郁;流离者为还定而安集,其情怆旅寓而悲故居。如是则情塞,情塞则机滞,机滞则物与我不相通矣。斯则吾之知有未致,而物有未格。今为之置学立约,婚者、丧者、流离废业者,各济其事,通其情,而吾心不忍之知致之无不尽,此之谓通物之情,所以自通也,斯不亦物格知致矣乎!"。②"通物情"实能通到生活之尽处,如此物格而知致,良知本体自然呈现,阳明主张的"良知人人所同"③的道德情境便可简易地洋溢于生活之中,阳明良知之义得以更有发明。不过,时熙是通过将"格物"解释为"通物情"的方式来凸显良知这一本质特性,在理路言说上与阳明又稍有不同。

时熙"以通训格"说,在北方学者中引起反响。时熙弟子孟化鲤对此有言:"夫所谓理者,天理也。天理者何也? 物情之谓也。除却物情,别无天理。

① (明)王阳明:《传习录上》,《王阳明全集》,吴光等编校,上海古籍出版社 2017 年版,第 36 页。
② (明)尤时熙:《登封县创制学田记》,《北方王门集·拟学小记》,邹建锋等校,上海古籍出版社 2017 年版,第 208—209 页。
③ (明)钱德洪编、(明)罗洪先考订:《年谱二》,《王阳明全集》,吴光等编校,上海古籍出版社 2017 年版,第 1411 页。

欲尽天理,须通物情,《大学》格物所以为明德、亲民、止至善之道。"①直接以物情来解释天理,甚至将物情等同于天理,这在阳明后学中是比较突出的。即便在阳明那里,也只是从事物的现象层面来谈"物情"。按照这种说法,欲尽天理,只要通物情即可,"通物情"就成为尽天理的关键条件。在"物情"这一规定下,"格物"一开始也就具有道德的意义,或者说,格物本身就是明德、亲民、止至善的体现。孟化鲤的"物情"之说,显然来自时熙,又对时熙的说法加以拔高。其说尽管有所不同,然都在良知学的范围之内:当以"好好色、恶恶臭"的自慊态度加诸家国天下身心而无歉,则物情莫非天理,格物就是循良知而行,亦莫非是道。

另一北方王门学者张后觉则对"通物情"提出了批评:"格者则也,物之正也。《诗》言:'有物有则,民之秉彝。'故物之理既正,心之知自全,诚正修齐治平皆是物,皆各得其则者也。《诗》言'顺帝之则',以此是物格而知至也。前辈训物格为通物情,恐于格则之义犹尚未悉。"②这里的"前辈"当指朱得之。时熙指朱氏解格物之格,与阳明大旨不殊,而字说稍异,③表明朱氏已形成关于"格"的新解释,时熙又继承朱氏之说,由此在北方王门学者中进一步传开。张后觉与时熙两人似未曾谋面,但两人通过各自弟子闻听对方之学则是肯定的。时熙曾寄书张后觉,谈到其中些许细节:时熙弟子孟化鲤、李根与张后觉弟子孟秋在京师曾有相见,时熙从两人处得知孟秋之学源于张后觉,又从李根处得闻张后觉之《教言》,对张后觉之学有心动之意,然因"衰病连年",不便远行,终未得一见。④ 尽管如此,张后觉对时熙的"以通训格"之说当很熟悉,但

①　(明)孟化鲤:《答陈连山》,《北方王门集·孟云浦先生》,邹建锋等编校,上海古籍出版社2017年版,第418页。

②　(明)赵维新:《存心第七》,《北方王门集·感述续录》,邹建锋等编校,上海古籍出版社2017年版,第762页。

③　(明)尤时熙:《纪闻》,《北方王门集·拟学小记》,邹建锋等编校,上海古籍出版社2017年版,第228页。

④　(明)尤时熙:《与张弘山》,《北方王门集·拟学小记续录》,邹建锋等编校,上海古籍出版社2017年版,第292页。

他不赞同时熙的说法。据张后觉语意,"格"当训为"则",意谓物物各有确然不易之则,此"则"乃天然自有之中,故为万事之取正者;循其天然之则,就能物格而知至。因此张后觉主张"学问只在本体上做,莫在好恶上落脚。果在本体上做,自然能好能恶;若著在好恶上,便分了"①。这里的本体,就是良知之体,也就是张后觉所言之"则"。其实两人都以良知为学的,但在格物观上还是有很大区别,尤时熙认为以则训格"易流于意见",而张后觉以为若著在好恶上,则可能使格物工夫截分为若干片段,反而不能将"我—情—事"贯通为一体。尽管尤、张两人的格物说有不同,我们仍可将二说视为他们对传统格物命题所提出的新见解。

三、于见在职分上用功

张元忭将时熙之学归于提撕本心,继而又指出:"迨其晚年,病世之学者崇虚见而忽躬行,甚且误认不良之知而越绳墨以自恣。先生叹曰:'孔门教人,必以孝悌为先,忠信为本,其虑深矣。'故其议论必依乎中庸,切于日用,而不为玄虚隐怪之谈,其善学文成而救其末流之弊又若此"。② 元忭认为时熙之学有前后两个阶段,早年以提撕本心为主,阐发阳明良知观;晚年针对世之学者多失阳明良知真意的言行,其学转向切于日用,以纠王学末流之弊。另据孟化鲤回忆,在其始学于时熙时,时熙语之曰"学问无他,在毋自欺";他日又说"阳明先生说致良知最尽";顷年"有慨于世之学者动辄谈及玄虚要眇之乡,以为入微,而考其躬行则不逮,故惓惓勉以职分见在处用功"③。这里化鲤又将其师之学析之为"三变",即"毋自欺—致良知—于见在职分用功"("见在"即

① (明)赵维新:《存心第七》,《北方王门集·感述续录》,邹建锋等编校,上海古籍出版社2017年版,第762页。

② (明)张元忭:《河南西川尤先生墓铭》,《张元忭集》,钱明编校,上海古籍出版社2015年版,第296页。

③ (明)孟化鲤:《祭西川尤先生文》,《北方王门集·孟云浦先生集》,邹建锋等编校,上海古籍出版社2017年版,第479页。

"现在")。张元忭和孟化鲤对时熙之学的"两段三变"之说,都可以反映时熙之学的变化。其实,"切于日用""于见在职分用功"本是良知之教的应有之义,因此我们可将之视为时熙提撕本心之学的内在延伸。

时熙以为"职分"之说在孔子时就已有之:"因省孔门之教,职分之外无说,故子贡有未闻性道之言。盖是未尝以为言,因人请问,只谈职分耳。今也谈道理而略职分,且其未尝实有诸己,而为此虚见也。"①时熙对孔子不轻言性命的做法进行了新的解说,认为这是孔子重职分的结果,同时提醒学人重拾孔门教风,遵循儒家为学之本。对于何为"职分",时熙没有给出具体说明,从词意上看,是指应事接物时所持的本分之心,也就是他所说的"实有诸己"。不过,对于时熙所言"职分"之意,我们还可有进一步的分析讨论。

孟化鲤忆及时熙之教时提道:"先生教人,只是要尽见在职分。尝曰:'九天之上,天也,眼前亦天也;九地之下,地也,脚下亦地也。如今只管眼前脚下实实行去,不论九天之上、九地之下,然眼前之天,脚下之地,即九天之天,九地之地也。'"②化鲤用形象之语指出职分就是眼前之天、脚下之地,实际上就是当下之时、当下之事,化鲤称之为"见在职分","尽见在职分"也就是"只管眼前脚下实实行去"。在时熙看来,于眼前事而尽职分,是破解世之学者崇虚见而忽躬行的良策,也是他晚年所极力主张的生活实践之道,故时熙又有"职分故道理之实地也"③之说。

然"实地"究竟为何?时熙曾言:"孔门之学,以孝悌为为学之本。其论学也,曰主忠信;为终身可行,曰其恕乎。平实简易,无玄虚也。"④在他看来,孔

---

① （明）尤时熙:《与近斋先生书》,《北方王门集·拟学小记续录》,邹建锋等编校,上海古籍出版社 2017 年版,第 263 页。
② （明）孟化鲤:《化鲤私录》,《北方王门集·拟学小记续录》,邹建锋等编校,上海古籍出版社 2017 年版,第 323 页。
③ （明）尤时熙:《答李两山(丁卯)》,《北方王门集·拟学小记》,邹建锋等编校,上海古籍出版社 2017 年版,第 170 页。
④ （明）尤时熙:《新安县创建函关书院记》,《北方王门集·拟学小记续录》,邹建锋等编校,上海古籍出版社 2017 年版,第 303 页。

门之学就是生活中实实在在的常行常理,因而时熙之教语也时时体现这一点,"西川先生语录,条条皆从实体中来,皆与日用有关系,真人事皆天则也"①。孟化鲤于此最有体悟:"是故先生之教吾党,一则曰孝悌,一则曰忠信,一则曰饮食男女,而尤拳拳于'恕'之一字,外是无说焉。夫道一而已矣,职分即道体也。譬汲水然,未闻汲水者舍面上而从事渊底也,面上水与渊底非两也。先生之学,所为称平实易简,由姚江而上接伊洛之脉乎!此洙泗正脉也。"②由此看出,时熙日常所教,无非儒家一贯强调的道德之理和生活之事,这也就是张元忭所说的"依乎中庸、切于日用"。值得指出的是,化鲤将时熙的"职分之教"等同于道体,认为日用常行中的这种职分之事理是道体的真实呈现,而这正是伊洛洙泗之学的要诀。这是孟化鲤对时熙之学的深度理解。时熙指孔门之学平实简易,是因为其学面对的是生活日用之事,百姓日用条理处处都当以孝悌、忠信等道德规范为矩矱。也就是说,儒学本具有生活性、实践性,脱离生活实践来谈性理,岂是儒学之本然?阳明言其格致诚正之说,"是就学者本心日用事为间,体究践履,实地用功,是多少次第、多少积累在,正与空虚顿悟之说相反"③,力主从生活实地之处用功。至于世之学者陷于玄虚要眇之乡,已非阳明之初衷。

故而时熙提出"于见在职分上用功",既是针对当时世之学者有感而发,就良知学的内在意蕴而言,也是对阳明之说的续承。孟化鲤就此谈道:"(时熙)晚年有慨于传文成之学失其真,以至于指良知之上还有一层,则喟然叹曰:'夫良知,无终始,无内外,安得更有上面一层?'于是令学者只于见在职分上用功。……此其立教平实易简,使学者循之可以入道,而不至以虚见为实

---

① (明)孟化鲤:《尊闻录》,《北方王门集·孟云浦先生集》,邹建锋等编校,上海古籍出版社 2017 年版,第 376 页。

② (明)孟化鲤:《祭尤师母解夫人文》,《北方王门集·孟云浦先生集》,邹建锋等编校,上海古籍出版社 2017 年版,第 477 页。

③ (明)王阳明:《答顾东桥书》,《王阳明全集》,吴光等编校,上海古籍出版社 2017 年版,第 46 页。

际,可谓有功文成。"①依此看,"于见在职分上用功"本内在于良知学之中,这种观点符合良知学的内在义理要求。附带指出的是,针对时熙这种用功实践,黄宗羲指"先生以道理于发见处始可见,学者只于发动处用功,故工夫即是本体,不当求其起处",意谓只重外在工夫,而忽略工夫所由之根本。事实上,当我们把时熙论"知止""以通训格"与"职分用功"作为整体性的逻辑链条来看待时,黄宗羲的疑问是可以消除的。

第二节　从"天聪明"到"只体得一良字":
张后觉之学的前后转进

张后觉(字志仁,号弘山,1503—1578),山东茌平人。后觉事父母至孝,里中称为长者,一时学人多宗之。后觉仕宦不高,曾至华阴县训导。据《明史》载,后觉"早岁闻良知之说于县教谕颜钥(号钟溪,1498—1572),遂精思力践,偕同志讲习。已而贵溪徐樾以王守仁再传弟子来为参政,后觉率同志往师之,学益有闻"②。颜钥为江右学者,得阳明亲授,能发阳明之旨,不过在《明儒学案》中未见对颜钥的专门介绍。据《茌平县志》记载,颜钥号钟溪,"恭慎持范,雅意作人,发阳明、白沙之旨,以授弘山"③。后觉得良知之说于中溪,自谓有"把柄在我矣"④之感。徐樾(字子直,号波石,?—1552)先事阳明,后卒业泰州学者王心斋之门,有泰州学派之风,主张"天聪明"之说⑤,有视良知为现

----

① (明)孟化鲤:《河南西川尤先生行状》,《北方王门集·孟云浦先生集》,邹建锋等编校,上海古籍出版社 2017 年版,第 376 页。

② (清)张廷玉等:《明史》卷二百八十三《儒林二》,中华书局 2013 年版,第 7287 页。

③ (清)王世臣修、孙克绪纂:《茌平县志·儒林》,《中国方志丛书· 山东省》,(台北)成文出版社 1976 年版,第 261 页。

④ (明)丁懋儒:《弘山张先生墓志铭》,《北方王门集·张弘山集》,邹建锋等编校,上海古籍出版社 2017 年版,第 664 页。

⑤ (清)黄宗羲:《布政徐波石先生樾》,《明儒学案》,沈芝盈点校,中华书局 2008 年版,第 728 页。

成、以不犯做手为妙诀的思想倾向。另据《四库全书总目》记载,后觉也尝受业于时熙,《明史·儒林》因此将后觉传置于时熙传之末。后觉师事数人,得以窥见良知堂奥并在北地传播阳明学,有"道日益弘,四方之士云集,科目多出其门"①之誉。

《四库全书总目》记有《宏山集》("宏山"即"弘山")四卷,凡《教言》一卷、《语录》一卷,为门人赵维新所编;第三卷为弘山志铭一篇、诗三篇、书五篇;第四卷附录传志之类。《总目》对后觉之学评价不高,指其教言、语录皆为窅冥恍惚之谈。《明史》则评价较高,认为后觉"平生不作诗,不谈禅,不事著述,行孚远近"②,与《总目》的评价相去甚远。后觉生平不喜著述,其孙张尚淳于此有一说:"先大父生平不喜著书,所训诲诸子姓者,家法具在,若索之竹素则无矣。存日《教言》一册,乃我疆孟先生所纪录,非家藏也"。③ 有家法但无著述。《教言》有另一种说法:"先生不著述,尝劝之,先生曰:'《五经》《四书》,圣贤论学俱已详透,但人不肯体察耳。圣学只要传人,不在著述。'"④后觉以为,后人能体察、传继儒家经典,没有自我立说的必要。此外,后觉还指出"言不可执以为至",若刻之于书,则有"执以为至"意图;且讲语乃是与众人共同商榷而形成,不可得而私之,故不予刻梓为妥。⑤ 以上几点,都是后觉不事著述的原因。但弟子孟秋(字子成,号我疆,1525—1589)等人认为其师之教可以"为书绅法":"秋侍先生二十有余年,于学虽无得,凡有所闻,即私记之,以为书绅法。今以宦游去先生三四载,未获亲炙其真意,而切磋于友朋,愿备

---

① (明)丁懋儒:《弘山张先生墓志铭》,《北方王门集·张弘山集》,邹建锋等编校,上海古籍出版社 2017 年版,第 664 页。

② (清)张廷玉等:《明史》卷二百八十三《儒林二》,中华书局 2013 年版,第 7287 页。

③ (明)张尚淳:《重刻语录叙言》,《北方王门集·张弘山集》,邹建锋等编校,上海古籍出版社 2017 年版,第 622 页。

④ (明)张后觉:《教言》,《北方王门集·张弘山集》,邹建锋等编校,上海古籍出版社 2017 年版,第 625 页。

⑤ (明)赵维新:《弘山先生教言后序》,《北方王门集·张弘山集》,邹建锋等编校,上海古籍出版社 2017 年版,第 674 页。

述其始末教言,录之与同志者一诵法云。"①赵维新也力主著书:"道贵公诸其人耳。一人闻之,不若百千万人闻之之为广;一世诵之,不若百千万世诵之之为长。为其鸣于世而刻之,则书不可刻;为其公诸人而刻之,则不可不刻也。虽刻之,亦与天下后世共商榷之耳。"②因此尽管后觉不甚支持,但在孟秋等人的努力下,后觉之教言也得以流传下来。《教言》除孟秋有私记外,尚有赵维新、张后觉之弟张后伸、后觉之子张一本及门人赵遑等人所录,构成了较为完整的《教言》内容。《四库全书总目》指《教言》《语录》乃赵维新所编,是从主记者而言。围绕《教言》而形成的为学团体,如同因《传习录》而形成的团体一样,都属于阳明后学的一部分。

除《教言》外,《弘山集》另有语录若干。关于《语录》的形成和刊刻,孟秋记之甚清晰:"万历丙子(1576 年)春,愚宰黎,闻弘山先生北游燕邸,会楚侗诸公相与论学,以印孔门正脉。愚遣人迎之,至昌黎则暮春矣。是时馆于萧寺,讲于书院,乡先生及生徒素志学者数十人,晨夕相继,请益不间……凡所至止,诸生从之游,质疑求正。先生循循诲之,亹亹不倦,每聆教言,即时纪之,备在语录中。虽精微妙旨,非诸生可悉,而阅其大端,亦宛然授受意也。愚收而集之为一帙,将以备诵法也"。③ 由此可知,《语录》是后觉在昌黎的讲学语录,时孟秋正任职于此,于是迎请后觉到此讲学,并将后觉教言加以记录整理,以备诵法之用。万历戊子(1588 年),孟秋如京,将私记语录示之杨起元(字贞复,号复所,1547—1599),请杨氏为之作序,浙江的乐先生(生平不详)为之刻梓,《语录》遂成。这点在张尚淳的语录序言中可进一步看出:"兹录所载,悉昌黎讲道堂中语,齐君辈录之,而寿之梓则浙右乐先生也。夫昌黎齐君(齐鸣

①　(明)孟秋:《弘山先生教言序》,《北方王门集·张弘山集》,邹建锋等编校,上海古籍出版社 2017 年版,第 621 页。

②　(明)赵维新:《弘山先生教言后序》,《北方王门集·张弘山集》,邹建锋等编校,上海古籍出版社 2017 年版,第 674 页。

③　(明)孟秋:《弘山先生语录后序》,《北方王门集·张弘山集》,邹建锋等编校,上海古籍出版社 2017 年版,第 676 页。

凤,孟秋弟子),我疆先生门下士,录皆于先大父面谈。若乐先生与先大父为两世,颜色未始接,謦欬不相闻,乃以齐君所录为先大父寿梓。"①在《语录》来源、刊梓人物上,张氏所记与孟秋所记无二。不过,张氏所写《叙言》是万历己亥(1599年),此时距离孟秋所写语录后序已有二十余年。所记《语录》诸人,除孟秋外,尚有齐鸣凤、宋馈粟、王荐、吴大定、张国祥、宋维周、张尚澹等人。诸人合力,遂有《昌黎学道堂讲语》的刊梓,同时也在昌黎形成一个学术团体。

赵维新另编有《感述录》和《感述续录》若干篇。所谓"感述"者,乃"感弘山先生而述之,志范也"②,意即以其师之言为学习范本。《感述录》和《感述续录》既是对后觉之言的记述,其实也是赵维新及其他学人思想观点的表达,是师门间围绕为学问题而展开的一系列思想交流。

在部分文稿形成之后,孟秋、赵维新以及岳石梁等诸君子将张后觉《教言》《语录》以及部分文、诗、书、传等汇聚在一起,编辑成《弘山集》,并在东昌一带流传。已是清康熙之时的张后觉四世孙张愚就已流传的《弘山集》指出:"高王父生平不喜著作,其书皆非手授。《教言》成于孟秋,《语录》成于岳石梁,诸君子而诗歌吟咏与夫翰札往来,以及诸名公附语,先严纂修于数十年之余,在当日犹或舛讹,再传而后得无散轶错谬之失欤?"③此番话有两个细节:《弘山集》除《教言》《语录》外,尚有诗歌、书信以及名公附语,这与《四库全书总目》所记体例大体一致;已有弘山文集有散轶错谬之处,需要重新修订。在这种情形下,司理范景文、邑侯毕佐周重梓《弘山集》,并订此前未曾行世的诗

---

① (明)张尚淳:《重刻语录叙言》,《北方王门集·张弘山集》,邹建锋等编校,上海古籍出版社2017年版,第622页。

② (明)赵维新:《感述录序》,《北方王门集·感述录》,邹建锋等编校,上海古籍出版社2017年版,第683页。

③ (明)张愚:《重刻三先生集后叙》,《张弘山先生集》,明别集丛刊第二辑第六十三册,沈乃文主编,黄山书社2015年版,第408页。

歌、书信等诗文;又将之与孟秋文集、赵维新文集汇为一册,名为《茌邑三先生合刻》。① 书集成于万历戊午(1618 年),范景文、毕佐周先后为之作序。据毕佐周透露,他和知府岳石梁也曾谋划合刻三人文集②,发干后学张凤翔在《感述录序》中也提到岳石梁读后觉书,亦有"亟欲公诸海内"之意。③ 可知在弘山集和茌邑三先生著述合刻的事宜方面,岳氏付出了很多心力。另据清代学人毕忠吉所述,茌平学者王北山托付他为三先生重梓其集,事成后毕忠吉于康熙三年(1664 年)也写有序,以纪三先生文集告成之事。④ 又据自称"云阳后学"的贺宿提及,癸卯(1663 年)之秋,王北山奉使来南京,贺宿与之会于此,期间"北山出其乡三先生集,嘱为重梓",后贺宿也为之作《重刻三先生集后序》⑤,以纪其事。由此看出,后觉及孟秋、赵维新的著作能在后世流传下来,与茌平王北山"独切切于三先生之遗书,急为表章以公世"的努力有很大关系。当然,与王北山有道义之交的贺宿也功不可没。这些学者与官员,因《弘山集》而结缘,亦不失为学坛一段佳话。

明别集丛刊第二辑第六十三册有《张弘山先生集》四卷,其中第一卷为"教言",第二卷为"语录",第三卷为"文、诗、书",第四卷是关于后觉的墓志铭、传志;卷末附有"诸名公评"。孟秋之《孟我疆先生集六卷》(存卷一、五、六)、赵维新之《感述录六卷续录四卷》也俱载于明别集丛刊第二辑第六十三册,列于《张弘山先生集》之后。三书都为"清康熙五年刻道光十六年补刻茌

---

① (明)张愚:《重刻三先生集后叙》,《张弘山先生集》,明别集丛刊第二辑第六十三册,沈乃文主编,黄山书社 2015 年版,第 408 页。

② (明)毕佐周:《合刻三先生文集原叙》,《张弘山先生集》,明别集丛刊第二辑第六十三册,沈乃文主编,黄山书社 2015 年版,第 406 页。

③ (明)张凤翔:《感述录序》,《北方王门集·张弘山集》,邹建锋等编校,上海古籍出版社 2017 年版,第 679 页。

④ (明)毕忠吉:《合刻三先生文集序》,《张弘山先生集》,明别集丛刊第二辑第六十三册,沈乃文主编,黄山书社 2015 年版,第 401—402 页。

⑤ (明)贺宿:《重刻三先生集后序》,《张弘山先生集》,明别集丛刊第二辑第六十三册,沈乃文主编,黄山书社 2015 年版,第 407 页。

邑三先生合刻本"。今之学者邹建峰等点校的《北方王门集》载有《张弘山集》四卷,与明别集丛刊一致;赵维新《感述录》六卷、《感述续录》四卷,在卷例上也与明别集丛刊一致,惜未收入《孟我疆先生集》。

一、"天聪明"之说

张后觉早岁曾讲"天聪明"之说,孟秋于此有记:

> 秋初见先生问学,即讲"天聪明"三字,谓:"吾人是非邪正,一触而知,是聪明也,何虑何学,乃天然聪明也。如今顺我天聪明应去,便是圣学。"秋遂恍然有悟,因歌之曰:"耳本天聪,目本天明,因物付物,人道乃成。"①

"聪明"就其本义而言,是指耳辨闻、目辨物,这是耳目的天然功能,称为"本聪""本明",或合称为"天聪明"。天聪明是本来如此,损不得分毫,如脱离声色或流连声色,都是对"天聪明"的损坏。只有顺其本有之性,既存聪明之体,又显视听之用,才符合"天聪明"本有之质。在儒学内部,"天聪明"往往不是就耳目处说,而是以耳聪目明为言说依据,延伸为对最高本体的叙说,如此也就有了"人性之虚而且灵者,无如心与耳目。目之所视,不离世间色,然其视之本明,不染于色;耳之所听,不离世间声,然其听之本聪,不杂于声;心之所思,不离世间事,然其思之本觉,不溺于事"②的类比阐述。目之所视,然不染于色,是为本明;耳之所听,然不杂于声,是为本聪;心之所思,然不溺于事,是为本觉。心之本觉与耳之本聪、目之本明就联系在一起。这种言说方式当然有它的妙处,既可形成语言上的一气连贯之势,也从熟知的事物中推出欲知之事,而"欲知"正是言说的重点。后觉所指"天聪明",显然是从心之本觉的

---

① (明)张后觉:《教言》,《北方王门集·张弘山集》,邹建锋等编校,上海古籍出版社 2017 年版,第 623 页。

② (清)黄宗羲:《太常徐鲁源先生用检·兰游录语》,《明儒学案》,沈芝盈点校,中华书局 2008 年版,第 309 页。

角度而言。心本明觉,是非斜正,一触而知,自有无限生机,无须以外在的"虑学"对之计较安排。只顺这生生之机,日用百为,无非天聪明用事。这就是后觉论"天聪明"的用意所在。

张后觉"天聪明"之说,与其师徐樾有关:"耳聪目明,天然良知,不待思虑以养之,是明其明德。一入思拟,一落意必,则即非本然矣"。① 将耳聪目明的本然状态与良知的天然状态相等同,是徐樾在"天聪明"观上的基本观点。明透之人,不以思虑限良知,故良知天则自现,因而也就耳目聪明;心思睿智,遇到形色之外物,也能无滞无碍,其实也就是天然良知在实际生活中的呈现。因此,"耳聪目明"所触及的对象,不仅仅指向形色和声音,实际上它还指向更为广的生活空间,人在日常生活中表现出来的视听言动都可纳入其中。如此一来,人的视听言动其实也就是良知在生活空间里的本来呈现,乃至视听言动即良知本体,也就是"天聪明"。这种观点在泰州学派学者中很有典型性。泰州学者王襞(字宗顺,号东崖,1511—1587)也指出:"人之性,天命是已。视听言动,初无一毫计度,而自无不知不能者,是曰天聪明。"②视听言动顺其本来而行之,即为天聪明,也即天命之性。在这种理论规范下,天命之性即为气质之性,先天后天同为一体,形上形下合为一原。后觉的"天聪明"之说,显然也带有泰州学派的色彩。

与"天聪明"相关的两个理论问题:先天与眼前的关系,天与己的关系。关于前者,后觉有言:"先天人不识,至道古难传。将以为远耶? 即目前俱足。将以为近耶? 亦谁能透得? 非道之难传,在不识者难之"。③ 意谓先天并不遥远,它表现在"目前俱足"的各种生活事件中;然要从具体的生活事件中体察

① (清)黄宗羲:《布政徐波石先生樾·语录》,《明儒学案》,沈芝盈点校,中华书局 2008 年版,第 728 页。

② (清)黄宗羲:《处士王东崖先生襞·东厓语录》,《明儒学案》,沈芝盈点校,中华书局 2008 年版,第 722 页。

③ (明)张后觉:《教言》,《北方王门集·张弘山集》,邹建锋等编校,上海古籍出版社 2017 年版,第 634 页。

到先天之理的存在,亦非易事,只有真正理解二者之间的关系,才能于眼前之事返识先天之理。赵维新听取后觉此番话后,豁然有悟,歌之曰:"每道先天在眼前,眼前无处不通玄。直须坦步青云上,日日说天不是天"。① 如此先天之理即为眼前之事,眼前之事方是先天之理。"天聪明"之说引发的另一理论后果是,既然眼前之事为先天之理,眼前之事又由自我来承担,那么己是否就是天? 在这一问题上,后觉承认"己即天",但己是依乎天而行事,如此时时事事才是天则运用,才是先天之理的真实呈现:"己即天也,为仁由己,是时时事事本乎天。若曰以躯壳之我做仁,是人为也,妄也,而由人乎哉? 礼既复矣,则时时事事皆天则运用。视听言动,肯着在非礼上?"。② 也就是说,如以躯壳起念,任由人之妄为,此时的"己"就不是真己,视听言动也就不是先天之理的呈现。

因此,后觉所说的"己即天"中的"己",实际上指的是真己。由真己而行,自然平常的耳聪目明才是"天聪明"。这也就是后觉所言"在形声之中而有不落形声者在,即至善之理也"③,至善之理保证"形声"之类的感性行为共有善的本质。这点在后觉论"真乐"上亦可看出:

> 一日问孔颜之乐。先生曰:"'饭疏食'一章见之。孔子说我饥了吃些饭,渴了饮些水,倦了曲肱而枕,乐在其中矣;若不义,富贵如浮云。然看他饥食渴饮,无一毫意必安排,正是天然顺适,不假人力,便是真乐。颜子不改其乐,亦是此意。"④

初看之下,后觉之说有将人的自然本能等同于人的道德本性之惑。这里要

---

① (明)张后觉:《教言》,《北方王门集·张弘山集》,邹建锋等编校,上海古籍出版社2017年版,第634页。

② (明)张后觉:《教言》,《北方王门集·张弘山集》,邹建锋等编校,上海古籍出版社2017年版,第635页。

③ (明)张后觉:《教言》,《北方王门集·张弘山集》,邹建锋等编校,上海古籍出版社2017年版,第634页。

④ (明)张后觉:《教言》,《北方王门集·张弘山集》,邹建锋等编校,上海古籍出版社2017年版,第623页。

区分其中的同异。人作为自然存在物,与其他生物一样,有自然本能的渴求和表现,如饥食渴饮、视听言动、耳聪目明等,这是其"同"。但是,正如我们前面所指出的,耳之本聪、目之本明、心之本觉,都是在与形声之物的接触中才能显现其特质,人高于其他生物的高妙之处,在于能在饥食渴饮、视听言动的相似行为中,做出道德性的选择,以符合先天之理和社会伦常。人有饥食渴饮,但能排除意必安排,就是人高于动物之处;人有视听言动,但能做到非礼勿视听言动,就是合其本然,乃为天则。因此,后觉之所谓"乐",实际上是强调乐的本来状态,突出乐的道德性因素,是从"真乐"的角度而言,而真乐即为先天之理。故后觉又说:"不知人心本无一物,当乐自然乐之,没有一毫偏向之心,斯之谓良也。推之喜怒哀乐,亦然。"①人心本无一物,故不可染着色象,亦不可有执持;当乐则乐,以道德之心对待生活情境。这就是后觉焕然自信的心体之"良"。

二、"近来只体得一良字"

在张后觉给孟秋的信函中,屡次提到对"良"的体悟。其中一书云:"近数载只悟一'良'字……冀吾子时时体此,千里之祝,亦只有此而已。"②可见后觉对"良"字有了自己的独特领悟。此外,在《教言》《山中会语》和《昌黎学道堂讲语》中,后觉也多次谈到这点。那么,后觉所说"近来"是指何时?《教言》在万历二年(1574年)时已经完成,此时孟秋因宦游在外,与后觉不见面已三四载,后觉谓"近来"当在1570年前后,此时后觉已近七十。③ 孟秋于隆庆五年(1571年)至万历四年(1576年)在昌黎县④,按这个时间来看,此时后觉已

---

① （明)张后觉:《语录》,《北方王门集·张弘山集》,邹建锋等编校,上海古籍出版社2017年版,第636页。

② （明)张后觉:《报孟我疆(三)》,《北方王门集·张弘山集》,邹建锋等编校,上海古籍出版社2017年版,第661页。

③ （明)孟秋:《弘山先生教言序》,《北方王门集·张弘山集》,邹建锋等编校,上海古籍出版社2017年版,第621页。

④ （明)孟化鲤:《我疆孟先生传》,《北方王门集·孟云浦先生集》,邹建锋等编校,上海古籍出版社2017年版,第456—457页。

逾七十。因此,后觉谓近来体得良知之"良",当在其古稀之年前后已有定见,此时这种认知自当是细密而成熟的。后觉以自己多年所悟作为心得和教言授之于众,显示其学有强烈"自得"成分,后觉对此信心满满,由此亦可看出后觉已由此前主张的"天聪明"之学转为"良、知合一"之学。

后觉从多方面展开对良知之"良"的论述:

此良字是我原来本体,浑浑沦沦,忘物忘我,再无知见。①

外此言知,不是真知;外此言能,不是真能。此本然之善也,生而有者也。②

此良本无蔽塞,本无昏暗,故又谓之明。③

在张后觉看来,"良"就是"原来本体",意即从本体的角度来界定"良"。既如此,后觉认为本体之良当有其基本规定:第一,良知排除知见的参与。知见所指,包含功利嗜好、技能闻见、一切意必固我等遮迷良知本性的各种内外因素,其实也就是人的世俗功利状态的体现。吾人常犯的一个错误,往往将知见等同于良知,因此后觉说"知见甚害事"④。后觉于此指出:"世之英杰皆始于知其可而为之,知其不可而不为,只一知字,便属在我,而非天然之知,不可以语良矣。不知其可而所为自可,不知其不可而不可自不为,斯谓之良,斯为孔子之学。"⑤世之英杰以其所谓的"知"来判别何事可为、何事不可为,凡有利于自己的就去做,不利于自己的则避而远之,这便是添知见,便不是良知本体;而心存"良"的人,不预计个人利害,只顺良知本性而行。天然之知与"世

---

① (明)张后觉:《昌黎学道堂讲语》,《北方王门集·张弘山集》,邹建锋等编校,上海古籍出版社 2017 年版,第 652 页。

② (明)张后觉:《昌黎学道堂讲语》,《北方王门集·张弘山集》,邹建锋等编校,上海古籍出版社 2017 年版,第 632 页。

③ (明)张后觉:《昌黎学道堂讲语》,《北方王门集·张弘山集》,邹建锋等编校,上海古籍出版社 2017 年版,第 636 页。

④ (明)张后觉:《昌黎学道堂讲语》,《北方王门集·张弘山集》,邹建锋等编校,上海古籍出版社 2017 年版,第 652 页。

⑤ (明)张后觉:《山中会语》,《北方王门集·张弘山集》,邹建锋等编校,上海古籍出版社 2017 年版,第 636 页。

俗之知"明显有别,"良"的本体性质和地位排除了知见的参与,因此将良知与知见等同显然不合良知本来规定。第二,良即为本然之善。在这个意义上,良即阳明所说的良知,朱熹所说的天理,都是至善之理。第三,良又谓之"明"。按后觉之说,良作为道德本体,本无蔽塞、本无昏暗,故为昭明之体。而"明"又具有"著察"之性:"良知昭明,如此灯光明,何等著察。"①意即良知具有光明本性,最易让人体悟觉察,成为吾人行习的向导。故后觉又曰:"性体灵明不昧,原自著察,行之习之,岂有不著察者?"②因此,后觉之谓"明",仍是从本体着眼,从良知的本质属性而谈。

既然"良"乃为至善,就是良知,后觉为何还要再三申明对"良"的体认?除了上文提到的为了避免将良知与知见等同外,后觉还指出:"天然自有之谓良,良乃真我。人我之我,去真我远矣。人我之我不去,则真我不复,虽从事于学,何益?"③因此突出"良"字,乃为去除"人我之我"而复归真我。后觉另又提道:"今人开口就有自家作主张意思,此自家乃是躯壳上起的,便属妄了。若是真自家,就从生天生地、生人生物一点灵明加减分毫不得处来的,故谓之良。"④"良"的提出,也是为了摒弃自家私意,回到"良"的本来状态。这其实也是后觉多次提到的"真":

> 山中得子成书,说今之所谓良即昔之所谓真,最是最是。但真有天、人,真出于天,正是良;真自人为,都是妄。出于天者,此中光光净净,无分毫渣汁,物来则顺应之而不穷;真自人为,虽不虚诈,便有自以为是的意思在,便不可以语良矣。良知二字不可分,良就是知,知

---

① （明）张后觉:《教言》,《北方王门集·张弘山集》,邹建锋等编校,上海古籍出版社 2017 年版,第 627 页。
② （明）张后觉:《昌黎学道堂讲语》,《北方王门集·张弘山集》,邹建锋等编校,上海古籍出版社 2017 年版,第 647 页。
③ （明）张后觉:《山中会语》,《北方王门集·张弘山集》,邹建锋等编校,上海古籍出版社 2017 年版,第 636 页。
④ （明）张后觉:《山中会语》,《北方王门集·张弘山集》,邹建锋等编校,上海古籍出版社 2017 年版,第 636 页。

就是良。良外无知，知外无良，须要识得只是一个。①

子成即孟秋。在"良"即"真"这点上，后觉对孟秋之解深感认可。然后觉同时指出，真出于天乃为良，因天是自然本体，无丝毫人为；如出自人为，则为妄，因人为中早有私意。由此而言，后觉论良知之"良"，首要目的在确立其作为道德本体地位的崇高性，除去知见、人我等外在因素对良之本然的干扰和毁坏。依明末清初学者李颙（字中孚，号二曲，1627—1705）的说法，时人说良知，"或从意见生出，或从才识得来，或以客气用事，或因尘情染著"②，四者皆非良知本来所固有，然都以良知的面貌出现，需要辨识并加以回驳。当然，尽管后觉认为良就是知、知就是良，而有"良知两字甚莫分，致良便是致知人"③之诗句，然张后觉认为"知"有被认为是"知见""情识"的可能，因而只强调"良"而不说"知"："只说一良字，再不消说知字；说良，而知自在其中矣。人能体此良字，自然本体灵明，日觉有益"。④"良"由此成为张后觉之学的思想核心。

其实，这也是阳明在良知观上的立场。晚明学者顾宪成于此曾指出："《大学》言致知，文成恐人认识为知，便走入支离去，故就中间点出一良字。《孟子》言良知，文成恐人将这个知作光景玩弄，便走入玄虚去，故就上面点出一致字，其意最为精密。"⑤可见阳明为学之良苦用心。后觉再三申明良知之良，亦何尝不是如此？尤应看到，山东茌平为阳明学北传之地，在程朱之学仍占主流地位的情形下，后觉如此大力张扬良知之学，这对于王学在北方的传播

---

① （明）张后觉：《山中会语》，《北方王门集·张弘山集》，邹建锋等编校，上海古籍出版社2017年版，第637页。

② （清）李颙：《二曲集》，陈俊民点校，中华书局1996年版，第99页。

③ （明）张后觉：《良知歌》，《北方王门集·张弘山集》，邹建锋等编校，上海古籍出版社2017年版，第659页。

④ （明）张后觉：《昌黎学道堂会语》，《北方王门集·张弘山集》，邹建锋等编校，上海古籍出版社2017年版，第640页。

⑤ （明）顾宪成：《小心斋札记》卷四，《顾端文公遗书》，四库全书存目丛书子部第14册，齐鲁书社1995年版，第271页。

与发展无疑更具别样意义。还需指出，当时江以南学者著书以明良知之说者甚多，不过大都"高者或过于玄远而无当，其次或凑泊牵附而未融"，而后觉直揭良知本体，非高远亦非凑泊，这于良知学意域的充盈丰实，也具有重要作用。故张元忭赞后觉"即令文成复起，且首肯之矣"①，亦是由衷之言。也当看到，在阳明那里，"良知"都是二字连用，不单独说"良"或"知"，因为在阳明看来，良知本具有整体意义，无须分开来谈。后觉指良与知不可分，似重复无新意，但实际是针对当时学界出现的新问题而言，于阳明之良知而言，也是一种强调和变转。

在阳明后学中，对"良"字之义也多有讨论。江右学者欧阳德如此论"良"："知之良者，盖天性之真，明觉自然，随感而通，自有条理，乃所谓天之理也。犹之道心、人心非有二心，天命、气质非有二性，源头、支流非有二水。先儒所谓视听、思虑、动作皆天也，人但于其中要识得真与妄耳。良字之义，正孟子性善之旨。"②明确将良与性善之旨相提并论，这与后觉论良为"本然之善"类似。不过，欧阳德仍将视听思虑等行为分作"真"与"妄"两层，其中"真者"为良知，"妄者"则不能视作良知，这与后觉将视听言动等当下行为一概视为良知还是有区别的。江右另一学者罗洪先则谓："阳明先生良知之教，本之孟子，故常以入井怵惕、孩提爱敬、平旦好恶三言为证。入井怵惕，盖指乍见之时未动纳交、要誉、恶声而言；孩提爱敬，盖指不学不虑、自知自能而言；平旦好恶，盖指日夜所息、梏之未至反覆而言。是三者，以其皆有未发者存，故谓之良。"③这是将良看成道德之善的未发之时，故需时时充养未发之心体，使其已发之际皆合于道德之善，就成为罗洪先的关注焦点。但罗洪先这种说法，实际

① （明）张元忭：《茌平弘山张先生墓表》，《张元忭集》，钱明编校，上海古籍出版社2015年版，第336页。
② （明）欧阳德：《答罗整庵先生寄〈困知记〉（三）》，《欧阳德集》，陈永革编校整理，凤凰出版社2007年版，第16页。
③ （明）罗洪先：《答郭平川（庚戌）》，《罗洪先集》，徐儒宗编校，凤凰出版社2007年版，第260页。

上是不信于良知"自能公是非、同好恶"的光明特性,因而需另寻一段工夫来保养良知之体,这样良知之发才皆合于良知原体。另者,阳明讲"扩充",是指自良知而扩充以尽其良知之体,并非在良知已发之后再以一段扩充工夫来复其本体,这在实践工夫的指向上也与阳明有不同。泰州学者方学渐另有一种说法:"凡言良者,重于善,非重于不虑不学,即虑知学能而善,亦谓之良,可也。"①这种说法,实际上是将善分为两种:良知之善与知识之善。良知之善重本体先天的道德属性,知识之善偏后天的虑知学能,如对"良"不做本体规定,这种说法也未为不是,但在阳明话语中,所言"良"者,皆从本体层次而言,良知与知识之辨的核心,就在于是否将良知视为事物本体。由此可以看出,关于良知之"良",在阳明后学中存在着不同的观点,我们可将后觉之论置于其中,以见其各自观点的优长。有学者就此指出:"自文成公倡良知之学,先生以'良'字约之,然则先生盖以继文成公之道脉也已。东鲁绝学,后一千载无与契者,先生以此'良'字契之,谁谓绝学之后于先生而始续?"②虽为一家之言,亦可间接反映出"良"是后觉多年体悟后真见良知本体之贞明的结果。

后觉强调以良为知,并不表明只停留于本体之见解,实际上是为日用流行确立主宰之体,使之有究其源头之处。良之日用流行,后觉视其为"当下":

> 天下之道只在当下,圣人之学只求当下。当下学到终身,终身只是当下。学者终身无成,只因当下放过。③

关于当下意涵,顾宪成写有《当下绎》一文,可知其大意。按顾宪成的说法,"当下"即当时,是各人日用间平平坦坦的生活行为,当下行为未必一一合

---

① (清)黄宗羲:《明经方本菴先生学渐·桐川语录》,《明儒学案》,沈芝盈点校,中华书局2008年版,第842页。

② (明)赵维新:《祭弘山先生文》,《北方王门集·感述续录》,邹建锋等编校,上海古籍出版社2017年版,第784—785页。

③ (明)张后觉:《昌黎学道堂讲语》,《北方王门集·张弘山集》,邹建锋等编校,上海古籍出版社2017年版,第655页。

于圆满本体,只有识得本体明白,当下行为必接吾性之本体,才具备本体的圆满。① 后觉所言"当下",在时间上即顾氏所指当时。相应于过去、未来而言,当下是人事作为的集中体现,把握当下,自然成为吾辈最为关注的焦点,后觉所说"只当下心好便是好,何屑说过去、未来? 时时存当下心,过去、未来都不中用"②就是这层用意。又因当下是吾人日用间平平坦坦的生活行为,天下之道或者说良之理就体现种种生活行为之中而成为日用常道,故而后觉特别提醒学人,圣人之学只求当下。通过求当下,可回溯至良知源头处,进而求得良知之体;又以良知之体贯注当下,如此千条万绪、纷然而驰者,皆此体之呈现。因此,后觉尤重对当下的识取,认为这才是为吾人之真切处:"当下真切。当下不真切,无真切处,何也? 随时皆当下也。随时用功,自无可间之时"。③ 当下即时而在,随时呈现,用功于当下,学问则无间断。这样,为学的重点也就落在了当下:"为学之道,只了当下,了此当下,又有当下,终其身只有一当下而已"。④ 当下之学便成为终身之学。

由于当下和日常生活行为相联,日用常行实际上便具有道德的含义,张后觉所云"日用常行皆至理。除日用非实用,除常行非正行"⑤就是在"至理"的层次上说日用常行。因此后觉强调当下,并非沉溺于当下,而是在日用常行处参证良知至理,要于当下识取本心。这与玩弄光景、掺杂人为的世俗之事显然不同。这点在后觉论形色与天性上可进一步看出:"形色有个天然之理在,故

① (明)顾宪成:《当下绎》,《顾端文公遗书》,四库全书存目丛书子部第 14 册,齐鲁书社 1995 年版,第 427 页。
② (明)张后觉:《涵养第十》,《北方王门集·感述续录》,邹建锋等编校,上海古籍出版社 2017 年版,第 773 页。
③ (明)赵维新:《同春第一》,《北方王门集·感述续录》,邹建锋等编校,上海古籍出版社 2017 年版,第 739 页。
④ (明)张后觉:《昌黎学道堂讲语》,《北方王门集·张弘山集》,邹建锋等编校,上海古籍出版社 2017 年版,第 648 页。
⑤ (明)赵维新:《同春第一》,《北方王门集·感述续录》,邹建锋等编校,上海古籍出版社 2017 年版,第 740 页。

云天性。众人囿于形色之中,把天性都坏了。圣人浑是天性用事,连形色也都好了,所以一践一不践。"①以耳目为例。耳目为形,视听为色,而"聪明"则为天性,圣人于形色中识得天性,而众人则囿于形色之中,为形色所溺。也就是说,后觉讲当下,指的是日用常行中的德性行为。当然,本体之良也离不开"形色"之类的当下之事:"天性如何离得形色? 只不着在形色上,就谓之天性。性出于天,即谓之良"。② 就此来看,张后觉将"形色"之用作了区分,只有不着在形色上,才为良,才是当下之善。后觉论"耳目口鼻四肢之用"也是如此思路:"耳目口鼻四肢之用,非欲也。当可非欲,不当可则欲矣;属性分非欲,属形体则欲矣。寡欲者,寡其不当可者也。任形体者也,日消日霁,一旦澄然而反其天真焉,欲而无欲矣。"③因此,我们在讨论后觉"当下之良"时,需看到他是从"当可""属性分"的角度而言,并非将所有的当下行为都视作本然之善。

张后觉的当下论,很得泰州学者杨起元赞同:"今观宏山先生之学,专提一'良'字,更不容夹杂,至为洁净,至为精微,可谓穷理尽性以至于命者也。尝观孟子一生惟道性善,故知曰良知,能曰良能,皆指人现在平铺于日用之间者言之。无古今,无圣愚,人原是天,目原天明,耳原天聪,一切动作,原是天运,现无欠缺,现无矫揉,此其说实得之子思。子思《中庸》言夫妇之知能,推至于鸢鱼之飞跃,更不容纤毫人力,所谓'良'也。孟子盖本诸此。"④由此肯定后觉对良知本体的把握,并能视"当下"为良善,能传《中庸》、孟子之学,又发明阳明良知之蕴,将后觉置于儒学发展的链条之中。这种评价不可谓不高。

① (明)赵维新:《孟子下》,《北方王门集·感述录》,邹建锋等编校,上海古籍出版社 2017 年版,第 733 页。

② (明)张后觉:《山中会语》,《北方王门集·张弘山集》,邹建锋等编校,上海古籍出版社 2017 年版,第 636 页。

③ (明)赵维新:《孟子下》,《北方王门集·感述录》,邹建锋等编校,上海古籍出版社 2017 年版,第 735 页。

④ (明)杨起元:《证学编》,谢群洋点校,上海古籍出版社 2016 年版,第 204—205 页。

需指出的是,杨氏还将"目原天明、耳原天聪"视为"良"的表现,如此张后觉之"天聪明"进阶到"良"之说,亦在杨氏这里找到其学理依据。

后觉所言"当下之道",与中晚明流行的现成良知思潮有关。早在阳明时,他就说过"日用间何莫非天理流行"①,但这话有个前提,即"真见得良知本体"②,或"惟其定盘针时时做得主"③,如此视听言动之日用常行方不失其则。如只见流行,无见主宰,以知觉运动为性,便与佛氏"作用见性"相似,这是儒林所反对的。故而无论是阳明的知行合一观、"四无"论还是致良知学说,都特意叮咛工夫实践之于见得良知本体的重要性。至阳明后学,在良知是否现成的问题上有诸多辩议,其中以浙中学者王畿(字汝中,号龙溪,1498—1583)与江右学者罗洪先最为典型。王畿以为良知是现成的,常人与尧舜同此现成良知,强调在良知心体立根。④ 罗洪先则指良知不是现成可得,有待功夫之修整,主张工夫之于本体的重要性。⑤ 两人由此带动了王门内外关于此问题的重重争议。泰州学派信从良知现成者甚众,后觉师事徐樾,又与罗近溪最契,两人俱为泰州后学,甚赞后觉当下之学的杨起元亦属泰州学派,可知后觉"当下"之说与前述"天聪明"之说,都与泰州学派主张的良知现成有关。需注意的是,"当下之善"固然张扬了对良知的虔诚信仰,又将吾人现在平铺于日用间的生活实践上升至良知本体的道德高度,这立德以成其行当然具有道德与生活的意义,但正如顾宪成所言,在平居无事时,众人与圣人无异,一旦遭遇人生种种"关头","当下即是"未必合于良知本体之"合下俱足",此时将

① (明)王阳明:《答徐成之(辛未)》,《王阳明全集》,吴光等编校,上海古籍出版社2017年版,第163页。

② (明)王阳明:《传习录拾遗》,《王阳明全集》,吴光等编校,上海古籍出版社2017年版,第1298页。

③ (明)刘宗周:《答董生心意十问》,《刘宗周全集》第三册,吴光主编,浙江古籍出版社2012年版,第305页。

④ (明)王畿:《松原晤语》,《王畿集》,吴震编校,凤凰出版社2007年版,第42页。

⑤ (明)罗洪先:《松原志晤》,《罗洪先集》,徐儒宗编校,凤凰出版社2007年版,第696—697页。

本体与当下等同,类似念庵之所忧则是现实的,《四库全书总目提要》指后觉之学"源出姚江,推阐弥深,而弥堕禅趣"①也是指此而言。因此,在分析后觉之学时,需将"良"之本体观与"当下之善"的现成观合而论之,如此方可避免类似"良知与知见无别"或"堕禅趣"的单向判断。

三、只在良上用功

后觉体得"良"字为最妙,其工夫主张亦随之而来:"阳明先生教人,如猫伺鼠,如鸡伏卵,我则以为不然,只体一良字,何等省力! 此是捷径工夫,圣学之要"。② 在立志一事上,阳明确有"如猫捕鼠、如鸡覆卵"之说,意在指出立志不易。这种教法在后觉看来,未免过于警束,故觉得从"良"上用功,才是捷径工夫。除了"省力""捷径"之外,后觉的"体良"主张,也是针对当时学人"自家意思作主张"的学习态度而言:"今人全是自家意思作主张,故丧失其良耳。若自家意思作主张,则心不虚矣。心不虚则善何自而入乎? 此正是吾人为学的大病处,直须拔去病根,时时在良上体验,方是圣学下手的工夫"。③ 这句话从另一面理解就是:"良"意味着虚,时时体验"虚",正是圣学下手处,也是彻底扫净学者病根的釜底抽薪之举。那么,何为"虚"呢? 后觉谓:

> 舜好问好察,禹闻善则拜,孔子自以为不如颜渊,是数圣人之心
> 何等样的虚! 惟虚,所以受天下之益,为天下之大圣也。心圣人之心
> 者,当先心圣心之虚。④

> 圣人之心,常常的是个乍见孺子入井的心,此真心也。人皆有

---

① (清)永瑢等:《四库全书总目提要》卷一百二十五,景印文渊阁四库全书第3册,台湾商务印书馆1986年版,第703页。

② (明)张后觉:《昌黎学道堂讲语》,《北方王门集·张弘山集》,邹建锋等编校,上海古籍出版社2017年版,第648页。

③ (明)张后觉:《昌黎学道堂讲语》,《北方王门集·张弘山集》,邹建锋等编校,上海古籍出版社2017年版,第641页。

④ (明)张后觉:《昌黎学道堂讲语》,《北方王门集·张弘山集》,邹建锋等编校,上海古籍出版社2017年版,第642页。

之,不能全之,惟于乍见时有之。人能时时体验,保守得此心常如乍
见之心,就是圣学。①

我们把这两段话连起来看。"虚"的基本义,在后觉看来乃是好问好察、
闻善则拜、"自以为不如颜渊"的内在之德。有了此种"虚",才称得上是"圣人
之心"。对于"圣人之心",后觉所指其实就是孟子所言之怵惕恻隐之心,这是
人先天而具的道德情感。后觉特别指出,人在特定的道德情境中,如乍见孺子
入井,这种先天的道德情感会自然迸发出来,表现为"吾欲为善、吾能为善"的
道德意志和道德行为。但是,当缺乏道德情境的触发,则先天的道德情感就处
于静息之中。因此,后觉强调人要保守"乍见之心",让它时时处于跳跃、活
泼、为善的状态之中,而不是静默、被动激发的一方,如此方为"圣人之心"。
从"虚"到"圣人之心"再到"乍见之心",可以看出后觉之所谓"虚",并非虚空
无物,而是心所处的一种虚灵状态:"人己原是一个,虚灵便涵至善。无人无
我者,虚也;能应能和者,灵也"。② 将德施诸于人,不着意于自我,即为虚;能
应能和,有如"乍见之心",即为灵。二者之含义,就是至善。由此推知,后觉
所指"心之虚",其实就是良知学意义上的本体之知,也就是后觉一再强调的
"良"。它既表现为"虚灵"的状态,又表现为善的本质。保守圣心之虚、乍见
之心,也就是在良知本体上用功:"透得本体,则天真自运,不假人为,就简易
矣"。③ 这种简易之学,与阳明"于心体上用功"很是相似。

以"良"为本体,视"在良上用功"为圣学之要,那么,如何在良上用功就成
为后觉需要解决的下一个话题。后觉于此特别提到一"顺"字:

　　尧舜之道,孝悌而已矣。爱亲敬长,人之良能也,尧舜不过顺此

---

① (明)张后觉:《昌黎学道堂讲语》,《北方王门集·张弘山集》,邹建锋等编校,上海古籍
出版社 2017 年版,第 643 页。

② (明)赵维新:《同春第一》,《北方王门集·感述续录》,邹建锋等编校,上海古籍出版社
2017 年版,第 741—742 页。

③ (明)张后觉:《大学圣经议》,《北方王门集·张弘山集》,邹建锋等编校,上海古籍出版
社 2017 年版,第 631—632 页。

良而已。①

世人若能顺这良上应去,不要参之以知见,自然廓然而大公,物来而顺应。②

因良知本是圆满,本为至道,吾人所做,只要顺其本来即可,就如尧舜爱亲敬长之良能。后觉指出:"作圣须先透性。透得此性,只顺此性,便是圣学。"③我们不妨称之为"顺性"工夫。这种工夫形式也可称为"源头做去":"这源头本是我原有的……到及原处,这源头在我,天下事俱是源头,做既是源头做去,取用何穷?"④源头即良知,把握源头良知,就是把柄在手,于千方万圆之事自能运用无穷。一个显而易见的事实是,天下事物纷纭繁多,杂然前陈,但对事物的把握,如能扣其"源头",使之次第而见,则能顺势而为,从而有所突破。我们可以将之称为"提纲挈领之学",在阳明学中也可称为"第一义工夫""本体工夫""头脑工夫"。后觉谓:"学问只在本体做,不必在事端上模拟,不必在物理上揣量。本体精明,则事皆性之事,性明而事自理;物皆性之物,性定而物自正。"⑤"在本体做"就是这种工夫形式的体现。当然,顺良而应是在排除知见干扰的情况下进行的,所顺者为良知,或曰真识、真知。后觉特意提出:"不任己识而惟顺帝则以为识,此天然之识,真识也;不任己知而惟顺帝则以为知,此天然之知,真知也。"⑥"帝则"与"良"、良知是同等次的概念。"顺帝则"与

---

① （明）张后觉:《昌黎学道堂讲语》,《北方王门集·张弘山集》,邹建锋等编校,上海古籍出版社 2017 年版,第 649 页。

② （明）张后觉:《昌黎学道堂讲语》,《北方王门集·张弘山集》,邹建锋等编校,上海古籍出版社 2017 年版,第 650 页。

③ （明）张后觉:《教言》,《北方王门集·张弘山集》,邹建锋等编校,上海古籍出版社 2017 年版,第 624 页。

④ （明）赵维新:《孟子下》,《北方王门集·感述录》,邹建锋等编校,上海古籍出版社 2017 年版,第 726—727 页。

⑤ （明）赵维新:《透性第二》,《北方王门集·感述续录》,邹建锋等编校,上海古籍出版社 2017 年版,第 747 页。

⑥ （明）赵维新:《涵养第十》,《北方王门集·感述续录》,邹建锋等编校,上海古籍出版社 2017 年版,第 779 页。

"任己识、任己知"是两种相反做法,前者顺良知自然之体,后者有安排摆布、用智自私的一面。顺帝之则与不任己识、不任己知其实是同时进行的,一扬一抑,都是"顺性"的工夫形式。

后觉"在良上用功"给我们以道德启示。我们知道,在中国儒学中,修身立德责之己、齐治均平立于事当然是每个学子的道德期盼和事业追求,而在德业和举业之间,德业显然是第一等事,故阳明有"君子之事,敬德修业而已。虽位天地、育万物,皆己进德之事,故德业之外无他事功矣。乃若不由天德,而求骋于功名事业之场,则亦希高慕外"①之说。牟宗三亦有"道德秩序即是宇宙秩序"之说。牟宗三认为:"宋、明儒之将《论》《孟》《中庸》《易传》通而一之,其主要目的是在豁醒先秦儒家之'成德之教',是要说明吾人之自觉的道德实践所以可能之超越的根据。此超越根据直接是吾人之性体,同时即通'於穆不已'之实体而为一,由之以开道德行为之纯亦不已,以洞澈宇宙生化之不息。性体无外,宇宙秩序即是道德秩序,道德秩序即是宇宙秩序。"②宋明儒之所以要豁醒先秦"成德之教",其意乃在于找到吾人之日用实践之所以为道德实践的最终依据,贯通宇宙生化与人类道德实践的内在一致性。因此,无论是王阳明、张后觉、牟宗三还是其他儒学之士,他们有一个共同的思想观点,即认为生活实践的起点在人的道德,所谓"本也,道也"。本、道作为人的行为的最终依据,它所指引的道德秩序一旦确立,由之开出的道德行为亦纯然不已,所谓"立则俱立,生则俱生"③。他们也都把良知或本心作为整个意义世界坐标的源头,以此观照、诠释现实人生,指示超越现实人生之路,并将现实人生的人事作为归之于先天的道德法则,自然界的宇宙秩序与人类社会的道德秩序就这样奇妙地结合在一起。

---

① (明)王阳明:《祭朱守忠文(甲申)》,《王阳明全集》,吴光等编校,上海古籍出版社2017年版,第1058页。

② 牟宗三:《心体与性体》(上),上海古籍出版社1999年版,第32页。

③ (明)赵维新:《同春第一》,《北方王门集·感述续录》,邹建锋等编校,上海古籍出版社2017年版,第744页。

后觉"顺良上应去"的观点在突出道德本体之义理性的同时,更强调在日用间如何顺应"良"。《昌黎学道堂讲语》有载:

> 先生初至学道书院,即讲"孝悌忠信"四字,谓:"吾辈在天地间,只四个字终身用不尽了。外此言学,便不是学,尧舜之道亦曰孝悌而已。孝悌只在徐行后长,岂难事哉? 故曰所不为也。徐行后长者谓之悌,只徐行后长,在座者莫不皆然,卒不得为孝悌者何? 盖徐行后长乃是不学不虑,天机顺适,真性运用,故谓之悌。即此真性,随在皆然,便是尧舜孝悌。但人除此徐行一节,多非真纯用事,对此徐行不过,故不谓之孝悌。"诸生于良知之说有悟。①

孝悌忠信本是日用常行之事,后觉主张"顺良上应去",所应之事就在吾人生活之间。后觉担忧的是,如只落于本体之良,而不着意于人情物理事变,则恐养成人的虚寂之心。这段话对此种倾向就有对治意义。尧舜成就大治,就是从常见常行的孝悌之道递进而来。而孝悌,本是人人都有;行孝悌,又是人人必行之事。按照这种逻辑,每个人都可以行尧舜之道,也都可以成为像尧舜一样的圣人。这就是后觉再三强调的"只顺此良做去"的真正用意。就此看,后觉论"良",不单是从理论处说"良",还从实践处说"良",这也是后觉初到学道堂讲学,即讲"孝悌忠信"四字的良苦用心。其实这也是良知应有之义,"诸生于良知之说有悟"便很能说明这一问题。

四、"合一"之学

于本体上用功,亦非易事,常人往往难以参透其性,故阳明一再提点在心之发动处着力。对于严滩问答中"本体—工夫"的关系,阳明大弟子钱德洪也是在数年之后才理解其中的真义。同样的问题也出现在后觉与弟子的回答中:

---

① (明)张后觉:《昌黎学道堂讲语》,《北方王门集·张弘山集》,邹建锋等编校,上海古籍出版社 2017 年版,第 646 页。

先生同张钧石会香山寺。先生问曰:"如何用功?"张君曰:"本体上用功。"曰:"何为本体?"曰:"不睹不闻,便是本体。"曰:"应物如何?"曰:"本体灵明,物来自会应用。"曰:"恐有内外意思在。"曰:"直内方外,旧有成说。"曰:"直内处就是方外,原无二界。"①

这是两人之间的一场思想对话,涉及何为本体、如何用功、合一之旨等话题。段中张钧石所答,都有其来由。如阳明曾说过"不睹不闻是良知本体"②,王襞(字宗顺,号东崖,1511—1587)也说过"性之灵明曰良知,良知自能应感,自能约心思而酬酢万变"③。至于《易》谓"敬以直内,义以方外",在宋明儒学中则用得更加普遍。在张氏的回答中,透露出这样的观点:通过在不睹不闻之本体上用功,即可自如地应接外物。其中隐含的思想倾向是:在应接外物之前,先用功于不睹不闻之本体;或者说,先"直内",后"方外",如此才是用功之法。后觉对这种做法提出了不同意见,认为"有内外意思在",也就是将本体与工夫、直内与方外分成两截,这与他主张的"合一"之学背道而驰。

前面谈到,后觉恐学人耽于在本体用功而离却事物,徒然安排一个虚的本体,则反成障蔽,故特别提示学人从孝悌忠信之日用常行中把捉,"只在实践"④、"只在脚下走"⑤就成为后觉再三强调的为学入手处。这其实也符合后觉一再强调的"合一"之学。后觉论"合一",表现在多个方面。如论"不睹不闻"与"戒惧":"不睹不闻,性之体也,所谓隐微也,独也;戒惧者,保此性体而

① (明)张后觉:《山中会语》,《北方王门集·张弘山集》,邹建锋等编校,上海古籍出版社2017年版,第638页。

② (明)王阳明:《传习录下》,《王阳明全集》,吴光等编校,上海古籍出版社2017年版,第139页。

③ (清)黄宗羲:《处士王东崖先生襞·东厓语录》,《明儒学案》,沈芝盈点校,中华书局2008年版,第721页。

④ (明)张后觉:《大学圣经议》,《北方王门集·张弘山集》,邹建锋等编校,上海古籍出版社2017年版,第633页。

⑤ (明)张后觉:《感述录·中庸》,《北方王门集》,邹建锋等编校,上海古籍出版社2017年版,第692页。

已。不睹不闻,是未发之中,就是已发之和,无两个。"①论心与事,则曰:"心即事也,事即心也。心与事只是一个,二之则不是矣"。②论尊德性与道问学,则曰:"存心、致知分不得。德性,良知也,道问学即是致良知,都是存心。"除此之外,后觉于知与行、寂与感、性与命、事与学、天道人道、道心人心等问题上,都主张以"合一"的眼光加以看待。如果说"体悟到良字"是后觉在学理上的独悟,那么"合一"之学则是后觉对阳明"知行合一"之学的继承和扩展。

阳明对其之前的学术演变在《象山文集序》③中有一简要叙述。阳明认为,尧舜禹相授受的"人心惟危,道心惟微,惟精惟一,允执厥中"就是心学之源,孔孟继之,遂形成精一之学。后仁道息而霸术行,将心与天理裂分为内外两段,"而精一之学亡"。直至周、程兴起,精一之旨复被提起;至象山,精一之学遂复见于世。故阳明坚定地认为,"陆氏之学,孟氏之学也",表达了对陆氏之学的认可,也间接吐露了自己承继孔孟心学的意愿。阳明在这里所提"精一之学"的要义,就在于心与理合一,这是阳明之学得以建立的基石。实际上,阳明也曾对湛甘泉表达过类似的看法,认为支离无本是学者之大弊。④ 有意思的是,阳明在叙述历史人物于儒学转折中的关键作用时,并未将朱熹列入其中,而只提及周、程、陆诸人,可见阳明认为朱熹之学亦有"析心与理为二"之弊。此后刘宗周在评述中国儒学的发展时,又将阳明加入其中:

> 孔、孟既殁,心学不传,浸淫而为佛、老、荀、杨之说,虽经程、朱诸
>
> 大儒讲明教正,不遗余力,而其后复束于训诂,转入支离,往往析心与
>
> 理而二之。求道愈难而去道愈远,圣学遂为绝德。于是先生特本程、

---

① (明)张后觉:《教言》,《北方王门集·张弘山集》,邹建锋等编校,上海古籍出版社 2017 年版,第 627 页。

② (明)张后觉:《昌黎学道堂讲语》,《北方王门集·张弘山集》,邹建锋等编校,上海古籍出版社 2017 年版,第 643 页。

③ (明)王阳明:《象山文集序》,《王阳明全集》,吴光等编校,上海古籍出版社 2017 年版,第 273—274 页。

④ (明)王阳明:《别湛甘泉序(壬申)》,《王阳明全集》,沈芝盈点校,中华书局 2008 年版,第 257 页。

朱之说,而求之以直接孔、孟之传,曰致良知,可谓良工苦心。自此人皆知吾之心即圣人之心,吾心之知即圣人之无不知,而作圣之功,初非有加于此心,此知之毫末也,则先生恢复本心之功,岂在孟子道性善后欤?①

与阳明一样,刘宗周也指出了儒学发展过程中"心、理为二"所造成的"求道愈难,而去道愈远,圣学遂为绝德"的思想现实,肯定了阳明将心与理合一的思想贡献。与之不同的是,刘宗周将朱熹也列入"讲明教正"的行列,只不过在其之后才有"析心与理而二之"弊病的出现,且阳明之学亦由本程、朱之学而归于孔孟。这样,孔、孟、程、朱、王就成为刘宗周眼中的儒学典型人物。这种说法应当说更为周正。我们可以将阳明之学视为朱熹之学的某种救正,是在和朱熹之学的不断对话和纠偏中而产生的。阳明"恢复本心之功"既是这种思想运动的产物,也是中国儒学自我更新的内在力量使然。

笔者在这里宕开一笔叙写阳明之学产生的相关背景,意在指出阳明之"心即理"以及随之而来的在动静、寂感、知行、诚明等问题上形成的"合一"之说,乃阳明心学的基本底架,是儒学体系的内在构成。它所产生的理论影响,即便到现在也是学术界持续讨论的话题。同时,当我们在区分朱熹学和阳明学的区别时,心、理关系是其中的主要判别点。换言之,衡量一种学问是否基于阳明学立场,"心即理"乃是最主要的评判标准。后觉强调指出:"屏去见闻,暗然退处,则一于内。一于内,是谓内障,不知内之合乎外也。专事见闻,泛然徇物,则一于外。一于外,是谓外障,不知外之合乎内也。必也闻见之合于性者取之,闻见之不合于性者去之,不屏闻见而亦不倚见闻,斯为合一之学。"②后觉这种"内外之说"与阳明对"精一"的强调,适相吻合而无差。就此

---

①　(明)刘宗周:《重刻王阳明先生传习录序》,《刘宗周全集》第五册,吴光主编,浙江古籍出版社2012年版,第521页。
②　(明)赵维新:《同春第一》,《北方王门集·感述序录》,邹建锋等编校,上海古籍出版社2017年版,第742页。

而言,在"本阳明而接孔孟"方面,后觉当有一席之地。

综上所述,后觉早年的"天聪明"之说重师门授受,晚年对良知之良的体悟重自求自得,有前后转进的特点。之所以有如此变化,其意乃在于进一步突出良知作为本体的道德崇高性,并用这种崇高性给生活世界的行为和秩序提供道德担保,"先立其大之心"的用意显而易见。但这并不表明后觉只重本体而忽略实践。事实上,后觉尤重孝悌忠信等日常作为,并身体力行地从事讲学活动,以此让学人知学有下手处。阳明之学在其流传过程中,多有歧出,往往非复阳明立言之本意。张后觉身处北地,又为阳明三传,能于此学术周转中有所自得,也大体不失阳明旨意,已是难能可贵。

第三节　为宗、为务与为本:孟化鲤
之学的多重展开

孟化鲤(字叔龙,号云浦,1545—1597),河南新安人。万历八年(1580年)进士,历任南京、北京户部主事、吏部主事、吏部文选司郎中。万历二十一年(1593年)因推荐给事中张栋忤违上意,被削职归里,遂杜门谢客,专意于讲学传道。化鲤之学,与其师尤时熙关系甚大。在其 21 岁时,托人推荐,受学于尤时熙之门,自是达十六年之久。此后专心圣学,有所疑虑,即随手录记,于师门印正,很受尤时熙器重。在尤时熙所有门人中,化鲤在其门下最久,为人又极心真,"操守素定,一步不苟,见之者无贵贱愚贤,皆知敬之"①,在同门和师友中颇得肯定。师门中有他人来访,必见过化鲤,其学行和品行由此可见。化鲤也不负师望,勤心问学,以躬行实践为要,"未尝驰心于玄虚空寂之表,使姚

---

① (明)尤时熙:《孔彦私录》,《北方王门集·拟学小记续录》,邹建锋等编校,上海古籍出版社 2017 年版,第 317 页。

江之学不至再传而失其真"①,承担起自尤时熙之后北地王学传承的责任,一禀阳明良知之旨,并多所发明。

据弟子王以悟记载,孟化鲤所著有《尊闻录》《读易呓言》《名臣言行录》《名贤卓行录》《诸儒要录》,除《尊闻录》收入孟云浦文集外,其他诸书只见书目。《四库全书存目丛书》集部第167册存有《孟云浦先生集》八卷、附录一卷,为中国社会科学院文学研究所藏明万历二十五年刻清康熙二年(1663年)增刻本。北京国家图书馆、清华大学图书馆藏张维新《孟云浦先生集》八卷,也是明万历二十五年(1597年)刻本。天津图书馆藏王以悟《理学云浦孟先生年谱》一卷,为清康熙刻本。今之学者扈耕田、曹先武依据明万历二十五年刻本和清康熙刻本,点校有《孟云浦集》,并增补传略、家世、历代封赐和尊崇及有关资料汇编等内容。邹建峰、李旭等学者以中国社会科学院文学研究所藏明万历二十五年刻清康熙二年增刻本为底本,编校成《孟云浦先生集》八卷,收入《北方王门集》。本书讨论所用思想材料,主要采用《北方王门集》中的点校本,《年谱》则采用《孟云浦集》中的相关材料。

黄宗羲指化鲤之学多承师说,如所言"发动处用功""集义即乎心之所安"皆由时熙而来。② 事实确实如此。化鲤多处地方都谈到了"心安"的话题,如"大抵人之为学,只宜立有必为圣人之志,安分尽心,不落知识,不崇意见,令此心洞然泰然,生生无穷,与天地合德"③。又如,"集义者,集乎心之所安,不学不虑,感而遂通者也。时时即心所安,是谓时时集义。……而不求诸心,而不本之集义,心非真心,气非浩然,欲希天地我塞难矣"。④ 可谓得尤时熙真

---

① (明)毛际可:《重刻云浦先生集序》,《孟云浦集》,扈耕田等点校,中国文联出版社2007年版,第24页。

② (清)黄宗羲:《文选孟云浦先生化鲤》,《明儒学案》,沈芝盈点校,中华书局2008年版,第647页。

③ (明)孟化鲤:《答杨晋庵》,《北方王门集·孟云浦先生集》,邹建锋等编校,上海古籍出版社2017年版,第394页。

④ (明)孟化鲤:《答马子厚》,《北方王门集·孟云浦先生集》,邹建锋等编校,上海古籍出版社2017年版,第410页。

传。不过,与尤时熙稍有不同的是,化鲤明确将此种工夫实践为"安分工夫":"安分工夫,近益体得是为学之法。……盖寻常说为学,说工夫,无所爬持,惟拈起个分字来,便无论大小贵贱,皆有见在可做的工夫,学问始不涉玄虚"。①这是对为学工夫的明确说明。除此之外,化鲤对尤时熙的"勿自欺"也深有体会,认为"初学言动,大率以敬谨安详不欺为主,须时时刻刻省察",并指"不自欺"是为学第一用功法。② 由此看来,化鲤对尤时熙之学确有忠实继承。也需指出的是,化鲤除遵承时熙之学外,其实也有自得之处。清代学人苏楫汝指化鲤之学"以无欲为宗,以慎独为本"③。化鲤弟子王以悟则指出:"先生平日讲学,一遵阳明、西川两先生,而出于自得者为多,大要以致良知为宗,以主静慎独为务,以践履笃实为本,以日用常行、子臣弟友为实际。"④王以悟跟随化鲤近二十年,感情甚深,所学甚详,故以王以悟之说作为化鲤之学的线索条理,将"以践履笃实为本,以日用常行、子臣弟友为实际"合为化鲤之"实学"说,并综合其他说法,将化鲤的自得之学从以致良知为宗、主静慎独、以实学为本三方面展开论述,而归之于致良知之义。

一、以致良知为宗

化鲤直接论良知的话语不多,但他深信良知的心志却是毋庸置疑的。孟化鲤在《明王母赵氏贞节墓表》中,通过叙述陕州张茅镇赵氏之女保养老幼之事,赞其勤苦之行和高节之志,认为这就是"天性之良"的表现,进而"深信良知之学之不诬"。这是化鲤在生活中发现良知、体会良知继而深信良知的具

---

① (明)孟化鲤:《己千录》,《北方王门集·孟云浦先生集》,邹建锋等编校,上海古籍出版社2017年版,第527页。
② (明)孟化鲤:《初学每日用功法》,《北方王门集·孟云浦先生集》,邹建锋等编校,上海古籍出版社2017年版,第500页。
③ (明)苏楫汝:《重刻云浦孟先生年谱序》,《孟云浦集》,扈耕田等点校,中国文联出版社2007年版,第2页。
④ (明)王以悟:《理学孟先生年谱》,《孟云浦集》,扈耕田等点校,中国文联出版社2007年版,第19页。

体案例。化鲤常常将心与良知视为同义语,如化鲤之诗句"吾人一心,妙通万类。至虚至灵,无方无位。目视耳听,各有职司。心如元气,流贯四时"①中所说的"心",其实也就是阳明学意义上的良知。故此,这里在论化鲤之良知说时,将二者并列视之。

化鲤论心性关系,有"心性之一"之说:

> 《大学》言心不言性,非遗性也,心即性也。若以其言心而遂目《大学》非尽性之书,可乎?《中庸》言性不言心,非遗心也。性即心也。若以其言性而遂目《中庸》非传心之书,可乎?推之《论》、《孟》《五经》,或单言,或并言,词有攸当,理非二致。由是观之,心性之一彰彰矣,夫何疑?②

化鲤之意,《大学》《中庸》有言述重点的不同,不能因为其重点在心或在性,而指其没有言性或言心,实际上二者各有轻重,当全面理解。化鲤这种观点无疑值得肯定。我们这里关注的问题是,化鲤所论"心性之一"成立的理论基础何在。化鲤尝读罗近溪文集,指其有"分析支离"之弊,视心、精、神、圣为不同对象,将格致诚正和齐治均平视作两事,而这些在化鲤看来都是"一而已矣"③。化鲤也曾给杨东明书信,其中就涉及"心论"话题。据化鲤回信,杨东明所言心,其大要是指血肉之心所具有的灵明性,但化鲤于此有不同意见:

> 夫心岂易言?《大禹谟》曰:"人心惟危,道心惟微,惟精惟一,允执厥中。"此心学之源也。嗣是成汤制心以礼,文王翼翼小心,孔尚操存,孟言扩充,古圣贤率重工夫,不言心之所在,如此岂智不若吾曹哉?必有道矣。《易》曰天地,只曰"大生""广生";论天地之心,只

---

① (明)孟化鲤:《心吟赠我疆先生》,《北方王门集·孟云浦先生集》,邹建锋等编校,上海古籍出版社 2017 年版,第 533 页。

② (明)孟化鲤:《与孟我疆》,《北方王门集·孟云浦先生集》,邹建锋等编校,上海古籍出版社 2017 年版,第 379 页。

③ (明)孟化鲤:《阅〈近溪集〉臆言》,《北方王门集·孟云浦先生集》,邹建锋等编校,上海古籍出版社 2017 年版,第 519 页。

日"复",盖天地大德曰生,复即生也。言生言复,而心见矣。若天之
所以高,地之所以厚,天地之心之寓何方所,未之言也。①

这段话在理路上和"《大学》言心不言性,非遗性也"相同,其意是指古圣
贤重工夫实践,因而不把言心放在突出位置。但是,古圣贤不言心并不表明他
们不重视心,而是视工夫为呈现心的唯一方式。故成汤制心以礼、文王翼翼小
心、孔尚操存、孟言扩充等虽未言心,然而都是在说心;《易》说"大生""广
生",说的无非也是心。化鲤以为,只要将工夫着落于实际处,心即性,心即道
体,故化鲤又说:

盖圣人只言工夫,未尝轻谈道体。考诸《论语》,不曰孝悌,则曰
忠信;不曰谨言慎行,则曰忠君爱民。何莫非仁? 何莫非性命天道?
亦何莫非心乎? 固未尝曰心何形、寓何方所也。若心无不在,却尝言
之,曰"出入无时,莫知其乡",又曰"神无方而易无体",亦未尝曰心
何形、寓何方所也。孔子所不言,吾曹亦不言可也。②

这段话是化鲤针对杨东明"心安在腔子里"而谈。工夫与道体之间,工夫
显然更为管用。需提到的是,"只言工夫"并非说不要道体,"轻谈道体"也不
是省去工夫,只是在实践中当以工夫为要。化鲤以为这本来是《论语》的思想
表达,如论孝悌、忠信、谨言慎行等,都是日常实践的工夫形式,其中所含有的
道德本质,处处与仁之道体不可分割地联系在一起。在化鲤看来,这是工夫与
道体自合如此。因此,化鲤指杨东明从"腔子里"说心,意即只从形躯方面来
谈,没有把握心体作为道体原是活泼、原有生生之机之妙的特征,这在化鲤看
来是不当的。心的这种特质,孟秋说得更为明白:"(心)无方无体,凡耳目视

---

① (明)孟化鲤:《答杨晋庵》,《北方王门集·孟云浦先生集》,邹建锋等编校,上海古籍出
版社 2017 年版,第 393 页。
② (明)孟化鲤:《答杨晋庵》,《北方王门集·孟云浦先生集》,邹建锋等编校,上海古籍出
版社 2017 年版,第 394 页。

听,一切应感,皆心也。指腔子内为言者,是血肉之躯,非灵莹之天君矣"。①将心当作纯粹的血肉之躯,显然不是化鲤和孟秋的观点,也不符合阳明"心之神明"的思想主张。

　　从以上分析来看,化鲤指心即是性,性即是心,这都是《大学》《中庸》在心性上的主旨,尽管其言语有不同的侧重点,但都立足于工夫实践,工夫成为心性合一的思想基础,也是二者统一的外在保证。当然,这也在工夫理路上将《大学》与《中庸》连为一体,如此也与阳明论学问用功之要联系在一起:"《大学》之所谓'诚意',即《中庸》之所谓'诚身'也。《大学》之所谓'格物致知',即《中庸》之所谓'明善'也。博学、审问、慎思、明辩、笃行,皆所谓明善而为诚身之功也,非明善之外别有所谓诚身之功也。格物致知之外,又岂别有所谓诚意之功乎?《书》之所谓'精一',《语》之所谓'博文约礼',《中庸》之所谓'尊德性而道问学',皆若此而已。是乃学问用功之要,所谓毫厘之差,千里之谬者也"。②尽管阳明更多时候是说"心即理",但在"性即吾心之体""心之体,性也,性即理也"等语意背景下,心即性、心性合一的逻辑结论也是很明显的。

　　在这个基础上,化鲤关于良知的说法就显得水到渠成:"良知合内外,通人己,原无欺,原无不实。致之则学问之功毕矣。然亦只求自慊而已"。③将良知说成是"合内外、通人己",与阳明的良知一体观相应和。然要打通良知内外,唯在自慊而不自欺。自慊的本义,即内外一致,做到讲习讨论不"非内",反观内省不"遗外"。朱熹于"自慊"有个很好的比方:"譬如做蒸饼,一以极白好面自里包出,内外更无少异,所谓自慊也;一以不好面做心,却以白面

　　① (明)孟化鲤:《我疆孟先生传》,《北方王门集·孟云浦先生集》,邹建锋等编校,上海古籍出版社 2017 年版,第 459 页。

　　② (明)王阳明:《答王天宇(甲戌)》,《王阳明全集》,吴光等编校,上海古籍出版社 2017 年版,第 184—185 页。

　　③ (明)孟化鲤:《答弟化鲸》,《北方王门集·孟云浦先生集》,邹建锋等编校,上海古籍出版社 2017 年版,第 513 页。

作皮,务要欺人。然外之白面虽好而易穷,内之不好者终不可掩,则乃所谓自欺也。"①化鲤之思路,也正与此相似。化鲤每次教人也只是于此用功:"只照良知不自欺用工,看光明正大不? 大抵吾人为学,只求诸心一条是正路。"②依良知而行,不自欺,就是致良知。这点既与化鲤论"实学"相应,也是化鲤对良知心体的再次确认。

二、以主静慎独为务

在化鲤学于尤时熙时,两人就多次谈及"静"的话题,如化鲤曾有静中能否去思之问。尤时熙对此的回答是,人心不能无思,但所思需符合天理,应去除的只是私意之思。③ 也谈及阳明"徒知静养而不知克己工夫""须在事上磨"等话语。化鲤对此的观点是,静时有念就是动,如念有私,当随时加以阻遏使之不发动出来,随觉随治,这也是事上磨炼的一种方式。尤时熙亦认同这种看法。④ 两人关于静的讨论实际涉及静的深层次话题:静养是否属于"事上磨炼"的工夫形式,以及纷扰中静处是否排除了人的实际事为。关于这些话题,我们从化鲤与其友陈实夫的一段简短对话说起:

> 问:程子见人静坐,如何便叹其善,其工亦分闲忙否?
>
> (答)学子实用工者少,不免纷扰,故见静坐而善之。静坐须是
>
> 拨闲,若忙如何来得? 且学者焉得只忙,忙个甚么。⑤

---

① (宋)朱熹:《朱子语类》卷第十六《大学三》,《朱子语类》第二册,(宋)黎靖德编,王星贤点校,中华书局 2004 年版,第 331 页。
② (明)王以悟辑:《云浦孟先生语录》,《孟云浦集》,扈耕田等点校,中国文联出版社 2007 年版,第 154 页。
③ (明)孟化鲤:《尊闻录》,《北方王门集·孟云浦先生集》,邹建锋等编校,上海古籍出版社 2017 年版,第 368 页。
④ (明)孟化鲤:《尊闻录》,《北方王门集·孟云浦先生集》,邹建锋等编校,上海古籍出版社 2017 年版,第 369 页。
⑤ (明)孟化鲤:《答陈实夫》,《北方王门集·孟云浦先生集》,邹建锋等编校,上海古籍出版社 2017 年版,第 506 页。

　　化鲤对于陈氏将静坐说成是"工夫"的说法并不反对,可见他认同这种说法,而且对程子的做法也给予理解。不过,化鲤同时指出,静坐是忙中偷闲的工夫,一味静坐,不交事物,亦不能称其为用工;对于无头绪的忙乱,化鲤认为也是学者病症,非真实工夫,因为这易陷于助长之弊。因此,化鲤所说的静,既包括静坐、静养之意,还包含日用常行中内心所处的"静定"状态:"二乘不足深辨,然谓坐入静定,一念不起,亦足惑人。程子所谓必欲为槁木死灰,除是死也。彼静定者持身静耳,念岂能无?"。① 显然,化鲤是主张一定程度的身静的,而身静并不排除念头的出现,关键是念头到处,须有一定的涵养。也就是说,身之静养必须先有定主,主意定而后静且安。由此引出化鲤对于"定"的诠译:

　　　　定者,心之体,动应即定也。盖变化云为,非于心体有所加。无加于心体,何定如之? 故程纯公以廓然大公、物来顺应为性定。②

　　　　心无起无落,若强把此心要捉得定,是执血肉之具为心,而未窥此心之真也。宣尼只论好学,而《戴记》论正心修身,必到格物始尽。夫格物者,定心之实地也。③

　　两段话包含数层说理:第一,"定"即心之体,是心的本来状态。第二,"定"作为心之体,自身无加损也无须加损,因而能在万千变化的事物变化中做到廓然大公、物来顺应。第三,心起落无时,动静无端,莫知其向,故而不必强把捉、强猜度;但它以物为体,当其应于物时,心之体就会呈现出来,因此格物是定心的实地。化鲤的这些义理阐发,实际上已很接近阳明之意了。阳明谓:"定者心之本体,天理也,动静所遇之时也。"④在对"定"的语意表达上,化

———————

　　① （明）孟化鲤:《读〈参元三语〉臆言》,《北方王门集·孟云浦先生集》,邹建锋等编校,上海古籍出版社 2017 年版,第 520 页。
　　② （明）孟化鲤:《书邹大泽卷》,《北方王门集·孟云浦先生集》,邹建锋等编校,上海古籍出版社 2017 年版,第 498 页。
　　③ （明）孟化鲤:《书邹大泽卷》,《北方王门集·孟云浦先生集》,邹建锋等编校,上海古籍出版社 2017 年版,第 498—499 页。
　　④ （明）王阳明:《传习录上》,《王阳明全集》,吴光等编校,上海古籍出版社 2017 年版,第 19 页。

鲤与阳明几无二致。关于动静的说法,化鲤也明确说过"动静者时也,良心无动静也"①,也与阳明之说无异。在这一点上,化鲤可说是如实地继承了阳明的观点。不过,化鲤之说也与阳明有异:化鲤将格物作为呈现心体的工夫,这在阳明处尽管也有此种说法,即以工夫显本体,但阳明也强调由本体而定工夫,两者不可拆分。然化鲤"只论好学""必到格物始尽"之言,似指在工夫尽头处方可识得心之定体,这又与朱熹"须穷究道理到尽处"有类似之处,而与阳明所强调的"格物者,格其心之物也,格其意之物也,格其知之物也"②有所不同。

至此可看到化鲤论静其实与心体有关。他从学人熟知的静坐说起,揭示静坐是寻识心体的一种方式,进而指出静定所涉及的本体对象,将静与定相融合,心之本体也就晰然而出。当然,要进一步理解化鲤之主静说,还需细玩化鲤"静虚"之论:

> 周元公论圣学,以无欲为要,曰:"无欲则静虚动直。静虚则明,明则通;动直则公,公则溥。"是知明通公溥者,静虚动直也。静虚动直者,无欲也,一而已矣。无前后,无内外,无阶级可言也。……夫心体本虚,人性上元不可加一物也。有不虚者,欲塞之耳,故曰无欲则静虚。虚即明,何也?无私欲以蔽其体也。明即通,何也?无私欲以滞其用也。岂曰虚而后明,明而后通乎!人之生也直,生机元无邪曲,有不直者,欲揉之耳,故曰无欲则动直。直即公,何也?私欲毫不生于中也。公即溥,何也?私欲毫不染于外也。岂曰直而后公,公而后溥乎!且静虚则动自直,动直则静愈虚,非有两时,非有两事,非有

---

① (明)孟化鲤:《读〈参元三语〉臆言》,《北方王门集·孟云浦先生集》,邹建锋等编校,上海古籍出版社 2017 年版,第 516 页。

② (明)王阳明:《答罗整庵少宰书》,《王阳明全集》,吴光等编校,上海古籍出版社 2017 年版,第 86 页。

界限。总之,无欲一言尽之矣。①

周敦颐"主静"之论,实际乃无欲之谓,又因其将仁义中正以定之,故又可说是集义之法。世人常疑主静、无欲有虚寂倾向,因而对这种说法也颇有不解。早在阳明时,对这一问题已有明确解答。阳明指出,人之欲有"高者"与"卑者"之分,高者蔽于意见,卑者蔽于嗜欲。要去除这些欲望,唯有做到无欲,阳明将之称为"一",即周敦颐所谓"中正仁义"之旨。②"无欲"表面上看是主静之说,但实兼有动静二义,因为它要解决心之澄净与儒家中正仁义的贯彻问题。尽管阳明已有此解,周敦颐的主静无欲论仍在后世引发众多讨论。化鲤所面对的就是其一。化鲤这段话要回答的核心问题是,静虚何以能"明通公溥"? 照化鲤之意,"通"是顺畅之用,"直"乃揉除私欲而使之达到"公"的境地。其意所指,都与人之自身、日用事为有关。这表明化鲤要解决的问题转化为:一个人处于静虚之境时,如何面对纷繁多变的生活实际? 是否会陷入虚寂之地而无事于社会?

化鲤的"静虚"论认为,心体本虚,不以人之私欲加于其上,则为无欲。这就要求吾人当去除己之私欲,只依照心的本来状态行事即可。也就是说,化鲤之所谓静,是保持自我的静虚状态,保有心的本来面目,以此接应外在事物,就会有实际作为,并能递进不断。这也就是化鲤所说的"静虚则动自直,动直则静愈虚,非有两时,非有两事,非有界限"。故而化鲤从静说到无欲,并非去除各种生活努力,而是思考如何使种种生活努力有正确的方向和实际的效果。化鲤的"求仁说"于此也有体现:

> 学问不外求仁,来说所谓"仁者以天地万物为一体"是已。圣人
> 之所以能识者,无欲也,学不厌也。吾人所以不如是者,多欲也。多

---

① (明)孟化鲤:《答陈实夫》,《北方王门集·孟云浦先生集》,邹建锋等编校,上海古籍出版社 2017 年版,第 503 页。

② (明)钱德洪:《年谱附录一》,《王阳明全集》,吴光等编校,上海古籍出版社 2017 年版,第 1476 页。

欲皆缘不学,歆羡怨尤,蠹心损气,去圣益远矣。①

孔孟之学,唯务求仁,是儒林共识,也是每个学人日常努力的目标。但在求仁工夫上,朱熹与阳明有着截然不同的派路。朱熹认为,"《大学》致知、格物,所以求仁也;《中庸》博学、审问、慎思、明辨、力行,亦所以求仁也"②,将日用之间的"渐渐克去"当作求仁工夫。与朱熹有别,阳明强调不可外心以求仁,认为"当时之弊,固已有外求之者,故子贡致疑于多学而识,而以博施济众为仁。夫子告之以一贯,而教以能近取譬,盖使之求诸其心也"③,求诸心就是孔子教人的"一贯"之道。朱熹与阳明两说非为不是,如从"自得"的角度来看,更是朱、王两人对于"求仁"的独特所见。对于求仁之方,阳明以"识本有之仁"说之,阳明后学中也有"力求本心,直悟全体"④之说,但从"无欲"直接说求仁,似亦不见有其他。因而,化鲤之"无欲以求仁"如果置放于宋明儒学的整个"求仁"之方中,倒也不失其特然之色。当然,更重要的是,化鲤"无欲以求仁"实际上是针对吾人日用之间"多欲""歆羡怨尤、蠹心损气"的为学状态而言,鼓励学人在为圣的崇高目标中确定实际可行的学问之方。从这点上看,化鲤"无欲以求仁"的观点对于吾人学子在日用事为间体究践履、实地用功,自有其生活意义。

无欲故静,心静又能知体,不管是无欲抑或静定、静虚,都是以自察自慊的方式照见澄净心体,如此必和慎独有关。化鲤于独知之处,更有自己的意见主张。王以悟对此有记:

一日我疆公曰:"道贵卓悟,学贵真修。"先生曰:"然。斯道至大

---

① (明)孟化鲤:《答丘汝芹》,《北方王门集·孟云浦先生集》,邹建锋等编校,上海古籍出版社 2017 年版,第 397 页。

② (宋)朱熹:《朱子语类》卷第六《性理三》,《朱子语类》第一册,(宋)黎靖德编,王星贤点校,中华书局 2004 年版,第 113 页。

③ (明)王阳明:《象山文集序》,《王阳明全集》,吴光等编校,上海古籍出版社 2017 年版,第 273 页。

④ (清)黄宗羲:《中丞宋望之先生仪望·阳明先生从祀或问》,《明儒学案》,沈芝盈点校,中华书局 2008 年版,第 560 页。

而精,不悟何由会得? 若一时聪明识见,偶然能到,却不时时涵养,实实体验,究竟亦落空谈。此今日学者通病,非实得也。然其吃紧工夫,只在慎独。"①

孟秋与化鲤两人为好友,两人一有机会,便共聚论学。两人的这段对话发生在化鲤 36 岁时,时孟秋以职守山海关,化鲤前往交游论学。从前后话语看,化鲤对这一问题应当早有思考,而且与孟秋产生了一定的意见分歧。孟秋以为,道体需要悟,而学问则在真修。其意实际是说,道体为虚,当采用悟的工夫;学在实,当采用修的实践,以此解决虚实问题。化鲤也认为悟不可少,但如不能涵养体验,只悬着于悟,亦只沦为空谈,并直指眼下学者通病,进而提出自己的主张:只在慎独。据此得出,化鲤对这一问题的思考,与当时空谈的学术氛围有关。如果说,化鲤之主静说尚带有师说痕迹的话,慎独说则更多体现了自己的学术自信。那么,化鲤所极力主张的慎独究为何意呢? 化鲤认为:

心一而已,故云独。万物皆备于我,故云独。兢兢业业,无望无助,是之谓慎。②

独即是知,原与虞廷"惟一"、孔子"一贯"之"一"同。但谓慎独与致知不同,工夫有先后,则不敢从耳。③

自程颐说出"体用一源,显微无间","心一"在说法上便被朱、王所接受,但在实际内容所指上,朱熹之"心一"与阳明之"心一"是不同的。朱熹谓:"心一也。方寸之间,人欲交杂,则谓之人心;纯然天理,则谓之道心。"④因此,朱熹虽说道心、人心只是一个心,却有两样,一个生于血气,一个生于义理,且两

---

① (明)王以悟:《云浦孟先生年谱》,《孟云浦集》,扈耕田等点校,中国文联出版社 2007 年版,第 9 页。
② (明)孟化鲤:《读〈参元三语〉臆言》,《北方王门集·孟云浦先生集》,邹建锋等编校,上海古籍出版社 2017 年版,第 515 页。
③ (明)孟化鲤:《阅〈近溪集〉臆言》,《北方王门集·孟云浦先生集》,邹建锋等编校,上海古籍出版社 2017 年版,第 518 页。
④ (宋)朱熹:《朱子语类》卷第一百一十八《训门人六》,《朱子语类》第七册,(宋)黎靖德编,王星贤点校,中华书局 2004 年版,第 2864 页。

者界限分明,须专守着一个道心,不令人心干犯。阳明则谓:"心一也,未杂于人谓之道心,杂以人伪谓之人心。人心之得其正者即道心,道心之失其正者即人心,初非有二心也。"①其实,阳明对程颐所说的人心有欲、道心即天理之说并无反对,而对朱熹"道心为主而人心听命"的"二心"主张则表示不满。因为在阳明看来,人心只是杂以人伪之欲,只要去掉人伪,人心得其正,如此人心即是道心。化鲤说"独即是知",就是沿袭了阳明的观点,而与朱熹有不同。化鲤又特举其中两点,可以见其新意:一是将"万物皆备于我"与"独"等同。从学理角度而言,因万物皆备于我,故"反身而诚"才有基础和方向;也可说万物皆因我而名,故其生机在我,其发展也在我;又可说万物皆备于我,故万物不外于吾心之良知,非心外有理。化鲤谓"万物皆备于我,故云独"或包含这么三种义理解读。然从其"独即是知"的肯定性语气来看,"万物皆备于我"当是"知"的别名,也即是心。从心与物的关系而言,其意是指,万事万物皆起于心,心无事而贯天下之事,心无物而贯天下之物,此即孔门一贯之旨。要实现一贯之旨,则又须遵循虞廷"惟一之训",也即一于道心。两者结合,"万物皆备于我,即是知"才有义理的沟通和关联。这比阳明全景式地说"心外无物"显得更通适顺遂,更易被人接受。二是不认可"慎独与致知不同,工夫有先后"之说。刘宗周曾言:"独之外,别无本体;慎独之外,别无工夫。此所以为中庸之道也。"②指出独即是知,独体就是事物本体,而慎独就是唯一的工夫形式,或者说,与其他工夫形式名不同而实一致。朱熹在工夫思路上得力于敬、着力于格物,然又将"敬"置于"格物"之前,既分工夫为数段,又将工夫分出先后,而忽略了慎独工夫的一体之义。如谓"致知,则意已诚七八分了,只是犹

---

① (明)王阳明:《传习录上》,《王阳明全集》,吴光等编校,上海古籍出版社 2017 年版,第8 页。

② (明)刘宗周:《中庸首章说》,《刘宗周全集》第三册,吴光主编,浙江古籍出版社 2012 年版,第 270 页。

恐隐微独处尚有些子未诚实处,故其要在慎独"①,将慎独作为"补漏"或不致
间断的一截工夫。故刘宗周指"朱子一生学问,得力于主敬,今不从慎独二字
认取,而欲拨敬于格物之前,真所谓握灯而索照也"②。其实,阳明有"无事时
固是独知,有事时亦是独知"③的说法,其中"无事"是指人在独处时,"有事"
指人在彝伦日用时,不管是"无事"或"有事",阳明都将之视为独知之地,工夫
的施展也当不间断于"有事""无事",无有先后之分。化鲤否定"慎独与致知
不同,工夫有先后"之说,实近阳明而远朱熹。

　　化鲤揭独知大端,使人自证自悟于心与万物的关系,也顺理成章地将"慎
独"之义提掇出来:

　　　　五经、《论》《孟》之训,莫非慎独,惟《学》《庸》则明言之。独不
　　止人所不见处,日用云为,何者非独? 此是为学要紧功夫,此处忽,无
　　学也。④

　　　　慎独之功,不论动静,真心自运,随感随应,无一毫夹杂,无一息
　　间断,只此而已。⑤

　　化鲤将"独"和"慎独"的范围加以扩大,指出原始儒家经典都含有慎独之
训,这点在《大学》和《中庸》最为明显;在"独"的内容分布上,"独"不仅仅表
现为人在独处时的自省状态,日用常行其实也是"独"的展开形式。换言之,
慎独作为工夫实践,不仅指向人的心理世界,也指向人的生活世界。使心理世

---

　　① (宋)朱熹:《朱子语类》卷第十六《大学三》,《朱子语类》第三册,(宋)黎靖德编,王星贤
点校,中华书局 2004 年版,第 333 页。
　　② (明)刘宗周:《学言下》,《刘宗周全集》第三册,吴光主编,浙江古籍出版社 2012 年版,
第 406 页。
　　③ (明)王阳明:《传习录上》,《王阳明全集》,吴光等编校,上海古籍出版社 2017 年版,第
39 页。
　　④ (明)孟化鲤:《书徐仲云便面》,《北方王门集·孟云浦先生集》,邹建锋等编校,上海古
籍出版社 2017 年版,第 495 页。
　　⑤ (明)孟化鲤:《上西川尤老师》,《北方王门集·孟云浦先生集》,邹建锋等编校,上海古
籍出版社 2017 年版,第 382 页。

界的纤毫思虑俱归于独知范围内，又将过滤后的思虑用之于日用感遇，也正是独知工夫的实际内容。如此内外对接，才能"无一毫夹杂，无一息间断"，才足以见出慎独之深义。

孟秋与南中王门学者查铎（字子警，号毅斋，1516—1589）也曾论及"慎独"问题，这里一并讨论，以见三人论学之同异。孟秋谓："心意知物，皆独也；格致诚正，皆慎也。明公以独为独知，此沿袭旧闻见耳，非《学》《庸》之本旨也。故独即良知，非独知也。"①前已提到，孟秋与化鲤在慎独上有所不同，孟秋主张"道贵卓悟，学贵真修"，而化鲤则认为在慎独。观三人所述，在"慎独即是致知"这点上，化鲤与查铎接近；在"独不止人所不见处，日用云为，何者非独"上，又与孟秋"心意知物，皆独也；格致诚正，皆慎也"相合。化鲤与孟秋的分歧，在这里又表现为"独"是"知"或"良知"的区别。孟秋以为，"知"尚不足以指代良知，因学人仍有可能将"知"视为知识、知觉，如此就会将本然良知等同于"意见良知"，致知就有可能滞在知识上求，或以知觉为性，将人的知觉当成良知。因而以独为独知、"慎独即是致知"就显得模糊不辨。也因此，孟秋主张"独即良知，非独知也"。其实，阳明虽未明言"独即良知"，但"己所独知者，此正是吾心良知处"②之语，实际上也内含着"独知即良知"之义，而非仅限于孟秋所说的"以独为独知"。不过，仍需指出的是，孟秋将"独"与良知直接等同，不仅排除了学人将良知与知觉、知识相混的可能，也再一次高扬了良知大旗，其对良知的自信与理解，应该更接近阳明。而化鲤在慎独上的为学内容与主张，虽也有与阳明相接的一面，但于阳明说的理论消融而言，与孟秋相较，似尚隔一尘。

---

① （明）孟秋：《与查毅斋》，《孟我疆先生集》，明别集丛刊第二辑第六十三册，沈乃文主编，黄山书社 2015 年版，第 507 页。

② （明）王阳明：《传习录下》，《王阳明全集》，吴光等编校，上海古籍出版社 2017 年版，第 135 页。

三、以"实学"为本

在化鲤之学中,"实学"一词的提出值得重视。化鲤提道:"窃谓学要安分尽心,心诚安分,虽搬柴运水,莫非实学,况钱谷乎? 其不者,即从事讲学,非玄虚则粗鄙,况钱谷乎?"①这是把搬柴运水当作实学之事。化鲤记曹月川之事,指月川"取六经八子书,深绎而实践之,而圣学赖之以倡",故化鲤有赞:"夫学,惟实也,故愈久愈光。愈久愈光,故实学愈重于天下,而世之推尊先生也,愈远而益愈盛"。② 将月川的传道实践也称为"实学"。

化鲤之践履笃实,其中最闪亮点无疑在讲学。关于化鲤的具体讲学实践,下文用专节予以说明,这里先交代化鲤对于会讲的理论观点,以见其在实学观上的思想基础。化鲤如此论"会讲":

> 况当俗颓学绝之余,世皆汩没于利欲,纠缠于套习,有志之士拯救之之不暇,其何可择? 但在我当躬行以率之,志诚以感之,尽心委曲以携持之,优游涵泳薰磨以渐化之,不宜徒事哓哓,或妆点门面,致戾会讲本义。……又况立会非徒为人,全在反求诸己。③

此段是化鲤回复友人在家乡立会讲学时所写的鼓励之言。化鲤以为,与俗学沉于利欲、套习相较,我辈当有笃实尽心之志,躬行讲学。化鲤反对利用讲学造成内部对立,讲学的目的在于明道淑人,携持后进,以此成己成人亦成物。当然,躬行讲学的过程,其实也是去除利欲与套习的过程。

对于同道好友兴办讲学,化鲤给予热情支持和鼓励。虞城杨东明创办兴

---

① (明)孟化鲤:《答石楚阳》,《北方王门集·孟云浦先生集》,邹建锋等编校,上海古籍出版社 2017 年版,第 402 页。

② (明)孟化鲤:《答石楚阳》,《北方王门集·孟云浦先生集》,邹建锋等编校,上海古籍出版社 2017 年版,第 445 页。

③ (明)孟化鲤:《答谭子陈》,《北方王门集·孟云浦先生集》,邹建锋等编校,上海古籍出版社 2017 年版,第 420 页。

学会,化鲤为之撰写《兴学会约序》,使学子树立为学之志,知圣人可学而至,如此"庶几唐虞相传,道脉常明"①。又为渑池张信民拟就《渑池正学会约序》,并抒写对学者参与讲会的期待:"余惟学者不患议论少,而患躬行之不至;不患切磋寡,而患志意之不亲。志意亲则视人犹己,不论语默,皆足相益,而不致于相戾;躬行至则推己及人,不论亲疏,皆足相成,而不致于相暌"。②化鲤看重的是实际的讲学行为,而非口头言说。

化鲤另写有《初学每日用功法》,就具体的讲学行为一一列出,要求学者有所遵行。其中关于学者之间的讲论,提出"凡讲论便须内省,务使虚心乐受。欲有辨问,须待语毕,然后平心易气,次第商量。仍须检察,有自是好胜否? 有牵合附会否? 又省此一讲究,是求自慊否? 是在言语上校短长否? 抑是自修不容已,不得不辨否? 总之,在求切己"③。这些用功法,因其切实可行而受到冯从吾的重视:"先生讲学新安,而伊洛之间庶几复睹二程之化。观其示初学用功诸条,而先生之教之学可窥一斑矣"。④ 并将之作为讲学教条颁布于师友间。化鲤和冯从吾所行笃实如此。

"责善"在化鲤看来也是践履笃实的一种内在修为方式。化鲤指出,善是天命之性,乃吾心之本体,认为友朋之间应当以善相责。化鲤具体指出了当世"崇虚谀而鲜实学"的种种行为:"今夫交接拜揖,或近于浅慢;毁善扬恶,或远于忠厚;或急难而罔救,或许诺而食言。砬砬执小信之守,悻悻横自是之见。功名急于趋,玩好急于得,财利急于取,声色急于好。甚则逆亿者、饰人者、贤

---

① (明)孟化鲤:《兴学会约序》,《北方王门集·孟云浦先生集》,邹建锋等编校,上海古籍出版社 2017 年版,第 437 页。

② (明)孟化鲤:《渑池正学会约序》,《北方王门集·孟云浦先生集》,邹建锋等编校,上海古籍出版社 2017 年版,第 440 页。

③ (明)孟化鲤:《初学每日用功法》,《北方王门集·孟云浦先生集》,邹建锋等编校,上海古籍出版社 2017 年版,第 501 页。

④ (明)冯从吾:《孟云浦教言跋》,《冯从吾集》,刘学智等点校整理,西北大学出版社 2015 年版,第 324 页。

者、怪者、恶者、恨者、噂沓皆憎者、谀依求容者,心迹之不明者,凡若此类,不可名数。"①这些想法和行为,实际上都真切地发生在各类人身上。对于士子而言,当须寡过责善,从吾真心,在践履处察其善恶之端,兢兢检点言行,方是实学。

化鲤以践履笃实为本,强调日用常行中的实际作为,与他对先天后天、天理物情、形色天性的认识有关。在先天后天关系上,化鲤指出:"先天后天,只是一个天。……盖天随时而在,原无方所,遇饮食便知味,遇父母便孝,遇乍见便恻隐,以至凡事莫不皆然"。② 化鲤之意,先天之理与后天之事是相应的,真存天理,天理便能给实际行为提供具体指导。或者说,吾人以笃实为本、以日用常行为实际,实际上是吾人遵从天理的自觉表现。天理本非在事之外,天理因事而现、随感而应,吾辈所做,就是要在实际作为中自觉地将天理的内在本质呈现出来。这点在化鲤的"天理物情"之说中亦有体现,这里再引其文:"夫所谓理者,天理也。天理者何也? 物情之谓也。除却物情,别无天理。欲尽天理,须通物情"。③ 从"实学"这一视角来看待化鲤的"天理物情"论,则又别有一番新意。物情之意,即指吾人面对的种种生活实际。从常识来看,人生与世情相感通,日与人情往来相接,如何将天理与物情相应,实际上关系到人事的成败得失。化鲤将天理说成是物情,与前面提到的"先天后天"是同一个义理,然"先天后天"特别突出先天下贯为后天的必然趋势,而"天理物情"尤重在通物情中识取天理之本然。

化鲤亦有"形色天性"说:

> 形色天性,谓形色即天性也,非谓有个天性,又有一个形色为之

---

① （明）孟化鲤:《责善说下》,《北方王门集·孟云浦先生集》,邹建锋等编校,上海古籍出版社 2017 年版,第 449 页。

② （明）孟化鲤:《答安良弼》,《北方王门集·孟云浦先生集》,邹建锋等编校,上海古籍出版社 2017 年版,第 509 页。

③ （明）孟化鲤:《答陈连山》,《北方王门集·孟云浦先生集》,邹建锋等编校,上海古籍出版社 2017 年版,第 418 页。

生化呈露也。呼吸往来,视听起居,莫非形色,莫非天性也。①

"形色天性"本为孟子提出,其后流波余裔一直荡漾在后世儒学之中。关于这个问题,主要有两种倾向:朱熹以"形色"为形体的容貌颜色,其所谓践形,是因人有形,而形又必有性,故践行实际上就是尽性,但是只有圣人方可以践此形,亦即在感性的形色之中获得天理性认识。阳明则以为,形色为气,若以良知为头脑,则气就是性,形色即为天性。比较两说,朱子把形色作为达到对天性认识的物质性载体,形体之气与天性是不一样的,且只有圣人能达到形色即天性的程度。而阳明在认得头脑是当的前提下,形色即是天性,人人皆可到此。阳明的观点在其后学中得到不同程度的强调,泰州学者罗近溪(字惟德,号近溪,1515—1588)就是其中之一:"目视耳听,口言身动,此形色也,其孰使之然哉? 天命流行而生生不息焉耳"。② 讲的也是在天理指引下"形色"所获得的本体地位。如果把"形色"范围扩大,即化鲤所谓"呼吸往来,视听起居,莫非形色",进而至邹东廓所说的"盈天地皆形色也"③。也就是说,生活间的一切日常作为,都可以划入"形色"的范围之内,构成"实学"的具体内涵。不管其范围如何,形色与天性"并非二物"的观点都是一致的。当然,"形色即天性"的判断也是基于形色从天理流出而言,如为形气所役使,形色就会流于人欲,化鲤的"形色即天性"说,可作如是观。

化鲤之学,重良知心体的本体地位,认为"只此心得养,是其要耳"④,因而直证本心,以之为力行根柢。这一思路符合阳明对良知的基本要求。就此而

---

① (明)孟化鲤:《阅〈近溪集〉臆言》,《北方王门集·孟云浦先生集》,邹建锋等编校,上海古籍出版社 2017 年版,第 519 页。

② (明)罗汝芳:《语录汇集类·卷御》,《罗汝芳集》,方祖猷等编校整理,凤凰出版社 2007 年版,第 133 页。

③ (清)黄宗羲:《文庄邹东廓先生守益·东廓语录》,《明儒学案》,沈芝盈点校,中华书局 2008 年版,第 343 页。

④ (明)孟化鲤:《与王幼真》,《北方王门集·孟云浦先生集》,邹建锋等编校,上海古籍出版社 2017 年版,第 383 页。

言,化鲤之学又有"语上"的一面。邹元标曾指出:"中州之学,云浦可与语上。"①意即化鲤之学有直达良知心体的思想属性。化鲤在突出"语上"一面的同时,又将"实学"作为良知本心贯彻的具体表现形式,将其作为良知心体的实落之地,从而避免将良知陷于虚妄之中。

第四节 "万物一体"的理论与实践: 杨东明的自得之学

东明之学,是指良知为天然之良,有知是知非的道德判断能力,也兼备体用之义,具有良知学的基本立场。由于问辨对象思想的多重性,加以验诸自身的体悟,其学又有独特之处。理气合一、气质之外无性、以气说性,是其思想义理的集中体现。东明的朝政与山居实践,将思想平铺于实践之中,展现了儒家士子在进退之际所具有的社稷担当和泽披闾里的学术责任,是"道无穷尽"的具体诠释。从东明思想与实践中透露出来的学术构成而言,其学既有"得王"的内容,又有"述朱"的成分,很难用非此即彼的学派归属对之加以限定,而与儒家所强调的"万物一体"之学直接相联。

一、问题的缘起

杨东明(字启昧,号晋庵,1548—1624),河南虞城人。据吕坤所述,东明之学"得之杨复所,复所得之罗近溪,近溪得之颜山农,而渊源则良知一派也"②。黄宗羲将东明列入北方王门,两次提到其学"得阳明之肯綮"③。《明

---

① (明)邹元标:《答杨晋庵都谏》,《愿学集》,景印文渊阁四库全书集部第 1294 册,台湾商务印书馆 1986 年版,第 64 页。

② (明)吕坤:《杨晋庵文集序》,《北方王门集·山居功课》,邹建锋等编校,上海古籍出版社 2017 年版,第 802 页。

③ (清)黄宗羲:《侍郎杨晋菴先生东明》,《明儒学案》,沈芝盈点校,中华书局 2008 年版,第 649 页。

儒言行录》则指东明"直接洙泗嫡传,并驾程邵诸子"①,含有将之归于程朱一派之意。与东明同朝为官、同以言罢的乔胤又提道:"公性与道契,无所师承,崛起中原。方为诸生,即以圣贤自期负,通籍以后,益与海内外名儒讲明性命之学。"②指东明无所师承,杨复所等名儒只是东明论学、交游的对象,谈不上师承关系。在东明自述中,亦未见他提到师承何人。当代学者在研究东明思想时,有指东明之学近于朱子学③,或有"尊性抑心"的思想倾向④;或有前后两期之不同,前期受杨起元"现成良知"说影响,后期则由心学转向气学,由空虚之学转向经世致用的实学⑤。东明之学究竟归属何派,在阳明与朱熹两系思想阵营中,其学是"得王"还是"述朱",抑或在兼而有之的基础上提出自己的思想主张,是值得探讨的学术话题。

二、东明之学思想要领

(一)理气浑是一个

良知与理的关系,阳明将之置于"合一"的语境中来谈:"心一而已,以其全体恻怛而言谓之仁,以其得宜而言谓之义,以其条理而言谓之理"。⑥ 其他如"良知一也""理一而已""道一而已"等,都是类似的命题表达。其逻辑结构为:良知即心,心即理,因而良知为理。阳明极少将理气合用,而讲之以"理者气之条理,气者理之运用;无条理则不能运用,无运用则亦无以见其所谓条理者"⑦。在"心即理"之

---

① (清)沈佳:《明儒言行录续编》卷二《杨东明》,景印文渊阁四库全书史部第458册,台湾商务印书馆1986年版,第1059页。

② (明)乔胤:《青琐荩言序》,《北方王门集·青琐荩言》,邹建锋等编校,上海古籍出版社2017年版,第1111页。

③ 吴震:《阳明后学研究》,上海人民出版社2003年版,第75页。

④ 廖晓炜:《明儒杨晋庵哲学探微》,《哲学动态》,2014年第11期。

⑤ 李书增等:《中国明代哲学》,河南人民出版社2002年版,第1108—1109页。

⑥ (明)王阳明:《传习录上》,《王阳明全集》,沈芝盈点校,中华书局2008年版,第48页。

⑦ (明)王阳明:《传习录中》,《王阳明全集》,沈芝盈点校,中华书局2008年版,第70页。

蕴中,气的存在和运用,都是良知之理的呈现方式。不妨这样认为,阳明的理气观,关注的是主体之道德良知在实际生活中的运用与呈现问题,而无意解释客观世界的生成与走向问题。东明的思路则与之有别,其《天道篇》论"气"曰:

> 盈天地间只是一个元气,元气只是一个发生。①
>
> 天地之心,以好生为德,而二气五行之运,不能无偏胜壅阏之处,如阳胜则亢旱,阴胜则淫潦,而金木水火土之气,各有所偏,则为灾各异。②

东明所提"元气",意在解释自然万物的构成与发生,具有物质观察的思考特点,与阳明所谈理气合一具有不同的视角和内容。东明也引出阴阳二气,并指二气之中存在"阳胜"或"阴胜"各有所偏的情形,以此解释自然物事中失序不仁的现象。这无疑表现出东明对于周遭环境的更多思考,或许这与虞城濒临黄河、常患水灾有关,东明以阴阳二气有偏对之加以解释,于彼时而言也不失为一种面对自然的有益思考方式。

天地表现为元气存在,保持其存在的内在依据则是"理"。东明《理气篇》指:

> 天地间只是这些元气化生万物,这天地之气自然至巧至灵,千态万状,无所不有,不假安排,自然各足,是即所谓理也。气外无理也。③

东明此指"气外无理",依旧是在天地自然的层次上而谈,也即天地自然是遵循一定的条理来化生万物、运行变化的。或者说,天道自然之所以表现为

---

① (明)杨东明:《天道篇》,《北方王门集·山居功课》,邹建锋等编校,上海古籍出版社2017年版,第903页。

② (明)杨东明:《天道篇》,《北方王门集·山居功课》,邹建锋等编校,上海古籍出版社2017年版,第904页。

③ (明)杨东明:《理气篇》,《北方王门集·山居功课》,邹建锋等编校,上海古籍出版社2017年版,第907页。

无所不有、至巧至灵的种种存在,是因为有内在之"理"贯穿其中。这表明,气在理的作用下表现为氤氲生生之气,理也只有在气的氤氲变化中,才保持其理之为理的存在,如此气中有理,理中有气,理气合一。东明这种观点在明末学者中具有一定普遍性。南中王门唐鹤征(字元卿,号凝庵,1538—1619)谓:"盈天地间一气而已,生生不已,皆此也。乾元也,太极也,太和也,皆气之别名也。自其分阴分阳,千变万化,条理精详,卒不可乱,故谓之理,非气外别有理也。"①在理气关系的表述上,唐氏与东明几无二致,显示理气合一说在晚明学术界有一定影响。

东明与其同乡杨湛如也曾讨论过理气问题。东明谓:

> 理气浑是一个,吾验之造化物理,信之已确。来谕却谓"气有聚散,理无聚散;气有生灭,理无生灭",又分明说作两个。第不知气之聚散生灭时,理果处于冲漠无朕之地而判然不相干涉乎?抑但同其生聚而不同其散灭乎?夫不同生聚,无是说也,如谓同生聚而不同散灭,是生聚合而为一,散灭又判而为二,理气不若是之破碎也。凡为此论者,其见蔽于形有尽而理无尽,视理重而视气轻也,非特不知气,亦未观于理之实际也。②

杨湛如与杨起元有学问交集。杨氏于万历十七年(1589年)前后曾游太学,此时杨起元正在京邸为官,杨湛如常向其问学。③ 在为学方向上,杨起元曾点醒他"此道洋洋优优,满前俱是,幸勿远求",并叮嘱其与东明"千万虚心商证",以求学问"真种"。④ 杨起元"满前俱是"之说带有良知现成的特点,从

---

① (清)黄宗羲:《太常唐凝菴先生鹤徵·桃溪札记》,《明儒学案》,沈芝盈点校,中华书局2008年版,第605页。
② (明)杨东明:《柬杨春元湛如》,《北方王门集·山居功课》,邹建锋等编校,上海古籍出版社2017年版,第972页。
③ (明)杨起元:《杨湛如二尊人寿言》,《证学编》,谢群洋点校,上海古籍出版社2016年版,第223页。
④ (明)杨起元:《杨湛如》,《证学编》,谢群洋点校,上海古籍出版社2016年版,第119页。

这一点醒细节,可看出杨起元对东明之学的认可,也意味着东明之学并未偏离良知轨则。杨湛如受程朱影响较深,其信中所指"气有聚散,理无聚散;气有生灭,理无生灭",就来自朱熹"气有聚散,理则不可以聚散言也"①和程颐"凡物之散,其气遂尽,无复归本原之理"②之说,表明在理气关系上,杨湛如赞同程朱看法。从回信看,东明对朱熹"气之聚散生灭"的说法并无反对,只是不认同朱熹理气二分的观点。依东明之见,理是气之理,气是理之气,气之聚散生灭是理之作用的结果,单纯的气之聚散生灭是不存在的。因此,东明对朱子"气以成形,理亦赋焉"之说颇不赞同,认为"亦"字已将理气视作两物,非道家之语。③ 在学会讲学中,东明也提到朱子此说,指其病在"亦"字④,与自己"验之造化物理"的实践经历不符。

东明理气合一观,在形式上借鉴了阳明的"理一而已"格式,故而东明对阳明"若见得自性明白时,气即是性,性即是气,原无性气之可分也"之说甚表赞同,称其为"万古确论"⑤。东明虽然反对朱子学中理气为二的观点,但对于理、气各自具体构成和变化,东明又吸收了朱子学中的相关内容,如谓"人之所以异于物者,则其所得于二气者各异耳"⑥,便与朱子对气之昏明清浊的界定相似。

(二)气质之外无性

东明指理气惟一,尚有另一用意,即用以说明人之性。东明谓:"夫惟理

---

① (宋)朱熹:《朱子语类》卷第三《鬼神》,《朱子语类》第一册,(宋)黎靖德编,王星贤点校,中华书局 2004 年版,第 38 页。

② (宋)程颢:《入关语录》,《二程集》,中华书局 1981 年版,第 163 页。

③ (明)杨东明:《柬宪副陈云麓公祖》,《北方王门集·山居功课》,邹建锋等编校,上海古籍出版社 2017 年版,第 981 页。

④ (明)杨东明:《学会讲语·中庸》,《北方王门集·山居功课》,邹建锋等编校,上海古籍出版社 2017 年版,第 870 页。

⑤ (明)杨东明:《理气篇》,《北方王门集·山居功课》,邹建锋等编校,上海古籍出版社 2017 年版,第 908 页。

⑥ (明)杨东明:《天道篇》,《北方王门集·山居功课》,邹建锋等编校,上海古籍出版社 2017 年版,第 904 页。

气一也,则得气清者理自昭著,人之所以为圣贤者此也,非理隆于清气之内也;得气浊者理自昏暗,人之所以为愚不肖者此也,非理杀于浊气之内也。此理气断非二物也。正惟是禀气以生也,于是有气质之性。"①由此看到,东明论气质之性,是从气直接而来,非如朱子"性只是理,气质之性,亦只是这里出"②,气质之性是从性理而来;也非阳明只言"气质有清浊厚薄强弱之不同,然其为性则一也"③,而不言"气质之性"。东明则谓气质之性曰:

> 气质之性四字,宋儒此论适得吾性之真体,非但补前辈之所未发也。盖盈天地间皆气质也,即天地亦气质也,五行亦阴阳也,阴阳亦太极也,太极固亦气也,特未落于质耳。然则何以为义之性?曰气质者,义理之体段;义理者,气质之性情。举一而二者自备,不必兼举也。然二者名虽并立而体有专主,今谓义理之性出于气质则可,谓气质之性出于义理则不可,谓气质之性与义理之性合并而来,则不通之论也。犹夫醋然,谓酸出于醋则可,谓醋出于酸则不可,谓醋与酸合并而来,则不通之论也。且气质可以性名也,谓其能为义理也;气质而不能为义理,则亦块然之物耳,恶得以性称之?四字出于宋儒,亦但谓补性之所未备,而气质外无性,恐宋儒亦不得而知也。④

东明对宋儒气质之性的提出甚为赞赏,是因为宋儒所论气质之性,也是由气而来,与其气论观点相近,但其间又显出两层转辙:其一,根据理气合一原理,有气质必有义理,气质是义理的物质载体,义理则构成气质的内在属性,二者不可分割,举其一必有其二。其中太极是"未落于质"的最高之气,其内在

---

① (清)黄宗羲:《晋庵论性臆言》,《明儒学案》,沈芝盈点校,中华书局 2008 年版,第 650 页。
② (宋)朱熹:《朱子语类》卷第四《性理一》,《朱子语类》第一册,(宋)黎靖德编,王星贤点校,中华书局 2004 年版,第 67 页。
③ (明)王阳明:《传习录拾遗》,《王阳明全集》,吴光等编校,上海古籍出版社 2017 年版,第 1297 页。
④ (清)黄宗羲:《晋庵论性臆言》,《明儒学案》,沈芝盈点校,中华书局 2008 年版,第 650—651 页。

义理当为至善。其二,气质之性和义理之性不是并列等同或叠加堆积的关系,义理之性乃出于气质之性,气质之性为主体,义理之性为其属性,犹如醋和酸的关系,酸为醋之属性。凡称气质之性者,其中必有义理之性,因体段与义理本不可分;如气质之性中无义理之性,则气质之性亦不存在,否则便不符合理气合一原理。也就是说,对于这一问题,只要说气质之性即可,气质之外本无性可说,因此东明说"识得气质之性,不必言义理可也,盖气质即义理,不必更言义理也"①。

东明如此论气质之性,气质便成为衡量人性善恶的关键依据。东明谓:

> 凡所称人心惟危也,人生有欲也,几善恶也,恶亦是性也,皆从气边言也。盖气分阴阳,中含五行,不得不杂揉,不得不偏胜,此人性所以不皆善也。……盖太极本体,立二五根宗,虽杂揉而本质自在,纵偏胜而善根自存,此人性所以无不善也。②

因气有杂糅、偏胜之分,故人性有不善。因此,东明论性恶,是从气之不纯不正而言,但这个气不是太极之气,太极之气本是善的,这是人性善的根本保证。实际上,东明对气有性质层次的划分:太极之气未落于质,是原初之气,其本性为纯为善;阴阳之气有杂糅、有偏胜,因而是人性不善的根由。东明的这种思路特征,在形式上也与阳明"善恶皆天理,谓之恶者本非恶,但于本性上过与不及之间耳"③很是相似,只不过阳明是以本体上的过与不及来解释恶的存在,而东明则是以气说性,以气之杂糅偏胜来解释恶的存在,气之内容又带有朱学成分。

东明以气说性,然则心性之旨如何? 东明认为:"盖性者,浑沦之体,而心

---

① (清)黄宗羲:《晋庵论性臆言》,《明儒学案》,沈芝盈点校,中华书局 2008 年版,第652 页。

② (清)黄宗羲:《晋庵论性臆言》,《明儒学案》,沈芝盈点校,中华书局 2008 年版,第650 页。

③ (明)王阳明:《传习录下》,《王阳明全集》,吴光等编校,上海古籍出版社 2017 年版,第110 页。

则性之所出,以效灵明之用者也。故专以心言,则心自有体用;以性对心言,则性其体而心其用也。性主静,心主动。心有出入,性无存亡。性者心之合,心者性之分,一而二,二而一者也。"①东明论心性,视性为气,心亦是从气之性而出,是气的表现状态,符合其理气合一原理。细察之,东明实际上给出了关于心性的两层系统:性—心系统和自心系统。心从性出,性体心用,构成"性—心"结构之大系统;心有体用,心有出入,构成自心体用之小系统。小系统由大系统而来,体现"性心有别"的一面;小系统也自成体系,体现"自有体用"的特色。两层系统间,"性—心"系统是从气之"所出"与"被所出"的关系而言,但性者心之合、心者性之分,性心又是合一的,这与朱熹所谓"性为之主"之主次关系不同;"自心系统"与阳明所谓"心之虚灵明觉,即所谓本然之良知"也不同,阳明突出心体地位,而东明则是从"此心字是以方寸中形具而言,故众理胥此以统之"②之理气合一的方面来谈心自身的体用,这种理路特征又与朱熹"心统性情"相仿。

东明以一小系统确立自心体系,为其解释"无善无恶心之体"挪开了空间。东明释"无善无恶心之体":"盖指心体而言,非谓性中一无所有也。夫人心寂然不动之时,一念未起,固无所谓恶,亦何所谓善哉!夫子曰:'吾有知乎哉?无知也。'夫知且无矣,何处觅善恶?譬如鉴本至明,而未临于照,有何妍媸?故其原文曰'无善无恶者心之体',非言性之体也。"③就自心内部系统来看,心在寂然无动、与物无接之时,自然不会有善恶的判断,这种情形犹孔子之言无知,知且无矣,何处觅善恶?而作为大系统中的"性体",也即太极之气,则是有善无恶。这是以心体之无善无恶逆证性体之纯善无恶,体现了东明对

① (明)杨东明:《学会讲语·孟子下》,《北方王门集·山居功课》,邹建锋等编校,上海古籍出版社2017年版,第900页。
② (明)杨东明:《学会讲语·孟子下》,《北方王门集·山居功课》,邹建锋等编校,上海古籍出版社2017年版,第900页。
③ (清)黄宗羲:《晋庵论性臆言》,《明儒学案》,沈芝盈点校,中华书局2008年版,第651页。

性体至善的卫护,是对阳明"无善无恶"说的一种新解,亦与黄宗羲"心以气言,气之动有善有不善,而当其藏体于寂之时,独知湛然而已,亦安得谓之有善有恶乎"①的观点相符,故黄氏赞其"真得阳明之肯綮"。要言之,东明论无善无恶是在"自心"系统内而言,描述的是心之湛然虚明的状态,至于"自心"系统之所出的性体则具有至善之本性,而人性之有善恶则体现在阴阳二气交织所形成的形骸世界。不过,东明虽以心体之无善无恶印证性体之有善无恶,以此贴近儒家一贯倡导的性善之旨和阳明的心体之无善恶论,但在其"心从性出""性静心动""性合心分"的思维设定中,显然又与阳明"心即性""心无动静""心无间"等对心的规定大相径庭,这恐怕是东明在心性之论上的未周全之处。

东明的气质之外无性论,在清代也引起评议。清代学者沈佳编撰《明儒言行录》,将东明《论性臆言》大部录入其中,录文后有按曰:"太极固亦气也,特未落于质耳,其论甚精。周子明说阴阳一太极也,可见太极亦是气,但浑然不杂耳。若说是理,分明是理先气后,这理着在何处?如何生出气来?譬之一株树,太极是根本,阴阳五行是其枝叶,一本所生,如何根本是一物,枝叶又是一物?可知理气之非二也明矣。至先儒言义理之性,原非外气质而为言,东明以为一物分为两物而驳之,亦未细审于程张之说矣,略有所见,辄议宋儒,便是明季讲学诸公通病也"。② 在"太极亦气""理气非二"这点上,沈佳认为东明之论甚精,不过他也对东明将宋儒所论义理之性外于气质之性的说法表示质疑。依本研究看,程朱是将天理置于最高位,有理便有气流行,采用的是由理到气的思考方式;而东明认为有气则有理,采用的是由气到理的思维方式。两者尽管都没有排除气质的存在,但气质在理气中的地位是不等同的。

---

① (清)黄宗羲:《尚宝周海门先生汝登》,《明儒学案》,沈芝盈点校,中华书局2008年版,第853页。

② (清)沈佳:《明儒言行录续编》卷二《杨东明》,景印文渊阁四库全书史部第458册,台湾商务印书馆1986年版,第1060页。

三、道无穷达,山林有事

(一)阨挫之余,乃见学问

思想与实践总是相互伴随。东明的实践活动,大体有朝政为仕和山林栖居两段经历。万历庚辰年(1580 年)东明登进士,这里不妨以此作为其政治实践的开始,万历乙未年(1595 年)杨东明谢事归里,与邑诸生讲学议论。东明的朝政实践,主要在此十余年间。他也曾左迁陕西布政照磨(掌管宗卷、钱谷的属吏),但为时甚短,领差之后即归家。1621 年,东明在归憩林下之后还有一段短暂的刑部经历,不久去世,卒赠刑部尚书。

东明的朝政实践,可从有关著述和史料记载中窥见一斑。《青琐荩言》是东明居谏掖任职刑科右给事中时所上牍疏的合编,内容涉及朝政、吏治、军务、救灾、科场、用人等方面。东明牍疏上书的朝政环境,正当万历间"朝政纰缪"之时,乔胤对此有述:"年来益觉翕訾相扇,机态横生,鸷悍蜂锐,悻悻然争不胜不休,攻不去不止。部分南北,党甚洛蜀,懩忮猜狠,纵横捭阖,睚眦必报,莫须有可杀,兰可艾,白璧可点,楹栋可摧折,群然如醉、如狂、如梦,如虎狼咆哮不可响迩,使大臣不敢主持,朝廷靡所适从"①,政治情势可谓相当凶险。然而正是在这复杂多变的政治环境中,东明多次上疏,申明政治主张,将功名富贵、毁誉得丧,悉置之度外。其疏持论颇正而不激,报之以忠君忧国之诚,有"真荩"之誉,乔胤谓其"职业之外,别无性命;阨挫之余,乃见学问"②,当是事实。

东明另有一疏为《饥民图说疏》,未见列于《青琐荩言》,但可以"荩言"视之。此疏背景为 1593 年黄河决堤,齐梁淮徐之间遭受水患,方圆数千里人相食。次年,时任刑科给事中的杨东明戚戚于满目灾情,遂上疏神宗,请求赈济。

---

① (明)乔胤:《青琐荩言序》,《北方王门集·青琐荩言》,邹建锋等编校,上海古籍出版社 2017 年版,第 1112 页。

② (明)乔胤:《青琐荩言序》,《北方王门集·青琐荩言》,邹建锋等编校,上海古籍出版社 2017 年版,第 1112 页。

所疏绘而为图,附之以说,为宗社怀忧之情充溢其间。神宗恻然,出帑银三十万、调粮十万石往赈,灾情有缓。为饥民上图说疏,是东明政治事迹的亮点,后人谈及东明宦迹之事,此事常被提及。《四库全书总目》《明儒言行录》《荒政丛书》等都有较详细记载,《河南通志》则载其全疏,可见此疏在历朝儒士政治实践中的影响。《虞城县志·艺文》亦收有此疏。

《明史》对东明朝政之事亦有简要说明,指其"请定国本,出阁豫教,早朝勤政"。在《明史·王纪传》中,记载了王纪与东明署议"红丸"之事,以及东明处理佟卜年"谋叛"之事。由于两事牵连人物众多,处理起来难度甚大,东明最后不得不引疾而去,直至生命终点。从东明天启间迁刑部右侍郎、崇祯追赠刑部尚书的政治效果来看,朝廷对东明的朝政行为当持肯定态度。

(二)山林岂遂无事

后人称颂更多的是东明的山居功课经历,这种经历在致仕乡绅中具有典型意义。东明谢事归里后,倾力于山居讲学,历时达 27 载。据东明给耿楚侗信,东明归家乃"以为奔走风尘,而主静之功疏也,遂请告家居,期在精进"[1],意谓仕途活动耽误了学术之功。焦竑(字弱侯,号澹园,1540—1620)则指东明"为时宰所螫,卷怀而退"[2],焦竑未实指其事,但东明的政治压抑是可能的。在给太守涂揆宇的信中,东明吐露了归居心声:"弟叨列谏垣,疏三上而俱留中,可谓不得其言矣。弟窃闻君子之教,不能进而行道于时,则当退而守道于己。如谏既不行,而又不去,岂不两失哉?故请告家居,非敢自顾,聊以闭户潜修,老吾用世之识耳。且今庙堂大计,岂口舌能净?而议论纷纭,孰知鸟之雌

---

① (明)杨东明:《柬楚侗耿老先生》,《北方王门集·山居功课》,邹建锋等编校,上海古籍出版社 2017 年版,第 962 页。

② (明)焦竑:《书杨晋庵先生山居功课》,《澹园集》下册,李剑雄点校,中华书局 1999 年版,第 908 页。

雄？凡此皆弟之所以难而靦颜就列，计日需迁，诚有所不忍为耳"。① 据此看，东明归居的直接原因当是"谏不行"的政治现实，至于为何"谏不行"，恐是焦竑所说的"为时宰所螫"。如此政治环境下，东明被"不能进而行道于时，则当退而守道于己"所激，归家求静，闭户潜修，以求学有所用。

东明归而兴学讲道，与邹南皋、冯少墟、吕新吾、孟我疆、张阳和、魏见泉、杨复所等人往复疑义，互证所得。这数人中，既有宗良知学者如邹南皋等，又有统程朱、陆王有关学特色的学者如冯少墟等。东明常常与之相刮劘，加之验诸自身的生活经历，使得其学有纯正师友渊源，故黄宗羲亦赞东明"能得阳明之肯綮"。东明的《山居功课》一书，记其里居乡间的生活实践，焦竑述东明"义学、社仓、助婚、平籴，以至于修学、筑堤，无不曲为之所，而敬老、兴学为作人善俗计者，尤拳拳焉"②，确为实情。其中，兴义学乃针对里中子弟放弃不学现象，东明特意辟隙地为塾，延良士为师，以教群邑子弟。③ 建社仓意在积谷、赈急、助贫，当然也有树德的意味。在东明的带动下，河南曹县建有社仓，并有《社仓条约》加以申告。④ 东明左迁陕西时，道经河南杞县，亦鼓励好友，在杞县设立社仓，并立有条约。⑤ 助婚、敬老皆为尽人伦、厚风俗之事，东明在里中亦多有践行，并与会友制定《敬老录》，以明礼教、兴淳风。筑堤、施粥、平籴是东明在社会困难时期进行的社会救助活动。筑堤与万历辛丑（1601 年）虞城发生的洪水有关，这次洪水导致禾稼毁坏严重，东明亲自督率筑堤抗洪，后又

---

① （明）杨东明：《東涂揆宇太守》，《北方王门集·山居功课》，邹建锋等编校，上海古籍出版社 2017 年版，第 962 页。

② （明）焦竑：《书杨晋庵先生山居功课》，《澹园集》下册，李剑雄点校，中华书局 1999 年版，第 801 页。

③ （明）杨东明：《义学记》，《北方王门集·山居功课》，邹建锋等编校，上海古籍出版社 2017 年版，第 835 页。

④ （明）杨东明：《社仓条约》，《北方王门集·山居功课》，邹建锋等编校，上海古籍出版社 2017 年版，第 806—808 页。

⑤ （明）杨东明：《杞县社仓序》，《北方王门集·山居功课》，邹建锋等编校，上海古籍出版社 2017 年版，第 808—809 页。

联合族亲,捐金献谷,接济受困民众。万历壬寅(1602年)虞城一带遭受雪灾,百姓生活艰难,东明施粥于民,得为善之乐。除此,东明立会之事尤有可圈点之处,其所立之会,主要有兴学会、同善会和广仁会。这点在下文论东明与虞城讲会时再详细讨论。

东明的朝政与山居经历,在当时士人中有一定普遍性。他们身在庙堂时,以"青琐荩言"的方式为朝政清明处处尽力;退处林下时,又以普通士绅的身份济人利物,尽一个儒家士绅的责任。吕坤对东明的人生实践有中肯评价:"列社学科条以养蒙,设敬老约会以劝孝。分人以财,教人以善之心,恳切浓至。其所口说,皆其躬行者也。伪乎? 不伪乎? 救荒一疏,恻怛回天,三宫出金钱数十万,全活沟壑人不可胜纪。京营措置,振刷优恤,纤细洪巨,罔不宜时。官军鼓舞感激,数月改观。出国门日,三大营送者如堵,都人士谓从来所无。其小试施为,俄顷建树,便足奉当世,宪后来人。腐乎? 不腐乎? 启寐即不讲学,已于行与事讲之矣。"①吕坤将东明的山居实践归为"不伪",将其政治实践视为"不腐",不伪不腐的核心在"于行与事讲之"。事实上,儒家之道并非单一,也非悬空静止,而是在人生进退之际表现为一个"道无穷达"的不断展开的过程;士子人格并非只在阨挫之际显现,山林之中岂遂无事? 其实此时反倒更能映照人的坚定内心和学术信仰。东明之"不伪"与"不腐",可作如是看。

四、"万物一体"之学

"万物一体"本为儒家共识,是儒家看待人己、物我关系的基本观点。江右学者罗洪先论阳明"万物一体"之学时指出:"夫万物一体之义,自孔门仁字发之,至宋明道始为敷绎,其后《西铭》一篇,程门极其称羡,自是止以文义视之。微先生,则孔门一脉几于绝矣。故尝以为先生一体之说,虽谓之发千古之

---

① (明)吕坤:《杨晋庵文集序》,《吕坤全集》(上册),王国轩等整理,中华书局2008年版,第91页。

秘亦可也。"①依此说法,"万物一体"之义有其发展过程,是儒家之学相承相续的内容之一。就阳明而言,其"万物一体"之说集中表现在《答顾东桥书》和"拔本塞源"论之中,万物一体之气象显得最为突出,是对孔门仁学的极大发挥,故念庵称其为"发千古之秘",当不为虚言。当然,儒林中亦存在有万物一体之念而无万物一体之实的情形,故高攀龙慎慎提出:"万物一体谁不知之?然只是说话。仁者,浑然与物同体,不是小可事,恐当大费工夫"。② 东明的思想与实践,在不同层次对儒家"万物一体"观有新的诠释和发扬。

第一,"万物一体"之体。东明主张天地万物都是由气而成,在物质构成的层次上,天人自是合一。东明指出:"天之生物也,使之一本,然而人与天实共一本,圣同天原不少异耳。"③这是天人合一、万物同体的物质根源,具有生物学基础的意义。在天与人的各自本质存在和表现形式上,天人也具有同一性。东明认为:"今夫天无声无臭而广生大生,其出无穷,今夫人不睹不闻而随感随应,其出亦无穷,由其所以主宰是者无不同也。天人一也,信之深矣。"④天之无声无臭而广生大生的深邃本质对应人之不睹不闻而随感随应的灵动气质,天与人的变化都无有穷尽,而这正是太极之气灵幻变动的结果。就人而言,东明亦指出人的物质构成的含义:"人虽万有不齐,实天地一气所生。古人父母乾坤,胞与民物,疲癃残疾鳏寡孤独皆为兄弟颠连而无告,是合天下人本同一体也"。⑤因此,东明是在同本、合一的角度来谈"万物一体"之体,将

① (明)罗洪先:《跋阳明先生与双江书》,《罗洪先集》,徐儒宗编校,凤凰出版社 2007 年版,第 685 页。

② (明)高攀龙:《答顾泾阳先生论格物四》,《高攀龙全集》(上册),尹楚兵辑校,凤凰出版社 2020 年版,第 468 页。

③ (明)杨东明:《天道篇》,《北方王门集·山居功课》,邹建锋等编校,上海古籍出版社 2017 年版,第 906 页。

④ (明)杨东明:《天道篇》,《北方王门集·山居功课》,邹建锋等编校,上海古籍出版社 2017 年版,第 907 页。

⑤ (明)杨东明:《曹县社仓序》,《北方王门集·山居功课》,邹建锋等编校,上海古籍出版社 2017 年版,第 805 页。

人的生命存在视为所同出,进而产生共同的情感,这与他主张理气合一的原则是一致的。

第二,"万物一体"之心。东明讲学过程中,常受人质疑甚至指责。有人指东明舍彝伦之实学:"今舍实学不务,乃论良知,谈性命,辨知行合一之旨,言虽精,何当于实用? 无亦立门户以博名高,假道术以济仕进之私乎?"①言辞相当激烈。另有人指其将人引入魑魅之窟:"有友谓吾谈学舍平正通达之坦途,为钩深索隐之渺论,究将引无知后生胥入魑魅之窟矣。盍反而谈日用当然之理乎?"②话语亦不可谓不重。在劝之不已的情况下,在友朋中甚而出现"艴然而怒"的情形。面对如此艰难情景,东明告知友人自己是在以"万物一体"之心进行讲学:"是故君子万物一体之心,常活泼而不昧,救时行道之念,每惓切而不忘。故遇一有志之士,辄左提右携,不忍释手,必欲造就而成全之。所忧者深,所任者重,而其所计者远也。此今日孜孜讲学之意乎!"③ 可见,"万物一体"并非简单地将人己、物我视为所同出,而是以一种救时行道、造就成全的坚定形象负重前行,此非"大工夫"不能至也。

第三,"万物一体"之仁。东明立会、建社仓、辟义田,与内心之仁的激发不无关联。东明如此论"生"与"仁"的关系:"夫天地以生物为心,天地之仁也。人以天地生物之心为心,人心之仁也。夫惟以生名仁,则存仁所以存生也,戕仁所以戕生也。"④人心有仁,在于将天地生物容纳于心,使之成为人之世界的一部分。在这个层次上,与其说人成就了天地生物,倒不如说人因天地生物而使人的本质得以呈现。东明过杞县鼓励乡贤建社仓,特别提到"万物

① (明)杨东明:《论学篇》,《北方王门集·山居功课》,邹建锋等编校,上海古籍出版社2017年版,第909页。
② (明)杨东明:《论学篇》,《北方王门集·山居功课》,邹建锋等编校,上海古籍出版社2017年版,第929页。
③ (明)杨东明:《吴书(二)》,《北方王门集·山居功课》,邹建锋等编校,上海古籍出版社2017年版,第965页。
④ (明)杨东明:《广仁会序》,《北方王门集·山居功课》,邹建锋等编校,上海古籍出版社2017年版,第812页。

一体"的重要性:"万物本吾一体,仁者天下为家。昔明王之世,制田里,教树畜,家给人足,比屋可封,焉事此煦煦之惠也。故小惠不足以明仁,私恩不足以广义。诸君有志大道之公也,其惟养吾心之谷种乎?夫吾心之谷种,敛之不越方寸,出之兼容四海。秭米之身,三才合德,惟有是耳"。① 将天下百姓置于吾心之中,自会人心有仁,当然更重要的还是推仁,将吾心之仁种施及于他人,从而消除人己、物我之分,实现"万物一体"之仁。东明以旅囊数金相捐建社仓,当地邑侯认为这是过客为之而奇之,②殊不知这正是"万物一体"之仁在具体行为中的体现。

第四,"万物一体"之怀。东明有仕宦经历,常对执政者"深病其不学无术,故不能增光吏治"深感忧虑,故而对就官者殷切期待。③ 这些固然与东明对社稷苍生的忧思有关,也与其"万物一体"的为政之怀相联。东明谓:"夫国家设官分职,凡以为民也。人之亲莫亲于父母,而呼其令以之,则其所望于令者可知矣。乃晚近令急催科而缓抚字,明听断而暗保厘,往往草菅其众而房使其民,民乃盱盱兴谇,时日起怨,犹腼焉自谓得计而朘削无已,则恶在其为父母也? 此无他,学术不明,世尘念重,本无万物一体之怀,安望保民若子之政?"④ 国家设官分职的本意在为民,然时政却往往招致民怨,这在东明看来就是缺少"万物一体"之怀,东明希望执政者为民着想,视自己为民众一员,回归儒家所倡导的"万物一体"之怀。虞城后学王梦凤为《山居功课》作序,其首段曰:"盖士君子立身行道,无问穷达,各有当尽之职业。晚近以来,士大夫宦游归者,非选胜行乐,托群芳以寄兴,则闭关却扫,抱一膜以自完。此江河廊庙之迹判,而

---

① (明)杨东明:《杞县社仓序》,《北方王门集·山居功课》,邹建锋等编校,上海古籍出版社 2017 年版,第 809 页。

② (明)杨东明:《杞县社仓序》,《北方王门集·山居功课》,邹建锋等编校,上海古籍出版社 2017 年版,第 808 页。

③ (明)杨东明:《柬杨春元湛如》,《北方王门集·山居功课》,邹建锋等编校,上海古籍出版社 2017 年版,第 971 页。

④ (明)杨东明:《夏邑曾公考满序》,《北方王门集·山居功课》,邹建锋等编校,上海古籍出版社 2017 年版,第 1038 页。

万物一体之怀有时塞而不流矣"。①这是将东明之山居功课视为"万物一体"之怀的表现，也是对东明立身行道的很好概括。

经以上讨论，可以发现，东明之学与杨起元确有关联。东明在京邸时，"与复所公朝夕刮劘，益浸浸觉有入处"②，山居期间，两人亦多有书信往来，这些都对东明的良知观有影响。不过，从东明"然从事有年，竟不能诞登道岸。……遂请告家居，期在精进"③的话语看，东明对自己在复所处所学仍觉有缺，转而在家居期间思考理气、气质与性的问题，并最终形成理气合一、气质之外无性的新命题，由此可看到其思想的转向。从两人的这种学术交往以及东明在《评騭篇》中直呼复所其名的细节可见，两人是学友而非师承关系。当然，东明思想的转向并不意味着对良知学的背离，从东明驳吕坤"良知非离弦之箭"到讲学中时时"乃论良知"，这些都发生在东明里居乡间之后，可见其对良知之学的遵从，其学"得王"的一面应很清晰。黄宗羲虽指北方之为王氏学者独少，但东明思想中展现出来的王学倾向和卫王意识，仍得到宗羲的充分认可，故而他仍将东明等一批北方学者视为阳明学传人。也应看到，东明所居虞城，乃曹月川之学影响的中心地带，加以地方乡贤如同善会成员、邱方山等人的影响，东明之学也带有伊洛传统，有"述朱"的成分亦在所难免，其学虽不至并驾程邵诸子，但程朱的影响却显而易见。东明将朱、王之学融入自己的思想体悟和实践经历之中，相关心性论述依理气合一原理而展开，心、性之学理定位也基于这一原理，形成了有别于黄宗羲对嫡传王学的传统界定，这实际反映出北方王门学者在学术吸收上的开放性以及王学在北方传播的独特面貌，这于王学的融合发展而言，是十分重要且有益的。此外，东明也强调"悟"的重

---

① （明）王梦凤：《山居功课序》，《北方王门集·山居功课》，邹建锋等编校，上海古籍出版社 2017 年版，第 799 页。

② （明）杨东明：《柬楚侗耿老先生》，《北方王门集·山居功课》，邹建锋等编校，上海古籍出版社 2017 年版，第 962 页。

③ （明）杨东明：《柬楚侗耿老先生》，《北方王门集·山居功课》，邹建锋等编校，上海古籍出版社 2017 年版，第 962 页。

要,但其所悟对象为"民物""仁孝""天人相贯"等内容①,且从东明早期仕宦经历,亦看不出空虚之学的痕迹,倒是在其山居之后,吕坤等学友质疑东明之学有虚谈色彩,而事实则是东明"所忧者深,所任者重,而其所计者远也",是宗法经世的传道之举。这于今天的学者而言,践履实地、以身释道,也正是我们走出书斋学问的必由之路。当然,东明以气说性,气取得了本体地位,气、性、心、良知之间的条理关系如何,这在东明的已见论述中显得较为缺乏。或许在东明看来,良知可以用来解决人的学术追求问题,但在具体的气质世界,则需用理气原则来加以解释。合而言之,对于东明之学,很难用非此即彼的学术归属对之加以限定,其学既有宗法阳明、朱熹的一面,也有对二者的综合与转换,不妨从儒家所主张的"万物一体"之学的思想构成中,将之归于"万物一体"之学。事实上,我们可以于东明的思想与实践中,找到"万物一体"之学的思想痕迹,这其实也是东明所主张的实践学问之道的"自得"之学。②

第五节　心学与关学的互进:南大吉之学的双层期待

南大吉(字元善,号瑞泉,1487—1541),陕西渭南人。《明儒学案》指大吉"幼颖敏绝伦,稍长读书为文,即知求圣贤之学,然犹豪旷不拘小节"③。据南大吉之弟南逢吉《瑞泉南先生纪年》所载,大吉年少时,能受《孝经》,其父又授《四书》《小戴礼》。稍长,又授《易》于新野教谕冷宗元。在其 22 岁时,又授《小戴礼》于邓州知县常赐。大吉 25 岁登进士第,不久即办事于刑部。大吉

---

① (明)杨东明:《夏邑曾公考满序》,《北方王门集·山居功课》,邹建锋等编校,上海古籍出版社 2017 年版,第 1039 页。
② (明)杨东明:《柬汪户部斗仑》,《北方王门集·山居功课》,邹建锋等编校,上海古籍出版社 2017 年版,第 1020 页。
③ (清)黄宗羲:《郡守南瑞泉先生大吉》,《明儒学案》,沈芝盈点校,中华书局 2008 年版,第 652 页。

的为官经历,黄宗羲略有记载:"授户部主事,历员外郎、郎中,出守绍兴府,致仕"。① 而在绍兴府任知府的经历,时在 1523 年至 1525 年,是大吉为官生涯中最为称道的一段履职时光。在这几年中,大吉完成了他人生中与学术有关的几件大事:就学于阳明,辟稽山书院,建龙首书院,刊刻《传习录》。关于这点,下文在论述大吉心学特色的时候再具体讨论。

嘉靖丙戌五年(1526 年),大吉致仕归乡,其中缘由,南逢吉《纪年》只轻忽一笔写道"考察闲住",其余则不及。冯从吾略有提及,指其因考察罢官,原因是大吉治郡"以循良重一时,当事者以抑王公故,故斥之"②。黄宗羲基本沿用了冯氏说法,指"执政者方恶文成之学,因文成以及先生也"③。两说恐是实情。其时阳明学尽管有所谓"王氏之盛",然訾议者亦是纷纷,谓之"伪学""霸术"之声不绝于耳,跟随阳明而学者,亦因此受到牵连。大吉之遭遇,可为之佐证。《绍兴府志》则另有一说:"大吉政尚严猛,喜任事,不避嫌怨,竟以是蒙訾。然锄奸兴利,至今赖之其功,不可掩云。"④指其为政风格上有严苛峻厉之处,故招致非议,受到打压。又据《新续渭南县志·乡贤传》,大吉任绍兴知府后,"决疑狱,戮巨盗,惩豪滑,公私请托不行,由是中伤,罢归"⑤,因吏治清明无私,故招致报复。另据阳明《送南元善入觐序》⑥所记,越地其实早有其敝,且已达数十年:"巨奸元憝,窟据根盘,良牧相寻,未之能去;政积事隳,俗因隳

①　(清)黄宗羲:《郡守南瑞泉先生大吉》,《明儒学案》,沈芝盈点校,中华书局 2008 年版,第 652 页。

②　(明)冯从吾:《瑞泉南先生》,《冯从吾集》,刘学智等点校整理,西北大学出版社 2015 年版,第 455 页。

③　(清)黄宗羲:《郡守南瑞泉先生大吉》,《明儒学案》,沈芝盈点校,中华书局 2008 年版,第 653 页。

④　(清)李亨特总裁、平恕等修:《绍兴府志·人物志》,《中国方志丛书·浙江省》,(台北)成文出版社 1975 年版,第 1035 页。

⑤　(清)严书麟修、焦联甲纂:《新续渭南县志·乡贤》,《中国方志丛书·陕西省》,(台北)成文出版社 1969 年版,第 589 页。

⑥　(明)王阳明:《送南元善入觐序(乙酉)》,《王阳明全集》,吴光等编校,上海古籍出版社 2017 年版,第 972—973 页。

靡。至是乃斩然剪剔而一新之,凶恶贪残,禁不得行;而狡伪淫侈,游惰苟安之徒,亦皆拂戾失常,有所不便。相与斐斐缉缉,构谗腾诽;城狐社鼠之奸,又从而党比翕张之,谤遂大行。"谗谤之言就是其中之一。不过,在大吉"持之弥坚、行之弥决"的果敢行为下,乡民陋习渐改,"民之谤者亦渐消沮",在大吉入觐前,甚至有"惶惶请留"场景的出现。且阳明对大吉的治政行为并未有指摘之意,反倒指大吉在入觐前"惠洽泽流而政益便",字里行间透露出赞赏之情。大吉在其被谪之年,给多位师友寄过书信,表达内心情怀。阳明也曾致书鼓励:"故凡有道之士,其于慕富贵、忧贫贱、欣戚得丧而取舍爱憎也,若洗目中之尘而拔耳中之楔。其于富贵、贫贱、得丧、爱憎之相值,若飘风浮霭之往来变化于太虚,而太虚之体,固常廓然其无碍也。元善今日之所造,其殆庶几于是矣乎!"①大吉在《与叶硕庄良器书》中亦谈道:"某也鄙夫,窃尝有志于圣贤之学而未能也,是故闻誉而喜,见毁而怒,得则乐,丧则忧。每觉而每加省焉,至于今年且四十矣,而兹归也,反之于心若无愧焉。然不平之气又或窃发,发则觉,觉则力加克治。"②大吉在致仕归乡之际对自己此前的行为进行反思,觉得无愧于心,而受此政治挫折,内心难免有不平之气,含蓄表明了大吉对所受政治待遇的不满。由此亦可看出"政尚严猛,喜任事,不避嫌怨"不是大吉受黜的原因,其反对者因恶阳明之学,由此而及大吉并对之加以毁谤,恐是他"考察罢官"的主要缘由。

大吉致仕居家,益以道自任。到乡后的第二年(1529年),即建成湭西书院,开展讲学活动。冯从吾指"先生既归,益以道自任,寻温旧学不辍。以书抵其侣马西玄诸君,阐明致良知之学。构湭西书院,以教四方来学之士";又

---

① (明)王阳明:《答南元善(丙戌)》,《王阳明全集》,吴光等编校,上海古籍出版社2017年版,第235页。

② (明)南大吉:《与叶硕庄良器书(丙戌)》,《南大吉集》,李似珍点校整理,西北大学出版社2015年版,第80页。

指大吉尤惓惓于慎独改过之训,故出其门者多所成立。① 这是对大吉在家乡讲学的很好概括,大吉由此也成为阳明心学在关中发展的一支重要力量。

在南逢吉时,已搜集大吉遗稿 22 卷,分为诗、赋、文三部分,并有"附录""后记"各一,将之"藏诸家塾,以视后人"②。据冯从吾之述,大吉所著有《绍兴志》《渭南志》《瑞泉集》若干卷行于世,将《绍兴志》《渭南志》两部地方志的编撰也列入大吉所著范围之中,并将其文稿冠以《瑞泉集》之名。今之学者李似珍点校有《南大吉集》,在"点校说明"亦介绍了相关底本和附录诸文出处,可参看。此书诗歌十五卷、赋二卷、文五卷,"附录"一卷,"后记"一卷,采用南逢吉刻本。同时,添加与大吉有关的《〈渭南县志〉摘录》十一条,又加"附录四",分别为"生平纪传类""学说论述类""考证辨释类""思想评析类",搜辑较为完整。

一、南大吉之学的关学属性

大吉在家乡讲学,有示门人诗一首:"昔我在英龄,驾车词赋场。朝夕工步骤,追踪班与扬。中岁遇达人,授我大道方。归来三秦地,坠绪何茫茫。前访周公迹,后窃横渠芳。愿言偕数子,教学此相将"。③ 将其为学经历概括为三个阶段:早岁为应付科举考试,追慕班固、扬雄,攻取辞赋之学;中岁遇阳明讲良知之学,得以走上为学大道;晚岁试图融通心学与关学,以此传授后人。这种经历在很多学者身上都发生过,本也不足为奇,但大吉所处家乡,乃关学重镇;又因与阳明关系密切,得心学之传,其学又带有浓厚心学色彩,故而在许多学者眼里,大吉是关学脉络中重要一环,也是心学在关中一带发展的首要

---

① (明)冯从吾:《瑞泉南先生》,《冯从吾集》,刘学智等点校整理,西北大学出版社 2015 年版,第 455—456 页。

② (明)南逢吉:《瑞泉南先生纪年》,《南大吉集》,李似珍点校整理,西北大学出版社 2015 年版,第 126 页。

③ (明)南大吉:《示弟及诸门人十五首之一》,《南大吉集》,李似珍点校整理,西北大学出版社 2015 年版,第 11 页。

人物。

对于大吉之学的关学属性,我们可从明冯从吾《关学编》、清王心敬《关学续编》、民国张骥《关学宗传》的相关论述中加以探讨。冯从吾《关学编自序》云:

> 迨我皇明,益隆斯道,化理熙洽,真儒辈出。皋兰创起,厥力尤艰,璞玉浑金,精光含敛,令人有有余不尽之思。凤翔以经术教授乡里,真有先进遗风。小泉不罹文字,超悟于行伍之中,亦足奇矣。司徒步趋文清,允称高弟。在中、显思履绳蹈矩,之死靡他。至于康僖,上承庭训,下启光禄,而光禄与宗伯司马金石相宣,钧天并奏,一时学者歙然向风,而关中之学益大显明于天下。若夫集诸儒之大成而直接横渠之传,则宗伯尤为独步者也。宗伯门人几遍海内,而梓里唯工部为速肖。元善笃信文成,而毁誉得失,屹不能夺,其真能致良知可知。侍御直节精忠,有光斯道。博士甘贫好学,无愧蓝田。呜呼,盛矣!学者俯仰古今,必折衷于孔氏。诸君子之学,虽罹入门户各异,造诣浅深或殊,然一脉相承,千古若契,其不诡于吾孔氏之道则一也。①

冯从吾被谪归乡后,山中无事,"取诸君子行实",纂次为《关学编》,一则识关中理学之大略,另则通过品读诸君子之心,以自见其心,确立学之所在。② 要将关学定为一派,需明确其中的原则,冯氏此段论述,就涉及对这一问题的说明。在《自序》中,冯氏列举了数个人物,有皋兰段坚、凤翔张舜典、秦州周小泉、咸宁李在中、渭南薛显思、三原王恕、王承裕(谥康僖)、马理(官至光禄卿)、高陵吕柟(曾任南少宗伯)、渭南南大吉、富平杨斛山(曾任山东监察御

---

① (明)冯从吾:《关学编自序》,《冯从吾集》,刘学智等点校整理,西北大学出版社 2015 年版,第 412 页。
② (明)冯从吾:《关学编自序》,《冯从吾集》,刘学智等点校整理,西北大学出版社 2015 年版,第 412 页。

史)、蓝田王之士(曾授国子博士)等。数人中,他们的为学重点各有不同,如段坚之学"近宗程朱,远溯孔孟,而其功一本于敬"①;吕柟学宗程朱,又注意吸纳其他各家之学,"日请益于甘泉湛先生,日切琢于邹东廓、穆玄庵、顾东桥诸君子"②;大吉笃信文成,以致良知为宗旨。在论李在中和杨斛山等人时,又突出其气节之学。如李在中"性刚介,不妄交接,不苟为然诺,确然自信,不以一毫挫于人"③,杨斛山"为人刚直不阿,而内实忠淳。自少至老,孳孳学问,以韩苑洛、马溪田为师,以杨椒山、周讷溪、钱绪山、蔡泼滨诸君子为友"④。从这些说法来看,关学内部人物的思想其实有不同的指向,冯从吾之所以将之纳入整个关学谱系,除同处关中这一地理区域外⑤,当有更广的学理思考。这种思考,就是他所说的"学者俯仰古今,必折衷于孔氏。诸君子之学,虽緐入门户各异,造诣浅深或殊,然一脉相承,千古若契,其不诡于吾孔氏之道则一也"。孔子之学,其大旨在求仁,此仁上承虞廷"精一执中",下启孟子集义之学;至宋儒,发展出存理之学;到阳明,则又开出致知之学。但虞廷之所言者只略有大旨,孔子之后才有详说并得到传诵,故儒学源头自孔子始。源头儒学经曾子、孟子及濂洛关闽各学派的传承,遂发展出"一贯"之学。刘宗旨曾指出:"盈天地间,万事万物各有条理,而其血脉贯通处,浑无内外,人已感应之迹,亦无精粗大小之殊,所谓一以贯之也。'一'本无体,就至不一中会得无二无杂之体,从此手提线索,一一贯通。才有壅淤,便与消融;才看偏枯,便与圆满。

---

① (明)冯从吾:《关学编·容思段先生》,《冯从吾集》,刘学智等点校整理,西北大学出版社2015年版,第438页。
② (明)冯从吾:《关学编·泾野吕先生》,《冯从吾集》,刘学智等点校整理,西北大学出版社2015年版,第450页。
③ (明)冯从吾:《关学编·介庵李先生》,《冯从吾集》,刘学智等点校整理,西北大学出版社2015年版,第443页。
④ (明)冯从吾:《关学编·泾野吕先生》,《冯从吾集》,刘学智等点校整理,西北大学出版社2015年版,第458页。
⑤ 关于冯从吾《关学编》之"关中"的地理区域范围及"关学"的学理属性,可参见张波《"关学"与"关学史"正名》(《常熟理工学院学报》2018年第3期)、魏冬《关学学人谱系文献中的"关学"观念及其意义指向——以〈关学编〉为中心的探讨》(《中国哲学史》2019年第6期)。

时时澄彻,处处流行,直将天地万物之理打合一处,亦更无以我合彼之劳,方是圣学分量。此孔门求仁之旨也。"①濂洛关闽陆王之学尽管有不同,要之品格相近,都是孔子求仁之学在不同时段发展出的因时立教之论,所谓"道固一贯,其流则万析焉"②。正是在这种学术脉络中,冯从吾将具有浓厚心学立场的南大吉置于关学之列,并将之视为阳明之学在关中的开始:"昔王文成公讲学东南,从游者几半天下,而吾关中则有南元善、元贞二先生云,故文成公之言曰:'关中自横渠后,振发兴起将必自元善昆季始。'"③关学与心学,在大吉之处当有结合。需指出的是,冯氏这种划分法,既显示了他在学派划分立场上"以孔学定派别"的宽博原则,又使得南大吉以其自身之学拓展了关学的深度和幅度,使关学与心学皆融入"理学"范围,"专为理学辑"④便成为冯氏编撰《关学编》的初衷。冯从吾的这种人物甄选原则,与黄宗羲编纂《明儒学案》的做法有相似之处。

继《关学编》之后,又有清初王心敬《关学续编》、清道光李元春《关学续编》、清光绪贺瑞麟《关学续编》、清末张骥《关学宗传》等所谓"关学史"编撰系列。该系列都以冯从吾《关学编》作为原编,在原有人物的前后增补新的思想人物。对于南大吉在其中的地位,该系列也都秉持了冯氏的观点,颇引人注目的是贺瑞麟友人柏景伟对朱学、王学、关学这"三家之学"的看法:"关中沦于金、元,许鲁斋衍朱子之绪,一时奉天、高陵诸儒与相唱和,皆朱子学也。明则段容思起于皋兰,吕泾野振于高陵,先后王平川、韩苑洛,其学又微别。而阳明崛起东南,渭南南元善传其说以归,是为关中有王学之始。越数十年,王学特盛。恭定立朝,与东林诸君子声气相应,而邹南皋、高景逸又其同志,故于天

---

① (明)刘宗周:《论语学案》,《刘宗周全集》第一册,吴光主编,浙江古籍出版社 2012 年版,第 296 页。

② (清)邵廷采:《明儒王子阳明先生传》,《思复堂文集》,祝鸿杰点校,浙江古籍出版社 2010 年版,第 17 页。

③ (明)冯从吾:《越中述传序》,《冯从吾集》,刘学智等点校整理,西北大学出版社 2015 年版,第 251 页。

④ (明)冯从吾:《关学编凡例》,《冯从吾集》,刘学智等点校整理,西北大学出版社 2015 年版,第 413 页。

泉证道之语不稍假借,而极服膺'致良知'三字,盖统程、朱、陆、王而一之,集关学之大成者,则冯恭定公也"。① 如果说,在冯从吾之前存在着朱学和王学分流的话,那么至冯从吾则已将二者合流,朱、王之学在关中得以合存。这是柏景伟的主要观点。换言之,关学是集朱学、王学于一体的思想体系,正是南大吉将阳明之学带入关中,才使得此前的朱子学在关中有与王学交流的机会和空间,这于朱学而言,不是对它的冲击与削弱,而是对其自身之学的省思和充裕。进言之,在"越数十年,王学特盛"的思想浪潮中,关学之所以能在理学诸派别中占有一席之地,固然与冯从吾的关学底色有关,但也与他肯定并吸收南大吉的心学思想密不可分。因此,南大吉既是关学之门户"有所分"的"分者",也是后来朱学与王学合流,进而形成"新关学"之"有所合"的"合者"。尽管这一事项是由冯从吾完成的,然大吉在其中的思想地位,委实也不容忽略。

二、大吉之学的心学特色

对于阳明之学,大吉有他自己的体悟:"王先生之学,天下方疑而非议之,而某辄敢笃信而诚服之者,非所以附势而取悦也,非谓其所惑也,非喜其异而然也,反而求之,窃有以见夫吾心本如是,道本如是,学本如是,而不可以他求也"。② 这是大吉在拜师阳明之后的一番肺腑之言。事实上,大吉信奉阳明之学有一个过程。早在正德辛未六年(1511 年),阳明适任职吏部时,为京城会试的主试官,当年大吉登进士第,就与阳明有座主、门生之谊,但其时大吉犹未信阳明之学。癸未二年(1523 年)大吉任绍兴府知府时,与阳明多有交流,渐得心学之奥,遂"就学于座主阳明王先生之门"③。黄宗羲《明儒学案》和冯从

① (清)柏景伟:《柏景伟小识》,《关学编》(附续编),(明)冯从吾原编,(清)王心敬等补续,陈俊民等点校,中华书局 1987 年版,第 69 页。
② (明)南大吉:《寄马西玄仲房书(甲申)》,《南大吉集》,李似珍点校整理,西北大学出版社 2015 年版,第 78 页。
③ (明)南逢吉:《瑞泉南先生纪年》,《南大吉集》,李似珍点校整理,西北大学出版社 2015 年版,第 129 页。

吾《关学编》也记载了阳明和大吉关于"良知"的对话,大吉由此体悟到"良知在我身"、"良知能知过"的道理。① 《绍兴府志》对此亦有记载:"当是时,王文公讲明圣学,大吉初以会试举主称门生,犹未能信。久之,乃深悟痛悔,执贽请益。文成曰:'人言不如自知之明。'自悔之笃于是。"② 而在大吉写给阳明的书信中,也表明大吉是在绍兴正式拜学阳明:"既乃以守越获登尊师之门,而领致知之教,始信人皆可以为尧舜"。③ 大吉自此深信良知之学,建书院以讲学,于实践中致力践履阳明之学。

稽山书院成于甲申三年(1524年),大吉为此特作《稽山书院成进诸生告先师朱子文》,其中有语:"高高龙山,盘于越州。肃肃书院,在于西陬。创彼有宋,至于皇朝。祀我文公,养我俊髦。亦既远矣,亦既湮矣。爰命工师,焕其新矣"。④ 简要交代了稽山书院的位置、创建时间、文化作用以及重修焕新的事实。稽山书院建成后,阳明也特意为之作《稽山书院尊经阁记》。后张元忭修《绍兴府志》时,也提到大吉修建书院之事:"嘉靖三年,知府南大吉增建明德堂、尊敬阁,后为瑞泉精舍,斋庐庖湢咸备。时试八邑诸生,选其尤者升于书院,月给廪饩"。⑤ 自此稽山书院成为诸生就学之处,"简八邑才俊弟子讲习其中"⑥,同时也成为阳明在绍兴讲学的重要据点。大吉自己也亲身讲习,宣传阳明之学。

---

① 黄宗羲所记见《郡守南瑞泉先生大吉》,《明儒学案》,沈芝盈点校,中华书局2008年版,第652页;冯从吾记载见《瑞泉南先生》,《冯从吾集·关学编卷四》,刘学智等点校整理,西北大学出版社2015年版,第455页。

② (清)李亨特总裁、平恕等修:《绍兴府志·人物志》,《中国方志丛书·浙江省》,(台北)成文出版社1975年版,第1034—1035页。

③ (明)南大吉:《寄答阳明先生书(丙戌)》,《南大吉集》,李似珍点校整理,西北大学出版社2015年版,第81页。

④ (明)南大吉:《稽山书院成进诸生告先师朱子文》,《南大吉集》,李似珍点校整理,西北大学出版社2015年版,第116页。

⑤ (清)李亨特总裁、平恕等修:《绍兴府志·学校志》,《中国方志丛书·浙江省》,(台北)成文出版社1975年版,第521页。

⑥ (清)李亨特总裁、平恕等修:《绍兴府志·人物志》,《中国方志丛书·浙江省》,(台北)成文出版社1975年版,第1035页。

也是在甲申三年,大吉建成龙首书院,并为此写有《龙首书院记》①。其中有言:"由麓之东南折而之北斜,陟其巅而周览其下,竹箁交加,松萝掩映,离鸟居之,烟雾兴焉,则固一佳境也。""麓"即指卧龙山,大体在卧龙山东南一带,有一处"毁垣倾栋"之地,然"落寞而不可居",大吉于是"因前屋之旧而新增之"。书院建有大观堂、吏隐轩等处所,名之为"龙首书院"。就学术影响力而言,龙首书院较稽山书院要弱许多,这可能与龙首书院的过早衰落有关。明儒祁彪佳(字弘吉,号世培,1602—1645)在《越中园亭记之二》中提到的大观堂即大吉所建龙首书院,同为浙江绍兴人,此时的祁彪佳也只听说过龙首书院而已,可见在那时龙首书院已成过往而转型为府署,其社会功能已发生改变。然大吉为传播阳明之学而建书院的心志,却是可以见到的。

同样是在甲申三年,大吉和其弟南逢吉增编阳明与同门弟子论学书信,刊印两册本《传习录》,即今通行本《传习录》的上卷与中卷。② 我们可从大吉《刻传习录序》中得知他对良知的态度:"某也从游宫墙之下,其于是《录》也,朝观而夕玩,口诵而心求,盖亦自信之笃。而窃见夫所谓道者,置之而塞乎天地,溥之而横乎四海,施诸后世而无朝夕,人心之所同然者也。"③大吉刊刻《传习录》,实际上是把学习良知的自我实践转化为传播阳明之学的社会实践,从而促成阳明学的广泛传播。《绍兴府志》对此有评:"刻《传习录》,风示远近,文成振绝学于一时,四方云集,庖廪相继,皆大吉左右之也。"④《传习录》成为广大士子接触阳明之学最直接、最可靠的资料来源。阳明从事讲学,往往授以《传习录》;士子反复心性之辨,又常举以《传习录》作为事实依据。于大吉而

---

① (明)南大吉:《龙首书院记》,《南大吉集》,李似珍点校整理,西北大学出版社 2015 年版,第 58—59 页。

② 关于王阳明《传习录》的形成和刊刻情况,可参见邹建峰《王阳明〈传习录〉形成过程研究》,《浙江社会科学》2020 年第 3 期。

③ (明)南大吉:《刻传习录序》,《南大吉集》,李似珍点校整理,西北大学出版社 2015 年版,第 63 页。

④ (清)李亨特总裁、平恕等修:《绍兴府志·人物志》,《中国方志丛书·浙江省》,(台北)成文出版社 1975 年版,第 1035 页。

言,从《传习录》的刊刻中亦可看出他对阳明之学身体而力行之亲切处,是他笃信、践履阳明良知学的具体印证。尤需一提的是,当时社会性的为学环境并不友好,在困境之中刊刻《传习录》,既需智慧大度,也需勇气道明,故钱德洪赞之曰:"元善当时汹汹,乃能以身明斯道,卒至遭奸被斥,油油然惟以此生得闻斯学为庆,而绝无有纤芥愤郁不平之气。斯录之刻,人见其有功于同志甚大,而不知其处时之甚艰也"。① 大吉后来被黜,恐与他刊刻《传习录》有关联。

三、大吉之学的学理维度

冯从吾在《关学编》"小传"部分列孔门高弟四人,但因其年代久远,事迹多不详,故只以"小传"形式列于最前。因此,关学实际是从张载而始。冯从吾对张载之学有一总的概括:"其学以《易》为宗,以《中庸》为体,以《礼》为的,孔孟为法,穷神化,一天人,立大本,斥异学,自孟子以来未之有也。"②因而其人气质刚毅,在实际人事中常勉修古礼、以天下为念,注重在日用之常中践履体验,"关中学者躬行之多,与洛人并,历数世不衰"③。张载之学与行,经后学演绎推承,可谓代有其人,"横渠遗风"得以流传,"刚劲敢为"④、"务为实践"⑤等成为关中之学的典型特色。

阳明给大吉的离别之信亦曾谈到他对关学的看法:

> 关中自古多豪杰,其忠信沈毅之质,明达英伟之器,四方之士,吾

---

① (明)钱德洪:《传习录中·序》,《王阳明全集》,吴光等编校,上海古籍出版社2017年版,第45—46页。

② (明)冯从吾:《关学编·横渠张先生》,《冯从吾集》,刘学智等点校整理,西北大学出版社2015年版,第416页。

③ (明)冯从吾:《关学编·横渠张先生》,《冯从吾集》,刘学智等点校整理,西北大学出版社2015年版,第417页。

④ (清)黄宗羲原本、黄百家纂辑、全祖望补定:《宋元学案·横渠学案下》,《黄宗羲全集》第三册,吴光主编,浙江古籍出版社2012年版,第923页。

⑤ (清)黄宗羲原本、黄百家纂辑、全祖望补定:《宋元学案·教授吕和叔先生大钧》,《黄宗羲全集》第四册,吴光主编,浙江古籍出版社2012年版,第374页。

见亦多矣,未有如关中之盛者也。然自横渠之后,此学不讲,或亦与四方无异矣。自此关中之士有所振发兴起,进其文艺于道德之归,变其气节为圣贤之学,将必自吾元善昆季始也。今日之归,谓天为无意乎? 谓天为无意乎?①

阳明于此有几个颇有意味的表达:一是阳明认可关中多豪杰之士,然张载之后,关学沦落不起,在时间上将关学限定在"自古—张载"之间,张载成为关学发展的最高点。二是关学在内涵上表现为重"文艺"与"气节",但这尚不足以称为"道德之归""圣贤之学"。换句话说,在阳明看来,此前的关学与现今所要求的"圣贤之学"尚有一定差距,需要"进"与"变"。三是大吉将承担起张载之后关学振发兴起的重任,阳明对此充满自信。当然其中也隐含阳明无力改变大吉被罢职的无奈,从而将之归于天意的安排。既如此,何不顺从天意,在新的时空环境中再创心学门庭? 这是阳明对大吉的学术期待,也是改变关学的某种愿望。查阅阳明言语,可以发现阳明对关中之士的人格气质颇为赞赏,但对于关中一带无心学传播似乎也有遗憾。张载在宋儒中的地位较高,但在阳明这里却较少提及,即便偶入其话语之中,主要的也是讲述其"大勇":"横渠撤虎皮而使其子弟从讲于二程,惟天下之大勇无我者能之"。② 当然,这只是阳明之见,是基于其心学立场而发。不过,这确实也反映出阳明期冀能在关中传播心学的热切心情,阳明把这份期待放在了大吉身上。

这里需要关注的另一个细节是:作为关学与心学的双重承担者,大吉是如何"进其文艺于道德之归,变其气节为圣贤之学"的。也就是说,大吉之学是否如阳明所期待,进入阳明心目中"道德之归""圣人之学"的境地。这里涉及对大吉之学内在特质的探讨。

---

① (明)王阳明:《答南元善(丙戌)》,《王阳明全集》,吴光等编校,上海古籍出版社 2017 年版,第 235—236 页。

② (明)王阳明:《答储柴墟(壬申)》,《王阳明全集》,吴光等编校,上海古籍出版社 2017 年版,第 897 页。

大吉早年工于辞赋文艺之学,应是实情。吕柟指大吉"所为诗赋,骎骎汉魏之风,而元善又不以此自已"①。前边提到的大吉自述"昔我在英龄,驾车词赋场。朝夕工步骤,追踪班与扬"也很能说明这一点。《瑞泉南伯子集》中有较多的诗、赋、记、论等,亦是具体的例证。由于大吉之学的亮点在拜师阳明之后,我们这里也着重介绍大吉在此之后的思想变化情况。需指出的是,在拜师阳明之后,大吉对良知的体悟实有一个过程。阳明曾指出:"夫良知之于节目时变,犹规矩尺度之于方圆长短也。节目时变之不可预定,犹方圆长短之不可胜穷也。"②良知这种因应节目时变的不停息过程,阳明称之为"良知之运"③。对大吉而言,对他冲击最大的"节目时变"当数丙戌年被罢职归乡,在这种情况下,大吉对良知的理解及良知之运,在此事前后实际上有所不同。据此,这里将大吉的学理思想分为三个层次,以分别对应大吉人生中的不同"节目时变"。

(一)良知之"自数过"

大吉就学于阳明之后,对"人心自有圣贤"已有所体悟,但尚未通融。《王阳明年谱》形象地记载了大吉就此三问阳明之事:

> 先生与论学有悟,乃告先生曰:"大吉临政多过,先生何无一言?"先生曰:"何过?"大吉历数其事。先生曰:"吾言之矣。"大吉曰:"何?"曰:"吾不言,何以知之?"曰:"良知。"先生曰:"良知非我常言而何?"大吉笑谢而去。居数日,复自数过加密,且曰:"与其过后悔改,曷若预言不犯为佳也。"先生曰:"人言不如自悔之真。"大吉笑谢

---

① (明)吕柟:《敕赠承德郎户部江西清吏司主事渭南南先生墓碑》,《吕柟集·泾野先生文集(下册)》,米文科点校整理,西北大学出版社2015年版,第902页。

② (明)王阳明:《答顾东桥书》,《王阳明全集》,吴光等编校,上海古籍出版社2017年版,第56页。

③ 如阳明谓:"天道之运,无一息之或停;吾心良知之运,亦无一息之或停。"(参见《惜阴说》,《王阳明全集》,吴光等编校,上海古籍出版社2017年版,第298页)"良知之运"与阳明另说"良知本体原是无动无静的"有别。前者强调良知应接外物的方式和能力,后者着重于良知本体的本有状态描述,意在排除通过动静二境的外在求取形式来识取良知。

而去。居数日，复自数过益密，且曰："身过可勉，心过奈何？"先生
曰："昔镜未开，可得藏垢；今镜明矣，一尘之落，自难住脚。此正入
圣之机也，勉之！"①

此段中的"笑谢而去""居数日""自数过"颇有意味，体现了大吉不断领
悟又不断质疑良知之学的心路历程，其间所呈现的急切问学、自我省思的求学
形象，益然可掬。由此也表明，良知学问的获得，其实就是在不断质疑、不断省
思的过程中获得的，也是主体之我去除心之污垢的过程。这里不妨将大吉、阳
明所问答的三事分别概括为"知过即良知""自悔乃真""心能过即镜明"。对
于"知过即良知"，吾人知临政为学有过，其实就是启动了良知的鉴察能力，良
知的原初状态得以逐渐恢复。我们也可称之为"内视返观"的能力，亦即发现
本心、激发本心的能力。因其所激来自良知，故天机运行，有过即知。阳明常
言良知之机理，正在于此，大吉在阳明的启发下有所体会而笑悟。对于"自
悔"，可从钱德洪对阳明的评说中得知其意："当今天下士，方驰骛于辞章，先
生少年亦尝没溺于是矣，卒乃自悔，惕然有志于身心之学；学未归一，出入于二
氏者又几年矣，卒乃自悔，省然独得于圣贤之旨；反覆世故，更历险阻，百炼千
磨，斑瑕尽去，而辉光焕发，超然有悟于良知之说"。② 阳明两次"自悔"，完成
两次自我之学的转变：从辞章之学转为身心之学，又从"学未归"转为圣贤之
旨、良知之说。因此阳明所说的"自悔之真"实是从其自身经历中得来，故能
得大吉会心回应。对于"心能过"，阳明将之视为"镜明"。从心学立场而言，
心本身无过，否则便是恶，但心会被私意、气习缠蔽，心过即表现为有意之私，
"镜明"即意味着良知本体莹彻，无纤尘染着，故能应物而皆真。常人要做到
这一点，就需有"磨刮"之功："若常人之心，如斑垢驳蚀之镜，须痛磨刮一番，

---

① （明）钱德洪：《年谱三》，《王阳明全集》，吴光等编校，上海古籍出版社 2017 年版，第
1423 页。

② （明）钱德洪：《刻文录叙说》，《王阳明全集》，吴光等编校，上海古籍出版社 2017 年版，
第 1751 页。

尽去驳蚀,然后纤尘即见,才拂便去,亦不消费力,到此已是识得仁体矣"。①阳明以为这就是"入圣之机"。

大吉与阳明之间的问答,深层次地涉及了良知之学的本体与工夫的相关理论话题,如良知之在吾身、良知鉴本至明、反观内省、入圣门路等。这些既是阳明之学的精髓,也是阳明用以教人的核心内容。大吉笑谢而去,表明大吉对阳明之说的认可和接受,于是就有此后的建书院、刻《传习录》等实践之功。《王阳明年谱》指大吉"于是辟稽山书院",在时间上与"三问答"既有前后相继的关系,在事理上也有先因后果的关联。实际上这也构成了大吉早期良知学的理论内涵。

也需看到,大吉对良知的体悟是在其对"过"的不断反思中获得的。阳明曾言"不贵于无过,而贵于能改过"②,人都有过失,关键在能改,能改则为大贤,"一念改过,当时即得本心"③。因此,知有过、能改过,实际上也是获得良知本心、成就圣贤的一种方式。在阳明的激发下,大吉对自身之过自省愈密,对良知的体悟也就愈发深刻,知良知具之在我而无假于外求。这不仅是良知之本有内涵,也是常人体悟良知的日用之途。实际上,吾人在日用实践中都有犯过失的可能,这尽管是未如人意处,但也恰好指示了一条走向圣贤之学的途径。阳明于此深有体察,谆谆告诫弟辈将改过作为平日为学之"用力处":"吾近来实见此学有用力处,但为平日习染深痼,克治欠勇,故切切预为弟辈言之"。④

---

① (明)王阳明:《传习录拾遗》,《王阳明全集》,吴光等编校,上海古籍出版社2017年版,第1299页。
② (明)王阳明:《教条示龙场诸生·改过》,《王阳明全集》,吴光等编校,上海古籍出版社2017年版,第1074页。
③ (明)王阳明:《寄诸弟(戊寅)》,《王阳明全集》,吴光等编校,上海古籍出版社2017年版,第193页。
④ (明)王阳明:《寄诸弟(戊寅)》,《王阳明全集》,吴光等编校,上海古籍出版社2017年版,第193页。

因此阳明特别揭之以"勿以无过为圣贤之高,而以改过为圣贤之学"①之语,将"改过"视为圣贤之学的内容。这于常人而言,不仅令人欣喜,也足以使之能为。大吉能知过、改过,按照阳明的观点,事实上已得良知奥义,进入圣贤之学的境地了。

大吉在这里还提到"身过"与"心过"。照大吉语意,"身过"是事后发,"心过"是事前防,与其事后纠结于种种身过,不如在身过之前做"心过"的预防,也即时时做复其本体的工夫。大吉这种观点,也符合心学的内在特征。阳明曾指出:"人有过,多于过上用功,就是补甑,其流必归于文过。"②"身过"之后再在"过"上用功,显然是求末舍本之举,而且往往会流于"文过",推脱、伪饰已有之过,终致失其良知。章炳麟于此很是赞服:"余观其学,欲人勇改过而促为善,犹自孔门大儒出也。昔者子路人告之以有过则喜,闻斯行之,终身无宿诺,其奋厉兼人如此。文成以内过非人所证,故付之于良知,以发于事业者或为时位阻,故言'行之明觉精察处即知,知之真切笃实处即行',于是有知行合一之说。此乃以子路之术转进者,要其恶文过,戒转念,则二家如合符。"③子路以外在言行检点"外过",阳明以内在良知检视"内过",二者互为表里,都为儒家之学。同时,大吉的"身过—心过"说,也构成了他在良知、致良知上的体悟内容。

(二)良知之"同然"

在正式就学于阳明之前,大吉曾写有《师论》,其中谈道:"夫人性之善也,合天地万物而一体者也,人之所同也。故夫人之心无蔽也,亲岂唯其父子?苟

① (明)王阳明:《答徐成之(壬午)》,《王阳明全集》,吴光等编校,上海古籍出版社 2017 年版,第 893 页。

② (明)王阳明:《传习录下》,《王阳明全集》,吴光等编校,上海古籍出版社 2017 年版,第129 页。

③ (清)章炳麟:《王文成公全书题辞》,《章太炎全集(九)》,上海人民出版社 2018 年版,第110—111 页。

见一夫之茕而无弗哀也;爱岂唯其花鸟? 苟见一器之毁而无弗惜也。时而见云翔也,而无弗与适也;时而见川泳也,而无弗与悠也。是夫人之性也,是固天地万物而一体者也。圣人尽之,君子反之,众人蔽之耳矣"。① 朱熹和阳明都主张"人性无不善",但朱熹是在"义理人心"这点上谈其"同",当心禀于气,人心便有差异,也即有道心、人心的区别。阳明则说"良知人人所同",但常人昏蔽于物欲,或有之而不自知,而另去寻找别的"心",这在阳明看来无异于缘木求鱼。因此,阳明鼓励众人只去致吾心之良知,以去除心的昏蔽。大吉在这里指人性之善乃人之所同,圣人、君子、众人之性都具有与天地万物为一体的本性,只在实践形式上有"尽之""反之""蔽之"的区别,因此三者对人性的启悟就有不同。大吉这种观点与阳明颇为接近,不过尚未细致展开。

大吉于嘉靖癸未二年正式就学阳明之后,在"心之同然"的问题上不断有新的体会。我们可从大吉嘉靖甲申(1524 年)、乙酉(1525 年)所写文字中探寻其体会痕迹。大吉于甲申年刊刻《传习录》并为之作序②,此《序》的主要观点有三:其一,道是天地万物公共之理,《传习录》即在"明斯道而示诸人"。其二,吾心自有辨别是非的道德判断能力,以本心观于《传习录》,则吾心之本体自现。其三,刊刻《传习录》是自信阳明良知之说的表现,是对"人心之所同然者"的反映。从前后文意看,大吉说的"所同然者",既指"其心之所固有"之良知心体,也指"圣人之所明者,天下之同明也"的大明之道。这种大明之道在大吉看来就是同然之良知。

甲申年大吉另写有《杂说二首》,其中有"定理(定体)即吾心之良知"的说法:

> 夫有定理而无定法,有定体而无定用,其圣人之心乎! 无定理而

---

① (明)南大吉:《师论(辛巳)》,《南大吉集》,李似珍点校整理,西北大学出版社 2015 年版,第 69 页。

② (明)南大吉:《刻传习录序(甲申)》,《南大吉集》,李似珍点校整理,西北大学出版社 2015 年版,第 62—63 页。

有定法,无定体而有定用,其今人之心乎! 定理、定体,其即吾心之良
知乎! 毫末不可以加损,其犹规矩尺度之不可易乎! 法用之不可定
也,其犹方圆长短之不可胜穷乎! 圣人以其一心之良知,而应乎无穷
之事变。大而参赞弥伦,小而动静食息,无不各得其当,亦犹规矩立
而方圆不可胜用,尺度陈而长短不可胜用。天下岂有不治乎!①

朱熹、阳明多次提到"规矩"之喻。朱熹认为,"规矩是方圆之极,圣人是
人伦之极"②,以规矩之于方圆来比喻圣人之于人伦。朱熹又强调:"心既常惺
惺,又以规矩绳检之,此内外交相养之道。"③"规矩"为外,心为内,心成为被
约束的对象。阳明则谓事物之理皆不外于一念之良知,规矩在我,"须从规矩
出方圆"④,如此天下方圆不可胜用。从大吉表述来看,无疑与阳明一致。值
得一提的是,大吉在这里将定理、定体直接等同于良知。因为在他看来,工夫
无定法,它是由定理约制的;外在人事纷纭,也无须以固定的方式加以应对,事
无定用,唯道是用,而道即定体。以这种眼光来看待定理或定体,则定理或定
体就是良知。再观阳明言说中的定理,常常是基于朱熹"事事物物皆有定理"
之语而谈,并未将之与良知等同;且"定体"之说,在宋明儒中也多是基于"固
定的形体"而言,因此大吉的"定理、定体即吾心之良知"之说,在处理人与外
物的关系时,突出了"权度在我"的思想意识,同时将之与"圣人之心"相等同,
进一步凸显了"圣—我之心相同"的观点,这于阳明良知说有新的提拨。

嘉靖乙酉阳明写的《亲民堂记》,其主题是向大吉讲授明德、亲民合一的
道理。其中涉及一些重要的理论要点,如至善是明德、亲民的极则;至善为吾

①　(明)南大吉:《杂说二首(甲申)》,《南大吉集》,李似珍点校整理,西北大学出版社 2015
年版,第 71 页。
②　(宋)朱熹:《朱子语类》卷第五十六《孟子六》,《朱子语类》第四册,(宋)黎靖德编,王星
贤点校,中华书局 2004 年版,第 1325 页。
③　(宋)朱熹:《朱子语类》卷第十二《学六》,《朱子语类》第一册,(宋)黎靖德编,王星贤点
校,中华书局 2004 年版,第 200 页。
④　(明)王阳明:《别诸生》,《王阳明全集》,吴光等编校,上海古籍出版社 2017 年版,第
872 页。

心天然自有之则,不容有所拟议加损于其间,也即所谓良知;明德亲民止于良知之至善,也就是以天地万物之一体的大人之学。大吉听闻阳明这一番议论,欣然有感,《亲民堂记》对此有记:

> 元善喟然而叹曰:"甚哉! 大人之学若是其简易也。吾乃今知天地万物之一体矣! 吾乃今知天下之为一家、中国之为一人矣! '一夫不被其泽,若己推而纳诸沟中',伊尹其先得我心之同然乎!"于是名其莅政之堂曰"亲民",而曰:"吾以亲民为职者也,吾务亲吾之民以求明吾之明德也夫!"①

阳明曾对"大人之学"有一说法:"故夫为大人之学者,亦惟去其私欲之蔽,以自明其明德,复其天地万物一体之本然而已耳,非能于本体之外而有所增益之也。"②就此而言,"大人之学"即致良知之学、万物一体之学,也就是圣贤之学。伊尹有福泽天下人之心,立志以斯道觉斯民,这在大吉看来就是致良知的表现,因而感叹"伊尹其先得我心之同然"。这里的"同然",则又透露出数层内涵:一是从时间上看,大吉与伊尹相距久远,但良知亘古亘今,无有同异。二是伊尹先觉而后仕,大吉先仕而后觉,尽管"觉"有先后,然其所觉处皆以亲民为重;又亲民与明德为一,其所止乃良知之至善处,因而同表现为致良知。三是伊尹以先觉自任,称自己为"天民之先觉者",但伊尹之觉非闻见知解之觉,而是出自良知本然的"纳沟之痛"③。大吉在阳明的一番教导之后将自己的体悟与伊尹的"良知之觉"相联,表明大吉有与伊尹相同的贤者之志,

---

① (明)王阳明:《亲民堂记(乙酉)》,《王阳明全集》,吴光等编校,上海古籍出版社 2017 年版,第 281 页。

② (明)王阳明:《大学问》,《王阳明全集》,吴光等编校,上海古籍出版社 2017 年版,第 1066—1067 页。

③ "纳沟"之说出自《孟子·万章下》:"(伊尹)思天下之民、匹夫匹妇,有不与被尧舜之泽者,若己推而纳之沟中,其自任以天下之重也。""纳沟"这种情形的出现是由于伊尹的"先觉"。泰州学者耿定理对"伊尹之觉"有解析:"伊尹之觉,非闻见知解之觉也,即其若挞之耻,纳沟之痛,此其觉也。"(参见黄宗羲:《明儒学案·处士耿楚倥先生定理》,沈芝盈点校,中华书局 2008 年版,第 826 页)意即不以闻见知解蔽良知,只依良知本性而行。

"务亲吾之民以求明吾之明德"。这是良知在"为政"上的相同然之处。

阳明在乙酉年写的《稽山书院尊经阁记》中指出,"经"乃常道,表现为恻隐、羞恶、辞让、是非等道德情感,也表现为亲、义、序、别等社会道德秩序,这些都是吾心的不同表现形式;常道又以"经"的形式载传于六经之中,六经就成为吾心的记籍者,"故六经者,吾心之记籍也,而六经之实则具于吾心"①。因此,阳明所说的"尊经",实乃尊心、尊良知。阳明书写此记嘉奖大吉修建稽山书院,实际上也是对大吉践行良知的高度肯定。或是受阳明对六经教语的启发,大吉于乙酉年写有《拟浙江乡试录前序》一文,其言曰:

> 且今之所谓教与学曰《五经》者,非尧舜禹汤文武周公孔子之道乎?曰《四书》者,非孔曾思孟道乎? 皆古圣贤也,人心之所同然者也。②

> 道者,万世无敝者也,通天地,亘古今。其在尧舜者,即其在吾心者也。吾读《尧典》而求尧于吾心,是亦尧而已矣;吾读《舜典》而求舜于吾心,是亦舜而已矣。唯在有志者反观之焉尔,而何不可及之有?③

大吉将《五经》《四书》所载之行事言辞,视作古圣贤之道,今之所谓教与学,仍当遵从之,因为良知之在人心,无间于圣常,天下古今是相同的;又指时事尽管有变,然道无变,良知之心亦无变,故而百千载以下,仍能从《尧典》《舜典》中感知圣贤之心与吾心相通联,即所谓"其在尧舜者,即其在吾心者也"。《尧典》《舜典》《五经》《四书》是儒家的学术典籍,是后世据以传道授业的范本,因此大吉在这里所说的"同然",侧重于从古今传道的内容而言,尧舜之时如此,今之学亦如是,盖人心之所同然,自然能相接于共通的道。能将古今、圣常联系起来的,大吉认为就是吾心之道;又因吾心之道为公共同有,故圣贤所

_____

① (明)王阳明:《稽山书院尊经阁记(乙酉)》,《王阳明全集》,吴光等编校,上海古籍出版社 2017 年版,第 283—284 页。

② (明)南大吉:《拟浙江乡试录前序(乙酉)》,《南大吉集》,李似珍点校整理,西北大学出版社 2015 年版,第 64 页。

③ (明)南大吉:《拟浙江乡试录前序(乙酉)》,《南大吉集》,李似珍点校整理,西北大学出版社 2015 年版,第 65 页。

独得,实人人所同然者。将阳明之论与大吉之说相对衬,可发现大吉的论述思路和理路所在,与阳明之说有相当契合,将吾心之良知的同然性特征贯穿在教育的环节之中,显示出良知在"同然"层次上的多面性。

大吉于甲申年还给他的好友马汝骥(字仲房,号西玄,1493—1543)写有一封书信。时大吉正履任绍兴知府,其间常觉"百务丛委,群情变诈,若处暗室而莫可闻,面严墙而莫可睹",因而对良知另有一种体会:

> 是故纷至还来,困心衡虑,反诸吾身,征诸吾民,夫然后始见夫是心之良知本一也。以其运于天而言谓之命,以其赋于人而言谓之性,以其率而行之谓之道,以其修而诚之谓之教,以其推而及之于四海谓之治,以其成而重之于万世谓之功。皆是心也,天下之所同也,学所以明此也,仕所以行此也。故吾心于事苟无欺蔽,行之而自觉其是;于物苟无私累,处之而自得其安;则必自以为快矣。吾心既快,求之天下而同然,人心亦未有不快之者。是故毁誉不能摇,祸福不能怵,无入而不自得也。夫然后知学与仕本一事,而非两途也。夫然后知学固学也,仕亦学也。①

为说明"良知本一"的多面性,阳明常连用数个"……谓之……"的叙述格式,如"心一而已,恻怛而言谓之仁,以其得宜而言谓之义,以其条理而言谓之理"②。这种说法的好处就在于,可以将万事万物之理一齐合于良知的范畴之内,不致在良知之外再寻求另外的所谓道、或性、或心。其缺陷是,易于将心性、性命、理气、动静、体用等相对待的概念与事理混而无别,自身陷入"搅金银铜铁为一器"的解说模糊之中。因此,阳明的"心一论",在朱子后学中常遭到猛烈批评,如罗整庵谓:"夫心者,人之神明;性者,人之生理。理之所在谓

---

① (明)南大吉:《寄马西玄仲房书(甲申)》,《南大吉集》,李似珍点校整理,西北大学出版社2015年版,第78页。
② (明)王阳明:《答顾东桥书》,《王阳明全集》,吴光等编校,上海古籍出版社2017年版,第48页。

之心,心之所有谓之性,不可混而为一也。《虞书》曰'人心惟危,道心惟微';《论语》曰'从心所欲不逾矩',又曰'其心三月不违仁';孟子曰'君子所性,仁义礼智根于心'。此心性之辨也。二者初不相离,而实不容相混"。① 在罗氏看来,心性不相离但相别,不可混而为一。其叙述格式为"心一而两言",即心只是一个心,但心有动静之分、体用之别。显然,这是朱子学和阳明学在理论上的一个重大分歧,不仅关乎其话语表达形式,更关乎其内在的学术立场。大吉此段话语的逻辑思路是:良知为一,命、性、道、教、治、功是良知的不同表现形式,其名虽为多,但实是一良知;此心之良知古今皆同,依此良知从事学与仕,则能得吾心之明快;吾心明快,学与仕得以合一,即能复归吾心之本来状态,如此便能从容面对毁誉祸福,实现学与仕的统一。由此来看,大吉将人的内在之性和外在之行集结于心之良知,并用以解决政治生活中面对的难点问题,以求学与政的合一,这在理路上与阳明一致而与朱子之学有别。

(三)良知之"快然"

大吉被罢职之后,途中给阳明寄书信一封,对自己被黜之事丝毫未曾提及,只以七十子之服孔子为例,类比地表达他对阳明的敬服,以及不能常领阳明教导的怅仰之怀。阳明收后即予回信,信中赞大吉"勤勤恳恳,惟以得闻道为喜,急问学为事,恐卒不得为圣人为忧,亹亹千数百言,略无一字及于得丧荣辱之间,此非真有朝闻夕死之志者,未易以涉斯境也";并让诸生读之,"诸生递观传诵,相与叹仰歆服,因而兴起者多矣",可见其动人之处。② 大吉在书信中也简略提道:"今而后愚兄弟可以勉强惕厉以求自存其心,自成其身。"③结合阳明所说的"此非真有朝闻夕死之志者,未易以涉斯境也",可知此时大吉

---

① （明）罗钦顺:《困知记》,阎韬点校,中华书局 2013 年版,第 1 页。

② （明）王阳明:《答南元善(丙戌)》,《王阳明全集》,吴光等编校,上海古籍出版社 2017 年版,第 234 页。

③ （明）南大吉:《寄答阳明先生书》,《南大吉集》,李似珍点校整理,西北大学出版社 2015 年版,第 81 页。

对良知的体悟达到了一个新的层次。

大吉在给阳明的书信中未具体提到他对良知的新看法,我们可从阳明回信和大吉在丙戌后给他人的书函中得到一些线索。阳明在回信中有一段关于"良知之体"的描述:

> 盖吾良知之体,本自聪明睿知,本自宽裕温柔,本自发强刚毅,本自齐庄中正、文理密察,本自溥博渊泉而时出之;本无富贵之可慕,本无贫贱之可忧,本无得丧之可欣戚、爱憎之可取舍。

这是阳明论良知之"本自""本无"最为集中之处。"本自""本无"所论,都有"原本如是,除此无他"的意味。如细察,"本自"是从"有"的方面说良知之本然,"本无"是从"无"的方面说良知之虚明。就"有"而言,良知具有天然的道德属性,即所谓"天然自有之则";依此天然之则,自能见良知之昭明灵觉,廓然与太虚同体。就"无"而言,良知乃本虚明,无有富贵、贫贱、得丧、爱憎塞滞其中,故凡慕富贵、忧贫贱、欣戚得丧、爱憎取舍之类,皆足以蔽吾聪明睿知之体。能与太虚同体、视人事得失如飘风浮霭之人,阳明称之为"有道之士";而良知之体,"固常廓然其无碍",如此吾人与良知合一,达至太虚之境,做到"快然终身"。这是阳明论良知精妙之处,也可以说是阳明特意针对大吉所处困境而发。面对人生种种困境,阳明特别指出"此时正宜用功,若此时放过,闲时讲学何用"①,其良知之说也正是从百死千难中而来。而大吉所受困苦之际,也正是深刻体悟良知之时,或者说这就是良知实有内涵的体现,故阳明谓"元善今日之所造,其殆庶几于是矣乎"。这番话虽由阳明说出来,但以大吉所遭经历而言,也是大吉此时对良知的独特体悟。

大吉向友人传递了阳明的这种说法:"古之君子不以毁誉得丧动其心,是以学日进而德日修也。是故国有道不变塞焉,国无道至死不变。其所得者深,而其所见者真切而有味也,如是而其心始快。此之谓自慊,此之谓诚其意者。

---

① (明)王阳明:《传习录上》,《王阳明全集》,吴光等编校,上海古籍出版社2017年版,第19页。

是故达我所欲也,所欲有甚于达者,故进不肯苟取也;穷我所恶也,所恶有甚于
穷者,故退有所不悔也。此唯大贤以上者能之。"①毁誉得丧最能考验一个人
对良知的体悟及其良知立场,故大吉指"其所得者深,而其所见者真切而有味
也,如是而其心始快",心之快然是在体悟良知之后所获得的澄静空明的境
界,然这种境界的获得是在自我不断的"求其是"的过程中实现的,大吉"所幸
者吾心之良知自明,故发则即能觉,觉则克治之功自有不容已者"说的就是这
个意思。而且,人能不以饥渴贫贱动其心,其实就是"立大本",是就自己良知
明觉处去致,因而有如此深切体会。大吉认为对良知的这种理解"唯大贤以
上者能之",显见大吉在这一问题上也达到了与大贤同等的思想层次。

　　大吉于丙申年(1536 年)写有《答贺长洲府书(丙申)》,此时已是大吉被
黜的第十一个年头,距阳明去世也有八年之久,这封书信可视为大吉晚年论良
知的最重要作品。书信通贯的关键词是良知之慊。其言曰:

> 夫学问之道,合内外人己而一之者也,是故无用舍,无崇卑,彻少
> 彻老,一贯焉耳。……是故学固学也,仕亦学也。临下有君道焉,事
> 上有臣道焉;教民有父道焉,爱民有母道焉;上交有长道焉,下交有幼
> 道焉,旁交有友道焉。夫是道也,具于吾心,秉彝天则之良,大中至正
> 人人所同,而不可以毫发私意加损焉者也。依是天则而处之,各得其
> 道,则人心无有不慊者矣。人心既慊,吾心有不慊乎?②

　　朱熹对"自慊"有一解释:"'自慊'之'慊',大意与孟子'行有不慊'相类。
子细思之,亦微有不同:孟子'慊'训'满足'意多,《大学》训'快意'多。"③在
朱熹看来,"慊"有两意,分别释作"满足"和"快意",两种解释又主要体现在孟子

---

① (明)南大吉:《与叶硕庄良器书(丙戌)》,《南大吉集》,李似珍点校整理,西北大学出版
社 2015 年版,第 80 页。

② (明)南大吉:《答贺长洲府书(丙申)》,《南大吉集》,李似珍点校整理,西北大学出版社
2015 年版,第 83—84 页。

③ (宋)朱熹:《朱子语类》卷第十六《大学三》,《朱子语类》第二册,(宋)黎靖德编,王星贤
点校,中华书局 2004 年版,第 330 页。

和《大学》的文本中。在《四书章句集注》中,朱熹则将两种释义结合起来:"慊,快也,足也。言所行一有不合于义,而自反不直,则不足于心而其体有所不充矣"。① 朱熹的这种解释,应当说具有典型性,后世关于"自慊"的说法,基本不脱离朱熹解释的范围。不过,朱熹是以外在言行来衡量心的"满足"或"快意"的;而在阳明心学中,"慊"的意思则含有"自足"的含义,意即本心自足,如阳明经常提起的"吾心自足"之说。比较大吉的说法,可见在解释语路上大吉之说与阳明颇为类似,而在"慊"的词意解释上,则又沿用了朱熹的观点,带有"快然自足"之意。就整段语意而言,大吉首先点明人心"无有不慊"的前提条件:依吾心之道应接事物,则事事各得其宜,人心自然无有不慊。吾心作为事物总的道德原则,体现在社会生活的各种关系之中,如君道、臣道、长道、幼道等,吾心又分化而为多,但吾心又是"合内外人己而一之者也",且不能以私意加之于上,故人心就能达于"无不慊"的境地。这实际上就是致吾心之良知,故大吉又说:"此知一致,人皆曰我是也,人心有不慊乎? 人心既慊,则吾内省未何愧乎? 夫何不慊乎? 夫兹应酬小事也,此其大者可无慎乎? 由是观之则吾心天理之流行,果有离于日用之常乎? 夫其常也自一应酬之小以极乎庶政之繁繁,然条理果有出于吾良知天则之外乎! 然则学之道果有间于内外人己乎? 果有分于用舍尊卑乎?"② 致良知既包含对道德原则的遵守,也是将之致用于事事物物,如此各事物都在良知天则之内。换言之,人心之所以能慊,是因为吾人致良知的结果。

大吉在这里还特别提到"人心既慊,吾心有不慊乎",既含有以人之先觉觉我之后觉的虚怀之心,又指出了"人心已自慊,吾心也会自慊"所能达到的道德普遍性,这也就是大吉一再强调的"人之所同":"无过不及,人之所同,而不可以毫发私意加损焉者也。依是天则而施之各得其当,则人心自无不慊者

① (宋)朱熹:《四书章句集注·孟子集注》,中华书局1983年版,第232页。
② (明)南大吉:《答贺长洲府书(丙申)》,《南大吉集》,李似珍点校整理,西北大学出版社2015年版,第84页。

矣。人心即慊,吾心有不慊者乎!"①相同词语的重复使用,是语意的加强,也是大吉对依良知天则而施诸事物所带来的快适境地的反映。

可以看出,大吉所指"自慊"境地,实际上是通过对良知本体的体悟与践行而获得的。阳明在这点上也早有提示:"务致其良知,求其自慊而已矣。"②因此,我们可以将"自慊"理解为致良知之后所达到的精神境界,是充拓良知本体而形成的道德境地。冯从吾于此亦有体味:"'自慊'二字甚有味,见君子而厌然,正是小人自家不慊意处,安得心广体胖? 故曰'行有不慊于心,则馁矣'。君子慎独,只是讨得自家心上慊意。自慊便是意诚,便是浩然之气塞于天地之间。"③在他看来,"自慊"是意诚工夫实践后所达到的浩然之气塞于天地之间的精神境界,与阳明、大吉有同感。于良知学而言,由致良知而自慊,由自慊而至于浩然之气塞于天地之间,则致良知也可以至于浩然之境。大吉在经历人生种种变故后显得沉稳淡然,归来构酒西书院,订地方志,支持南家子弟续承心学之脉,又"后窃横渠芳",充养愈益厚,以自己的实际作为解释了何为良知之慊及其所指向的思想境界。

---

① (明)南大吉:《答贺长洲府书(丙申)》,《南大吉集》,李似珍点校整理,西北大学出版社2015年版,第84页。

② (明)王阳明:《答聂文蔚》,《王阳明全集》,吴光等编校,上海古籍出版社2017年版,第90页。

③ (明)冯从吾:《疑思录》卷一,《冯从吾集》,刘学智等点校整理,西北大学出版社2015年版,第65页。

第三章　北方王门内外思想互动
形成的核心辩题

　　上一章分述尤时熙、张后觉等人之学,意在对他们各自独立的思想单元有相对清晰的认识。在他们的观点表达中,除展现出各自不同的问题焦点外,还有一些他们共同关注的核心辩题,从而形成相关的思想辩驳。围绕核心辩题形成的思想互动,涉及王门内外、北方王门与朱子后学、北方王门与东林学派诸多人物,也关联南北阳明学、心学与关学、心学地域化等多重问题的思考。本章拈出三个具有典型意义的思想辩题,即围绕"无善无恶"形成的思想争辩、"六经有无心学"之争、良知面向的多重解读,就辩题的理论话题展开讨论。通过对这些问题的探讨,进一步阐发北方王学的整体性理论特征,同时看到良知学之所以能在北地得到传播,与这种往来辩驳所起的推动力是分不开的。另外,我们讨论北方王门的学理实践,就其学理角度而言,既指他们各自特有的思想单元,也包括王门内外思想互动所形成的学术辩题。

第一节　围绕"无善无恶"形成的思想争辩

　　自阳明提出"无善无恶"之说,诸弟子纷纷互讲,王门内外亦喜言无善无恶,许敬庵"九谛"与周海门"九解"之辩难、顾宪成与管东溟之争在晚明学术界都有很大影响力。杨东明对此问题也有思考,与同门内外亦有讨论。东林学者史孟麟(字际明,号玉池,1559—1623)针对王阳明"无善无恶心之体"之说,曾作《性善说》辟之。其时东明对无善无恶颇得其解,遂遗史孟麟一书相发明,指史孟麟错会阳明之意。① 笔者陋见,未见到东明移书史孟麟之文,不过在东明《山居功课》之"学会讲语"与《明儒学案》之"晋庵论性臆言"中有相关思想载录;也尚未发现史孟麟《性善说》,然泰州学者方学渐(字达卿,号本庵,1540—1615)写有《心学宗》,史孟麟曾为之作序,结合该序文和《明儒学案》之史孟麟"论学",亦可大体看出史孟麟在"无善无恶"上的观点。通过对三者的文理探引,可察东明在无善无恶上的思想主张,以及围绕无善无恶在北方王门与其他门派之间的学理辩驳。

方学渐写有《心学宗序》②,观此序可大体了解他的写作宗旨和意图。据方氏自述,他之所以著《心学宗》,是"恐失吾心,非敢异同于人也"。那么,"吾心"所指为何? 在方氏看来,所有儒家之学都可归之"本心"之内,所谓"圣贤之学无他,自得其本心而已矣"。这种说法在给《心学宗》作序的章潢、顾宪成、史孟麟、李右谏等人中都得到相似的回应。如章潢"万古一心,外心匪学也;千圣一学,外心学弗宗也"③之说;李右谏"圣凡之所同也,无之非心,无之非学也"④之语。方学渐作《心学宗》显然有更深层次考虑,主要有两点:一是区别圣贤之心与"异端"之心,二是对无善无恶的立场观点。关于第一个问题,方氏指出:

> 第圣贤曰心,异端亦曰心,相似而难辨,说者以为本体同而作用

---

① (清)黄宗羲:《太常史玉池先生孟麟》,《明儒学案》,沈芝盈点校,中华书局2008年版,第1474页。

② (明)方学渐:《心学宗序》,《心学宗》,四库全书存目丛书子部第12册,齐鲁书社1995年版,第134—135页。

③ (明)章潢:《心学宗序》,《心学宗》,四库全书存目丛书子部第12册,齐鲁书社1995年版,第127页。

④ (明)李右谏:《心学宗序》,《心学宗》,四库全书存目丛书子部第12册,齐鲁书社1995年版,第131页。

> 不同,天下岂有一根而谷莠两出者乎?盖心一而见殊,学始岐于天
> 下。人之观心犹观天,管窥则天管,牖窥则天牖,登泰山而后见天之
> 为大,大不可测,仰而睨之曰太清太虚,不知清虚天之象也,非天之所
> 以为天也,惟圣人独观清虚之宰,而曰诚者天之道,曰於穆不已,曰大
> 哉乾元。

圣贤和"异端"都说心,从表面来看两者相似难辨,但实际上二者有根本不同,"彼异端者,虽亦曰明心,然不明乎善而空之,则见以为心者,谬矣"。因此,方氏特别提出学人当先于此辨明,如圣人一样"观清虚之宰"。方氏对于儒释各自所言之"空"没有多加论述,顾宪成则于此补上:"自释氏以空为宗,而儒者始恶言空矣。迩时之论不然,曰:心本空也,空空孔子也,屡空颜子也。奈何举而让诸,释氏则又相率而好言空,予窃以为空者,名也。要其实,当有辨焉。无声无臭,吾儒之所谓空也。无善无恶,释氏之所谓空也。两者之分毫厘千里,混而不察,概以释氏之所谓空当吾儒之所谓空,而心学且大乱于天下,非细故也"。① 吾儒与释氏虽都言空,然吾儒之空指向无声无臭,释氏之空指向无善无恶。"无声无臭"并非排除善,而是指天命之性不可睹闻、不涉声臭,无有形体可觅。而释氏之无善无恶则将善恶一并抹去,只剩下一个空的躯壳。因此,顾宪成特别提醒"要其实当有辨焉",要认识到二者之间的根本不同。这个提醒显然也是方学渐所重视的,故而他特别提到前代圣贤都是从实有的善来言心:"吾闻诸舜,人心惟危,道心惟微;闻诸孟子,仁,人心也;闻诸陆子,心即理也;闻诸王阳明,至善心之本体。一圣三贤,可谓善言心也已矣。"这就将吾儒之心与异端之心区别开来。

因"空"涉及无善无恶的立场观点问题,《心学宗》也需对这一问题有个解答。方学渐认为:

> 王龙溪作《天泉证道记》,以"无善无恶心之体"为阳明晚年之密

---

① (明)顾宪成:《心学宗序》,《心学宗》,四库全书存目丛书子部第 12 册,齐鲁书社 1995年版,第 128 页。

传。阳明大贤也，其于心体之善，见之真，论之确，盖已素矣，何乃晚年临别之顷顿易其素，不显示而密传，倘亦有所附会而失真欤？此记一出，遂使承学之士茫然不知心体之谓何，天下称善，我不名善，天下称恶，我不名恶，恣情徇欲，猥云信心，使异端得入吾室，几于夺嫡而易宗，则不察人心之本善故也。

方学渐怀疑王畿附会阳明之意而有无善无恶之说，此后刘宗周和黄宗羲等人也曾质疑阳明是否说过"无善无恶"一语。作为一桩颇有争议的学术公案，阳明、王畿、钱德洪等几个主要当事人都没有否认天泉证道一事，可知这事的确发生过，其主要议题也当和"无善无恶"有关。由于未及细证，王龙溪之"无善无恶"与阳明之"无善无恶"或许有不同之处，而在其流转中，"无善无恶"之说又有诸多变异，这倒是我们需要注意的。此点正如邵廷采所言："至于'四无'之说，流失在龙溪，而天泉夜论，其师不以为不然，故滋后人口实，然其中正有可详求者。阳明之所为'四无'，固异于龙溪之所为'四无'。龙溪之所谓'四无'，以无为无者也，荡而失归，恍惚者托之矣，故其后为海门、为石梁，而密云悟之禅人焉。阳明之所谓'四无'，以无为有、以有为无者也。前乎此者，濂溪之无极而太极；后乎此者，蕺山之无善而至善。"①尽管都言"无善无恶"，在邵氏看来阳明之说最终走向至善，而王畿则走向荡虚，这就是方学渐所说的"遂使承学之士茫然不知心体之谓何"之结果。由此来看，方学渐对于"无善无恶"之说持坚定的反对态度，认为这种说法否定了人心之本善，将其归咎于王畿的误传。当然，站在王畿的角度，以"无善无恶"解释良知本体原来无有，以与阳明对良知的界定相联，并代言阳明的思想心声，这在王畿之时也不失为一种可行途径，此又另当别论了。

照此而言，方学渐作《心学宗》的一个主要目的，就是"见世之谈心往往以

①　(清)邵廷采:《明儒王子阳明先生传》,《思复堂文集》,祝鸿杰点校,浙江古籍出版社2010年版,第12页。

无善无恶为宗,有忧焉,辄进而证诸古"①,也就是辟无善无恶之说,以立心之至善。李右谏就此也指出:"谓心无恶亦无善,是谓目无暗亦无明之类也。弊且薄善而不屑,弊且任恶为无碍,放旷荡佚,使天下弃常经而趋狂解,虑无不以竺乾、柱下之旨为玄珠神玺也者。……嗟夫,此本庵方先生心学宗之所由作也。"②在他看来,今之种种学术弊端,都由无善无恶之说而来。因此方学渐忧无善无恶,实际也是以另一种方式来阐明良知。顾宪成于此指出:"予窃惟良即善也,善所本有,还其本有;恶所本无,还其本无,是曰自然。夷善为恶,矫有为无,不免费安排矣。以此论之,孰为易简,孰为支离,孰为直截,孰为劳攘,讵不了了? 然则先生是编,正所以阐明良知之旨,假令文成复起,亦应首肯。"③让人感到奇妙的是,王龙溪发阳明"无善无恶"之旨,是阐明良知,方学渐辟无善无恶之说,也是阐明良知之旨。学有奇妙,由此也正可见良知之义的转折关键之处。

《心学宗》给了多位学人表达对"无善无恶"态度立场的机会,史孟麟指出:"盖文成先生揭宗以良知,其证道则曰无善无恶者心之体。而龙溪先生更以无善无恶概之乎心意知物,于是寓内易理学为心学矣。噫! 良知即善也,知亦心也,一心耳,体无善恶而知有良,良何从生焉? 今寓内贸贸焉以心学自命者,必曰文成为之宗,不知宗其良知乎? 宗其无善乎? 宗其良知不可谓心之无善矣,宗其无善不可谓知之良矣,岂文成自舛其言,岂有所附会其间耶?"④与方学渐看法相似,史孟麟也将无善无恶之说归咎于王畿,且指出,如体无善恶,则无从谈知之良,良知必与善相等同,良与知才会合于一心,良、知、心虽异名

① (明)顾宪成:《心学宗序》,《心学宗》,四库全书存目丛书子部第 12 册,齐鲁书社 1995年版,第 129 页。

② (明)李右谏:《心学宗序》,《心学宗》,四库全书存目丛书子部第 12 册,齐鲁书社 1995年版,第 131 页。

③ (明)顾宪成:《心学宗序》,《心学宗》,四库全书存目丛书子部第 12 册,齐鲁书社 1995年版,第 129 页。

④ (明)史孟麟:《心学宗序》,《心学宗》,四库全书存目丛书子部第 12 册,齐鲁书社 1995年版,第 130 页。

而实同义。史孟麟由此确立他对善的看法：

> 夫善，心之性也，在意为独，在知为良，在物为则，皆善之呈露也，不可以体用有无二之也。欲以无其善，已不觉其入于恶；欲以防其有，已不觉其著于无。著无之心即有也，无善之心即恶也，天下有无心之人则可，苟有心焉，安能灭善而逃之于无哉？①

史孟麟于此特别提到"善之呈露"，意谓善本为心所固有，尽管有"独""良""则"称谓的不同，但都是良知之善。不过，史孟麟话锋一转，又指出不可以用"善"与"恶"、"有"与"无"来互证对方，因为欲求无善，则可能入于恶；欲防其有，则可能著于无。一旦有著无之心，实际上就是"有"；而所谓无善之心，实际上也就是"恶"。因此，以无善无恶为论，从逻辑上说会导致有无、善恶不断滑向对方，从而无所谓"有无""善恶"的存在，这也就从根本上否认了善的存在，从而导致良知之说因缺乏"善的基石"而坍塌。史孟麟此番话不可谓不给人以警醒。中晚明关于"无善无恶"的讨论最为丰富，也最具争议，因为这涉及儒释分界线和阳明立言宗旨问题。如黄宗羲批周汝登（字继元，别号海门，1547—1629）："先生之无善无恶，即释氏之所谓空也。后来顾泾阳、冯少墟皆以无善无恶一言，排摘阳明，岂知与阳明绝无干欤！故学阳明者，与议阳明者，均失阳明立言之旨。"②认为周氏之"无善无恶"即释氏之所谓空，这在"嗜心学严'无善'之防"的学者看来，自然是不可接受的，而史孟麟就是"严'无善'"中的一位。

史孟麟进而针对时下流行的几种观点，提出自己的反驳意见。一种观点认为：人性本无善且不可言，恶则更是如此。这种观点与儒家观点相悖，主要原因在于误认情识为善，只看到生活情境中人心陷溺于物欲不能自拔而呈现

---

① （明）史孟麟：《心学宗序》，《心学宗》，四库全书存目丛书子部第 12 册，齐鲁书社 1995 年版，第 130 页。

② （清）黄宗羲：《尚宝周海门先生汝登》，《明儒学案》，沈芝盈点校，中华书局 2008 年版，第 854 页。

出来的恶,因而怀疑善的存在,其最终结果不是滑向释氏之空、老氏之虚,就是恣情纵欲不知返而走向恶。史孟麟对此的回答是:"人性本善,有且不可言,而况于无?"①肯定善的存在,以与儒学思想相接,并从善的本体地位指出善不可言。第二种观点认为:人心至无,不可著于恶,亦不著于善。按照这种观点,不著于恶,亦不著于善,那就是无善无恶。史孟麟对此予以反驳:"夫心安能无而不之于有哉? 即无而不之于有,亦枯槁寂灭而不可以为心,则心之著于有,易明也。"②在他看来,人心不能是"无",而当为"有",且"有"即为人心至善。对于"不著"的反驳,这里还可引用顾宪成的一段话作为史孟麟的反驳依据:"至于善即是心之本色说恁著不著如明是目之本色,还说得个不著,于明否聪是耳之本色,还说得个不著于聪否? 又如孝子,还可说莫著于孝否? 如忠臣,还可说莫著于忠否?"③顾氏以为,如连心之至善的本色都不依著,则何从坚持性善,又何从为善而去恶? 第三种观点认为:无者乃为无有对恶之善,非本然之善,故无善无恶乃为至善。问者以为,有一个与恶相对的善,但这种善不是本然之善,只有无善无恶才是至善。史孟麟就此申述自己的观点:

> 然则有二善乎? 恶非善之对,乃善之反也。水之体乎清也,泥浊之;日之体乎明也,云翳之。恶浊而曰水无清无浊,恶翳而曰日无明无翳,然乎哉? 今言心学者遍寓内,其学也,学其无学也;其心也,心其无心也。为善则理即为障,信心则恶即为心。人心同善,彼不谓善;人心同恶,彼不谓恶。以任情纵欲为透悟,以穷理尽性为矫揉,则无其善者,只以有其恶耳。④

---

① (明)史孟麟:《心学宗序》,《心学宗》,四库全书存目丛书子部第 12 册,齐鲁书社 1995 年版,第 130 页。

② (明)史孟麟:《心学宗序》,《心学宗》,四库全书存目丛书子部第 12 册,齐鲁书社 1995 年版,第 130 页。

③ (明)顾宪成:《小心斋札记》,《顾端文公遗书》,四库全书存目丛书子部第 14 册,齐鲁书社 1995 年版,第 354 页。

④ (明)史孟麟:《心学宗序》,《心学宗》,四库全书存目丛书子部第 12 册,齐鲁书社 1995 年版,第 130—131 页。

史孟麟于此提的一个观点值得理会：恶非善之对。史孟麟指出，将"非本然之善"与"至善"作为两个不同的善的等级来说明无善无恶乃为至善，意图将善划分为不同的层次，这于儒学而言显然是不合情理的。据史孟麟说法，心之本体都为善，并非有单独的一个恶来与善相对才有善的存在，恶其实是善的反出。这种"反出"可用方学渐的话语加以说明："本体既善，发用亦善。但既发，则其善有过有不及，就其过不及名之为恶，是善本嫡派，恶乃孽支，善其本来，恶则半途而来，非两物相对而出也。"①也就是说，恶是本体发用之后所出现的"过"或"不及"，并非另有一个恶来与善相对而立。换言之，本体始终为善，无有恶的任何成分，这是儒家在性善问题上的基本立场。那么，与恶相对的具体又是何物呢？北方学者王道也有一种说法："性善之善，不与恶对，与恶对者，情之善也。孟子执情以为性，故虽竭力道性善，终不足以服诸子之口。子由辟之是矣，但欠源头一句分明耳。盖情之善，原从性之善而来，但情之善可迁，而性之善不可迁，情之善有对，而性之善无对。今概以为无是无非，是以恶为亦出于性矣，殊欠分晓。"②在"恶非善之对"这一点上，王道与方学渐适相吻合，不过王道则更进一步指出了与恶相对者乃情之善。这种说法颇有意味，既指出恶并非独立于善之外，故而无独立的资质与善相对；又认为与恶相对的情之善从性之善而来，因情之善可迁，因而有情之善恶的可能，生活世界里的恶并非由性导致，而是从情之恶而来。这样在善与恶之间，实际上夹入了情的因素，恶的存在也就不能归责于善本身的发用，而是情发用的结果。因为一旦认可恶是善的某种缺失，善作为"至善"的说法就不能成立。从这点来看，王道"性之善不可迁""性之善无对"之说，应当说坚持了儒家一贯倡导的性善说，且从根源上去除了无善无恶说的可能。史孟麟对"二善"说的批评，

---

① （明）方学渐：《心学宗》，四库全书存目丛书子部第 12 册，齐鲁书社 1995 年版，第 158 页。

② （清）黄宗羲：《文定王顺渠先生道·文录》，《明儒学案》，沈芝盈点校，中华书局 2008 年版，第 1037—1038 页。

以及在"恶非善之对"上的立场态度,表明他与方学渐、王道在这一问题上的一致性,然在解释"恶"的来源时,史孟麟与方学渐在理论上都没有王道之说来得高明。尽管如此,对于"无善无恶"所带来的后果,如"为善则理即为障,信心则恶即为心","以任情纵欲为透悟,以穷理尽性为矫揉,则无其善者,只以有其恶耳",史孟麟较之两人则说得透彻有力。

以上略述围绕《心学宗》展开的关于无善无恶之辨。《心学宗》一出,当时儒界反响颇好,致顾宪成有"孔孟之正脉其在斯乎,是天之不弃吾道"①之感慨。其实,方学渐还另有《性善绎》一文,其开篇云:"圣贤之言性,则善而已,冠无善于善之上者,兔角也;系无善于善之下者,蛇足也"。② 此亦主张善为心之本体,并特别提到"圣人所以教人为善者,以其性之本善"③。在为《性善绎》的序文中,高攀龙也极力主张性善为至善,而阳明所谓善,是指善念:"吾以善为性,彼以善为念也;吾以善自人生而静以上,彼以善自吾性感动而后也。故曰非吾所谓性善之善也"。④ 认为心体即性,性为至善,无善无恶并非用来界定心体。总体而言,史孟麟、方学渐、高攀龙对于无善无恶说的态度已相当明确,即无善无恶违背了儒家性善主旨,应当予以辨明并弃之。

与之不同,杨东明则从另一视角看待阳明"无善无恶"论。东明与史孟麟在书中道:

> "某往亦有是疑,近乃会得无善无恶之说,盖指心体而言,非谓性中一无所有也。夫人心寂然不动之时,一念未起,固无所谓恶,亦何所谓善哉!夫子曰:'吾有知乎哉?无知也。'夫知且无矣,何处觅

---

① (明)顾宪成:《复方本庵》,《泾皋藏稿》,景印四库全书集部第1292册,台湾商务印书馆1986年版,第49页。

② (明)方学渐:《性善绎》,《桐城方氏七代遗书》,(清)方昌翰辑,彭君华校点,黄山书社2019年版,第41页。

③ (明)方学渐:《性善绎》,《桐城方氏七代遗书》,(清)方昌翰辑,彭君华校点,黄山书社2019年版,第41页。

④ (明)高攀龙:《方本庵先生〈性善绎〉序》,《高攀龙全集》(上册),尹楚兵辑校,凤凰出版社2020年版,第562页。

善恶？譬如,鉴本至明,而未临于照,有何妍媸？故其原文曰'无善无恶者心之体',非言性之体也。今谓其说与告子同,将无错会其旨欤！"①

前已提到,东明论心性是在"盈宇宙间只是一块浑沦元气"的前提下进行,"气质之外无性"是东明在心性论上的主要观点,也构成其学之要领。在讨论无善无恶时,也需将之置于东明之学的这一前提之下。与史孟麟说法不同,东明认为"无善无恶"出自阳明,并提出一个重要观点:无善无恶,是指心体而非性体。其依据是:心体在寂然不动,与物未接时,因其一念未起,自然善恶双泯,无有善的出现,也无有恶的存在。心的这种特殊状态,可称为"无善无恶之心体"。为了证明这种说法的成立,东明又特意举出孔子的"无知"论作为论据。孔子曾言:"吾有知乎哉？无知也。有鄙夫问于我,空空如也,我叩其两端而竭焉。"东明于此以孔子"无知"之语论证心体无善无恶,颇具权威且有新意。从孔子此句的前后语意来看,此处的"无知"当指"无有多少学知"之意,孔子不太可能跟"鄙夫"讲述更为深奥的道理,故朱熹指"此圣人谦辞,言我无所知,空空鄙夫来问,我又尽情说与他"②。而阳明则对孔子的"无知"给出与朱熹完全不一样的解释:"孔子云:'吾有知乎哉？无知也。'良知之外,别无知矣。故致良知是学问大头脑,是圣人教人第一义。"③将"无知"理解为"良知之外别无知",视良知为唯一的最高存在。从朱熹的"学知"到王阳明的"一知",表明后人对于孔子的"无知"说在理解上存在很大差异。朱熹、王阳明的解释,在阳明后学中也引起不同回响。江右学者聂豹指孔子多学而识,知

① (清)黄宗羲:《晋庵论性臆言》,《明儒学案》,沈芝盈点校,中华书局2008年版,第651页。
② (宋)朱熹:《朱子语类》卷第三十六《论语十八》,《朱子语类》第三册,(宋)黎靖德编,王星贤点校,中华书局2004年版,第960页。
③ (明)王阳明:《答欧阳崇一》,《王阳明全集》,吴光等编校,上海古籍出版社2017年版,第80页。

足以指示人,但孔子不欲以知识多而以施教者自居,故曰自己无知。① 这是从学识方面谈"知",从教人的态度来说"无知"。这种解法与朱熹颇为相仿。一些泰州学者则从天理的角度加以生发,如赵贞吉"理穷而性尽,不见有知,谓之无知"②等就持此种看法。这些看法又与阳明相符合。而罗近溪的说法又最能接近东明之说:"事之既至,则显诸仁而昭然,若常自知矣。事之未来,而茫然浑然,知若全无矣。非知之果无也,心境暂寂,而觉照无自而起也。"③当事之未来,心境暂寂之时,心处于"无知"状态,善恶无由而起,故可谓"无善无恶心之体"。可以看出,东明以孔子之语作为论证心体无善无恶的关键证词,在泰州学者中已有思想表达,然以"无知"直接论证心体之无善无恶,则属东明而已。

不过,仍需指出的是,东明这里所说的"夫知且无矣,何处觅善恶"之"知",既不能解读为朱熹意义上的"学知",也不能完全理解为阳明意义上的"一知",而是心体未接于物的一种特殊状态,即如明镜未临于照的状态一样。因此,东明所谓"无善无恶盖指心体"就其严格内涵而言,并未涉及对于心体的本质描述,而只是说出了心体所处"寂然不动之时"所呈现出的一种状态。就此来看,东明只是从字面上解释了阳明"无善无恶心之体"的意思,与阳明"心之体,性也"之说尚隔很远,也与方学渐、史孟麟以善规定心体存在明显不同。

东明为何不直接将心之体说成是性,是因为在他看来"性之体"才是善,是要为性体之善留下充足余地。因此要探讨东明的无善无恶说,除他所说的"心之体"外,还当分析他所说的"性之体"究竟是指何物。

---

① (明)王畿:《致知议辨》,《王畿集》,吴震编校,凤凰出版社2007年版,第138页。
② (清)黄宗羲:《文肃赵大洲先生贞吉·杂著》,《明儒学案》,沈芝盈点校,中华书局2008年版,第751页。
③ (清)黄宗羲:《参政罗近溪先生汝芳·语录》,《明儒学案》,沈芝盈点校,中华书局2008年版,第792页。

有学子问"孟子之性善,是否专言义理之性",东明回答道:

> 世儒都是此见解,盖曰专言义理,则有善无恶,兼言气质,则有善
> 有恶,是义理至善而气质有不善也。夫气质二五之所凝成也,五行一
> 阴阳,阴阳一太极,则二五原非不善之物也。何以生不善之气质哉?
> 惟是既云二五,则错综分布,自有偏胜杂揉之病,于是气质有不纯然
> 善者矣。虽不纯然善,而太极本体自在,故见孺子入井而恻隐,遇蹴
> 之食而不屑,气质清纯者固如此,气质薄浊者未必不如此,此人性所
> 以为皆善也。孟子道性善,就是道这个性。①

依东明之见,气质原本也是善,但气质在变化过程中,自有偏胜杂揉之病,因而变化后的气质就有偏颇不正之处,东明称之为"不纯然善"。这种说法与前文所引东明"天地之心,以好生为德,而二气五行之运,不能无偏胜壅阏之处"的话语是一个意思。于是"气质"在东明这里就划分出两样来:善之气质和不善之气质。善之气质为"气质清纯者",不善之气质为"气质薄浊者"。尽管有如此划分,然两种"气质"都以太极本体为质,而太极本体本身就是善的,因而即便是不纯然的气质,但就其人性本质而言,仍然是善。这样一来,东明所理解的孟子之性善,就不是专言义理之性,而是指气质之性,但这不是两种性,只是在称呼性善这一点上所采用的不同称呼而已,就如称太极或本体同为善一样。

如此又引出另一个话题:"气质之性"究竟是善是恶,是否与义理之性为二分?气质之说始于张载。朱熹弟子黄勉斋指出:"自孟子言性善,而荀卿言性恶,扬雄言善恶混,韩文公言三品。及至横渠,分为天地之性、气质之性,然后诸子之说始定。"②张载"形而后有气质之性。善反之,则天地之性存焉。故

---

① (清)黄宗羲:《晋庵论性臆言》,《明儒学案》,沈芝盈点校,中华书局2008年版,第651页。

② (清)黄宗羲原本、黄百家纂辑、全祖望补定:《宋元学案·横渠学案上》,《黄宗羲全集》第三册,吴光主编,浙江古籍出版社2012年版,第833—834页。

气质之性,君子有弗性者焉"①之论,是关于气质之性的典型论述。有意思的
是,气质之性的提出,本为试图解决今古纷然的心性善恶之辨,然却围绕气质
之性如何为善恶又展开了无休止的争端。总体而言,这种争端分为两方:一方
认为气质之性有善有恶,不能与义理之性相等同,如朱熹等。另一方认为没有
气质之性之说,只有"气"或"气质",且将之与性相等同。如阳明指出,"气"
在得其自性明白时,气即是性,性即是气;又指气质虽有清浊厚薄强弱的不同,
然其为性则一。在这两种思想观点的比较视域中,可以发现东明的"气质之
性为善"之论于朱、王之说各有其份。东明一方面认可气质之性的存在,指其
有善有不善,明显带有朱子学内容;另一方面又认为气质之性有善的本性,以
此向阳明"为性则一"的观点靠拢,突出性善之旨。

　　但东明的这种解法,也被黄宗羲指为"有未莹者":"而其间有未莹者,则以
不皆善者之认为性也。夫不皆善者,是气之杂揉,而非气之本然,其本然者,可指
之为性,其杂揉者,不可以言性也。……而人皆有不忍人之心,所谓厥有恒性,岂
可以杂揉偏胜者当之? 杂揉偏胜,不恒者也,是故气质之外无性,气质即性也,第
气质之本然是性,失其本然者非性,此毫厘之辨"。②按照黄宗羲的看法,人性善
只能指气之本然者,且其善性是恒久不变的,而杂揉偏胜乃为不恒者,因而不能
将气质之中失其本然者视为性善。这种说法应该是很有见地的。判断一种事
物是否为善,宋明理学家常从天之神秘处寻找其根源,再赋予神秘之天以社会
伦常的神圣性,使之成为整个社会的共识。在这当中,善就被视作一个"永远如
此"的存在而被人们所接受。因此,"浑沦顺适""常在""中正""性与道合""人
生而静时"等常被视为善的同义语。其中"常在"就指时间的恒常性而言。一个
人时而为善,时而为恶,称不上是善;善性时而中正,时而偏胜,也称不上善。因

————————

①　(宋)张载:《正蒙·诚明篇第六》,《张载集》,章锡琛点校,中华书局1985年版,第
23页。
②　(清)黄宗羲:《侍郎杨晋庵先生东明》,《明儒学案》,沈芝盈点校,中华书局2008年版,
第649页。

此,从"恒"与"不恒"的角度来区分东明的"气质之性是善"就是一个可以运用的理论视角。这种解法,在方学渐和史孟麟处未有深切说明。

当然,东明指心体无善无恶,并无碍于他对性体纯粹至善的肯定。东明谓:"阳明所谓'无善无恶'者,非言性体本无也,谓寂然不动之中只是个湛空本体,固容不得恶,亦岂容得善? 所谓'眼里岂容金玉屑'是也。《中庸》谓'未发之中',夫子自谓'无知也,空空如也',皆是无善无不善的景象。故阳明子曰'无善无不善',乃所以为至善也,此岂与告子之论可同日语哉?"①"无善无恶"并不否定性体的存在,性体仍表现为"有",即为至善。东明进而将善分为"本体之善"和"所着之善":"本体之善,至善也,无善可指也;所着之善,则善念、善事之谓也"②。本体之善不能用具体的善念、善事加以衡定,也即"固容不得恶,亦岂容得善",否则便非至善。也就是说,东明所指至善,因其不着一善,故可谓之无善;又因其为至善,故无不善,因此东明说阳明之"无善无不善",乃所以为至善,这与告子言"性无善无不善"有根本不同。阳明曾说"无善无不善,性原是如此",但告子是"见一个性在内,见一个物在外",从而有内外之分。③ 东明指"无善无不善乃为至善",正为发明性善之旨,此说既与玉池、本庵坚持的性善论一致,也近似阳明语意。

不过也当看出,东明所言心体与性体有层次的区别。至善指向性体,无具体善可指但又是具体善之所从出;无善无恶指向心体,是心在湛然虚寂之时的状态呈现。由于"心则性之所出"④,心又主动,因此心之无善无恶亦可发而为意之感动,表现为发善念、行善事,此善有感则生,无感则无。故东明说:"文

① (明)杨东明:《学会讲语·孟子下》,《北方王门集·山居功课》,邹建锋等编校,上海古籍出版社2017年版,第898页。
② (明)杨东明:《学会讲语·孟子下》,《北方王门集·山居功课》,邹建锋等编校,上海古籍出版社2017年版,第899页。
③ (明)王阳明:《传习录下》,《王阳明全集》,吴光等编校,上海古籍出版社2017年版,第122页。
④ (明)杨东明:《学会讲语·孟子下》,《北方王门集·山居功课》,邹建锋等编校,上海古籍出版社2017年版,第900页。

成所云'无善无恶'者,正指感动之善而言,然不言性之体,而言心之体者,性主其静,心主其感,故心可言有无,而性不可言有无也。"①正因为性静心动,因此不能用"有无"来规定性体,而只能以此描述心体。这与上文所说"性无善无不善"并不矛盾。性"无善无不善",是指不能用具体的善来规定性,故其本质即是"无不善",也即性善;"心无善无恶",是心在无感应时的虚空状态,在心有感应时,便表现为有善有恶。也就是说,性之无善无不善始终是"静"的状态,其本质永远是善,而心则会由无善无恶的虚寂状态经感应后表现为"动"的状态,以此显出心的善恶道德判断能力。或者说,性之纯粹至善是通过心的活动体现出来,在心未与外物相接时,心则表现为无善无恶的虚灵精微状态。这表明,东明解"无善无恶",是从"一体两面"来进行:"一体"指心体,"两面"指人心寂然不动时的虚灵性和心发而为感动之善时的应感性。其"静虚"与"应感"都与阳明对心体的界定相联,如阳明谓"天理原自寂然不动,原自感而遂通"②、"其虚灵明觉之良知应感而动者,谓之意"③之语,便与东明对心体的论述相契合。同时也可看出,东明此解,较之史孟麟、方学渐论心要复杂得多,史孟麟、方学渐、高攀龙等人直接将心与性等同,心之善即为性之善,性之善即为心之善,如以心之无善无恶等同于性之无善无恶,这在他们看来有违阳明良知至善本义。其实这也是东明需面对的理论难题:既然心体与性体有别,当如何与良知学体系中的心性合一之旨相对应? 这与朱子之"心性为二"又有多少区别? 又或如冯从吾所言:"良知'知'字既就心体之灵明处言,若云无善无恶,则心体安得灵明? 又安能知善知恶邪?"④心体灵明是否意味

① (清)黄宗羲:《晋庵论性臆言》,《明儒学案》,沈芝盈点校,中华书局 2008 年版,第652 页。

② (明)王阳明:《传习录中》,《王阳明全集》,吴光等编校,上海古籍出版社 2017 年版,第65—66 页。

③ (明)钱德洪:《年谱三》,《王阳明全集》,吴光等编校,上海古籍出版社 2017 年版,第1429 页。

④ (明)冯从吾集:《答黄武皋侍御》,《冯从吾集》,刘学智等点校整理,西北大学出版社2015 年版,第 302 页。

着排除了无善无恶? 这是东明在讨论心性问题时所应注意的问题。不过也很显然,东明对"无善无恶"的解释,一方面坚持了阳明学中对"心"之地位的维护,另一方面也将"无善无恶"置于心体的范围内,使之与儒家一贯倡导的性善之旨贴近,因而能"真得阳明之肯綮"①,这于阳明学的意蕴推勘及其在北地的传播而言,其学术意义也是不容忽视的。

对于"无善无不善"之说,这里仍需多提一句。"无善无不善"本从告子而来,在孟子时对此已批驳甚多。按阳明说法,告子的性无善无不善之说,也无大差,但告子将无善无不善置于"性之内",而在"物之外"上又看作有善有恶,如此内外有分,无有确定的标准,故阳明指其"于性有未透彻处"。② 按照这种说法,阳明实际上肯定了告子"性无善无不善"之说,只不过对其"有内外之间"提出异议。其实,阳明对告子"性无善无不善"之说本不甚关注,但在阳明之后,围绕"无善无不善"与"无善无恶"又纷纷立言,如此相关争议也随之而生,于此有三种看法值得留意。其一,认为"无善无不善"就是"无善无恶"。如李材:"以无善无不善为性,正后儒之以无善无恶为心之体也。在告子则辟之,在后儒则宗之,在释氏则谓之异端,在后儒则宗为教本。"③反讽后儒辟告子无善无不善,却不知后儒所尊的"无善无恶"正乃告子"无善无不善"。又如许敬庵驳周海门之语:"性无善无不善,则告子之说,孟子深辟之。圣学源流,历历可考而知也。今皆舍置不论,而一以无善无恶为宗,则经传皆非。"④其意与李材大体相同。其二,"无善无恶"与"无善无不善"之意不同。如黄宗羲:"阳明言'无善无恶心之体',原与性无善无不善之意不同。性以理言,理无不

---

① (清)黄宗羲:《侍郎杨晋庵先生东明》,《明儒学案》,沈芝盈点校,中华书局 2008 年版,第 649 页。

② (明)王阳明:《传习录下》,《王阳明全集》,吴光等编校,上海古籍出版社 2017 年版,第 122 页。

③ (清)黄宗羲:《中丞李见罗先生材・论学书》,《明儒学案》,沈芝盈点校,中华书局 2008 年版,第 674 页。

④ (明)周汝登:《周海门先生文录・九解》,《周汝登集》,张梦新等点校,浙江古籍出版社 2015 年版,第 21—22 页。

善,安得云无善?心以气言,气之动有善有不善,而当其藏体于寂之时,独知湛然而已,亦安得谓之有善有恶乎?且阳明之必为是言者,因后世格物穷理之学,有先乎善者而立也。乃先生建立宗旨,竟以性为无善无恶,失却阳明之意。"①理、气有不同,气也有呈现状态的差异,不能泛泛以"无善无恶"笼统说之。周海门宣扬"无善无恶"甚有力,黄宗羲也予以反驳,显示他与许敬庵在这一问题上的默契。其三,即是东明所认为的"无善无不善,乃所以为至善也",将"无善无不善"视为至善,也就是前面提到的"性之体"之善。对于这种说法,还可以东林学者孙慎行之说作为评判参考:"独无善无不善,今人尚宗述之,而以出自告子,又小变其说,以为必超善不善乃为善。呜呼!此亦非孟子所谓善也"。② 在孙氏看来,将"无善无不善"小变而为至善,已非孟子所言之善。由此知之,"无善无不善"的理论内涵也有其丰富多义性。

第二节 "六经有无心学"之争

　　杨东明与史孟麟等人在"无善无恶"问题上的争论,其实都立足于一个共同的理论前提,即"外心匪学",离开心来谈学,学是不存在的。因此,"学之宗心,宗其善"③是《心学宗》的主要思想倾向。也就是说,在他们看来,无论持何种立场,"心学"总是存在的,争辩焦点在于心到底是"善"还是"无善无恶"。不过,自唐伯元提出"六经无心学之说,孔门无心学之教",关于心学有无的争辩也随之扩散开来。北方王门学者孟秋、江右学者胡直、东林学者顾宪成等都直接参与其中,本节就此话题展开讨论。

---

　　① (清)黄宗羲:《尚宝周海门先生汝登》,《明儒学案》,沈芝盈点校,中华书局 2008 年版,第 853 页。

　　② (清)黄宗羲:《文介孙淇澳先生慎行·困思抄》,《明儒学案》,沈芝盈点校,中华书局 2008 年版,第 1454 页。

　　③ (明)史孟麟:《心学宗序》,《心学宗》,四库全书存目丛书子部第 12 册,齐鲁书社 1995 年版,第 131 页。

唐伯元(1535—1592),字仁卿,号曙台,广东澄海人。曾任江西万年、泰和两县知县,后升南京户部主事,署郎中事。《明史·儒林》载唐伯元:"受业永丰吕怀,践履笃实,而深疾王守仁新说。及守仁从祀文庙,上疏争之。"吕怀受学于湛甘泉,唐伯元则是湛氏二代弟子。湛甘泉与阳明学术有不同,但私交甚好,唐伯元则"深疾王守仁新说",这是他后来上疏反对王阳明从祀孔庙的主要思想缘由。《明史》又载其"清苦淡薄,人所不堪,甘之自如,为岭海士大夫仪表"[1],唐伯元得到《明史》如此评价,在士大夫中也是很难得的。

一、《从祀疏》的思想动机及唐伯元的学术立场

万历十二年(1584 年),御史詹事讲上疏请祀王阳明于孔庙,唐伯元上《从祀疏》[2]予以反对。据此疏,这里对唐伯元反对阳明从祀孔庙的思想动机略做分析。

唐伯元首先指出了学术在国运中的作用:"国家之气运,系乎士风;人心之邪正,关乎学术。"[3]而学术根源就在六经、孔孟之书。对于这些儒家典籍,唐氏认为应当"一以宋儒朱熹所注为据"[4],因为在他看来,朱熹注解诸书,"虽不必一一尽合圣人,要其力学任道,与圣人异者绝鲜"[5],是与这些经书的思想宗旨相吻合的。因此唐伯元盛赞朱熹在这一学术传承过程中的重要作用:"二百年来,道术有宗,教化有纪,人材辈出,皇风穆畅,非三代以下可及,熹之功为多。间有一二任道君子,解经释传,时或同异则有之,然未闻有以熹

① (清)张廷玉等:《明史》卷二百八十二《儒林一》,中华书局 2013 年版,第 7257 页。
② 明别集丛刊第五辑第九十四册用《争从祀疏》这一疏名。见该辑《唐选部醉经楼集》,明别集丛刊第五辑第九十四册,沈乃文主编,黄山书社 2016 年版,第 486 页。
③ (明)唐伯元:《从祀疏》,《醉经楼集》,黄树雄等整理,暨南大学出版社 2016 年版,第 366 页。
④ (明)唐伯元:《从祀疏》,《醉经楼集》,黄树雄等整理,暨南大学出版社 2016 年版,第 366 页。
⑤ (明)唐伯元:《从祀疏》,《醉经楼集》,黄树雄等整理,暨南大学出版社 2016 年版,第 367 页。

之学为非是者。"①唐氏首先将朱熹的学术地位搬出来,意在指出朱熹在儒学正统中的地位是不容撼动的。也就是说,任何关于朱熹之学"为非是者"的行为都是不可接受的,如此就能先声夺人,将在当时声势浩大的阳明之学排除在正统儒学的门槛之外。

唐伯元如此论阳明之学:"迨正德、嘉靖间,乃有新建伯王守仁者,始倡为致良知之说,行于江南,而其旨顿异。彼其初意,非欲有异于熹也,但以识太敏,才太高,任道太勇,立言太易。当其谈锋溢出,前无古人,故往往不觉其牴牾于熹。而为之徒者,推波助澜,争高门户,益以疑天下之心,而遂为敌国。"②"顿异"指的是阳明的思想主张与朱熹解经释传所传递出来的学术观点不一致,从而"牴牾于熹"。尤其是阳明之后学,他们的思想观点益发超出阳明之外,在思想领域可以说与朱熹互不相容。在这番论述铺垫下,唐伯元又历数阳明之学六点可訾议之处:道不行于闺门、乡人不信、宸濠之功状疑似、为禅学、为霸儒、"弄精神"③,对阳明之学可谓不留情面。又摘录阳明话语中他所认为的"自相矛盾者"和"奇险之论以反经者",一一予以批驳。唐伯元最后的结论是:"不宜从祀,六经无心学之说,孔门无心学之教,凡言心学者,皆后儒之误。守仁言良知新学,惑世诬民,立于不禅不霸之间,习为多疑多似之行,招朋聚党,好为人师,后人效之,不为狗成,则从鬼化矣。"④由此来看,唐伯元排摈阳明之学的立场非常明显,且不遗余力,试图将阳明之学挤出当时的政治活动范围。

除了上《争从祀疏》,唐伯元紧接着还向朝廷呈奉他获得的所谓《古石经

---

① (明)唐伯元:《从祀疏》,《醉经楼集》,黄树雄等整理,暨南大学出版社 2016 年版,第 367 页。

② (明)唐伯元:《从祀疏》,《醉经楼集》,黄树雄等整理,暨南大学出版社 2016 年版,第 367—368 页。

③ (明)唐伯元:《从祀疏》,《醉经楼集》,黄树雄等整理,暨南大学出版社 2016 年版,第 372—376 页。

④ 此段话为黄宗羲综合唐伯元话语而成,而非唐伯元连续性话语。参见黄宗羲:《明儒学案·文选唐曙台先生伯元》,沈芝盈点校,中华书局 2008 年版,第 1002 页。

大学》,以及为此书所作的疏解,是为《石经疏》①。《古石经大学》为嘉靖年间
浙江人丰坊伪造,唐伯元以为此版本乃子思所作,又与自己"修身"主张相符,
遂以此为据来加以阐述。在《大学》流传过程中,出现不同版本,版本不同,据
此表达的观点看法亦有区别。唐伯元钟情于石经本,也与此有关。顾宪成曾
对这种现象有中肯说明:"《大学》有戴本,有石经本,有二程本,有朱子本。近
世阳明王氏独推戴本,天下翕然从之。而南海曙台唐氏又断以石经本为定。
至于董、蔡诸氏,亦各有论著,莫能齐也。虽然,以求是也,非以求胜也;其同
也,非以为狥也;其异也,非以为竞也;其得也,非以为在己而故扬之也;其失
也,非以为在人而故抑之也。君子于是焉虚心平气,要其至当而已。"②其中就
提到唐伯元以石经本为定本之事,并理解因版本不同而出现的思想差异,但不
能因此而失去"至当"这一基本学术立场,主张以虚心平气的态度对待不同的
版本。

在《石经疏》中,唐伯元指出程颢、程颐、朱熹对《大学》"格物"的解释互
有不同,但朱熹仍在某些方面秉持了二程的说法,表明三人在对经典的诠释上
保持了一定的连续性。至阳明,则出现了完全不同的情况,"岂意正嘉间,新
学顿起,惑世诬民,幸其隙之可乘,极力排诋,至比之为神奸,为洪水猛兽,反杨
墨佛老之不若。格物一解,既成聚讼;《大学》一书,若存若亡"③,将阳明之解
《大学》视为比杨墨佛老等异端之学更过分的"邪说"。他甚至还认为程朱也
被郑本所惑,以致错会格物之义,只有基于《石经大学》的解释,才称得上有据
可依。巧合的是,江右学者刘元卿(字调父,号泸潇,江西安福人,1544—
1609)在视《石经大学》为权威的观点上,与唐伯元有一致的看法,认为阳明如

---

① 明别集丛刊第五辑第九十四册用《进石经大学疏》这一疏名。见该辑《唐选部醉经楼
集》,明别集丛刊第五辑第九十四册,沈乃文主编,黄山书社 2016 年版,第 483 页。

② (明)顾宪成:《大学通考·自序》,《经义考(三)》卷一百六十《大学通考》,朱彝尊撰,景
印文渊阁四库全书史部 679 册,台湾商务印书馆 1986 年版,第 217 页。

③ (明)唐伯元:《石经疏》,《醉经楼集》,黄树雄等整理,暨南大学出版社 2016 年版,第
401 页。

果早点见到《石经大学》,就不必冠"良"于"知",训"格"为"正",后世纷纷之说也就不会出现,因而发出了"予独恨石经之不早见于王子之世也"的感慨。①

基于《石经大学》的这种可靠性,唐伯元因而以之作为自己申述"格物"之义的依据。其论"格物"曰:

> 盖万物皆备于我,我亦一物也。事者,物之事也。身与国家天下对,而本末系焉;修身与齐治平对,而终始系焉。知所先后,格之谓也;格,通也;近道者,《大学》之道也。是故修身为本,即物有本末之本;本乱末治,即物有本末之本末。故孟子曰:行有不得者,皆反求诸己,其身正而天下归之。②

这段话的核心观点是:《大学》一书,其要在修身。其逻辑是:我出于乾坤,故我亦物;事都与物有关,由于我亦物,因而物之事也是我之事;我之此身,与国家天下对,二者构成本末关系,如此修身在齐治平又处于"本"的地位。这样一来,《大学》中的"物有本末"之本,实际上指的就是修身为本。因此,唐伯元在"物有本末"上多花笔墨,意图将"物"与"身"相联结,以修身来释格物,突出修身在《大学》各条目中的地位。这在他看来就是"知本"也是"知之至":"物有本末,身其本也,家国天下皆末也,未有本乱而末治者。物格者,知修身为本而已,非修身也。知修身为本,是谓知本,是谓知止,是谓知所先后,是谓物格知至。"③因此,格物与修身相较,格物显然是其次的环节,即便完成了格物,仍然难以达到至善的程度。但修身又离不开格物,欲修其身,需从格物而始,两者构成"知本"和"立本"的关系。因此唐伯元又言:"故节节有次

---

① (明)刘元卿:《题大学新编》,《刘元卿集(上)》,彭树欣编校,上海古籍出版社 2020 年版,第 573 页。

② (明)唐伯元:《石经疏》,《醉经楼集》,黄树雄等整理,暨南大学出版社 2016 年版,第 406 页。

③ (清)黄宗羲:《文选唐曙台先生伯元·醉经楼集解》,《明儒学案》,沈芝盈点校,中华书局 2008 年版,第 1014 页。按:这段话在黄树雄等整理的《醉经楼集》之《格物修身讲草》中也有相关载录,但底本文字似有不达意或重复处。(参见黄树雄等整理:《醉经楼集》,暨南大学出版社 2016 年版,第 331 页)这里采用《明儒学案》的说法。

第,节节有工夫,然皆必自修身始。欲修其身者,必自格物始。物格而身不修者有矣,未有不格物而能修身者也。格物者,知本也;修身者,立本也。"①格物就成为修身的前提环节。尽管如此,"物格而身不修者有矣",也不能将格物视为身修的完成。这样,"修身"之"本"的地位就被再一次凸显出来。

唐伯元如此重视修身,这与他对"身"的看法有关:

> 性一天也,无不善,心则有善、不善。至于身,则去禽兽无几矣。故自性而心而身,所以圣贤;自身而心而性,所以凡愚。是故上智顺性,其次反身,故曰尧舜性之也,汤武身之也。身之者,反之也,故又曰汤武反之也。反身而诚,所以复性。夫学为中人而设,非为上智而设也,学修身而已矣。②

在"性—心—身"所构成的序列中,性处于善的最高位,心处其中,有善有不善,而身则几乎是恶的代名词。世人于此有两种做法:"自性而心而身",这是圣贤所为;"自身而心而性",是凡愚所为。有意味的是,唐伯元在这里也将汤武列于"自身者"的行列,显示"自性者"在实际生活中的罕有程度。由于"身"近于恶,又因为"性之者"少之又少,因而"修身"对于绝大多数人而言就是一种必然选择,如此唐伯元才肯定"夫学为中人而设,非为上智而设也,学修身而已矣"。

往细处看,心居性与身之间,心实际上处于一个极为尴尬的位置。唐伯元对此也有描述:"性可顺,心不可顺,以其附乎身也;身可反,心不可反,以其通乎性也。性乾而身坤,性阳而身阴,性形上而身形下,独心居其间。好则乾阳,怒则坤阴,忽然而见形上,忽然而堕形下,顺之不可,反之不可,如之何可学也?"③就此可以看出,在唐伯元的观念中,既不能顺心而为,因为它附于身,而

---

① (清)黄宗羲:《文选唐曙台先生伯元·醉经楼集解》,《明儒学案》,沈芝盈点校,中华书局2008年版,第1014页。
② (明)唐伯元:《答顾叔时季时昆仲书》,《醉经楼集》,黄树雄等整理,暨南大学出版社2016年版,第201页。
③ (明)唐伯元:《答顾叔时季时昆仲书》,《醉经楼集》,黄树雄等整理,暨南大学出版社2016年版,第201页。

身与禽兽无几;又不能反,因为它与性相通,否则就会自造出另一个"性"来。且心是一个变幻多端、难以把捉的存在,时而为阴或为阳,时而形上或形下,因而无实际着力处。这种描述的结果,当然是心学"不可学",进而又突出修身对于达到性善的重要性,这是唐伯元主张修身的另一个理论依据。其实,我们就此也可看出,唐伯元如此描述心的极不稳定性和不可捉摸性,实际上是弱化心的地位,认为正心不足以承担起"至于善"的道德使命,而只能归之于修身。故唐伯元指出:"心虽已正,而身未易修。故无私而不当理者,有之;克己而不复礼者,有之;知及仁,守庄以莅,而动不以礼者,有之;定静且安,不虑则不得者,有之。"[1]即便做到心正,也不能保证"身修",生活中"无私而不当理""克己而不复礼"等现象,都是身未修的结果。"修身"的重要性在这里再次被提及,因此"修身"也就成为唐伯元考虑的至为重要之事。

二、孟秋、孟化鲤对唐伯元之辩驳

顾宪成记载了在 1586 年他与孟秋的一次对话:

> 岁丙戌,余晤孟我疆先生于都下。我疆问曰:"唐仁卿伯元何如人也?"余曰:"君子也。"我疆曰:"何以排王文成之甚?"余曰:"朱子以象山为告子,文成以朱子为杨、墨,皆甚辞也,何但仁卿?"[2]

后黄宗羲在《明儒学案》中也摘录了这段文字,并在孟秋的问语中增加了"(仁卿)恶得为君子"之句,也附带有孟秋对这次问答的态度"终不以为然"。孟秋反对唐伯元之学的态度立场在黄宗羲的记载中较之顾宪成得到了一些强化。

---

① (明)唐伯元:《格物修身讲草》,《醉经楼集》,黄树雄等整理,暨南大学出版社 2016 年版,第 331 页。
② (明)顾宪成:《小心斋札记》,《顾端文公遗书》,四库全书存目丛书子部第 14 册,齐鲁书社 1995 年版,第 271 页。

由于《孟我疆先生集》所载资料不完整①,孟秋与唐伯元的书信往来在已收文献中只有《与唐曙台论心学书》一书。尽管如此,这也为我们探知孟秋对唐伯元之学的基本看法提供了难得的资料。孟秋谓:

> 心也者,天地之生理,而吾身之神明也。《书》曰:惟天地万物父母,惟人万物之灵。《易》曰:复其见天地之心乎?《记》曰:人者,天地之心也。舜之授禹曰:人心惟危,道心惟微,惟精惟一,允执厥中。孔子曰:回也,其心三月不违仁,其余则日月至焉而已矣;又曰:操则存,舍则亡,出入无时,莫知其乡,唯心之谓与? 孟子曰:无恻隐之心非人,无羞恶之心非人也,无辞让之心非人也,无是非之心非人也;又曰:学问之道无他,求其放心而已矣。由六经言之,未尝非心学之论;由孔、孟言之,未尝非心学之教。②

孟秋此说明显是针对唐伯元"六经无心学之说,孔门无心学之教"之说而来。孟秋对心的总的判断是:心乃天地之生理,为吾身之神明。天地阴阳之气氤氲动荡于乾坤之间,本自和畅充周;心作为得于天之理的存在,如乾坤天地一样,也充满生生之机,因而称之为"心也者,天地之生理"。身心合一,"自身之神明谓之心"③,心与身通过感通而为一;心又为身之主,通过身的应事接物,自能裁制万物万事。此点与江右学者万廷言所说的"心者,人之神明,所以为天地万物万事之主,虽无物,未尝一息不与物应酬"④相一致,从而显示出

---

① 《孟我疆先生集》有明隆庆年间刻本和清康熙五年刻本两个版本。两个版本都有残缺,其中明刻本虽有五、六、七、八卷之分,但所记内容比较简单,论学内容很少。清刻本较之明刻本保存的资料要多,即便如此,也只存有三卷文献资料。明刻本有国家图书馆藏《孟我疆先生集》,清刻本《孟我疆先生集六卷》(存一、五、六卷)辑入明别集丛刊第二辑第六十三册,沈乃文主编,黄山书社 2015 年版。

② (明)孟秋:《与唐曙台论心学书》,《孟我疆先生集》,明别集丛刊第二辑第六十三册,沈乃文主编,黄山书社 2015 年版,第 515 页。

③ (明)孟秋:《与潘雪松论学书》,《孟我疆先生文集》,明别集丛刊第二辑第六十三册,沈乃文主编,黄山书社 2015 年版,第 516 页。

④ (清)黄宗羲:《督学万思默先生廷言·万思默约语》,《明儒学案》,沈芝盈点校,中华书局 2008 年版,第 501 页。

心在吾身的神明性。孟秋对心的这种总体判断,在理论上是站得住脚的。承认天地变化生生不穷,自当承认作为万物之灵的人之心也必定流行而不息,人之身又因此获得使之灵动接触外物的意识指引,以此实现心与物的接触。正是在这个意义上,我们可以说人心之生理即乾坤之生理。由这一总的判断出发,孟秋又摘出儒家典籍对心的种种说法,以此证明六经有心学之论,孔门有心学之教。孟秋由此提出六经所述皆与心有关,并质疑唐伯元的说法:"六经所言,无一而非心也;四书所著,无一而非心也;尧舜孔孟之训,无一而非心也。天地非心,则不能运行而生万物;万物非心,则不能生成而致化功;吾人非心,则孟子所谓无恻隐、羞恶、辞是非之心,而不得以为人矣"。① 以此着重指出"心"在儒家典籍中存在的事实,并从反面论证天地、万物、吾人"非心"所带来的严重后果。

在论述六经有心说、孔门有心教之后,心之"有"得到确立,这与唐伯元所言"无心"之说形成对立。接下来的问题是,心与良知的关系如何? 孟秋认为:

> 至于良知,非阳明凿空杜撰之说也。孟子之言,昭然具在,彼阳明者,不过述其言而发明之,以指点人心良耳。何也? 知者,心之灵觉也;心者,知之神明也。心即知,知即心,无二理也。人尝言良心,又言良知,心本良,知本良,不良不谓之心知也。②

孟秋指出,阳明所述良知本从孟子而来,而良知本来是用来指点人心的。或者说,人心的内在本质就是良知,良知是用来规范人心的道德属性的。这样良知与心就有了道德上的关联,知是心之灵觉,心是知之神明。需指出的是,灵觉本与佛氏论心有关,意指心的本觉,这种本觉虽经流转变化,而此觉性不

---

① (明)孟秋:《与唐曙台论心学书》,《孟我疆先生集》,明别集丛刊第二辑第六十三册,沈乃文主编,黄山书社2015年版,第515页。
② (明)孟秋:《与唐曙台论心学书》,《孟我疆先生集》,明别集丛刊第二辑第六十三册,沈乃文主编,黄山书社2015年版,第515页。

曾失灭,因而佛氏将这种本觉作为人之真性。然在阳明及其后学看来,心的这种虚明灵觉,其实就是良知。如江右学者陈明水就指出:"本体自然之明觉即良知也,若夫私智小慧,缘情流转,是乃声闻缘入,忆度成性,即非本体之灵觉矣。"①孟秋言"知者心之灵觉",也是在本体意义上说心的灵觉性。唐伯元指心"忽然而见形上,忽然而堕形下"等语则与陈明水"缘情流转"之心相似,但这不是本体之灵觉,也不是心学意义上的自然之明觉。当然,关于"知"的界说,在王门内外也存在着"良知"与"知觉"或"知识"之辩,有指良知非知觉,有认知觉为性,有说良知不离知觉,其间亦涉及许多细密的义理分梳。孟秋所言"心者,知之神明"则是从本然之知来谈,如此才可说"心即知,知即心"。

当然,孟秋在这里还提到"良心"这一名词,其意在用人人熟知的"良心"来说明"良知"亦是从心的角度而言。在他看来,"心本良,知本良,不良不谓之心知",也就是说,良心其实就是良知。孟秋谓:

> 既有良心,安得谓良知而非心哉？试证之。赤子之心非良心乎？孩提之爱,非良知乎？愚夫愚妇之与知,非良知乎？天地之化育,万物之生成,非良知乎？无一而非良知,又何一而非心乎？不然,人者天地之心,复其见天地之心,则孔子之言为误矣;良知良能之说,孟子之论亦谬矣。②

赤子之心纯一无伪,其心本无不善;孩提之爱敬,无纤毫思虑;愚夫愚妇之德性,本与圣人同;天地万物的化育生成,依天理自然之则而运行。如此种种,在本质上都与良知(或良心)的内在规定性相一致。因此,"良知为心"之说,自然也是成立的。如果回溯到孟子所言良知,其最初的意义也是指人先天所具的道德意识和道德情感,很难想象,这种意识或情感可以脱离人的心而成

---

① (清)黄宗羲:《郎中陈明水先生九川·明水论学书》,《明儒学案》,沈芝盈点校,中华书局 2008 年版,第 462 页。

② (明)孟秋:《与唐曙台论心学书》,《孟我疆先生集》,明别集丛刊第二辑第六十三册,沈乃文主编,黄山书社 2015 年版,第 515—516 页。

立。也就是说,当我们说良知,自当是从心的角度而言,至于心是道心还是人心,则是因学术立场不同而形成的思想观点。因此,孟秋的这番辩驳,使良知与心相关联,以"良知说心、心乃良知"的内在格式,将良心、良知、心视为同质同层的存在,这就反击了唐伯元将良知与心或心学割裂开来的看法:只讲孟子之良知,而不言良知即是心,显然于孟子之学有误读。而在孟秋的这种言说语境下,良知之说就与儒家心学传统一脉相承,良知的合理性也得到了确认。

在心学有无的问题上,孟化鲤也与唐伯元有过思想辩驳。在《孟云浦先生集》中,未见孟化鲤与唐伯元书信。在唐伯元《醉经楼集》中,存有唐伯元给孟化鲤书信一封,中间多有论及心学之处,《明儒学案》将之大部分加以采录,以之作为唐伯元"论学书"的主要思想材料。《醉经楼集》另有《与孟叔龙》三首,大略述及来往交情,其中亦有对程子"善恶皆性、皆天理"这一话题的讨论。[1] 尽管未见孟化鲤给唐伯元的书信,我们仍可从唐伯元的回信中略知两人的讨论话题及双方各自的思想立场。此外,孟化鲤也曾和孟秋讨论过唐伯元之学,如孟化鲤曾就唐伯元"圣人论学,只曰庸言之信,庸行之谨,更不为玄微神妙之语"之说,征求孟秋的意见。[2] 由于文献资料的缺失或无记载,三人来往的书信资料较少,不能就三人如何展开攻防之辩进行集中论述,只能依他们各自独立的资料线索来寻绎其中的心性之辨。

在给孟化鲤的这封书信中,唐伯元提到孟氏的几种说法,如"通天地万物而我为主,推此义也,可以知本,可以格物矣","自求见本体之说兴,而忠信笃敬之功缓,遂令正学名实混淆,而弄精魂者藉为口实",以及"今人好高,只不安分"等。[3] 唐伯元将孟化鲤的这些学术主张概括为"乃其要归,在明心体",

---

① (明)唐伯元:《与孟叔龙》,《醉经楼集》,黄树雄等整理,暨南大学出版社 2016 年版,第 195 页。

② (明)孟秋:《会中答问》,《孟我疆先生集》,明别集丛刊第二辑第六十三册,沈乃文主编,黄山书社 2015 年版,第 464 页。

③ (明)唐伯元:《与孟叔龙》,《醉经楼集》,黄树雄等整理,暨南大学出版社 2016 年版,第 239—240 页。

而心体在孟化鲤那里则是他常常提到的"此心自善,安得有欲",并用这种"心之善"质疑程子所说的"善恶皆天理"与"恶亦不可不谓之性"。这在唐伯元看来是"混心与性而一之"①。从唐伯元的叙述中,可从侧面看出孟化鲤在格物、心体等问题上的基本主张,这与我们前面所分析的孟化鲤思想有对应之处。针对孟化鲤的这种思想主张,唐伯元提出异议:

> 窃尝读《大易》,至《咸》《艮》二卦,而见圣人讳言心。读《鲁论》,至子贡赞夫子,而见圣人罕言性命,惟《书》有之。人心惟危,言心也,既曰危,安得尽善?道心惟微,言性也,既曰微,安得无恶?故曰"操则存,舍则亡,出入无时,莫知其乡",则危之至也。曰性相近也,曰人之无以异于禽兽者几希,"近"且"几希",则微之至也。信斯言也。性犹未易言善,况心乎?然此心性之说也,而未及道也。②

唐伯元在这里表达的基本思想立场是"圣人讳言心",这与他所言儒家无心学之说是同调的。但是,圣人不言心,并不意味着不用"心"。化鲤就此指出:"孔门罕言心,其言孝、言仁、言言行、言政学、言天地万物,莫非心也。是学问日可见之行也。时时学问,即此心时时流行。"③孝、仁等道德纲目及言行、政学等道德实践,无一不是在心的观照下进行。除此理论冲突外,唐氏于此突出的一点是:性犹且有恶,心则有甚于是。这种观点不仅与孟化鲤之说有出入,也与孟秋的"此心自善"截然对立。

需特别指出的是,这种"性恶说"与上文提到的唐伯元之"性一天也,无不

---

①　(明)唐伯元:《答孟吏部叔龙书》,《醉经楼集》,黄树雄等整理,暨南大学出版社2016年版,第195—196页。

②　(明)唐伯元:《答孟吏部叔龙书》,《醉经楼集》,黄树雄等整理,暨南大学出版社2016年版,第196—197页。按,查《醉经楼集》,此段中的"近且几希,则微之至也,信斯言也。性犹未易言善,况心乎"之句为原文,其中"信斯言也"的"信"原文有模糊。据该句前后语意和《明儒学案》中诸儒对"斯言"的搭配用法,推测此字为"信"。在相关点校本中,多有将此句写成"近且几希则微之,至性犹未易言善,况心乎",似与原文不符。

③　(明)孟化鲤:《书邹大泽卷》,《北方王门集·孟云浦先生集》,邹建锋等编校,上海古籍出版社2020年版,第498页。

善"之说,前后似乎有矛盾。这里需从唐伯元的话语中再作深层分析。唐伯元提到,"然此心性之说也,而未及道也",也就是说,"道"较之于心、性,应是一个不同内涵的概念存在。那么,"道"为何物呢?伯元谓:

> 盖闻之,言学者惟道,道阴阳而已矣。言道者惟天,天道阴阳而已矣。阳主始,阴主生;阳多善,阴多恶。天且不违,人犹有憾,孰谓善恶非天理乎?阳必一,阴必二,一则纯,二则杂。氤氲荡焉,人物生焉,孰谓恶不可谓性乎?然则《易》言"继善",《孟子》言"性善"者,何也?其本然也,有始而后有生,有一而后有二,此《书》所谓"维皇降衷",程子所谓"人生而静以上不容说"者也。①

伯元所述之"道",实际上就是天,且他所谓的"天",不是道德之天、义理之天,而是阴阳二气所构成的自然之天。伯元论善恶,是从阴阳之性来谈。如阳主始、阴主生,则阳多善、阴多恶;阳必一、阴必二,则一为善,二则杂有善恶。也是基于这种认识,伯元认为善恶亦为天理,恶亦可称为性。至于《易》所言"继善",《孟子》所言"性善",则是在"本然"的意义上而言,"本然"也就是"人生而静以上不容说"者。这样,唐伯元所说的善恶,都是在"道"的层次上来谈。因"道"之善恶变幻不定,故而现实中的人性实际上都有跌入恶的可能。至于他所称的真正的性善,则是程子所谓"人生而静以上不容说"的一种虚体性存在。黄宗羲对唐伯元这种虚体性的善有一剖析:"夫不容说之性,语言道断,思维路绝,何从而知其善也?谓其善者,亦不过稍欲别于荀子耳。孟子之所谓性善,皆在有生以后,恻隐、羞恶、辞让、是非之心,何一不可说乎?以可说者,谓不能无恶,明已主张夫性恶矣。"②也就是说,尽管唐伯元主张性善,但因这种性善指向"不容说者",对于实际生活中展现出来的恻隐、羞恶等道

---

① (明)唐伯元:《答孟吏部叔龙书》,《醉经楼集》,黄树雄等整理,暨南大学出版社2016年版,第197页。
② (清)黄宗羲:《文选唐曙台先生伯元》,《明儒学案》,沈芝盈点校,中华书局2008年版,第1002页。

德意识和行为则认为是"不可说",从而往往将之排除在"性善"范围,因而在人性论上最终陷入性恶说的窠臼之中。因此,黄宗羲指其"以性为恶,无怪乎其恶言心学也"①,语虽直截,然从唐氏之理论走势而言,也尚不为过。

　　既然以性为恶,然人如何"能善"呢? 唐伯元采用了"处之"的方法:"天地间一切覆载,而必有以处之:以人治人,以华治夷,以贤治不肖,以大贤治小贤,天于是为至教。君子一身,万物咸备,而必有以处之:以己及人,以亲及疏,以贵及贱,以多及寡,以先知觉后知,以大知觉小知,以有知觉无知,人于是为法天。"②"处之"的两个重点,在于"对治"和"推及":前者为凡愚立教,后者为他人立法,二者得以实现的关键在于"君子一身"。因此,伯元之学又回到上文所提的"修身"上来。与伯元"不容说""不可说"有别,孟化鲤则是在"天地—吾人—圣人"之"相合"的层次上来界定彼此之间的关系。化鲤谓:"今夫人者,天地之心。天地以生物为心,则生生者人之心也。故圣人与天地合德,吾人与圣人同类,类同则心无不同。其卒不同者,非心之罪,人自丧之尔。"③天地以人为心,人之心又生生不已,天地人得以合其体,得以有其德,其中无有"圣我"之分,天地、吾人、圣人在"心"的连贯下合为一体。这种思路构成,与唐伯元之论心、性、道也是不同的。

三、"有无心学"在王门内外的进一步展开

　　唐伯元"无心学之说""圣人讳言心"在王门内外持续引发争议。江右学者胡直(字正甫,号庐山,1517—1585)给唐伯元书信,以洋洋数千言的文字反驳他对阳明本人、良知学的偏激言论。胡直尝学罗洪先(字达夫,别号念庵,

---

　　① (清)黄宗羲:《文选唐曙台先生伯元》,《明儒学案》,沈芝盈点校,中华书局2008年版,第1002—1003页。

　　② (明)唐伯元:《答孟吏部叔龙书》,《醉经楼集》,黄树雄等整理,暨南大学出版社2016年版,第198页。

　　③ (明)孟化鲤:《函谷别言》,《北方王门集》,邹建锋等编校,上海古籍出版社2017年版,第490页。

谥文恭,江西吉水人,1504—1564),为江右重要人物,其论心曰:"吾心者,所以造日月与天地万物者也,其惟察乎! 匪是,则亦黬墨荒忽,而日月天地万物熄矣"。① 黄宗羲认为这种说法与阳明乃一气相通之旨。在胡直看来,唐伯元之论心学,"极訾阳明""又诋先师罗文恭",故不可忍而加以反驳。②

胡直反驳唐伯元的直接动因,是在其收到唐伯元给他的《白沙先生文编》之后。此文编由唐伯元编次而成。在文编中,有唐伯元写的题评和按语,借此表达他的思想立场。如在《古蒙州学记》一文后,唐伯元有按语曰:"王文成与湛文简以论学相善,岂非慕先生者? 其后自立门户,进退前贤,独于先生绝不挂口。将其所云心学有加先生欤? 抑欲掩前人之有也? 或曰:文成只为一体意重,先生却宗自然。今观《仁术》《敦仁》二论及《蒙州学记》,则先生言仁之旨可知,果与今之张惶一体者不类,无怪其不挂口也"。③ 将阳明之学说成是"张惶一体者"。又在《白沙先生年谱》的最后,附以按语:"王、湛初论学相合,其后不无少异。乃其徒,至于争门立户以角立,则其徒之过也。或曰认天理即致良知;或曰天理则而微,良知醒而荡;或曰良知致处,亦天理无深浅之别;或曰天理未易许湛,良知未易许王,迹其为则王胜,宗其说则湛优。概之以大匠诲人之意,不过彼善于此。吁,近之矣! 陆氏曰:夫子十五而志于学,今千百年无一人有志也。若二公者,可谓有志矣,其才术之工拙、声教之远迩不同,而流弊之有无大小,亦略相当,比而同之,不甚远也。至罗文恭之论,往往齐阳明于先生,故毋论先生之意何如,即阳明复生,能令其首肯乎?"④虽将争门立户归之于阳明后学,然认为"良知醒而荡",且将阳明贬低于白沙,连同罗洪先一并

① (明)胡直:《理问下》,《胡直集》(下册),张昭炜编校,上海古籍出版社 2015 年版,第 566 页。
② (明)胡直:《与唐仁卿书》,《胡直集》(下册),张昭炜编校,上海古籍出版社 2015 年版,第 876 页。
③ (明)唐伯元:《白沙先生文编六卷年谱一卷》,明别集丛刊第一辑第五十二册,沈乃文主编,黄山书社 2013 年版,第 75 页。
④ (明)唐伯元:《白沙先生文编六卷年谱一卷》,明别集丛刊第一辑第五十二册,沈乃文主编,黄山书社 2013 年版,第 166 页。

加入被贬之列,因此,胡直认为:"此书题评,虽扬白沙,其实抑阳明。即语不干处,必宛转诋及阳明,近于文致"①,进而加以反击,恐也在情理之中。

胡直对唐伯元的反驳,大体包含四个方面:第一,良知之说是阳明从平日良工心苦而来,有颠簸经历,也有内心的动忍刮磨,并在实践中加以验证而成。即便在征宸濠前夕,依然"日坐中堂,开门延士友讲学,无异平时"②。第二,对于唐伯元的修身之学,胡直认为从外在的动作威仪之间寻求,其实只是修其末而已:"然止求之动作威仪之间,则皆末焉而已矣。夫修身者,非修其血肉之躯,亦非血肉能自修也。故正心、诚意、致知,乃所以修动作威仪之身,而立家国天下之本也;格物者,正在于知此本而不泛求于末也"。③ 胡直犀利指出,身之外在威仪,其所从出者乃为心,可见修身的根本在于正心、诚意与致知,这都与人之心有关。第三,如孟秋之辨唐伯元,胡直也认为古之圣贤、经籍都有言心之处,如尧、舜之"道心",伊尹之"一哉王心",周公之"殚厥心",《书》之"虽收放心,闲之维艰",孔子之"心之精神是谓圣"等,都是言心的典型例证。第四,胡直以罗洪先晚年才笃信阳明为例,期冀唐伯元在经过一段时间的体悟之后,能够对阳明学有不一样的理解,"安知异日不并契阳明,将如文恭之晚年笃信耶"④,即看出胡直对阳明之学所具有的强大信心,对唐伯元他日能转变其思想观点,也暗含肯定之意。

对于唐伯元这种思想转变的期待,泰州学者耿定向(字在伦,号楚侗,1524—1596)也持同样看法,认为"不必强之使悟"。因为在他看来,唐伯元以笃修为学,"即其发于政,便可信其生于心者矣",在他经历了"发于政"的实践

---

① (明)胡直:《与唐仁卿书》,《胡直集》(下册),张昭炜编校,上海古籍出版社 2015 年版,第 869 页。

② (明)胡直:《与唐仁卿书》,《胡直集》(下册),张昭炜编校,上海古籍出版社 2015 年版,第 871 页。

③ (明)胡直:《与唐仁卿书》,《胡直集》(下册),张昭炜编校,上海古籍出版社 2015 年版,第 873 页。

④ (明)胡直:《与唐仁卿书》,《胡直集》(下册),张昭炜编校,上海古籍出版社 2015 年版,第 872 页。

之后,才有可能悟得心学之道。① 事实上这种转变还真有发生。孟秋曾问询顾宪成"(唐伯元)何以排王文成之甚",顾宪成后将此问转述给唐伯元,顾、唐二人之间也有一段对话,不妨摘录如下:

> 已而过仁卿,述之。仁卿曰:"固也,足下不见世之谈良知者乎?如鬼如蜮,还得为文成讳否?"余曰:"《大学》言致知,文成恐人认识为知,便走入支离去,故就中间点出一良字。孟子言良知,文成恐人将这个知作光景玩弄,便走入玄虚去,故就上面点出一致字。其意最为精密。至于如鬼如蜮,正良知之贼也,奈何归罪于良知?独其揭无善无恶四字为性宗,愚不能释然耳。"仁卿曰:"善。早闻足下之言,向者从祀一疏,尚合有商量也。"②

伯元所言良知"如鬼如蜮",当是前文他所提到的良知学的种种不足。伯元最为担忧的是心学对朱子学带来的挑战,扰乱人心,从而导致以朱子学为基础的传统思想根基的动摇,因而不再隐讳对阳明之学的排斥。但在顾宪成看来,阳明言良知,其实是为了防止学人走入支离和玄虚,至于如鬼如蜮,也正是良知所反对的,因此良知之学不仅不会危及既有朱子学已形成的思想秩序,反倒是对朱子学的维护,二者在本质上是一致的。伯元经此点拨,方有所悟,认为此前所上从祀疏尚有商量之处,语意有所转变。当然,顾宪成在此也表达了他对阳明"无善无恶"说的不赞成态度。

伯元思想的某种转变还可从他与顾宪成的另一次对话中表现出来:

> 往岁唐仁卿过访泾上,语次痛疾心学之说。予曰:"墨子言仁而贼仁,仁无罪也;杨子言义而贼义,义无罪也;世儒言心而贼心,心无罪也。愿相与再商焉。"仁卿曰:"杨、墨之于仁义,只在迹上模拟,其得其

---

① (清)黄宗羲:《明儒学案·文选唐曙台先生伯元》,《明儒学案》,沈芝盈点校,中华书局2008年版,第1003页。

② (明)顾宪成:《小心斋札记》,《顾端文公遗书》,四库全书存目丛书子部第14册,齐鲁书社1995年版,第271页。

失,人皆见之。而今一切托之于心,这是无形无影的,何处究诘它?以此相提而论二者之流害,孰大孰小?相去远矣。老庄恶言仁义,吾安得不恶言心乎?吾以救世也。"……予曰:"只提出性字作主,这心便有管束。孔子自言从心所欲不逾矩,矩即性也。看来当时已有播弄灵明的了,所以特为立个标准。"季时曰:"性字大,矩字严,尤见圣人用意之密。"予曰:"言心者作如是解,其亦何疾之有?"仁卿乃首肯。①

顾宪成指出,墨子、杨子说仁说义,尽管其说与儒家不同,但仁、义本身是无罪的;同理推之,世儒言心而背离心之原意,但心本身也是无罪的。针对顾宪成这种说法,伯元以为,杨、墨之仁义,可在迹上求,而阳明之谓心,无形无影,不可捉摸,更容易使人陷入迷惑混乱之中。顾宪成于此也提出了一个新观点:以性管心。性犹如矩,尽管可以从心所欲,但因有矩的管束,心仍可为善。这种"以性管心"或"以矩管心"的说法,在中晚明颇有市场,如冯从吾亦曾提到"矩是心之本体,非心之外另有矩也,故曰从心所欲不逾矩"②。"从心所欲"是因为有"矩"的约束,"矩"就是慈孝仁敬信等社会伦理规范,因而不必担心有超越社会伦理行为的出现。经此一转折,唐伯元对阳明之学可能以心代性的疑虑便得以消除,也与他提出的以性为上的主张相符,加之有季时在旁边助说,因而得到了他的赞同。

"有无心学"之争是在唐伯元"圣人讳言心""无心学之说"的挑动下进行的。作为阳明之学的传人,北方王门的孟秋、孟化鲤在一定程度上承担起了捍卫阳明学的责任,这也从另一视角体现了两人列入北方王门的学理原因。当然,这种争论还蔓延在江右学者胡直、泰州学者耿定向及东林学者顾宪成之间。如果说孟秋、孟化鲤、胡直与唐伯元之间的争论尚有浓烈的学术火药味的

① (明)顾宪成:《小心斋札记》,《顾端文公遗书》,四库全书存目丛书子部第14册,齐鲁书社1995年版,第282—283页。
② (明)冯从吾:《都门语录》,《冯从吾集》,刘学智等点校整理,西北大学出版社2015年版,第481页。

话,那么到耿定向、顾宪成二人,那种激烈的争辩已转圜为相互听取、各自修正的学术融合。这一现象表明,在中晚明时期,阳明学与朱子学确实存在某种对立。同时也应看到,在激烈争辩的背后,实际上也潜藏着学术融合的可能。这在理学内部是如此,在理学与佛道之间,亦是如此。

第三节　良知面向的多维解读

浙中王门学者王宗沐在论学术同异时有一语:"学术参差,千古所叹。大约以妆缀枝叶,与夫修饰词说,则人各以见为地,故有不同。若实落从本体用功,则自开辟以至今日,惟有一心,更何不同之有? 即于此有疏密迂径之差,亦不过目前殊异,至其收功结局,当亦不远。"①各人因见地不同而有学术参差之异,在王氏看来其实是当时学林皆有的现象;站在心学立场,其间的种种差异又归于一心之同,都是心体的不同表现形式;且即便眼前有学术之争,经相与论证,也将趋于同一。王宗沐对学术争鸣所持的宽容心态和乐观态度,对我们理解北方王门内外围绕良知属性所展开的争辩有重要参考价值,由此也可进一步探求北方王门的良知观及其心学立场。

一、良知是否为离弦之箭

"良知是否为离弦之箭"的争论发生在杨东明与吕坤之间。吕坤(1536—1618),字叔简,号新吾,河南宁陵人。黄宗羲指其"一生孜孜讲学,多所自得,大抵在思上做工夫"②。他自己也曾说:"圣人教人只示以一定之成法,在人自理会。"③

---

① (清)黄宗羲:《侍郎王敬所先生宗沐·论学书》,《明儒学案》,沈芝盈点校,中华书局2008 年版,第 315 页。

② (清)黄宗羲:《侍郎吕心吾先生坤》,《明儒学案》,沈芝盈点校,中华书局 2008 年版,第1295 页。

③ (明)吕坤:《呻吟语》卷一,《吕坤全集》(中册),王国轩等整理,中华书局 2008 年版,第639 页。

因此，其学既非道学，也非释学或老庄学，而是"我只是我"①的自得之学。东明与吕坤亦友亦亲，两人屡有书信往来，多所问辨。东明《山居功课》收录其给吕坤九书，其中三书谈到良知非离弦之箭，足见东明对此问题的重视。其一曰：

> 夫"良知之说譬犹离弦之箭"，不肖抵死不敢服此语。夫知而曰良，乃出于天，不系于人。今夫是非不淆，岂非知乎？而所以知是知非者谁乎？故良知因知是知非而见，不因遇是遇非而有。因是非而见，谓之子可也；不因是非而有，谓之亥可也。阳明立教以致良知为宗，"致"属人，"良知"不属人，未可浅视之也。②

吕坤箭喻论出现在他给友人的书信中："今夫射者，省括审度，佽决拾，视毂率，内志正，外体直，容体比礼，节奏比乐，单目注镞，循笴注的，持满后，将发前，矢之中不中造命於此时矣。箭离了弦一丝发，其中不中由不得自家分毫。养成了未发之中，这是六阴充盛时；发皆中节，这是六阳充周处。致良知者，用力于离弦之箭者也。纵使发见皆良知，然既无根本，即欲扩充，将随发随散，并其发端而消亡之矣。欲千枝万叶，岂可得乎？若发见弗良，才去省察克治，是离弦之箭，射者祝之曰'中、中、中'，必不济矣。"③吕坤以射箭为喻，指出射箭的关键在于离弦之前的准备状态，箭一旦射出，就由不得自家的意愿了。因此，他用一系列词语描绘了射箭者在射箭之前的种种准备情形，并称之为"未发之中"，因为"发"的本义就是从射箭而来。吕坤以此为喻，意在指阳明之致良知乃"离开良知而致"，这就如同离弦之箭，脱离"未发之中"而随意射之。如此便产生两种结果：若其致为良，但因其离开良知而致，失去根本，所致范围

---

①　(明)吕坤：《呻吟语》卷一，《吕坤全集》(中册)，王国轩等整理，中华书局 2008 年版，第 664 页。

②　(明)杨东明：《吕书(八)》，《北方王门集·山居功课》，邹建锋等编校，上海古籍出版社 2017 年版，第 999 页。

③　(明)吕坤：《答孙冢宰立亭论格物第二书》，《吕坤全集》(上册)，王国轩等整理，中华书局 2008 年版，第 186 页。

仅囿于单独对象,无法进一步扩充;若其致为"不良",所致自然走偏,省察克治成为无缘之本。吕坤之说的核心,认为致良知是将良知与致良知二分,使得致良知成为偶然无本、无法捉摸的行为,以此说明良知无法作为道德本体而存在。

与"离弦之箭"之论相似,吕坤还质疑阳明之说是"见子不见亥"①,没有体现"亥子之中"的立场。"亥子之中"依湛若水说法,意指"动静之间,即所谓几也"②,因带有较浓的道家气息,故阳明极少提及,意在"为圣学立大防"③。吕坤则不讳此,以为亥乃未发之中,是六阴充盛之时,子为已发之和,是六阳充周之处,学者当"亥以涵子,子以畅亥"④,如此才是学问通畅处。而吕坤指阳明"见子不见亥",实指阳明良知之说不见体只见用,因而只是末端功夫,"乃在情上立跟脚,认端绪作根本,不思良知之上有性,性之上有天"⑤,从而失却学问关头。吕坤此种看法,深为清代学者黄舒昺看重,认为其言"紧切之至",并在《明道书院约言》中,将吕坤关于亥子的说法大都抄录下来,作为"圣功"的一部分列于此篇目之下。⑥

针对吕坤此意,东明特地指出,良知非离弦之箭,良知兼有亥子。理由有三:第一,知以良称,即表明良知乃天知,其体原自完备,无须另加推致修磨之功。以良称本体,在前文所论张后觉思想时已谈到,东明恐是受此而发。第

① (明)吕坤:《答孙冢宰立亭论格物第二书》,《吕坤全集》(上册),王国轩等整理,中华书局 2008 年版,第 186 页。
② (清)黄宗羲:《文简湛甘泉先生若水·语录》,《明儒学案》,沈芝盈点校,中华书局 2008 年版,第 906 页。
③ (明)王阳明:《传习录上》,《王阳明全集》,吴光等编校,上海古籍出版社 2017 年版,第 5 页。
④ (明)吕坤:《答孙冢宰立亭论格物第二书》,《吕坤全集》(上册),王国轩等整理,中华书局 2008 年版,第 186 页。
⑤ (明)吕坤:《去伪斋集》,《吕坤全集》(上册),王国轩等整理,中华书局 2008 年版,第 184—185 页。
⑥ (清)黄舒昺:《明道书院约言》,《中国书院学规集成》第二卷,邓洪波主编,中西书局 2011 年版,第 849 页。

二,良知作为灵明本体,能在遇是遇非的具体场景中展示其知是知非的判断能力,致良知不是偶然无本的行为,而是表现为"体用兼备":"故良知之旨,兼备乎体用二义,而拟以萌芽,视为离弦,锻炼虽攻,恐未足以服阳明在天之灵也"。① 在体用阳明的语意脉络中,良知之体不是因具体是非的出现而表现为暂时的有,而是常有常在,故为亥;良知之用,因具体是非而见,能自觉灵动地表现出良知之体的本有功能,故为子。由此可以看出,东明认可吕坤在未发、已发的意义上解释亥子各自意涵,然亥子关系在良知架构中尚有体用俱全之义,因而否定了吕坤对阳明"见子不见亥"的批评。第三,致良知为阳明学宗旨,当深见良知本有之旨的多义性,"于其知是知非处以观良知之发见,于其神感神应时以观良知之从来,于其不识不知中以探良知之根蒂"②,倘因只见其一隅而自我揣摩测度,误认良知为"无根本、无把柄、无持循"③,则是浅视之见。

东明与吕坤之争,与他们对良知的不同理解有关。在吕坤看来,阳明的良知之说只着力于已发,而于未发之处却照顾不周,这就如同射箭,只专心于射箭之后的结果,而对射箭之前的未发状态却多有忽略。故吕坤谓:"良知之说,亦是致曲扩端学问,只是作用大端费力。作圣工夫当从天上做,培树工夫当从土上做。射之道,中者矢也。矢由弦,弦由手,手由心,用工当在心,不在矢。御之道,用者衔也。衔由辔,辔由手,手由心,用工当在心,不在衔。"④"从天上做"也就是从未发之处做,如射箭和驾御,在未发之处做就是"用工于心"。如阳明之良知确如吕坤所说,则这种说法未为不是。然阳明指出,良知

---

① (明)杨东明:《吕书(八)》,《北方王门集·山居功课》,邹建锋等编校,上海古籍出版社2017年版,第999页。

② (明)杨东明:《吕书(八)》,《北方王门集·山居功课》,邹建锋等编校,上海古籍出版社2017年版,第999页。

③ (明)杨东明:《吕书(八)》,《北方王门集·山居功课》,邹建锋等编校,上海古籍出版社2017年版,第999页。

④ (明)吕坤:《呻吟语》,《吕坤全集》(中册),王国轩等整理,中华书局2008年版,第660页。

兼备未发已发二义,有未发之中,即有发而皆中节之和;未能有发而皆中节之和,乃是未发之中未能全得,强调未发之和乃是从未发之中涵养而来。① 且阳明也明确指出,"君子之于射也,内志正,外体直,持弓矢审固,而后可以言中",认为"射也者,射己之鹄也;鹄也者,心也;各射己之心也,各得其心而已"②。这种说法实与吕坤之说无有弗同。因此,吕坤指良知之说"属已发边立论",自然也招致东明的反驳:"第所云'阳明良知之说似属已发边立论',然知出于良,实未离未发之体。故其言曰良知无知,语本体也;曰持志如心痛,则涵养之功亦不待知启之际矣。孟子曰:'仁义礼智非由外铄我也,我固有之也。'良知,智也,性之德也,若视为离弦之箭,非其旨矣。故语斯道之体,以无声无臭为本原;语造道之功,以有知有觉为端倪。若以致知为远,以至格物为远,又当如何乎?"③本体与涵养、无声无臭与有知有觉本不离彼此,未发与已发本不划分为二;且良知本为自有,讲良知之"作用",必有良知本体在,也即所谓"论其原足之体,无俟推致之功,即有推致之功,亦惟不亏本然之体"④。东明这种说法,应当说发挥了良知的基本义。照此看,吕坤说良知之学"既无根本"在东明这里是不成立的。

东明在对"温故知新"之"故"的解释中再次强调了这一看法。东明谓:"'故'字训'旧所闻',不若训'旧所有','旧所有'则本然之良知是也。盖致知之道有二:有自温故而得者,有自觅新而得者。温故而得者,复其原有之物,求在我者也;觅新而得者,借乎闻见之功,求在外者也。求在我者,'故'无穷

① (明)王阳明:《传习录上》,《王阳明全集》,吴光等编校,上海古籍出版社 2017 年版,第20 页。
② (明)王阳明:《观德亭记(戊寅)》,《王阳明全集》,吴光等编校,上海古籍出版社 2017 年版,第 274 页。
③ (明)杨东明:《吕书六》,《北方王门集·山居功课》,邹建锋等编校,上海古籍出版社2017 年版,第 998 页。
④ (明)杨东明:《吕书(八)》,《北方王门集·山居功课》,邹建锋等编校,上海古籍出版社2017 年版,第 999 页。

而'新'亦无穷,以一而贯万也;求在外者,得一'新'止于一'新',举一而废百也。"①将良知释为"旧所有",表明良知本已有之,吾辈只当求之于我,复其本然之良知,此便是"温故"。经此"温故",良知内在的动能就会被激发,自能以一贯万,所谓"致良知乃离弦之箭"便不能成立。因此,东明认为良知有本,其本乃良知自家,这与阳明"谁人不有良知在"②前后呼应,表明东明对良知学所持的基本立场。

二、"中行"之辩驳

"中行"章在《论语》中的原句为:"不得中行而与之,必也狂狷乎!狂者进取,狷者有所不为也。"此章作何解,历来有不同说法。万历二十四年丙申(1596年),化鲤在两贤祠举办讲会,众多缙绅和士子与会。讲会期间,有学子就《论语》"中行"章提问,孟化鲤与杨东明对之作答。两人有一段对话:

> 余(指杨东明)曰:"中行非绝德也,日用间一点良知恰当处即是。人自中行,论甚狂狷。"公曰:"然哉!尧舜执中用中,亦只些子伎俩,更无别法。信得及,便知人皆可为尧舜,只是成就自家物事,无俟远求。"余复设难曰:"尧舜大圣也,吾侪当下反观,凭何抵当?而猥云可为,不亦过乎?"公曰:"我以无尧舜者抵尧舜。夫良知无知也,无知乃无不知,存此是为未发之中,措之即为中行之士,此人心虚体,万化根源,学者须宜理会。"一时友朋闻之,多有醒云。③

此段对话被东明完整地记录在他给孟化鲤写的墓志铭中。化鲤弟子王以悟在叙写化鲤年谱时,也将这段话完整地记录其中,可见这段对话在两人思想

---

① (明)杨东明:《山居功课·论语上》,《北方王门集·山居功课》,邹建锋等编校,上海古籍出版社2017年版,第877页。

② (明)杨东明:《山居功课·中庸》,《北方王门集·山居功课》,邹建锋等编校,上海古籍出版社2017年版,第871页。

③ (明)杨东明:《孟云浦墓志铭》,《北方王门集·山居功课》,邹建锋等编校,上海古籍出版社2017年版,第1072页。

交往中的重要性,也可从中看出两人不同思想观点的碰撞。化鲤此时已过知天命之年,对事物的看法相对成熟,因而,在一定程度上可看作化鲤思想的定见。"中行"之说出自《论语》:"不得中行而与之,必也狂狷乎? 狂者进取,狷者有所不为也。"朱熹对此的解释是:"谨厚者虽是好人,无益于事,故有取于狂狷,然狂狷者又各堕于一偏。中道之人,有狂者之志,而所为精密;有狷者之节,又不至于过激。此极难得。"①狂者、狷者虽各有偏,但其仍有"狂者之志",也有"狷者之节",在圣人"不得中行而与之"的情形下,认为狂狷者尚有可为。朱熹还说:"人须有些狂狷,方可望"②,表明对狂狷者的某种认可。阳明对狷者所述不多,不过也认为狷者可以成就;而对狂者,则极为推赞:"狂者志存古人,一切纷嚣俗染,举不足以累其心,真有凤凰翔于千仞之意,一克念即圣人矣"。③ 狂者境界高远,不与世俗同流,有圣人气象。不过要做到这一点绝非易事。阳明征宁藩以后,天下谤议益众,然能自信良知真是真非,故信手行去,才达到"狂者胸次"的境界。湛甘泉则谓:"知崇而礼卑,中行之士也。行者中路也,以上便可到圣人地位。狂者有智崇而无礼卑,狷者有礼卑而无智崇,孔子思得狂狷,盖欲因其一偏之善,抑扬进退之。狂狷交用,则知崇礼卑,天地合德,便是中行,可践迹而入圣人之室矣。"④甘泉特别从"智"和"礼"的视角来指称狂狷者:智崇为狂者,礼卑为狷者,二者皆各有所缺,唯二者相合,方为中行;中行又进之,则至圣人地位。因此,无论是狂者还是狷者,在湛氏这里其实都有可取之处,对两者采用抑扬进退的不同方法,就能发挥各自所长,进而入圣人之道。观朱、王、湛三人之说,诸人在这点上似有默契,认为狂狷非

---

① (宋)朱熹:《朱子语类》卷第四十三《论语二十五》,《朱子语类》第三册,(宋)黎靖德编,王星贤点校,中华书局2004年版第1109页。

② (宋)朱熹:《朱子语类》卷第四十三《论语二十五》,《朱子语类》第三册,(宋)黎靖德编,王星贤点校,中华书局2004年版第1109页。

③ (明)钱德洪:《年谱三》,《王阳明全集》,吴光等编校,上海古籍出版社2017年版,第1421页。

④ (清)黄宗羲:《文简湛甘泉先生若水·语录》,《明儒学案》,沈芝盈点校,中华书局2008年版,第909页。

乡愿可比,因而排乡愿而推狂狷。尤其是甘泉之说,以"智""礼"对狂狷加以规范,在行为约束上更有实际依据。

在宋明诸儒中,"狂狷"之说并非一个热点话题,即便是朱、王、湛三人之说,也只是有所提及而并未使之成为自己思想的一个组成部分。因此,东明与化鲤论狂狷而及中行,反倒显示出它的与众不同来。依东明之说,并非只有中行才称得上至德,实际上日用间所推展出来的善言善行都是中行;且人有自觉实践中行的意愿和能力,也无须在经过"狂狷相合"之后近之于圣人地位。东明于此又提出"当下反观"这一带有禅机味道的识取方式,认为当下有工夫、当下即合理,以此说明"从当下可以求中行"的观点主张。东明这种说法有泰州学派特色,与他此前接触杨起元之学有关。与东明不同,化鲤则以"人心虚体"应之,认为良知无知,故而无不知。"无知无不知"指向良知之本然,本然之性触之于物,自能知善知恶。这也就是顾宪成所说的良知之"专言"与"偏言":"阳明之于良知,有专言之者,无知无不知是也。有偏言之者,知善知恶是也。"①"专言"是良知的总体存在状态与根本质地,"偏言"则指良知应物的功能与发挥。化鲤指存此良知之体,即为未发之中,施之于外则为中行之土,也是从良知本体之"原是如此"与良知发用"合当如此"而言。

东明与化鲤的对话,实际上隐含两人在"中行"问题上的不同致思取向:东明以当下反观识得良知真机,当下即为中行,采用的是"由当下而本体"的反贯之法;化鲤则从虚体良知措之中行,采用的是"由本体而万化"的顺贯之法。由于可从当下直接识取本体,"狂狷"环节可以略而不需;而从本体顺贯,在中行未得之前,需求之狂狷。因此,由于两人的思维进路有所不同,故而在"中行"问题上也有不同的解答。

附带一说的是,冯从吾又给予了"中行"另一种解释:"圣人原思中行,中行不得,不得已而思其次耳。狂者进取,狷者有所不为,皆是可进于中行者,故

① (明)顾宪成:《小心斋札记》,《顾端文公遗书》,四库全书存目丛书子部第14册,齐鲁书社1995年版,第354页。

夫子思之,非与其以狂狷终也"。① 冯从吾把"中行"和"狂狷"视为不同层次的目标,"中行"为最高位,"狂狷"次之,在未得"中行"之前,"狂狷"是达至"中行"的重要步骤。因此,吾侪追求的目标不在"狂狷",而在"中行"。或者说,要实现"中行"的道德目标,"狂狷"也不失为一种获得途径。这种思路条理与孟化鲤有相似之处,都把狂狷视为达到中行的重要环节,然孟化鲤是从"已得良知"而行,而冯氏是因"中行不得"而进,两者还是有所不同。

"中行"之意在两贤祠讨论过后,东明后又向化鲤提及这个问题。东明有记:"比余关中还,复诣公请益。公出所著《读易呓言》示余,大都以心体立说,与程朱训异,余窃讶之。公曰:'《易》,万古心学之源也。观象玩占,浅埶甚焉,予故谬归诸心,俾学道者之所源本云。'余乃益叹公精心卓诣,非浅浅可窥,千古绝学方有深赖。"② 由此看来,化鲤认为《易》乃心学之源,并写有《读易呓言》,可以解决孔子"中行"等理论问题。这样,《易》与心学在化鲤这里就有一个统一。惜《读易呓言》只存书目,具体内容不可考,不过我们仍可从化鲤文集中找到一些材料。如"位也者,吾心不动不见之地","若《蒙》不察物,《谦》不自满……皆心体寂然,未尝不息,感而遂通,而寂体自如,千变万化,总之随所在而不出乎其位"。③ 又如:"易者乾坤而已。乾大生,坤广生,天地之所以为大德也,故曰生生之谓易。其在人也,则谓之仁。天地不仁,不能生万物;人心不仁,不能成万化。故《乾》象曰体仁,《坤》象曰厚德。"④将《艮》卦中所说的"位"说成是"吾心不动不见之地",六十四卦都是心体寂然又感通的表现方式,又将易所包含的乾坤变化与人心之仁的生生不息相关联,《易》与心

---

① (明)冯从吾:《都门语录》,《冯从吾集》,刘学智等点校整理,西北大学出版社 2015 年版,第 488—489 页。

② (明)杨东明:《孟云浦墓志铭》,《北方王门集·山居功课》,邹建锋等编校,上海古籍出版社 2017 年版,第 1072 页。

③ (明)孟化鲤:《上官子字体艮说》,《北方王门集·孟云浦先生集》,邹建锋等编校,上海古籍出版社 2017 年版,第 453—454 页。

④ (明)孟化鲤:《答安良弼》,《北方王门集·孟云浦先生集》,邹建锋等编校,上海古籍出版社 2017 年版,第 510 页。

的内在关系得以联结起来,"中行"在这里也就表现为"保仁"与"施仁"。化鲤此说和阳明及其他学者认为"尧舜开心学之源"还是有所不同,主要表现在:一是将《易》视为心学之源,这样心学的源头在时间上就往前推出许多;二是丰富了心学的源头内涵,是对尧舜禹相授受的"人心惟危,道心惟微,惟精惟一,允执厥中"的进一步诠释。较之孟化鲤论《易》,东明则又有不同的思路特征:"盖无一刻不是《易》者,即所谓仁也,宜大发志愿,合下承当吾仁,勿在念上用功。此毫厘之差,而学之所就因之矣"。①《易》在人则为仁,这点和化鲤相似,但求仁的方式依然是"合下承担",合下也即当下,通过当下求仁的方式来与《易》学相接。这点与他所说的"日用间一点良知恰当处即是"之意是相同的,也与东明上文所述"当下即为中行"的说法是一致的。

三、"未发已发"是否为二

在孟化鲤和冯从吾之间,还就"未发之中"的话题有过争论。化鲤曾致书从吾,谈到他对"中"的看法:

> "中"字自尧舜拈出,即孔门一贯,所谓道心也,通天地,该古今,彻昼夜,生死无二界,无两时。子思得家学真传,乃曰未发之中、发而中节之和,此非有二境也。动静者所感之时也,发也,而本然之体,无分于动静。故虽阒然熟睡,亦谓之发,以有梦也。即无梦,亦不得不谓之发,以此心活心也。活则常发,而却曰未发,语本体也。本体常发,而惟中节则不识不知,物各付物,门下所谓不容自已,无所为而为者是也。盖本体元不曾发也。周元公曰:中也者,和也,中节也。此一贯之旨,虞廷以来之真传也。详玩来教,曰"虽是"、曰"才与"、曰

---

①　(明)杨东明:《東宪副陈云麓公祖》,《北方王门集·山居功课》,邹建锋等编校,上海古籍出版社 2017 年版,第 981 页。

"一般",犹似两境然者。①

王以悟在《云浦孟先生年谱》中,也详细地记载了此事。时为万历二十三年乙未(1595 年),孟化鲤 51 岁。当时冯从吾正以御史补官北上,过新安时顺访化鲤,两人论学移日。这一年两人多有书札往来,深相孚契。在已搜集的冯从吾来往书信中,未见载有与孟化鲤论"中"的信函。不过,在冯从吾其他论学处有相似论述,可以将之互为印证。从吾在《辨学录》中提道:

> 吾儒曰未发,则目虽无睹,而天命真睹之理已具,无睹故能睹,以无睹而有睹之理也;耳虽无闻,而天命真闻之理已具,无闻故能闻,以无闻而有闻之理也;心虽无知觉,而天命真知真觉之理已具,无知觉故能知觉,以无知觉而有知觉之理也。即发而皆中节,睹以天下而无不明,而所以能明的真睹之理亦不可得而睹;闻以天下而无不从,而所以能聪的真闻之理亦不可得而闻;知觉以天下而无不睿知,而所以能睿能知的真知真觉之理亦不可得而知,不可得而觉。故曰"上天之载,无声无臭"。冲漠无朕即万象森罗,万象森罗即冲漠无朕。未发之中不为无,已发之和不为有,未发、已发浑然一理,故中为大本,和为达道,中和致而天地万物可位育也。②

冯从吾以三个"虽无……而"来说明未发作为本体的本然状态和能动应对。目虽无睹,但目有睹的机理,遇到有睹之物,自能遇物而有"见"的实现。耳的听闻机理与之类似。从吾欲以耳目的这种机理状态来说明心也具有同样的功能。但他的"心无知觉"说在化鲤这里却不被认可。化鲤以为,本然之体无分于动静,即便是阒然熟睡,不管有梦无梦,心体也时时处于发的状态。化鲤以"活心"来解释心的这种"无分于动静"的情况。这就将从吾的"心无知

---

① (明)孟化鲤:《答冯少墟》,《北方王门集·孟云浦先生集》,邹建锋等编校,上海古籍出版社 2017 年版,第 428—429 页。

② (明)冯从吾:《辨学录》,《冯从吾集》,刘学智等点校整理,西北大学出版社 2015 年版,第 46—47 页。

觉"给否定了。冯从吾又说"知觉以天下而无不睿知,而所以能睿能知的真知真觉之理亦不可得而知,不可得而觉",认为心有睿知的内在能力,这与阳明学对心的描述相符合,但又指心所能睿知的真知真觉之理不可知、不可觉。虽然冯从吾是以此来表明未发之中"上天之载,无声无臭"的源性状态,但这种说法可能导致的理论结果是:未发之中是不可知、不可觉的。这里涉及"中"与"善"的关系问题。陈来先生指出,"中"在阳明哲学里主要有两个方面:纯粹至善,"中"具有善的意义;"全体莹彻,略无纤尘染着","中"表现为一种心境体验;"善"是一个实质的、内容的、有确定伦理意义的范畴,而"中"是一个形式的、状态的、超伦理规定的范畴。尽管有如此区别,陈先生又指二者不是分离或独立的,"中"作为心体的表征是"善"所代表的性体的必然形式,两者共同构成了人的存在的基本结构。① 因此,不管是作为善或一种心境体验,二者都是一种"有"的存在。化鲤所说的"'中'字自尧舜拈出,即孔门一贯,所谓道心也",显然是从善的角度而言,且"中"能够表现性体之善。既如此,则中即为性,即为有:"中者性也,人皆有之,何论福分? 不厌不倦,人皆可为,何论福分?"②因此,在从吾说出"未发之中不为无,已发之和不为有"这一结论时,自然与化鲤所谓的"未发之中、发而中节之和,此非有二境"有出入,因为按照化鲤的表述,既承认未发之中为有,则当认可中节之和亦为有,否则就是"二境"了。

从吾的这种看法,与他对未发、已发的属性定位有关。从吾指:"未发是已发之源,已发是未发之流;未发是已发之根本,已发是未发之枝叶。本体虽是一贯,然源自是流之源,流自是源之流;根本自是枝叶之根本,枝叶自是根本之枝叶。"③把未发看成是源、是根本,而将已发视为流、为枝叶,这就决定了未

① 陈来:《有无之境——阳明哲学的精神》,人民出版社1991年版,第71页。
② (明)孟化鲤:《阅近溪集臆言》,《北方王门集·孟云浦先生集》,邹建锋等编校,上海古籍出版社2017年版,第518页。
③ (明)冯从吾:《太华书院会语》,《冯从吾集》,刘学智等点校整理,西北大学出版社2015年版,第184页。

发、已发的关系在从吾这里表现为先后关系、本末关系。从吾为此指出:"未发原是指性体而言,第不可抹杀'时'字,何也? 本文明白说喜怒哀乐,正见得人有喜怒哀乐之时,亦有无喜怒哀乐之时耳。当无喜怒哀乐之时就是未发,当有喜怒哀乐之时就是已发,道理本自明白,而好奇者必欲抹杀'时'字,到底又抹杀不得,真足奇矣。"①将未发、已发视作两个时段,未发在前,已发在后,两者次序不可颠倒,从而形成了未发为主,已发为末的逻辑关系,且将本末视作两端事。

而在心学思想视域中,上下本末一以贯之,其中没有本末精粗内外先后之分,这就是阳明所说的"功夫条理虽有先后次序之可言,而其体之惟一,实无先后次序之可分"②。因此,当以未发之中视为善、视为本体时,如再以本末、先后言之,这就与心学体系的内在结构出现差异。化鲤在这点上可以说是继承了心学的内核,因而对从吾之说提出异议。即使他说到"时","时"的意义也与从吾有明显不同:"说个时字,就是天命之性;说个性字,就是时字,不俟凑泊帮助而始全。故五十知天命,非少时也,天命即时也;动静不失其时,非遗性命也,时即性命也"。③"时"在化鲤这里就不是一个具有时间先后的词语,而是将"时"与天命之性视为同一范畴的概念,并将孔子的"五十知天命"中的"五十"之时与天命齐观,把"不失其时"解读为"不失本然之时",也将《易》之"动静不失其时"之"时"与性命相等同。这种解法可谓相当新颖,不仅在叙说内容上行得通,在理路上显然也更接近心学立场。且"五十知天命""动静不失其时"也含有未发、已发相合的意味,因此,比较化鲤与从吾对"时"的理解,亦可看出两人在这一问题上的不同观点。

---

① (明)冯从吾:《太华书院会语》,《冯从吾集》,刘学智等点校整理,西北大学出版社 2015 年版,第 185 页。

② (明)王阳明:《大学问》,《王阳明全集》,吴光等编校,上海古籍出版社 2017 年版,第 1071 页。

③ (明)孟化鲤:《阅近溪集臆言》,《北方王门集》,邹建锋等编校,上海古籍出版社 2017 年版,第 519 页。

类似的争论还出现在杨东明与冯从吾讨论的"道心与人心是否为二心"的话题上：

> 以明愚见，道心不必言，独所谓人心者认定人欲言，恐太说煞了。凡纯乎天理者不危，纯乎人欲者亦不危，惟倏理倏欲、可理可欲、变动活泼不可依以为安者，方称危。以此论人心，可专以人欲言乎？心之发动为意，人心道心尽足用惟精之功矣。这个人心，岂待意而后惟危乎？惟一却无功夫，所谓心本一而一之是也。孔圣之言曰：出入无时，莫知其乡，惟心之谓与？此形状"危"字甚妙处，然却是论心之本体如是，不专以人欲言也。①

与东明相对应的从吾的一段话是：

> 心一也，人安有二心？自人而言则曰惟危，自道而言则曰惟微。罔念作狂，克念作圣，非危乎？无声无臭，无形无体，非微乎？夫以人心为人欲，以道心为天理，说得极是而以为不是，何也？既曰心一也，人安有二心？自人而言则曰惟危，自道而言则曰惟微，自当云心一也。自人欲而言则曰人心惟危，自天理而言则曰道心惟微，何等明妥。②

比较东明和从吾两说，可以发现两人在"心为一"的观点上是一致的，但在"人心是否为欲"上两人有分歧。东明以为，纯乎天理者不危，纯乎人欲者亦不危，只有在理欲之间摇摆不定、不可依以为安者，才称得上是危。换言之，只要人欲合乎人的正当需求，没有逾越社会矩度，就不应该被排斥，而东明正是基于这种思考来谈"人心"的。在这种思考范围内，人心称不上"危"，也不能和传统意义上的"人欲"相提并论。就从吾之意来看，他反对

---

① （明）杨东明：《答冯侍御少墟》，《北方王门集·山居功课》，邹建锋等编校，上海古籍出版社2017年版，第987—988页。
② （明）冯从吾：《关中书院语录》，《冯从吾集》，刘学智等点校整理，西北大学出版社2015年版，第223—224页。

以人心为人欲、以道心为天理，因为这脱离了"心一"的原则，既然心为一，自不当有人心、道心之分，"危"与"微"只是心的两种表现形态。然在从吾"自人欲而言则曰人心惟危"的表述里，仍然透露出人欲有害故而人心有危的观点，这与东明"纯乎人欲者亦不危"的说法有不同，因此，东明指从吾之说"恐太说煞了"。

其实，"人心道心，同是一心"的看法应是儒学共识，但在人心、道心的解释及其相互关系上，却存在不同观点。以朱子一派而言，认为人心是发于形气之私，道心是源于性命之正，因而以道心为主，人心听命于道心。阳明认为人心有伪，不杂于人伪，是为道心；或人心有过，如能"允执厥中"而免于过，也能归于道心。尽管人心有伪或有过，然阳明认为这种心并非与他人有异，能时时见自己之过而改之，则依旧是圣贤之心。泰州学者方学渐的说法则别树一帜："人心道心，非谓心有二也。危，高大也。人心之量本自高大，其中道理则极精微。心危而微，故谓之中。"①将"危"理解为高大，"人心惟危"在他这里就是"人心之量本自高大"之意，意即人心本足以包括天地，兼利万物，但人心之理又极精微，因此，能将心之高大与心之精微合观并充其人心之量，就是中。东林学者孙慎行索性认为只有理义道心，而无形气人心："人心道心，非有两项心也。人之为人者心，心之为心者道，人心之中只有这一些理义之道心，非道心之外别有一种形气之人心也"。② 人之为人，是因为人有理义之心；心之为心，是因为心以道为本质，因而理义道心就是心的唯一本质，非另有形气之心。孙氏之说，是对人的理义精神的弘扬，与孟子性善论一脉相承。在这多重关于人心道心的论述中，再来看东明与从吾的论述，可以发现二人之说并没有脱离儒家论心的范围，然在晚明的心性之辨中，又可看出其间的差异和转化。

---

① （明）方学渐：《心学宗》，四库全书存目丛书子部第 12 册，齐鲁书社 1995 年版，第 136 页。

② （清）黄宗羲：《文介孙淇澳先生慎行》，《明儒学案》，沈芝盈点校，中华书局 2008 年版，第 1449 页。

　　这里再多言几句东明关于"纯乎人欲者亦不危"的说法。在儒学史上,理欲不容并立之说曾占据很长时间,至中晚明,这种说法开始出现松动。阳明在天理人欲的对立程度上持相对柔和态度,但也认同程子"人心即人欲,道心即天理"之说。① 在泰州后学,颜钧所言"只从情耳"②、何心隐"君子性而性乎命者,乘乎其欲之御于命也"③等观点已然出现,人欲的地位已有所改变。这意味着理欲之辨在中晚明的学术论坛上已非如宋儒时期那么紧张,人欲的正当性和多样性已进入学术讨论的视野。即便如此,顾宪成指何心隐等人"坐在利欲胶漆盆中"鼓动他人,黄宗羲也指泰州后学"非名教之所能羁络",亦是看到了他们的人欲之说所带来的对传统天理观的冲击。让人稍觉意外的是,北方地区向来受程朱之学影响较深,东明等学者尽管信奉良知之学,然他们身上的程朱学气息并未褪去,且有糅合二者的倾向。在相对遥远而程朱学又有较大影响的情况下,东明"纯乎人欲者亦不危"的说法难免给人思想的震动。且东明将他的这种看法述之于程朱思想较浓厚的关中学者冯从吾,这在一定程度上也反映了北方王学与关学在这一问题上的不同态度。

---

　　① (明)王阳明:《传习录上》,《王阳明全集》,吴光等编校,上海古籍出版社 2017 年版,第8 页。

　　② (清)黄宗羲:《泰州学案·序》,《明儒学案》,沈芝盈点校,中华书局 2008 年版,第703 页。

　　③ (明)何心隐:《寡欲》,《何心隐集》,容肇祖整理,中华书局 1960 年版,第 40 页。

第四章　北方王门的讲学实践

北方王门学者孟化鲤对儒家讲学有概括说明："唐虞三代时,则有学而无讲之名,讲学自孔子而始彰。由孟子迄两程时,则有讲而无会之名,会讲自朱、陆而始著。迨于今,在在有会,会会有约。"①依孟化鲤之见,讲学始于孔子,讲会始于朱陆,至于今则呈繁荣之势。往细处看,化鲤将"讲学"与"讲会"作了区别:孔子及两程为"讲学"之时,至朱、陆方为"讲会"之时。化鲤又以当时"在在有会,会会有约"的讲会盛势,将"讲学"与"讲会"的差别化解,表明在彼时盛行的讲学风潮中,没必要再区分两者。这种说法在阳明大弟子钱德洪的话语中亦有相同表达:"三代而上,无讲学之会,师友之道寓于君臣父子昆弟夫妇之间,其为教也素明,其为学也有本。故自洒扫应对以至诗书礼乐,无一非教;自顺亲敬兄以至经世赞化,无时非学;自闺闱衽席比闾州党以至宗庙朝堂,无地非会。故虽无讲会之名,而有讲会之实。"②讲会的目的在于明伦应礼,唐虞三代之时的为教与为学,其目的也在于此,故钱德洪认为彼时早有讲会之实。黄宗羲在述南都讲会时,有"南都旧有讲学之会,万历二十年前后,

---

① (明)孟化鲤:《兴学会约序》,《北方王门集·孟云浦先生集》,邹建锋等编校,上海古籍出版社2017年版,第437页。
② (明)钱德洪:《贺程后台序》,《徐爱、钱德洪、董沄集》,钱明编校整理,凤凰出版社2007年版,第161—162页。

名公毕集,会讲尤盛"①之语,"讲会"即讲学之会,与后文"会讲"同义。当然,我们也不妨这样理解:孔子之时的讲学偏重于师徒间的上下传授,而朱陆之后的讲会则更趋向于师友间的疑义相析;又因明代讲会远盛于过往,"讲会乃属于明代"②,以此特指明代讲学之盛,亦不为过。本文将"讲学"与"讲会"合而言之,又视"讲会"为明代特出,故文题以"讲会"名之。

明代讲会之盛,阳明首属其功。阳明自言"读书讲学,此最吾所宿好"③。他在不召用时专事讲学,政务倥偬时亦乘隙讲学,即便遭受种种非议,亦"遑遑然不忘讲学"④。在阳明带动下,门下弟子纷纷然以讲学为事,各种形式的会讲活动遍及四方,形成中晚明特有的讲学思潮运动,致黄宗羲有"有明事功文章,未必能越前代,至于讲学,余妄谓过之"⑤之感。讲学活动成为时代学术风气,构成了这一时期思想发展史的一个主要话题。⑥ 士子的种种会讲实践,也使得阳明之学得到广泛传播,出现了顾宪成所说的"今之谈良知者盈天下"的盛况,北方王门的讲会活动当属这一盛况之中。随着讲会活动在明代中晚期形成盛传之势,与之相关的问题是,讲会活动何以如此盛行? 士子大举讲会,是否催生了某种学术格局? 有鉴于此,本文引入"区域学术共同体"这一概念,将之与北方王门中较有影响的讲会相联络,以此究证阳明之学在北方的传播情况及其学术根柢。

对于北方王门的实际讲学情形,这里采用了一个选择视角,没有将穆孔晖、尤时熙列入考察范围。穆孔晖有关讲学的资料甚为有限,不便展开讨论。

---

① (清)黄宗羲:《尚宝周海门先生汝登》,《明儒学案》,沈芝盈点校,中华书局 2008 年版,第 861 页。

② 陈时龙:《明代中晚期讲学运动(1522—1626)》,复旦大学出版社 2007 年版,第 16 页。

③ (明)王阳明:《赣州书示四侄正思等》,《王阳明全集》,吴光等编校,上海古籍出版社 2017 年版,第 1088 页。

④ (明)王阳明:《传习录中》,《王阳明全集》,吴光等编校,上海古籍出版社 2017 年版,第 45 页。

⑤ (清)黄宗羲:《王阳明守仁》,《明儒学案》,沈芝盈点校,中华书局 2008 年版,第 7 页。

⑥ 吴震:《明代知识界讲学活动系年:1522—1602》,学林出版社 2003 年版,第 3 页。

尤时熙居家洛阳时,与洛之士大夫讲学修业,多有闻风而来者,在其周围凝聚着一批学人,如丘方山父子、周昆玉、李根、孟化鲤等人。① 时熙也时常参加化鲤等人组织的讲会,其学术影响在洛阳之外得到进一步拓展。不过,从尤时熙的学行踪迹看,他没有专门且集中的讲学场所。据吕维祺回忆,时熙"居常坐小斋见后进来学,喜甚,启迪不倦"②。"小斋"成为时熙面见来学者的重要场地。时熙也写有《拟作会约》③,表明有开展讲学的强烈愿望。不过,时熙后来在给朱得之的信函中提道:"拟作会只谩拟,未有人会,近始得三四后进,又相去数十里外,此只空拟耳。……某旧有病犹可支,近衰甚,行数十里即欲休歇,良久方苏。"会约实际上没有得到施行。加之身体有不适,也使他不能从事更多的讲学活动。基于此,这里只讨论张后觉、孟化鲤、杨东明、张信民和王以悟的讲学实践,以此表明北方王门之"学理"与"实践"之间存在的互立互解关系。

第一节　张后觉与茌平讲会

前文已提到,张后觉仕宦不高,曾为华阴教职,短暂做过县事,大部分时间在讲学中度过,这反倒为阳明学在北方的传播探索出了一条民间途径。据聊城学人丁懋儒所述,张后觉"尝会讲于长清之王遇岭"④,在愿学书院建成之前,张后觉曾讲学于此。其时讲学情景,据邹守益之子邹善(字继甫,号颖泉,1521—1600)所记,后觉与恩县举人王牧相约时常讲学于此,"岁期一往,辄默

---

① (明)尤时熙:《与窦竹川兄》,《北方王门集·拟学小记》,邹建锋等编校,上海古籍出版社 2017 年版,第 167 页。

② (明)吕维祺:《理学尤先生谥议》,《中国方志丛书·河南省·洛阳县志》,(清)龚崧林纂修、汪坚总修,(台北)成文出版社 1976 年版,第 970 页。

③ (明)尤时熙:《拟作会约》,《北方王门集·拟学小记》,邹建锋等编校,上海古籍出版社 2017 年版,第 221—222 页。

④ (明)丁懋儒:《弘山先生墓志铭》,《北方王门集·张弘山集》,邹建锋等编校,上海古籍出版社 2017 年版,第 665 页。

居数日,究所学,凡十余年",可见其学之恒久;并相互鼓励,以云壑幽胜为怡我性情之物,情趣淡泊,志意于乡间讲学。①

隆庆年间②,邹善督学山东时,听闻张后觉讲学事迹,被其讲学精神所感,有"世固未尝无人"之叹,遂筹建书院助其讲学,这就是愿学书院。邹善为此专门写有《愿学书院记》,对书院的建成经过有较详细的记载。书院位于王遇岭东,由邹善亲自相地。位置确定后,邹善又带头捐银买地,委托邑侯柴宗义主管其事,举人董澜、郭惟良,生员李岱芳、孟应登也都捐银买地,作为书院筹建之资。书院建成后规模颇大,中堂四楹,东西有房各四楹,另有后舍二十楹,前有二门,最前为大门。书院建成后,邹善以"愿学书院"名之。按他的说法,"愿学"有"自有而愿,愿在我也;自愿而学,学在我也"③之意。其中"有"指孔孟之道,心中有孔孟之道的激励,我即能主动为学;同时勉励诸生"事无大小,时无动静,遇无顺逆,而一以是习之"④,以此实现"愿学"的目标。

愿学书院的建立,与邹善对张后觉讲学实践的高度认可有关。《明史》指出邹善"为建愿学书院,俾六郡士师事焉"⑤,一个"为"字便很能说明这一事实。当然,正如下文要提到的罗汝芳为张后觉修建见泰书院一样,其中还包含着他们之间"同道相助"的含义。《明史》就此也指出他们"皆宗守仁学,与后觉同志"⑥,相同的学术信仰在很大程度上也促成了愿学书院的建成。另外,这其实也与邹善热衷讲学有关。邹善将督察山东学政作为自己劝学行道的重

　　①　(明)邹善:《愿学书院记》,《中国方志丛书·山东省·长清县志》,(清)舒化民修、徐德城纂,(台北)成文出版社1976年版,第605—606页。
　　②　愿学书院具体建置时间不详。《长清县志》只提到愿学书院于隆庆间建成,见《长清县志·学校志》,(清)舒化民修、徐德城纂,(台北)成文出版社1976年版,第605页;也暂未见有关愿学书院建成时间的具体资料,故这里采用"隆庆年间"这种说法。
　　③　(明)邹善:《愿学书院记》,《长清县志·学校志》,《中国方志丛书·山东省》,(清)舒化民修、徐德城纂,(台北)成文出版社1976年版,第606页。
　　④　(明)邹善:《愿学书院记》,《长清县志·学校志》,《中国方志丛书·山东省》,(清)舒化民修、徐德城纂,(台北)成文出版社1976年版,第607页。
　　⑤　(清)张廷玉等:《明史》卷二百八十三《儒林二》,中华书局2013年版,第7287页。
　　⑥　(清)张廷玉等:《明史》卷二百八十三《儒林二》,中华书局2013年版,第7287页。

要契机,认为"变齐变鲁之机,其在我乎"①,期待自己在山东的督学实践中有所作为。邹善以"愿学"勉励诸生,实际也是他追求"学变在我"思想的体现。后邹善往来驻临山东,都以愿学书院为中心,带头开展讲学活动。《长清县志》另保存有邹善于冬、春之时写的两首诗,其中《雪中赴愿学书院诗》写道:"卜居欣对三山胜,觅秀偏怜一径斜。自信疏狂兼吏隐,几回寻伴笑溪花"。②表达了对愿学书院胜景的喜爱以及对讲学活动的向往。

有了固定的讲学场所,张后觉、王牧及东阿贡生陈戒每年聚讲于此,并组织各邑县生儒鼓箧相学,在当地颇有影响。邹善建书院的善举,对后觉也多有激励。自书院建成后,后觉就长时间待在书院。后觉自述"书院久居,自仲夏抵季秋,日对三峰,求扫知见"③,以自身勤勉实践来表达对书院建成的回报。遗憾的是,在张居正下令禁毁天下书院之际,愿学书院于万历九年(1581 年)奉文拆毁。这次拆毁是当时全国性禁毁书院运动的一部分。万历七年(1579年)张居正拟旨,诏毁天下书院,当时与王门讲学有关的诸多重要书院均在禁毁之列,而山东在此次禁毁事件中所受影响也较大,邹善所建愿学书院就是其一。除此,邹善在山东青州修护的凝道书院亦未能幸免:"隆庆丁卯,督学者邹公善,讲明良知,羽翼圣道,设皋比函丈于此,一时贤哲师济景从,造士作人之盛,学士先生迄今数能言。万历初年,柄臣挟当轴之势,废革天下书院,所司奉行太过,随楮其地而空之,抑何扼歒!人事自有代谢,培垒可为师保,厘旧饬新,用以观文成化,以俟后之君子"。④ 邹善在凝道书院讲授良知之学,与其在愿学书院的初衷是一样的。即便是山东莱州的东莱书院,也在这次禁毁浪潮

---

① (明)邹德溥:《先考太常卿颍泉府君行状》,转引自张卫红:《敦于实行:邹东廓的讲学、教化与良知学思想》,上海古籍出版社 2020 年版,第 247 页。

② (明)邹善:《雪中赴愿学书院诗》,《长清县志·学校志》,《中国方志丛书·山东省》,(清)舒化民修、徐德城纂,(台北)成文出版社 1976 年版,第 607 页。

③ (明)张弘山:《与邹颍泉》,《北方王门集·张弘山集》,邹建锋等编校,上海古籍出版社 2017 年版,第 661 页。

④ (清)张承燮修、法伟堂等纂:《光绪益都县图志·营建志》,《中国地方志集成·山东府县志辑33》,凤凰出版社 2004 年版,第 126 页。

中化为乌有:"嗣是江陵秉政,罢天下书院之在名都巨邑者以千数,先生书院化为乌有,而文献几无征矣"。① 东莱书院本由吕祖谦所建,以此作为讲学之地。后书院几经存废,在明穆宗时又得以光大,"一时缙绅士大夫宗良知,主静主敬之学阐濂洛关闽之旨者,可按籍而覆"②。这里有个细节,即东莱书院既是宗良知之学者的讲学之地,也是宗濂洛关闽之学者的聚讲之处,因此,东莱书院受到摧毁,实际也是阳明学在北地传播过程中受到的又一次挫折。与愿学书院不同的是,东莱书院后来又得以重建,而愿学书院则消失在历史的风云之中。尽管愿学书院存时虽只十余年,但其影响却很深远。《明史》《四库全书》对之有记,就是对这种影响的最好说明。

万历元年(1573年),罗汝芳任东昌知府,修各地学宫及城隍庙,大兴讲学之风,"三月而士民服之"③。近溪听闻张后觉讲学之事,亦甚有感,欲建书院以进其事。据《长清县志·学校志》记载:"万历元年,知东昌府罗公近芳经过王遇岭西岰,择地建造,捐银助工,生员李岱芳董其事,次年二月厥工告成。"④ 择地建造的书院即为见泰书院,于万历元年(1573年)开建,于次年竣工,地点在王遇岭西,与愿学书院形成东西呼应的位置关系。与愿学书院一样,见泰书院的资金来源也是通过捐赠的方式实现,李岱芳仍主管书院事,他在愿学书院与见泰书院的建设中都起了重要作用。见泰书院的开建是在罗汝芳的直接过问下完成的,不过万历元年十月,罗汝芳即由东昌知府升任云南副使⑤,因此见泰书院的建成并非在其任职东昌知府之内。由于史料有限,有关见泰书院

---

① (明)赵秉忠:《重建东莱吕先生书院记》,《中国地方志集成·山东府县志辑44·乾隆莱州府志》,(清)严有禧纂修,凤凰出版社2004年版,第304页。

② (明)赵秉忠:《重建东莱吕先生书院记》,《中国地方志集成·山东府县志辑44·乾隆莱州府志》,(清)严有禧纂修,凤凰出版社2004年版,第304页。

③ (明)曹胤儒:《罗近溪师行实(节录)》,《罗汝芳集》,方祖猷等编校,凤凰出版社2007年版,第842页。

④ (清)舒化民修、徐德城纂:《长清县志·学校志》,《中国方志丛书·山东省》,(台北)成文出版社1976年版,第608页。

⑤ 《明实录·明神宗实录》卷十八,(台北)"中研院"历史语言研究所1962年版,第525页。

的讲学活动所见甚少，其最后的命运可能也是在禁毁书院的浪潮中被湮没了。

后来所记与张后觉有关的书院，往往将愿学书院和见泰书院并说。如《明史》"善为建愿学书院，俾六郡士师事焉；汝芳亦建见泰书院，时相讨论"。张后觉之同郡人王汝训记有："督学邹公、郡守罗公两建书院居之，海内名贤过茌山，咸纡轸请益。先生犹孳孳取友于四方，垂老力学不倦。"①两座书院成为后觉讲学成就的主要集中点，又两座书院"悉先生主之"②，可见其在张后觉讲学生涯中的重要地位以及他对两书院的学术推动所付出的心力。当然，随着两书院的建立和学术影响的扩大，也为茌平阳明学的传播奠定了基础，"群弟子而授之，四方同志者日往归焉"③。

张后觉在愿学书院、见泰书院的讲学活动和讲学影响，我们还可从其他人的记载中再知些许。弟子孟秋云："时海内理学若近溪罗公、颖泉邹公相印证，莫不信服，两建书舍，以风四方，而来学者日以济济，先生之道亦既见于时矣。"④《明史》在记叙两座书院由来的同时，亦进一步指出后觉开展讲学的事实："犹以取友未广，北走京师，南游江左，务以亲贤讲学为事，门弟子日益进。凡吏于其土及道经茌平者，莫不造庐问业。巡抚李世达两诣山居，病不能为礼，乃促席剧谈，饱蔬食而去"。⑤描画出后觉向外求学和在乡传学的两条讲学路线，并以巡抚李世达两诣山居的访学细节，让后人得以知晓当时有过的真实讲学经历。不仅如此，后觉又以取友未广为愧耻，在茌平的周边县邑开展讲学活动，"南结会于香山（今东阿县境），西结会于丁旹（今茌平县西境），北结

---

① （明）王汝训：《弘山张先生祠记》，《北方王门集·张弘山集》，邹建锋等编校，上海古籍出版社 2017 年版，第 671 页。

② （明）王见虞：《牧寿先生序》，《北方王门集·张弘山集》，邹建锋等编校，上海古籍出版社 2017 年版，第 673 页。

③ （明）孟秋：《弘山先生教言序》，《北方王门集·张弘山集》，邹建锋等编校，上海古籍出版社 2017 年版，第 621 页。

④ （明）孟秋：《弘山张先生传》，《北方王门集·张弘山集》，邹建锋等编校，上海古籍出版社 2017 年版，第 667 页。

⑤ （清）张廷玉等：《明史》卷二百八十三《儒林二》，中华书局 2013 年版，第 7287 页。

会于大云(今青州云门山),东结会于王遇"①。后觉也曾到京城与邹善之子
邹德涵相会,多所受益;也在京城见到耿天台,得以当面向耿氏讨教。② 这样,
王遇岭的讲学活动就不是孤立的,而是与周边及更远讲学之地形成相互呼应
的讲学据点,思想传播的环节得以扩展并不断得到丰富。由此齐鲁间学者皆
知后觉之名,"海内大贤道茌平者,必造先生之庐"③,一个讲学中心因一个核
心思想人物的倡导与力行而得以建立。

　　在"士人从游者以百数"④的弟子中,同邑孟秋、赵维新甚得其宗。清代桐
城学者张英将三人称为"茌山三先生":"茌山有三先生焉,发新建性善之微
言,以续濂洛关闽于嘉隆者,弘山张公也,次则赵、孟两公相继起。"⑤赵、孟两
公即指赵维新和孟秋。实际上,要了解茌平的讲会实践,还可从孟秋和赵维新
的讲学活动续讲开来。

　　孟秋入庠时即慕后觉之学,二十一岁时在听闻后觉良知之说后,即师事而
受学,此后跟随后觉二十余年。⑥ 在邹善和南中王门学者周怡讲学山东时,时
为诸生的孟秋前往他们的讲学之地,多有问辨,得到二人赞许:"会安成邹公
善督学山东,太平周公怡金臬事,讲学贡院,得先生,大奇之,曰:'孟生固自超
也。'弁诸生首,自以为得现身晚"。⑦ 年轻时的孟秋表现出思考问题的独特角

---

　　① (明)张元忭:《茌平弘山张先生墓表》,《张元忭集》,钱明编校,上海古籍出版社 2015 年
版,第 336 页。

　　② (明)张后觉:《与邹颖泉》,《北方王门集·张弘山集》,邹建锋等编校,上海古籍出版社
2017 年版,第 661 页。

　　③ (明)张元忭:《茌平弘山张先生墓表》,《张元忭集》,钱明编校,上海古籍出版社 2015 年
版,第 336 页。

　　④ (明)王汝训:《弘山张先生祠记》,《北方王门集·张弘山集》,邹建锋等编校,上海古籍
出版社 2017 年版,第 669 页。

　　⑤ (清)张英:《给谏王先生传》,《中国方志丛书·山东省·茌平县志》,(清)王世臣修、
(清)孙克绪纂,(台北)成文出版社 1976 年版,第 601 页。

　　⑥ (明)孟秋:《弘山先生教言序》,《北方王门集·张弘山集》,邹建锋等编校,上海古籍出
版社 2017 年版,第 621 页。

　　⑦ (明)姚思仁:《明尚宾司少卿我疆孟先生墓表》,《孟我疆先生文集》,明别集丛刊第二辑
第六十三册,沈乃文主编,黄山书社 2015 年版,第 483 页。

度和对讲学的极大热情。愿学书院建成后,后觉在愿学书院的讲会实践和讲学教言,对孟秋有潜移默化的影响,并在后来的政学实践中加以推扬。孟秋曾言:"别来此志奋然,就而与同志赵允升诸友相讲学焉,因遂遍交海内理学先生,听其言,聆其旨趣,益信先生之学诚孔孟真传也。"①后觉之"教言"既是孟秋讲学的重要助力,同时也成为验证后觉之学为"真传"的重要方式。

孟秋的讲学实践,随着他的仕途经历主要在昌黎、山海关、茌平和京师得到拓展。隆庆五年(1571年),孟秋考中进士,即授昌黎令。② 时昌黎经兵火遭受大创,民多逃亡,孟秋"极力安集,尽除夙弊,复置火器枪仗教民防卫。未几,复业者千三百余家。尝行部见盲废无依者,恻然收而养之。邻邑皆至,则寓书其尹为之养"③,成为名实相符的父母官。政事之余,孟秋时常与诸生讲良知之学,宣传阳明心学。又迎张后觉至昌黎讲学,孟秋记载当时众人相率而从的情景:"是时馆于萧寺,讲于书院,乡先生及生徒素志学者数十人,晨夕相继,请益不间。既而登水岩寺,游观海亭,瞻仙台顶,对五峰山岫之奇,海山之大观备览之矣。凡所至止,诸生从之游,质疑求正。先生循循诲之,亹亹不倦"。④讲学的热闹场面依然清晰,后觉表现出来的讲学热情也溢于文辞之中。孟秋在昌黎六载为令,未尝废讲,前文提到的《昌黎学道堂讲语》就是在这个时候形成的。实际上,无论是《教言》还是《讲语》,既是张后觉讲学过程中留下的学术痕迹,经孟秋等弟子的实践传承,也成为后人了解当时讲学内容和形式的重要渠道。

昌黎令之后,孟秋转大理评事,继续此前在昌黎的为政之风;同时,"暇则

---

① (明)孟秋:《弘山先生教言序》,《北方王门集·张弘山集》,邹建锋等编校,上海古籍出版社2017年版,第621页。

② (明)孟化鲤:《我疆孟先生传》,《北方王门集·孟云浦先生集》,邹建锋等编校,上海古籍出版社2017年版,第456页。

③ 董耀会主编:《秦皇岛历代志书校注·永平府志》,中国审计出版社2001年版,第1814—1815页。

④ (明)孟秋:《弘山先生语录后序》,《北方王门集·张弘山集》,邹建锋等编校,上海古籍出版社2017年版,第676页。

集所知,谈学灵济宫"①。由于政学突出,孟秋于万历七年(1579 年)转管边关重地山海关。孟秋在山海关讲学的具体情形记载较少,可从王以悟的相关记载中略知其事。② 万历八年庚辰(1580 年)春,孟化鲤在京参加会试,受孟秋之邀,携王以悟一同前往,与孟秋及当时在座的学人赵空谷相见。孟秋除视巡边事外,余则共聚论学。孟秋与赵氏论到会意处,"或歌或笑,或徙或倚",而孟化鲤则相对拘谨,"默然拱立",王以悟认为这是三人"性情学力各自成就如此"。数人还讨论了"悟"与"修"的问题,孟秋主张"道贵真悟,学贵真修",认为"悟"与"修"都很重要;孟化鲤则主张"悟"固然重要,"然其吃紧工夫,只在慎独",慎独才是真修。这番讨论,显示了两人之学有不同之处。后来孟秋为王以悟建祠祀,时熙的祠记中对此事也有回应:"余昔守山海,孟君过余,王君与之偕,宏识雅度,默志于道。余器之,因与讲慎独之学,知其必有成也"。③其实,孟秋与孟化鲤、王以悟的这种良好讲学情谊,不仅见于山海关,还显于他们交往的整个时段,是往来最密的志同道合者。

此外,我们还可以通过孟秋任职前与张居正的一次对话以及孟秋在山海关的政事进一步了解他的讲学之事。孟秋与张居正的对话记录在《礼部题谥典疏》中:"尝以兵部主事管山海关,江陵相谓之曰:'官清是好,但不可讲学。'秋应之曰:'惟讲学方能做官。'江陵恶之。"④这番对话的背景是,1579 年春,张居正刚拟旨禁毁天下书院,禁讲学的风潮已然启动,在这种情况下,张居正自然不愿看到有人顶风讲学。然出乎他意料的是,孟秋竟然表现出了"惟讲学方能做官"的坚决态度。张居正时为辅臣,在"命毁天下书院""不许聚集游

①　董耀会主编:《秦皇岛历代志书校注·永平府志》,中国审计出版社 2001 年版,第 1815 页。

②　其事载王以悟《云浦孟先生年谱》。参见《孟云浦集》,扈耕田等点校,中国文联出版社 2007 年版,第 9 页。

③　(明)孟秋:《陕州创建尤先生祠记》,《北方王门集·拟学小记续录》,邹建锋等编校,上海古籍出版社 2017 年版,第 354 页。

④　《礼部题谥典疏》,《孟我疆先生文集》,明别集丛刊第二辑第六十三册,沈乃文主编,黄山书社 2015 年版,第 489 页。

食、扰害地方"的强势规定下,孟秋仍坚持讲学,着实显示出了一个为讲学而甘愿受政治责罚的清介形象。而且,在孟秋看来,讲学与做官本不相离,或者说,做官本是讲学的一种形式。孟秋到职后,着力整顿边治:"时关法久颓,秉政者欲简才守者住,且奏给特敕,盖前此未有也。先生稽查有法,关政肃然"。① 孟秋讲学态度的谨严庄敬,用之于政,则表现为对政事的"有法"与"肃然"。《秦皇岛历代志书校注·山海关志》对孟秋在此地的政学作为有载评:"公研精理学,特立独行,蔬布自甘,不殊寒士,平生义利之辨尤严。青衿中有志请益者,乐于启发,竟日不倦。每念边方日弛,少有罚锾,尽捐以置神枪火器为战守具。或迁之,答曰:'此夏官职也。'时江陵擅政,边帅竞以贿进,辽左尤狼藉。公当关,严检阅,不便载重,借京察谪之。"② 显然,孟秋在山海关的为政实践中,始终没有放弃为学的一面,而且将两者融合为一,很好诠释了他此前在张居正面前说下的"惟讲学方能做官"的人生格言。然孟秋的政学实践在张居正禁学、边地"竞以贿进"的政治环境干扰下,孟秋"严检阅"的治边行为、"乐于启发,竟日不倦"的讲学作风最终落于下风,在朝廷"以京察当外调"的名义下,万历九年(1581 年),孟秋致仕还里。离行之前,孟秋赋诗一首,告别书院诸生:"碧水青山景物幽,乾坤回首几人游。清风莫道千年远,一泓澄泓万古流"。③ 此诗也可作为孟秋在山海关讲学的侧面印证。由于为官清廉,身无长物,被人讥笑"昔镇是者,黄金满载,身名俱亨,今自苦如此而不得安其位,廉吏安可为也"④,孟秋后也赋诗一首以表其志:"黄金满载非吾愿,白

---

① (明)孟化鲤:《我疆孟先生传》,《北方王门集·孟云浦先生集》,邹建锋等编校,上海古籍出版社 2017 年版,第 457 页。
② 董耀会主编:《秦皇岛历代志书校注·山海关志》,中国审计出版社 2001 年版,第 55—56 页。
③ (明)孟秋:《自山海告归宿夷齐书院与诸生别》,《孟我疆先生文集》,明别集丛刊第二辑第六十三册,沈乃文主编,黄山书社 2015 年版,第 522 页。
④ (明)邹元标:《明奉训大夫尚宝寺少卿我疆孟先生墓志铭》,明别集丛刊第二辑第六十三册,沈乃文主编,黄山书社 2015 年版,第 482 页。

手还家未足羞。闲往闲来原自我,浩然天地一虚舟"。① 讲学与做官的真正含义在孟秋这里得到了更多解读。

致仕归乡后,虽无固定讲学场所,孟秋仍然"阅览古今,探圣贤蕴奥,对时题咏,其乐洒然,有曾瑟颜琴意趣",由是"道益明,名日益著",士大夫经过荏平安平镇,"莫不求一见为快,甚至依依数日不忍去"。②《明儒学案》记载了时任兵部侍郎许孚远到访孟秋所居之地的情境:"盈丈之地,瓦屋数椽,其旁茅舍倍之。敬庵谓:'此风味,大江以南所未有也'。"③其清贫如此。此外,孟秋也曾在安平镇坤山月岩寺(古为张秋寺观,今位于东平县银山镇昆山西麓)讲学,讲学具体情形已无可考。明东阁大学士于慎行写有《上坤山月岩寺陈铁峰、孟我疆诸君会讲处也》一诗,其诗曰:"何代标金刹,层崖半倚天。松门低落日,石窦泻鸣泉。野旷寒烟积,山高细路悬。因怀莲社客,惆怅讲堂前。"由此可知孟秋当时曾在此处讲学。另据《恩县志》记载,恩县王牧也喜讲学,"与荏平孟我疆,讲明道学,从游者众"④,两人也当有讲学往来,惜无具体可考资料加以更多查实。然据已有资料,我们仍可发现当时孟秋即便在家乡荏平,仍始终保持着与外面学术世界的沟通交流,周围形成了一个较为庞大的学术交流圈,其人员主要有邹元标、许孚远、顾宪成、高攀龙、张元忭、冯从吾、吕坤、杨起元、孟化鲤等人。其中吕坤就颇为赞赏孟秋之学,并与之多有交流:"入京来,悦我疆之学,而以此就正之,乃得《灵光》二诗。虽答以四作,而恍然若

① (明)孟秋:《山海行答祁号峰》,《孟我疆先生文集》,明别集丛刊第二辑第六十三册,沈乃文主编,黄山书社 2015 年版,第 534 页。

② (明)孟化鲤:《我疆孟先生传》,《北方王门集·孟云浦先生集》,邹建锋等编校,上海古籍出版社 2017 年版,第 458 页。

③ (清)黄宗羲:《尚宝孟我疆先生秋》,《明儒学案》,沈芝盈点校,中华书局 2008 年版,第637 页。

④ (清)汪鸿孙修、刘儒臣纂:《恩县志·人物志》《中国方志丛书·山东省》,(台北)成文出版社印行 1968 年版,第 134 页。

失,恐从前错做,虽不失正途,而枉费心力也"。① 这些人所至都以讲学为事,孟秋与他们当有往来辨学,共承儒家道统之学。

万历十二年甲申(1584 年),时政更新,孟秋任刑部主事,复从家乡至京。② 在京中居留之时,一以会友兴学为事。彼时"京师故有会,然多作辍。得先生,人人兴起,亦人人愿交先生。先生亦以斯道自任,接引惓惓"③。讲会吸引了众多学人,张阳和、杨复所、孟化鲤等人俱在其中,而孟秋"为诸友领袖"④。万历十四年丙戌(1586 年),孟秋迁尚宝丞,"余即聚阳和诸公,究竟理道,殆无虚日,缙绅先生以一领謦咳为快"⑤。仕途有升降变化,然孟秋的讲学之志毫无变易,且更为坚定执着,在茌平与京师之间架起了一座学术沟通的桥梁。

在学与仕的关系上,儒家强调学而优即为仕,不必离学求仕;仕而优即为学,不必离仕求学。孟秋的学政经历,是这种说法的具体体现。《礼部题谥典疏》对孟秋的学政行为有一个总体评价,不妨摘引,以见其生平学政之大略:"(孟秋)以圣贤之学自在,善谈名理。为昌黎令,视民如子,条教皆用古人格言,百姓向化。尝以兵部主事管山海关,江陵相谓之曰:'官清是好,但不可讲学。'秋应之曰:'惟讲学方能做官。'江陵恶之。公至关,凡因缘为奸利者屏迹,而前是溺职者中以蜚语,遂乞致仕去。与妻同载一牛车,旁观者指曰:'彼稛载而归者,身名俱泰。清苦如此,不安其官,廉吏安可为也?'屏居田间,茅

---

① (明)吕坤:《与邹尔瞻论学》,《吕坤全集》(上册),王国轩等整理,中华书局 2008 年版,第 192 页。

② (明)姚思仁:《明尚宝司少卿我疆孟先生墓表》,《孟我疆先生集》,明别集丛刊第二辑第六十三册,沈乃文主编,黄山书社 2015 年版,第 484 页。

③ (明)孟化鲤:《我疆孟先生传》,《北方王门集·孟云浦先生集》,邹建锋等编校,上海古籍出版社 2017 年版,第 458 页。

④ (明)张元忭:《答孟我疆》,《张元忭集》,钱明编校,上海古籍出版社 2015 年版,第 145 页。

⑤ (明)姚思仁:《明尚宝司少卿我疆孟先生墓表》,《孟我疆先生集》,明别集丛刊第二辑第六十三册,沈乃文主编,黄山书社 2015 年版,第 484 页。

屋数椽,不蔽风雨。海内名流如邓一赞、邹元标诸人,皆造其庐,讲学累日,惟食蔬果脱粟饭。江陵罢相,起用,官至尚宝司少卿卒。所谓大冬严寒,百草俱萎,而松柏独秀者乎!"①这种学政表现和成就,在同道中很是突出,故邹元标对此深为赞许:"我疆兄之学,弟窃谓北方之学未能或之先,至南方之学亦莫有过之者"。②邹元标站在南北之学比较的视野,给予了孟秋很高的评价。

赵维新(字文野,号素衷,1525—1616),官长山县教谕,信张后觉之学,为人刚正凛然,"饥饿不能出门户,而自浩然于天地之间"。③前文提到赵维新辑有《感述录》和《感述续录》,从"两录"中可以看出张后觉的思想主旨,亦可知赵氏问学主张。就"两录"所记而言,维新讲会活动不多,现据《素衷先生行略》④摘其相关语,可略知维新讲学痕迹。

李瀛阳守东昌,躬造先生之庐,谈经树下,从容竟日已。又延至郡中,召率同志讲学,信从益众,学者称为素衷先生。先生为瀛阳公言,请建专祠于郡,祀其师,并东郡之素以理学闻者,于是建四先生祠。

乡居率里人为崇正会,与人子言教以孝,及人弟言训之悌。所居里,士安其贤,民化其德。同邑孙佐周、时秉仁、施厚辈皆执弟子礼,商河张虚庵亦不远数百里造先生问学。

李瀛阳为孟化鲤同门,师事时熙,李氏与赵维新当在年友之间。李氏守东昌时,为赵维新做了三件事:躬造其庐谈经论道、延至郡中讲学、建四先生祠,可见两人感情之深及在讲学上的共同旨趣。"四先生祠"祀王道、穆孔晖、张

---

① 《礼部题谥典疏》,《孟我疆先生集》,明别集丛刊第二辑第六十三册,沈乃文主编,黄山书社 2015 年版,第 489 页。
② (明)邹元标:《答吕新吾少司寇》,《愿学集》,景印文渊阁四库全书集部第 1294 册,台湾商务印书馆 1986 年版,第 38 页。
③ (明)曹和声:《感述录序》,《北方王门集》,邹建锋等编校,上海古籍出版社 2017 年版,第 681 页。
④ (撰者不详):《素衷先生行略》,《北方王门集·感述续录》,邹建锋等编校,上海古籍出版社 2017 年版,第 792—794 页。

后觉、孟秋等人，此祠又成为祭祀讲学之处，得以了却维新崇师讲学之心，这于专意讲学的他而言，可说是莫大的慰藉。赵维新在崇正会的讲学活动，可能更多是在家乡茌平的师徒之间进行，类似师友之间的会讲较少，不过从其"士安其贤，民化其德"的教学效果来看，又与当时倡导的讲会目的相契合。

第二节　孟化鲤与新安讲会

据孟化鲤自述："予新安旧无会。嘉靖乙丑，予获谒西川先生归，始创立以讲学。"①由此看来，新安旧无讲会，在化鲤从学尤时熙归来之后，在他的带动下于嘉靖四十四年乙丑（1565 年）在新安最先创立讲会。

新安早期讲会，无固定场所，常流动进行。化鲤自称"吾邑立会，讲洛阳之学，且十年，始讲于宝云寺，再讲于城南精舍，又再讲于陈仁甫书屋，月三举，未尝辍"②，即是当时流动讲学的真实情形。宝云寺在新安县城北门外慕容山前，唐时已经存在，历经时间较长，于民国十八年（1929 年）毁于兵火。③ 此寺本是管理当地佛教事务的机构，在化鲤兴起讲会活动之后，亦被新安士子作为讲学之地。没过多久，化鲤诸人将讲学地点移至新安城南。据时熙门人吕孔良《拟学小记跋》④所记，移学的具体时间在隆庆己巳（1569 年）冬，时熙与诸士子相会于城南书舍。此时时熙之学在洛阳影响较大，致有"洛之人士，无有不知先生者"之况。时熙也"慨然有接引后学意"，常受邀讲学其中，此次城南书舍之会便是其一。参加这次城南之会的人员有陈子祥、温纯甫、刘子礼、昌

---

① （明）孟化鲤：《兴学会约序》，《北方王门集·孟云浦先生集》，邹建锋等编校，上海古籍出版社 2017 年版，第 437 页。

② （明）孟化鲤：《乐吾刘先生墓表》，《北方王门集·孟云浦先生集》，邹建锋等编校，上海古籍出版社 2017 年版，第 472 页。

③ 张钫修、李希白纂：《新安县志·古迹》，《中国方志丛书·河南省》，（台北）成文出版社1975 年版，第 178—179 页。

④ （明）吕孔良：《拟学小记跋》，《北方王门集·拟学小记续录》，邹建锋等编校，上海古籍出版社 2017 年版，第 346—347 页。

伯仁、李子仁、梁子福、王复性、王季才、方敏之、刘子密、董汝正、刘从喻，并士华（其姓不详）、伯准（其姓不详）、陈子祥二子及邻邑诸子。一时诸学子翕然宗之，以为依归。时熙是这次讲会的主讲，《拟学小记》成为讲会商讨的主要内容。重要的是，讲会还确定了《拟学小记》的刻梓事宜。《跋》于此有记载："佥（其姓不详）欲寿诸梓以溥其传。先生曰：'夫道广矣大矣，终身由之而不能尽也，学岂止于是耶？此编之录，聊以备吾遗忘尔，恐不可示之人人也。'佥曰：'此学不明久矣，自阳明先生倡之，海内论学者多驰骛于虚远。今先生独求之于平易，故此编之旨，皆发明良知之蕴，随病立方，足以为吾人药石，可秘而不传乎？'遂捐金命工梓之。"刻梓的确定与完成，对时熙之学的确定与传播自然有重要作用。除此，我们还可以于这段话中把捉到其他信息，即时熙所著《拟学小记》，皆发明良知之蕴；并一意求诸践履，在讲学中大力推阐；其传授用意和思想立场受到与会诸子的认可，因而他们极力主张付之于梓，以更进于发明良知之蕴。

隆庆庚午（1570 年），洛中诸君子遵尤时熙之约，再次作会城南。① 在孟化鲤推动下，讲会商定将尤时熙教言拟定为《拟学小记续录》，以与此前的《拟学小记》相续承，并商议刻梓为卷。这两次讲会，尤时熙都有直接参与，其著《拟学小记》及《拟学小记续录》中的思想主张，成为讲会的核心内容。

隆庆辛未（1571 年），孟化鲤自京师归，与里中同志数人再次立会讲学。此次会讲"先集陈存吾书舍，后来者渐众，舍不能容，寻迁于邑城隍庙，来者益众。同志虑非久计，谋各量力捐分，买地城南川上，建立会所，讲习其中"②。由书舍至城隍庙再至川上，表明新安讲学在孟化鲤的推动下，其规模是渐次扩大的。当然，也可见其中讲学的不易。经过努力，川上书院于当年建成，成为

---

① （明）孟化鲤：《拟学小记续录序》，《北方王门集·孟云浦先生集》，邹建锋等编校，上海古籍出版社 2017 年版，第 433 页。

② （明）王以悟：《云浦孟先生年谱》，《孟云浦集》，扈耕田等点校，中国文联出版社 2007 年版，第 7 页

新安城南洇水一带的主要讲学处,县邑士子得以讲习其中,"一时阖邑人士,先辈后进,大家兴起,布衣贾竖,皆知讲学,在在歌诗,声满函关,行旅闻之,谓有弦歌遗风"①。尤时熙听闻新安讲学盛况,也甚为高兴,移书孟化鲤,肯定其讲学精神。新安讲学之地因川上书院的建成而得以固定,讲学规模和影响也日见其广。

川上书院有一扩容过程。万历壬午(1582 年),孟化鲤设尤时熙神位于城南会所,并祀同邑乡贤丘方山,称之为"两贤祠",以乡祀待之。②"乡祀惟论德"③,祭祀乡贤的目的在于论德立人,这与书院讲学主旨一样,书院讲学与祠堂祭祀也合而为一。随着聚讲者日众,为规范讲会内容和进程,化鲤对书院讲学立下会约:"自冠婚丧祭以及亲友酬酢、家庭日用、服食好尚之类,一一详订大要,以厚风俗,崇礼让,返朴还淳为主"④,会约内容与日常礼范高度关联,讲学活动的空间扩展到日用常行之中。川上书院每十日一聚,讲学的主要形式,在于反观自我是否有改善、徙义、修德之举。⑤ 万历己丑(1589 年),化鲤与志同道合者又各捐银两,在两贤祠后建宗贤楼⑥,意在立圣贤之志,成就圣贤事业。宗贤楼建成后,"聚图书,罗俊乂,四方之士闻风负笈,若陕、渑、嵩、永、洛、孟、汝、罗、秦、晋,联翩而至,无虑数百人"⑦,各地学者依期赴会,往来就

---

① (明)王以悟:《云浦孟先生年谱》,《孟云浦集》,扈耕田等点校,中国文联出版社 2007 年版,第 7 页。

② (明)王以悟:《云浦孟先生年谱》,《孟云浦集》,扈耕田等点校,中国文联出版社 2007 年版,第 10 页。

③ (明)孟化鲤:《乡贤丘方山先生实纪序》,《北方王门集·孟云浦先生集》,邹建锋等编校,上海古籍出版社 2017 年版,第 438 页。

④ (明)王以悟:《云浦孟先生年谱》,《孟云浦集》,扈耕田等点校,中国文联出版社 2007 年版,第 10 页。

⑤ (明)孟化鲤:《川上会簿序》,《北方王门集·孟云浦先生集》,邹建锋等编校,上海古籍出版社 2017 年版,第 439 页。

⑥ (明)王以悟:《云浦孟先生年谱》,《孟云浦集》,扈耕田等点校,中国文联出版社 2007 年版,第 7 页。

⑦ (明)吕维祺:《孟先生传》,《明德先生文集》,四库全书存目丛书集部第 185 册,齐鲁书社 1997 年版,第 179 页。

正,祁寒溽暑不辍。扩容后的川上书院,前有讲堂、两贤祠、三友轩①,后有宗贤楼,更具规模和层次,融讲学、祭祀、交友于一体,成为新安一带的文化中心。由于从学者众多,扩容后的川上书院依然不能容纳来往绩学之士,在亲友塾馆及寺庙被占用后,各方学子只好远出郊外,停居于附近道观,"间出游山水,三三两两,聚散林薄间,月夕日晡,歌声清远,响振溪谷,有春风沂水之趣"②,一时往来问学者恍然有舞雩气象,彼时新安讲会盛况由此可见。

这里有必要延伸讨论孟化鲤创建川上书院的政事背景,以见其讲学之志。《明史·儒林》记孟化鲤筑川上书院前后之事,其言曰:"时内阁权重,每铨除必先白,化鲤独否,中官请托复不应,以故多不悦。都给事中张栋先以建言削籍,化鲤奏起之,忤旨,夺堂官俸,谪化鲤及员外郎项复弘、主事姜仲轼杂职。阁臣疏救,命以原品调外。顷之,言官复交章救,帝益怒,夺言官俸,斥化鲤等为民。既归,筑书院川上,与学者讲习不辍,四方从游者恒数百人"。③ 据杨东明说法,孟化鲤之所以被贬,是因为在"请托罔利,率为常事"的迁除官员大选中"毫无所徇",于是"中贵人侧目视公,日欲伺间隙中之矣"。加之孟化鲤为谏臣张栋上疏建言,大忤上意,遂被谪,继而"飘然跨蹇归去",联属旧时同志,每日讲学两贤祠中。④ 化鲤为政以正,不悖离本心,这本是讲学宗旨。他在仕途中断之后又坚持在讲习中以道传人,体现了"政事学问原自一贯"的道德主张,也显示了儒家士大夫面对生活起伏变化而坚守的正直人格,于今仍具有现实意义。正是由于孟化鲤在变动政事中始终遵守儒家讲学之道,以不变之初心应对人情之事变,在其被贬之后川上书院仍能保持强大的学术活力,吸引来

---

① 三友轩为远近来学从游者栖居地,明学者符裴《理学云浦孟先生祠堂碑文》对此有记载。参见《孟云浦集》,扈耕田等点校,中国文联出版社 2007 年版,第 200 页。

② (明)王以悟:《云浦孟先生年谱》,《孟云浦集》,扈耕田等点校,中国文联出版社 2007 年版,第 12 页

③ (清)张廷玉等:《明史》卷二百八十三《儒林二》,中华书局 2013 年版,第 7290 页。

④ (明)杨东明:《明理学云浦孟公墓志铭》,《北方王门集·孟云浦先生集》,邹建锋等编校,上海古籍出版社 2017 年版,第 553 页。

自各地的从学者。在孟化鲤去世的前一年(1596年),杨东明过新安,参加了川上书院的讲学活动。东明有记:"座中若长若少,若儒绅韦布士,济济然和,秩秩然序,偲偲然质疑问难,少顷歌韵洋洋,响彻洛涧之滨,猗与盛哉!"①川上书院的讲学盛景,由此可见。

孟化鲤去世后,弟子吕维祺(字介孺,号豫石,1587—1641)复举讲学大旗,延续化鲤在新安的讲学实践。吕维祺对孟化鲤之后的新安讲会有一说法:"新安会自孟云浦先生始;而修复之者,吕介儒氏及先生诸门人也;兴学训士者,解侯也;过化者,则关中冯仲好先生也;所至皋比而大倡明者,吉水李本晦先生也。"②在数人中,吕维祺将自己列为"修复者"地位,主要应是从孟化鲤之后新安讲会的继承和发展而言。吕维祺修复新安讲会,有"两会"值得称道。在《新安两会语录引》,吕维祺对"两会"有概括说明:"两会者,壬戌十二月七日,仲好归里过此为会,介孺氏为会纪,又手籍记若干言。明年癸亥冬阳月五日,本晦行部,复为会,自记若干言,介孺又手删补诸门人所记若干言,解侯合而刊之,其意远矣"。③ 也就是说,"两会"指的是冯仲好(冯从吾)、李本晦(李日宣)两人各自在新安面见吕维祺时所进行的两次讲会。据吕维祺自述,他在新安进行讲学时,"独揭躬行二字,而本于各自得其心,诸士始稍稍开眼";而对士子之学尤有启发作用的,则是与冯从吾和李日宣所进行的这两次讲学:"自二先生一再发明,诸士益向往不容已,岂非此道在人心皆所固有而不提则不醒耶? 虽然,得无以二先生起见乎? 以二先生起见,虽更累千百言,何益各自得其心而躬行之? 便于二先生言中取一言,足受用矣"。④ 以下对

---

① (明)杨东明:《明理学云浦孟公墓志铭》,《北方王门集·孟云浦先生集》,邹建锋等编校,上海古籍出版社2017年版,第553页。

② (明)吕维祺:《新安两会语录引》,《明德先生文集》,四库全书存目丛书集部第185册,齐鲁书社1997年版,第133页。

③ (明)吕维祺:《新安两会语录引》,《明德先生文集》,四库全书存目丛书集部第185册,齐鲁书社1997年版,第133页。

④ (明)吕维祺:《新安两会语录引》,《明德先生文集》,四库全书存目丛书集部第185册,齐鲁书社1997年版,第133页。

"两会"略述之。

天启二年壬戌（1622 年），冯从吾（字仲好，号少墟，1557—1627）归里过新安，与吕维祺会讲于川上书院。吕维祺为此特作《川上会纪》①，以记其事。冯氏为关中大儒，生前本与孟化鲤友善，称化鲤"与余莫逆"②。此次与会，既是对化鲤生前讲会的追忆，也是对吕氏所办讲会的支持。就吕维祺而言，这是孟化鲤去世之后在新安举行的一次较为重要的讲会，因而十分重视。重要的是，此次讲会是在"以学为讳"的背景下进行的。吕维祺写道：

> 先是海内以学为讳，无复言讲学者。余谓所恶于讲学者为其伪也，乃并其真者而訾之乎？岂因噎而废食耶？只不有其名可也。冯少墟先生之言曰："讲学正要立个名色，使天下后世人人知学，成就方多。若怕世人讥笑，删去名目，只成就我一个人，恐道脉自我而任，便自我而绝。人只是恐人讥笑，故耻其名，不知不以不学为耻；而以学为耻，则可异矣。且讲而不行，可耻孰甚？讲而行，又何耻之有哉？"此其见大而言之，亲切有味，余不及也。③

万历四十三年乙卯（1615 年），吕维祺会冯从吾于关中书院，冯从吾对吕维祺说了这番话。此话当给吕维祺很大震动和启发，以致数年后仍对此念念不忘，在会讲时还"共质向日之所语于关中书院者"，由此可见冯从吾讲学传道带给其他士人群体的精神激励。冯从吾所讲话语，也从侧面反映当时讲学所面临的艰难处境，既不被世人理解，又受朝廷掣肘，讲学活动实际上处于进与退的关键时刻。1622 年，冯从吾与邹元标在京城建首善书院，引起士子广

---

① （明）吕维祺:《川上会纪》,《明德先生文集》,四库全书存目丛书集部第 185 册,齐鲁书社 1997 年版,第 334—337 页。

② （明）冯从吾:《存古约言序》,《冯从吾集》,刘学智等点校整理,西北大学出版社 2015 年版,第 511 页。

③ （明）吕维祺:《川上会纪》,《明德先生文集》,四库全书存目丛书集部第 185 册,齐鲁书社 1997 年版,第 334 页。

泛响应,但也受到朝廷朱童蒙等人的反对和诋毁。冯从吾遂上《辩讲学疏》①阐明自己的立场。其言曰:"世道之所以常治而不乱者,惟恃有此理学之一脉,亦惟恃有此讲学之一事。"表明讲学对于国家常治不乱所具有的文化意义。又言曰:"今臣等创建书院于此,岂为名? 岂为利? 岂为一身宴游之地? 岂为子孙世守之业?"继而联系阳明讲学之事,进一步剖露自己讲学的用心:"先臣王守仁当兵戈倥偬之际,不废讲学,卒能成功,此臣等所以不恤毁誉,不恤得失,而甘心冒昧为此也。"表明自己愿学阳明而立功于国家事业的心志。然冯从吾的讲学意愿未获明熹宗支持,从吾无奈只得请告归里,在接连五次上疏之后,终获"暂准回籍"。冯从吾上疏请辞获批,严格意义上说还不是吕维祺所说的"以讲学逐",毕竟这是冯从吾主动提出,但终究又未获朝廷支持,请辞也是因此事而起,因而表面上仍有"被逐"的意味。这于晚明的讲学活动而言,是一次较为明显的打击;对于反对讲学的人而言,则可成为他们嘲笑的对象:"天下于是笑先生之不逢世,而以学为讳尤甚于昔。乃有志之士,则望先生若凤凰芝草,几幸一见焉。"吕维祺与冯从吾在新安的相晤会讲,就是在这种背景下进行的。就此而言,此次会讲不仅于新安讲学有"修复再行"的作用,也在讳言讲学风潮下另创讲学新局的风向标意义,因而具有地方性讲学和全国性讲学的双重影响。

这次壬戌讲会除冯氏本人外,还有其门人孙绳祖、杨道兴,其子冯嘉年,其孙冯湛若、冯恂若,吕氏之弟吕吉孺及诸生,以及邑长吏解侯等,凡数十余人。讲会在"微风披拂,天寒欲雪"的寒冬中进行,间接烘托出与会者开展讲会的执着与坚定。在讲会过程中,参加的人"皆欲身先生者,而心嗜先生语",深受冯从吾的品行和话语感染。会后,吕维祺将此次会讲的语录辑为《川上会纪》,记会中问答语共二十一条,内容涉及"生知安行""不逾矩""立志与知

---

① (明)冯从吾:《辩讲学疏》,《冯从吾集》,刘学智等点校整理,西北大学出版社 2015 年版,第 536 页。

耻""学之不讲是吾忧"等话题。

另一次讲会是在天启三年癸亥(1623年)冬,化鲤弟子李日宣(字晦伯,号缉敬,1579—1646)以河东巡盐身份至新安,与吕维祺讲于芝泉书院。芝泉书院位于新安城北斗山,天启二年壬戌(1622年)时由吕维祺创建。在与李日宣会讲之前,吕维祺已将芝泉书院作为讲学中心,日与门人士友讲学其中。《明德先生年谱》有记:"值朝野排挤正学,先生乃毅然以倡明斯道为任,以芝泉为讲会所,名园曰斗,名堂曰芝。门人袁应参、刘标、姜品高、陆冲霄、王泽弘、韩赵璧、张芮等,及胞弟维祮、婿戚孟瑛、郭允清等,讲学于芝堂,百余人来学,布衣儒童咸与焉。立格致、诚正、修齐、治平、中和、位育社名,不时移易,寓劝励之法,朝夕讲诵。"①从这里看,朝廷禁学风潮一直在进行之中,然新安讲学此时却特立独起,大有与排挤正学之风争高下的气势,而吕维祺在其中的角色颇为引人注目。自芝泉立讲会以来,吕维祺"扩良知之传,学问随在自得"②,良知之学成为讲学的重要内容;并且一心石隐,以寄自得之况,芝泉讲会实际上已经成为吕维祺锤炼讲学心志的重要方式。

芝泉已有讲会为吕维祺和李日宣的会讲奠定了基础。在李日宣行部至新安时,吕维祺向李日宣发出了讲学邀请,以满足新安士子"裹粮而候"的心愿,李日宣也欣然前往。对于这次讲会,两人都有记载。吕维祺《新安两会语录引》对此有简要说明,又在《芝泉会语》中进行了详细介绍。《芝泉会语》提到李日宣"所至事竣,津津与诸生谈学,折节理解,多所兴起"③,表明李日宣对讲学亦有浓厚兴趣,推动了所巡地方的讲学活动。对于会讲内容的记录整理,《芝泉会语》亦有交代:"诸生默识会中语,明日各持见质,凡四十余条,愚为删

---

① (明)施化远等:《明德先生年谱》,四库全书存目丛书集部第185册,齐鲁书社1997年版,第396—397页。
② (明)施化远等:《明德先生年谱》,四库全书存目丛书集部第185册,齐鲁书社1997年版,第397页。
③ (明)吕维祺:《芝泉会语》,《明德先生文集》,四库全书存目丛书集部185册,齐鲁书社1997年版,第339页

而存其七。既而缉敬寄所录若干语,便觉诸生所识尚隔一尘,然有可为实地下手之助者,再删而存其五"。① 可知讲会内容是经过两次删减而成。就《芝泉会语》所记看,会讲内容涉及对"一贯""学问从何处下手""孝悌庸行""孔子志学""天命之谓性"等问题的讨论。

李日宣将这次芝泉讲会称为"新安会",并作《新安会》②以记之。在《新安会》的"前言"中,李日宣借吕维祺"恐县官不敢率诸生进"之问,表达了对新安讲学的支持,同时也坦露了自己将如程颢一般有"教人致却太平后,我亦愿为太平民"的讲学之志。《新安会》所记讲会语与《芝泉会语》大体一致。

附带指出的是,李日宣为邹元标高弟,其学以元标为楷模,其讲亦有元标之风。当是时,邹元标讲学于豫章,冯从吾讲学于关中,"然犹限于一隅"③,而李日宣则能利用按部各地的机会到处开展讲会,宣传阳明之学。此外,李日宣还在山西运城创建讲堂,名为"传是堂"。此堂建成后,"与真予先生讲论道学其中,一时缙绅、孝廉、青衿,从游者不下数百人,从来会讲未有若斯之盛者"。④ "真予先生"即曹于汴,运城人,在李日宣按部秦晋时,两人成为讲学好友,在李日宣汇各地会语而订的《传是堂合编》刻梓时,曹氏也特为之作序。天启年间,李日宣按历陕西、河南、山西等地,与新安吕维祺、陕州王以悟、关中冯从吾等人多有往来,并写有《关中会》《甘棠会》《新安会》《洛中会》等会语记录。李日宣的讲学行踪和讲学会语,是我们了解晚明北方一带讲学运动的重要线索。又因李日宣为邹元标弟子,邹氏乃为江右王门著名学者,我们亦可从李日宣与北方王门的讲学互动中,看出北方王门的讲学实践并未脱离于整个王学之外。当然,吕维祺主持的这两次会议,对其师孟化鲤之学也有进一步

① (明)吕维祺:《芝泉会语》,《明德先生文集》,四库全书存目丛书集部185册,齐鲁书社1997年版,第339页
② (明)李日宣:《新安会》,《传是堂合编·河东会语卷二》,明天启(1621—1627)刻本,第18—25页。
③ (明)王纪:《传是堂合编序》,《传是堂合编》,明天启(1621—1627)刻本,第7页。
④ (明)王纪:《传是堂合编序》,《传是堂合编》,明天启(1621—1627)刻本,第9—10页。

阐扬,同时为新安阳明学的传播开拓了更为广阔的空间。

　　除了天启三年的这次讲会之外,吕维祺与李日宣于天启四年春在芝泉书院还有一次讲会,相关内容记载在吕维祺的《芝泉书院会纪》①中。据《芝泉书院会纪》所载,跟随李日宣来讲学的,有参藩张九劢、金臬朱午台、太守梁树宇、别驾张培元、大令解调垣等人。远近之士也皆来学,"凡淇卢诸生至者及新安士数十辈",形成了官民同台讲学的热潮,可见规模之庞大。在讲会过程中,围绕"圣人之仁与吾辈之仁""生知安行""上智上达"等问题互有问答。李日宣对吕维祺新安讲学的支持,亦由此可见。两人互为知己,而以道义相砥砺,成为讲学佳话。

　　《明德先生年谱》又记,天启三年,吕维祺建七贤书院于芝泉:"先生于斗山之阿创七贤书院,祀伊洛七贤,为宋程明道、伊川、司马温公、邵尧夫,明曹月川端、尤西川时熙、孟云浦化鲤"。② 从地理位置看,七贤书院也位于斗山之阿。又据《芝泉书院会纪》,在李日宣来芝泉书院讲学时,先至洗心堂拜孟化鲤像,再礼七先生于西祠。③ 可知芝泉书院与七先生祠实际上是连在一起的。另据吕维祺与杨东明书信,其中提到"近为芝泉书院中祀宋二程、康节、司马四先生,明曹月川、尤西川、孟云浦三先生,皆伊洛间人也"④,亦进一步表明芝泉书院中本已有七贤祠。因此,《明德先生年谱》中所指吕维祺于斗山之阿建七贤书院,不是另立他址,只是将芝泉书院改称七贤书院而已。事实上,芝泉书院改名的背后,折射出当时讲学的艰难。天启六年,魏忠贤下令拆毁天下书院。时魏忠贤亲信乔应甲巡抚关中,此人被称为"狂獝",对冯从吾在关中从

---

　　① (明)吕维祺:《芝泉书院会纪》,《明德先生文集》,四库全书存目丛书集部第185册,齐鲁书社1997年版,第337—339页。

　　② (明)施化远等:《明德先生年谱》,四库全书存目丛书集部第185册,齐鲁书社1997年版,第400页。

　　③ (明)吕维祺:《芝泉书院会纪》,《明德先生文集》,四库全书存目丛书集部185册,齐鲁书社1997年版,第337—338页。

　　④ (明)吕维祺:《与杨讳东明》,《明德先生文集》,四库全书存目丛书集部185册,齐鲁书社1997年版,第220—221页。

事讲学深以为恨,"日夜窘辱先生为事",企图找到污蔑冯从吾讲学的把柄。其结果是"察其清,不忍加遣,惟毁书院,曳先师像置城隅,以泄其愤"。冯从吾见此情景,"痛如切肤,衄血病榻,寝食俱废,昼夜趺坐百余日,竟以不起"①,最终抱屈而逝。冯从吾的遭遇处境,也正是当时吕维祺所面临的讲学困境。《吕明德先生年谱》载崇祯二年(1629年)八月表章芝泉书院之事:"先是逆珰煽焰毁天下书院,芝泉以祀七贤,故未得毁。是年奉旨表章。"②芝泉书院得以幸存下来。"七贤书院"的改名,与当时朝廷诏毁天下书院的政治举动密切相关,也凸显了在这种政治环境下书院讲学自求生存的无奈之举。即便改名,"七贤书院"更多的时候仍称为"芝泉书院",如前文所述天启四年吕维祺与李日宣的会讲之事,吕维祺称其为《芝泉书院会纪》;《吕明德先生年谱》所记崇祯二年表章之事,也称其为"芝泉书院"。

除了在新安创建讲会之外,吕维祺于崇祯二年在京师立有豫簪会,崇祯五年在南京立风苫会、制学田,崇祯十年在洛阳立伊洛会。这些讲会都可视作吕维祺新安讲会的向外延伸。

孟化鲤与吕维祺在新安的讲学实践,形成了"南有川上书院,北有芝泉书院"的布置格局,使得阳明之学在相当长的一段时间内得以在新安保持一种连续性的传播。据《新安县志》记载,清乾隆三十一年(1766年)邑令邱峩为保存川上书院遗址,曾在书院处勒碑而记;宣统元年(1909年),洛潼铁路经过此地时,又曾移碑于城东街孟化鲤的祠前。③ 至于芝泉书院的最终归宿,据《新安县志》所记,自吕维祺去世后,弦诵之声久辍;清道光九年(1829年),知县衡体节曾将之移建至城邑西街,按月课士,其中考列优等者,定额奖给膏火

---

① (明)杨复亨:《大司空谥恭定少墟冯先生行实》,《冯从吾集》,刘学智等点校整理,西北大学出版社2015年版,第563页。

② (明)施化远等:《明德先生年谱》,四库全书存目丛书集部第185册,齐鲁书社1997年版,第413页。

③ 张钫修、李希白纂:《新安县志·古迹》,《中国方志丛书·河南省》,(台北)成文出版社1975年版,第153页。

之费;书院在光绪二十九年(1903年)废。① 尽管如此,川上书院和芝泉书院所承载的讲学历史,已在新安历史上留下了浓重的思想痕迹。对于阳明之学而言,在复杂多变的社会政治环境中仍能曲折前行,展示了其学内在的思想韧性。而这与孟化鲤和吕维祺的推动显然是分不开的。

第三节　杨东明与虞城讲会

对于虞城的讲学情况,孟化鲤在《兴学会约序》中有相应介绍:"余闻虞城旧亦无会,其师士咸以启寐讲此学,相率秉承,故会立而风动。呜呼! 唐虞三代时,则有学而无讲之名,讲学自孔子而始彰。由孟子迄两程时,则有讲而无会之名,会讲自朱陆而始著。迨于今,在在有会,会会有约。然称提明畅,予尤取乎虞城。典刑大备,条示胪列,予尤取乎立志一语"。② 从化鲤所述看,可知虞城讲会由杨东明带动起来,主要标志是兴学会的创建。相较于孟化鲤自己在新安创立讲会时"有约而罔所发明者"的自谦说法,化鲤对杨东明的兴学会约尤为肯定,指其"称提明倡",丝毫不逊色于此前的其他会约。

杨东明自己也写有《兴学会约自序》③,其中提供了兴学会成立的几个具体细节:

> 岁乙未,谢事归里,获与邑庠诸髦士游。诸髦士率驯雅,可与共
> 学。未几,邑庠三先生各欣然有志于道,率其门下士邀余会讲。余嘉
> 此胜举,遂忘其固陋,日与上下其议论。
>
> 丙申春,余将游秦中,三先生虑诸友之有作辍也,欲订会约以垂

---

① 张铤修、李希白纂:《新安县志·教育》,《中国方志丛书·河南省》,(台北)成文出版社1975年版,第549页。

② (明)孟化鲤:《兴学会约序》,《北方王门集·孟云浦先生集》,邹建锋等编校,上海古籍出版社2017年版,第437页。

③ (明)杨东明:《兴学会约自序》,《北方王门集·山居功课》,邹建锋等编校,上海古籍出版社2017年版,第845—847页。

永久,余乃择学问要义列为八款。……八者既具,而进修大要思过半矣。至于会中仪节之详,亦僭为酌定,而会规庶其粗备矣乎!

余惟虞旧无学会,而突起自今,其以"兴学"名之可乎!嗟嗟,览是约者,肯厘其谬妄而更发吾覆,其所以兴起我者,更不浅矣。

据此可知,万历乙未(1595年),东明致仕回乡后,即与邑庠先生并其门下聚会讲学,一个以杨东明为核心的讲学团体在虞城初步形成。在讲学过程中,东明益信人皆可以为尧舜,然也有"特患兴起倡导无人"之感,进而萌发立会之意。丙申年春(1596年),东明在游秦中之前,应诸人之请,特意列学问要义八款,分为择术、立志、知性、虚心、取友、真修、脱俗、有恒,以此作为诸生"进修大要"。同时,为防学有停辍,常继此学,又特立学会约,订立会规条款;并以"兴学"为会名,含有"旧无学会,突起自今"之意,也有"从我兴起,文明天下"的畅想。兴学会遂由此而立。

为规范讲会活动,东明为兴学会制定了详细的《兴学会条约》①。条约共十九条,涉及讲会时间、入会、内容、态度、仪节等方面。如讲会每月三举,逢九为期;会所悬先师神像,并设书案,置《四书》《五经》及各语录;会中设歌诗、讲书、讲语录、议论等环节;入会者在议论时要平心和气、虚己受人;凡语默动作之际,"须是和敬兼行"。特别规定入会者需"各立言一条,或纪所可疑,或证所已信"。会友讲习讨论时,"不得怯懦含默,孤负良会"。对于学问中的自家疑问,"须是自知自医",如此方能有所长进。条约又规定,讲会所需开支,由会众捐分置办,统一管理使用。从所列条目看,讲会开展的操作流程、讲会重点、日常运作等,在条约中都做了具体规定。化鲤对此深表赞赏,指其"意恳旨腴,词平道大,无论邃养者首肯,即初学读之,恍若撤蔀屋,还逆旅,欣欣睹天

---

① (明)杨东明:《兴学会条约》,《北方王门集·山居功课》,邹建锋等编校,上海古籍出版社2017年版,第855—858页。

日而乐天伦也,约殆称良哉"①。因有"良约"可遵,兴学会便在虞城一带形成并发展起来。

　　兴学会成员主要包括地方官员、诸生、布衣等,对虞城周边一带讲学风气的形成与发展起到了重要作用。现据东明《山居功课》中"兴学会同志姓氏""乙未取士""门生"所列人员名单,对兴学会的成员构成稍作整理,通过对其身份符号和地域来源的分析,以此探知兴学会的学术影响力。

　　"兴学会同志姓氏"②共列六十二人,连同杨东明则为六十三人。除主簿、教谕、通判、训导、县丞外,兴学会同志大部分是虞城本邑、杞县及安徽砀山的庠生。这里略述几个人物。王下问,山西阳和卫人,曾担任邑主簿,写有《兴学会约跋语》。在跋语中,他叙述了自己在宦游虞城时,即"日闻晋庵杨先生群多士讲学",遂求拜门墙,得以入座讲会。王下问对自己初次聆听讲会时有一番描述:"见洋洋乎先师在上,彬彬乎朋友在旁,飒飒乎歌韵盈耳,亹亹乎旨趣入心,坐不移时,尘襟顿释。往故未尝不诵诗书,何期圣贤旨趣乃至若此之妙也!"③可遥知当时兴学会讲会情景,亦可看出讲会对学人的影响。田珍,虞城人,万历庚戌进士,官至南京通政使,为官清廉严毅;汲引后学不遗余力,不自居其德,士林尊为师表。④ 杨东光,为杨东明弟。杨东光以明经科入太学,仕至文华殿中书舍人,后解绶归家,日与东明共传圣教,设馆讲学,四方之士多矜式之。⑤ 范志道,虞城人,曾为山西清源县知县,多惠政及民,请归时清贫如

　　① (明)孟化鲤:《兴学会约序》,《北方王门集·山居功课》,邹建锋等编校,上海古籍出版社2017年版,第437页。
　　② (明)杨东明:《兴学会同志姓氏》,《北方王门集·山居功课》,邹建锋等编校,上海古籍出版社2017年版,第858—859页。
　　③ (明)王下问:《兴学会约跋语》,《北方王门集·山居功课》,邹建锋等编校,上海古籍出版社2017年版,第862—863页。
　　④ (清)李淇修、席庆云纂:《虞城县志》,《中国方志丛书·河南省》,(台北)成文出版社1976年版,第432—434页。
　　⑤ (清)李淇修、席庆云纂:《虞城县志·人物》,《中国方志丛书·河南省》,(台北)成文出版社1976年版,第434—435页。

未仕,后祀乡贤。① 王以悟,河南陕州人,初为时熙门人,后"慕元浦讲洛中之学,负笈来学"②,两人相知甚深。王氏曾居新安两年,后德行成立,大兴讲学,及门之士甚众。③ 邵重耀,安徽砀山人;砀山紧邻虞城,可知此时虞城讲会已影响至临近周边县域。

在"乙未取士二十人"④中,取士人的姓名和地址皆有罗列。其中南直上海、华亭和婺源三人,江西南昌、高安三人,陕西韩城、高陵和西安三人,福建长汀、漳浦二人,山西闻喜、安邑二人,四川汉州、保宁二人;直隶魏县、湖广钟祥、浙江定海、辽东太和、山东新城各一人。所取之士中亦有所成者,如江西南昌的刘一燝即为一时名流。⑤ 陕西韩城的解经邦官至御史大夫;在峄县为政期间,实心实政,很受峄人拥戴;公事之暇,引诸生谈经较艺,孜孜不倦,士风丕变。⑥ 这二十人未必参与兴学会讲会活动,东明将之列于兴学会整体成员名单之中,表明讲会与取士有内在关联。国家取士的目的在于"荐贤为国,不宜私树桃李,惟切磨道义,无愧科名可耳"⑦,"荐贤为国"与兴学会"文明天下"的期望相一致,"切磨道义"其实也正是讲学的重要精神。

"门生"⑧列八十六人,除安徽砀山、山东单县各一人外,其余俱为河南各

① (清)李淇修、席庆云纂:《虞城县志·人物》,《中国方志丛书·河南省》,(台北)成文出版社1976年版,第436—437页。
② (明)孟化鲤:《王生字幼真说》,《北方王门集·孟云浦先生集》,邹建锋等编校,上海古籍出版社2017年版,第451页。
③ (明)孟化鲤:《书安良弼卷》,《北方王门集·孟云浦先生集》,邹建锋等编校,上海古籍出版社2017年版,第492页。
④ (明)杨东明:《乙未取士二十人》,《北方王门集》,邹建锋等编校,上海古籍出版社2017年版,第860页。
⑤ (清)李淇修、席庆云纂:《虞城县志·人物》,《中国方志丛书·河南省》,(台北)成文出版社1976年版,第428页。
⑥ 赵亚伟主编:《峄县志》点注本(上),线装书局2007年版,第311—312页。
⑦ (清)李淇修、席庆云纂:《虞城县志·人物》,《中国方志丛书·河南省》,(台北)成文出版社1976年版,第428页。
⑧ (明)杨东明:《门生》,《北方王门集·山居功课》,邹建锋等编校,上海古籍出版社2017年版,第860—862页。

邑县弟子,辐射至杞县、鹿邑、宝丰、永城、曹县、宁陵、新安、祥符、商丘等地。在人物身份上,除一人为布衣外,其余诸人都在庠生及以上。其中孟化鲸为孟化鲤弟,由此可知杨、孟两家之学有交流融合,也可看出新安和虞城的讲会来往情况。

合观"兴学会同志姓氏""乙未取士二十人"和"门生"所列成员名单,可以发现以下几点:第一,兴学会合计一百六十八人,这在当时是一个不小的讲会团体,与同时期冯从吾在陕西成立的关中书院五十七人相较①,规模要大许多。每次与会人员尽管没有确数,但从孟化鲤所述"相率禀承,故会立而风动"的情形来看,讲会场景较为盛大。第二,讲会成员以河南各邑县为主,辐及陕西、山西、河北、山东以及南方的上海、浙江、福建、湖广等区域,地理范围较为广远。重要的是,这些成员有如一粒粒的学术谷种,在新的地方繁衍蔓延开来,又形成新的讲会成员谱系,逐渐生成了一个更为广大的学术地理圈。如王以悟"尝与张信民、吕维祺诸人倡明师说于正学书院,嗣会于分陕龙兴寺,又会于甘棠,学者如归"②,这于兴学会的对外影响以及整个明代讲会活动"在在"之势的形成,意义不容低估。第三,兴学会成员主要为士绅阶层,形成了一个以"主簿、教谕、训导—庠生—举人—贡士—进士"为主要对象的学术群体,他们既是已有地方学术圈的主要构成,也是塑造将来学术形态的生力军,阳明心学能在虞城等北方之地得以传播,实有赖于这些人的讲学实践。

除兴学会外,东明在虞城尚建有同善会③。同善会初名"同乐会",由虞城当地年长的名士乡绅组建而成,月为会事,带有雅会特色。杨东明加入后,提议各捐金若干,"遇一切贫困可恤、善事宜举者,胥取给焉"。提议得到里中诸

---

① (明)冯从吾:《同议关中会约姓氏》,《冯从吾集》,刘学智等点校整理,西北大学出版社2015年版,第137—140页。

② (清)孙奇逢:《中州人物考·王参政以悟》,景印文渊阁四库全书史部第458册,台湾商务印书馆1986年版,第22页。

③ (明)杨东明:《同善会序》,《北方王门集·山居功课》,邹建锋等编校,上海古籍出版社2017年版,第809—810页。

老响应,遂于万历庚寅年(1590 年)成立同善会。由于会团主张"结社捐赀,共期为善",以己之积善,福及他人,"为善乃称最乐",因而称名为"同善会"。同善会规模不大,加上杨东明共计十三人,但由于他们都为里中耆老,有些还有仕宦经历,因此威望较高,执行力较强。且"人之积善,犹农之力耕,多种则多获,寡种则寡获,不种则不获",积善成德本为儒家所强调,救难恤贫也是儒学应有之义,因此各成员自能努力为善,也能得到民众的普遍支持。同善会成立后,杨东明特意制定《同善会条约》①。条约规定,以每月十五日为期;相聚宜崇雅道,力禁奢靡;收取一定会银用于平日活动,如有盈余,"遇一切道路可修、桥梁可补、婚丧可助、贫窭疾厄可周可扶者,悉取办于此"②;推行"隐恶扬善、缓急相恤"的道德实践行为。从条约内容看,同善会带有济众博施的社会慈善性质,同时亦极力主张人人成为君子,"有能推广此心,引进善类,或兴起里邻立会为善者,则无愧一乡善士",这与明代讲会的要求有相似之处。或者说,儒家所强调的成己成人成物之学,在带有慈善性质的同善会这里一样得到了强调,二者具有内在的一致性。由此而言,同善会其实也是讲会,它在以善为乐、劝善济困等方面进一步丰富了明代讲会的内容和形式。此外,同善会也有固定的会期,定期解决一定范围内的公共事务,是地方乡绅参与管理地方事务的重要形式。凡管理地方事务的公共活动,实际上也可纳入讲会的范围。有学者指出:"明代讲会同样属于地方士绅定期性的聚会团体,也是士绅参与地方公共事务、并以维持社会秩序为目的的活动,而且这些会所盛行的地理区域亦颇为接近,因此从组织结构和社会功能而言,两者有类似之处,均属明代士人本着经世理想而投身社会建设的活动。"③这样,讲会就不会只局限于师

---

① (明)杨东明:《同善会条约》,《北方王门集·山居功课》,邹建锋等编校,上海古籍出版社 2017 年版,第 810—811 页。

② (明)杨东明:《同善会条约》,《北方王门集·山居功课》,邹建锋等编校,上海古籍出版社 2017 年版,第 810—811 页。

③ 吕妙芬:《阳明学士人社群:历史、思想与实践》,北京师范大学出版社 2017 年版,第 85 页。

承传递、书院讲学、书信往来等形式，而是将其扩展到无限的生活空间中去，与民众的实际需求紧密衔接。这种讲学形式无疑更能有效面对我们身处其中的真实世界，因而具有更强的生命力。以此为视角，杨东明创立的同善会，既有为善成德的自我修行要求，也有慈善救济的社会公益性质，这对于舒缓人际关系、解决公共事务难题、稳固基层乡村治理等生活中的实际问题，无疑具有正面意义。

另指出的是，东明创立的同善会，其影响并不局限于虞城周围，而是扩展到江南一带，其中在江苏和浙江一带较为盛行。日本学者夫马进提到，常州府武进县人张师绎倡建同善会，此后同善会便在无锡、昆山、嘉善等地流行开来，形成江南一带特有的同善会运动现象，而这一现象的源头则是东明创立的同善会。① 不过，夫马进认为同善会没有开展教化民众的活动，兴学会才是专门从事讲学的组织，兴学会与同善会是彼此不同的组织。② 这是基于狭义的讲学而言，如站在广义的视角，则未必如此。然虞城同善会对此后江南一带同善会的推动和发展，其影响则是显而易见的。东明或许没有料到，当初自己"事出创见，触发秉彝"③之举，能在后世引发如此强大反响。其中奥义或如高攀龙所言："这个同善会，专一劝人为善。所以劝人为善者，且不要论善是决当为，恶是决不当为的道理，中间极有大利害，不可不知。"④在劝人为善这点上，不管是东明还是高攀龙，抑或北方与南方，都具有一以贯之的道德意义，因而被作为社会共通的规范准则通过同善会的形式流传开来。

东明创立同善会，因同邑之人向慕者甚众，东明又将之联为同社，于同善会成立之后的第二年（1591 年）成立广仁会。广仁会成员列于名单者二十九

① 〔日〕夫马进：《中国善会善堂史研究》，商务印书馆 2005 年版，第 80—89 页。
② 〔日〕夫马进：《中国善会善堂史研究》，商务印书馆 2005 年版，第 83 页。
③ （明）杨东明：《广仁会序》，《北方王门集·山居功课》，邹建锋等编校，上海古籍出版社 2017 年版，第 812 页。
④ （明）高攀龙：《同善会讲语》，《高攀龙全集》（上册），尹楚兵辑校，凤凰出版社 2020 年版，第 802 页。

人,加上杨东明则为三十人;名单人员几乎涵盖了"邑之富有力者",在当地形成了一个比较稳定的助益群体。与同善会不同的是,在人员构成上,同善会的成员年龄较高,身份地位也较高;而广仁会成员的年龄则较低,以监生、生员和没有任何功名身份的"乡民"为主。杨东明成立广仁会的直接目的,意在为有疾病者施药布德,推广仁术。他以"谷种"为喻来说明推行仁术的重要:"夫谷种藐焉,一粒而已,胡然而萌芽,胡然而长茂,胡然而吐华结实,仁为之也。谷种非仁,则生意灭矣。故夫人能全仁,则生机所畅,发祥自长,身膺多福,泽及后裔,非强致也,生生者自不容已也。"①推广仁术重在培壅生生之理,泽及生机之德,其实这也是儒家所强调的仁之应有之义,广仁会则是对仁之生理的具有运用。

广仁会的成立并不排斥同善会的社会功能,实际上二者互为兼容。如广仁会的会约大略与同善会相同;两会捐收的赀财亦用于共同支出,"自施药外,悉以供周急,并诸所义举之费";宣扬德风方面,都强调"会之精神"的道德教化作用。② 可见二会不仅不相冲突,反而因其组成人员的互补、医学技能的有效利用而大生好处,"与同善会争趋义焉"③。广仁会成立之后,求者日数百人,医病之余又周及他事,社会风俗民情渐趋淳美。广仁会的慈善实践,使东明进一步体会到"知山居未尝无事,游燕自可推恩"④的道理,也为我们理解儒学实践提供了另样视角。

尚需一提的是,东明领差归里后,在虞城西郊外亦设有折柳亭。关于折柳亭学馆的记载较少,笔者在《虞城县志》中找到两处:一处是在《人物·杨东

---

① (明)杨东明:《广仁会序》,《北方王门集·山居功课》,邹建锋等编校,上海古籍出版社2017年版,第812页。

② (明)杨东明:《广仁会》,《北方王门集·山居功课》,邹建锋等编校,上海古籍出版社2017年版,第814页。

③ (明)杨东明:《广仁会序》,《北方王门集·山居功课》,邹建锋等编校,上海古籍出版社2017年版,第812页。

④ (明)杨东明:《广仁会》,《北方王门集·山居功课》,邹建锋等编校,上海古籍出版社2017年版,第814页。

明》中,记东明设立折柳亭学馆后,吸引了众多学人,执经问字者达数百人,其中不乏当世大儒:"所与往复问辨者,如邹南皋、冯少墟、吕新吾、孟我疆、刘允阳、耿天台、张和阳、魏见泉、杨复所、徐匡岳、马见素诸君子,皆当代名儒,尼山嫡派,疑义相析,弗明弗措"。① 由此推测,可能有部分讲学活动是在折柳亭学馆进行。另一处是在《艺文・七言律诗》,载有明末诗人张宾王的诗歌《游都谏杨晋庵老师折柳亭》:"梁园卜筑意如何? 岁月恐从忙里过。花到盛开知已至,酒因微醉交情酥。咏归沂水狂曾点,同乐雪宫叟孟轲。道德如君天下望,安车指日迎南河"。② 诗歌形象记录了东明在折柳亭学馆的忙碌实践,以及在讲学实践中获得的道德声望,两人通过讲学产生的深情厚谊也在诗歌中表露无遗,给人许多遥想空间。

东明在虞城讲学所带来的影响,也波及其他地方。万历丙申(1596年)夏,东明以天垣都谏迁官经过函谷,是时化鲤正在新安主持讲会,东明受邀登坛说法,"与会者七十余人,皆色喜"③,两地学术交流于此可见。冯从吾在陕西亦建有关中讲会,首会举于万历戊戌(1598年)正月,从时间上看,关中讲会较兴学会要晚两年;从《同议关中会议姓氏》中成员姓氏排列、《关中会约》和《学会约》的内容罗列以及相关讲会语录记载来看,关中会与兴学会都有类似之处,由此亦可看出东明兴学会对关中讲会的影响。

另据孙奇逢《中州人物考・杨尚书东明》,东明部分参与了首善书院的创建工作:"始建首善书院,与邹元标、冯从吾羽翼圣学"。④ 首善书院修建的具体时间在天启二年(1622年)。据《四库全书・史部・地理类》载,首善书院

---

① (清)李淇修、席庆云纂:《虞城县志・人物》,《中国方志丛书・河南省》,(台北)成文出版社1976年版,第428页。

② (清)李淇修、席庆云纂:《虞城县志・艺文》,《中国方志丛书・河南省》,(台北)成文出版社1976年版,第991页。

③ (明)孟化鲤:《兴学会约序》,《北方王门集・孟云浦先生集》,邹建锋等编校,上海古籍出版社2017年版,第437页。

④ (清)孙奇逢:《中州人物考・杨尚书东明》,景印文渊阁四库全书史部第458册,台湾商务印书馆1986年版,第20页。

在京师宣武门内左方对城,明天启初都御史邹元标和副都御史冯从吾修建为在京士子讲学之所。就此看,首善书院的主要创建者当为邹元标和冯从吾。不过,东明与这两人都过往较密,加之东明又在京城待过,东明部分参与书院的创建工作是完全有可能的。东明在给邹元标的一次书信中,也曾提到他收到邹元标寄给他的会约①,这个会约可能与首善书院有关②。两人很可能是交流书院建设的相关情况。因此,东明在京城首善书院的讲学,大体可以确定下来。当然,东明在首善书院的讲学并非孤立进行,而是与他此前在家乡虞城的讲学有关,因此我们也可以将之视为虞城讲学的一种延续。

第四节　张信民与渑池讲会

张信民(1563—1633),字孚若,号抱初,晚号洗心居士,学者称洗心先生,河南渑池人,为孟化鲤门人。曾受陇西知县,有政声。后辞归,不再复出,只讲学里中,四方学者云集,在士人缙绅间颇有名气。著有《洗心录》《理学日抄》《四礼述解》《一喙录》《印正稿》等,惜罹兵火,仅存《印正稿》和《年谱》。③ 明别集丛刊第四辑第七十四册载有《张抱初先生文集》二卷,四库存目丛书子部第15册载有《张抱初先生印正稿》六卷;张信民门人冯奋庸,寿安(今河南宜阳)人,写有《理学张抱初先生年谱》。这些是我们了解张信民修学、讲学之事的重要资料。

张信民友人吕维祺写有《张抱初传》,此传较集中地记述了张信民的讲学历程。据此传,这里先述张信民在渑池创立的讲会。吕维祺指出:

① (明)杨东明:《柬邹给谏南皋》,《北方王门集·山居功课》,邹建锋等编校,上海古籍出版社 2017 年版,第 960 页。

② 日本学者夫马进认为杨东明所收会约即为首善书院的会约。见[日]夫马进:《中国善会善堂史研究》,商务印书馆 2005 年版,第 152 页。

③ (明)王箓舆:《印正稿序》,《北方王门集·印正稿》,邹建锋等编校,上海古籍出版社2017 年版,第 563 页。

先生惮俗尚侈靡，约同志为脱粟会，会语盈帙。李公巡方毕，过渑，造庐以请，恨相见之晚，索脱粟会语刊之。后上三藩疏，以脱俗渑池荐先生，兼表正学会所为正学书院。①

这里提到张信民在渑池创立的两个主要讲会：脱粟会和正学会。实际上，正学会要早于脱粟会，因而先述正学会。正学会于万历四十八年庚申（1620年）告成，其时张信民五十八岁。据冯奋庸《年谱》载，当时前来求学的人渐多，"景行堂不能容，乃择地于宅东北建会所五楹，题曰正学"②。会所建成后，有大门五楹，仪门一楹，正学堂五楹。内辟东西二室，为进德、修业二斋。东西厦房又各三楹，为明善、诚身二斋。堂后另创正堂三楹，前堂扁曰正学。堂外柱榜曰：学以正为宗，远超寂灭虚无之教；道以中为至，近在饮食日用之常。③布局比较讲究，规模也挺宏大。这里还提到，正学会所是在景行堂的基础上扩建而成。景行堂是张信民于1591年在渑池建成，彼时他就和士友在此立会讲学，相关会语也载于《印正稿》。④ 景行堂运行多年，有一套较完整的讲学流程。《年谱》载录，景行堂讲坛以每月初二、十六为期。设有会副一人、会纠两人、会史两人；其中会副掌管一会之事，负责讲会的整体运行；会纠纠察一会之人，遇有不善不良之事，会纠则以鸣磬的方式加以制止，并督查其言行，直至改正；会史备有纪善簿和纪过簿，用以记会友的善与过。每次讲会正式开讲之前，都会高诵会约。⑤ 值得一提的是，诵会约之前，有一段引语，此引语即是孟化鲤所写的《川上会簿序》。由此可见孟化鲤对景行堂讲会的影响，也可知张

① （明）吕维祺：《张抱初传》，《明德先生文集》，四库全书存目丛书集部第185册，齐鲁书社1997年版，第183—184页。
② （明）冯奋庸：《理学张抱初先生年谱》，《儒藏·史部·儒林年谱》第二十三册，四川大学古籍整理研究所编，四川大学出版社2007年版，第796页。
③ （明）冯奋庸：《理学张抱初先生年谱》，《儒藏·史部·儒林年谱》第二十三册，四川大学古籍整理研究所编，四川大学出版社2007年版，第796页。
④ （明）冯奋庸：《理学张抱初先生年谱》，《儒藏·史部·儒林年谱》第二十三册，四川大学古籍整理研究所编，四川大学出版社2007年版，第763页。
⑤ （明）冯奋庸：《理学张抱初先生年谱》，《儒藏·史部·儒林年谱》第二十三册，四川大学古籍整理研究所编，四川大学出版社2007年版，第792—793页。

信民对孟化鲤讲会之事的继承。事实上,张信民在五十八岁时,还登景行堂讲席,修订会约,为士友讲授四书,树立为教典范。① 景行堂良好的讲会之风吸引了众多学者参与,以致讲会场地不能容纳更多来者,只有扩建以成其求学之心,遂有正学会的成立。这是冯奋庸的说法。

吕维祺在谈及正学会所的由来时,则另有一说:"当是时,秦晋之间以及汝颖、睢阳之士,云拥川至,相继而来,暗修堂隘,几不能容,创正学会所五楹"。② 这表明,在正学会所之前,另有暗修堂这一讲学之处,且声名在外,秦晋汝颖、睢阳之士相继而来。查阅冯奋庸《理学张抱初先生年谱》,暗修堂修成于 1619 年,也就是正学会所成立的前一年,时张信民五十八岁。按《年谱》说法,张信民认为"来往商学者私谒无定址",遂于居宅的后边另修三小楹,名曰暗修堂;中有洗心室、假山、茅屋、睡轩等学习、休息之处;洗心室为平常读书之地,讲论、迎宾则于暗修堂内。③ 据此看,张信民修建暗修堂主要有两层用意:一是用于商学者私谒之地,二是为自己定一个每日读书之处。就此来看,暗修堂还不是严格意义上的会讲之地,缺乏如景行堂一样的会约和会讲流程,其主要还是用于与友人讲论商学。这便涉及"来学"与"商学"的区别。在冯氏《年谱》中,多次用到"来学"一词,意指士子远道而来求学,如华州(今陕西渭南)布衣张三重来学,太原布衣蔡继来学,秦咸阳张绍光来学等。《年谱》也多次用到"商学"一词,意指同辈友人、同门、官员前来订商问学,共探为学之道。如与孟化鲤之子孟一诚商学,与王以悟商学,与关中冯少墟商学,与张太宇商学(时张太宇为监军)等。为有特定的商学之地,张信民故特辟暗修堂,作为迎宾讲论之所。在众多的"来学"和"商学"者之中,有几个人值得一提。

---

① (明)冯奋庸:《理学张抱初先生年谱》,《儒藏·史部·儒林年谱》第二十三册,四川大学古籍整理研究所编,四川大学出版社 2007 年版,第 792—793 页。

② (明)吕维祺:《张抱初传》,《明德先生文集》,四库全书存目丛书集部第 185 册,齐鲁书社 1997 年版,第 183 页。

③ (明)冯奋庸:《理学张抱初先生年谱》,《儒藏·史部·儒林年谱》第二十三册,四川大学古籍整理研究所编,四川大学出版社 2007 年版,第 794—795 页。

上官捷科,与张信民同邑,此子"素负其才,不能下",可在听完张信民的讲论之后,愿受业于张信民,并以素绢为积诚之物,表露求学心迹;后追随张信民左右,多所发明,登辛丑进士。① 赵良栋,陕州人,本为王以悟高弟,听闻张信民讲学于渑池,深为敬仰,又以张信民为师;后索性寄居于渑,于张信民朝夕讲论不辍;以节义闻名于陕州、渑池,入祀渑池乡贤祠,后又入《明史·忠义传》,足见其节烈人品。② 辛全,山西绛州人,闻张信民得伊洛嫡传,与张信民专门商学于渑,自称"后学小子";并以诗笺表达敬仰之情:"仰慕张夫子,忘年味道真。三川同浩荡,五岳并嶙峋。学探天人秘,传接孔孟薪。何日登阙里,渡我指迷津"。③ 张信民也赠有回诗:"卓哉辛叔子,早岁契天深。绝意铅华径,究心玄圣林。六经归肺腑,万理罗胸襟。何日盟坛里,相将一鼓琴。"④可见两人共学互讲、相期精进之意。在《四库全书总目提要》中,列有辛全的《衡门芹》,可知他在理学史上的相应地位,由此亦可知张信民的学术造诣。

以上材料表明,景行堂和暗修堂是张信民住宅地的一部分,二者在正学会所成立之前各有其讲学作用,后来学者日众,张信民便将二者联通起来,修建成正学会所。扩建后的正学会所在场地规模方面较之前有大幅增加,景行堂成为正学会所的一部分,"后三楹,扁曰景行堂,祀曹、尤、孟三先生于其内"。⑤会所题名"正学",含有"学以正为宗"之意。按照信民的说法,"正学"二字为其师孟化鲤所定,主张为学当以儒家之学为正,远离佛释的"非正"之学,而

---

① (明)冯奋庸:《理学张抱初先生年谱》,《儒藏·史部·儒林年谱》第二十三册,四川大学古籍整理研究所编,四川大学出版社 2007 年版,第 765 页。

② (明)冯奋庸:《理学张抱初先生年谱》,《儒藏·史部·儒林年谱》第二十三册,四川大学古籍整理研究所编,四川大学出版社 2007 年版,第 808 页。

③ (明)冯奋庸:《理学张抱初先生年谱》,《儒藏·史部·儒林年谱》第二十三册,四川大学古籍整理研究所编,四川大学出版社 2007 年版,第 798—799 页。

④ (明)张信民:《寄辛复元》,《张抱初先生文集》,明别集丛刊第四辑第七十四册,沈乃文主编,黄山书社 2015 年版,第 93 页。

⑤ (明)冯奋庸:《理学张抱初先生年谱》,《儒藏·史部·儒林年谱》第二十三册,四川大学古籍整理研究所编,四川大学出版社 2007 年版,第 797 页。

"正"即指"尧舜以来相传之中也。……非中庸之道,即非正矣"①,以此区别于佛释之学。其实,在暗修堂之前,张信民曾在正学坊讲过学,而正学坊是为曹月川而建②,后演变为曹月川祠堂,孟化鲤曾为这所祠堂的建成花过很多心力,并为之作《渑池月川先生祠记》。③ 张信民将扩建后的景行堂命名为"正学书院",也可能和正学坊的称谓有关。实际上,这种讲学初衷在当时具有普遍性。冯从吾写有《正学书院志序》,也指出"学以正名,别其与异端异也"④。当然,冯从吾所说的"正学书院"乃在关中,非张信民所创立的正学书院,然两院的讲学方向,则是完全一致的。为学方向上如此,在具体会讲中张信民则是希望"日有所得":"盖学问原是兼善,为学则在自己,在于日有所得,便是日进工夫。此会之设,所望后学,诚然在是"。⑤ 正学会所建成后,张信民"登坛明学,开示蕴奥,环门墙观听者数千人"⑥,学术影响日益扩大。1625 年,吕维祺到渑池,讲学于正学会所。⑦ 也是在这一年,李缉敬疏表正学会所为正学书院;同年十月,正学会所奉旨正式成为正学书院。书院成立后不久,吕维祺、张太宇、李虚斋、王文苑、王惺所、孟宇键、许松麓、刘澄远等人先后前来,大会于正学书院,与张信民共讲太极、周易之义。⑧ 因正学书院的存在和张信民的讲

---

① (明)张信民:《张抱初先生印正稿》,四库全书存目丛书子部第 15 册,齐鲁书社 1995 年版,第 725 页。

② 《渑池县志》有"正学坊,治内,为靖修曹月川先生立"的语句。参见郭书身等点校《渑池县志》之"建置志",中州古籍出版社 1995 年版,第 45 页。

③ (明)王以悟:《云浦孟先生年谱》,《孟云浦集》,扈耕田等点校,中国文联出版社 2007 年版,第 16 页。

④ (明)冯从吾:《正学书院志序》,《冯从吾集》,刘学智等点校整理,西北大学出版社 2015 年版,第 239 页。

⑤ (明)张信民:《张抱初先生印正稿》,四库全书存目丛书子部第 15 册,齐鲁书社 1995 年版,第 726 页。

⑥ (明)吕维祺:《张抱初传》,《明德先生文集》,四库全书存目丛书集部第 185 册,齐鲁书社 1995 年版,第 183 页。

⑦ (明)冯奋庸:《理学张抱初先生年谱》,《儒藏·史部·儒林年谱》第二十三册,四川大学古籍整理研究所编,四川大学出版社 2007 年版,第 814 页。

⑧ (明)吕维祺:《张抱初传》,《明德先生文集》,四库全书存目丛书集部第 185 册,齐鲁书社 1995 年版,第 184 页。

学实践,渑池成为当时的文化学术中心,对于阳明学在这一带的传播自然也具有重要学术意义。

张信民去世后,正学书院受到礼遇,所修专祠也得到朝廷崇重。不过,正学书院在明末农民运动中被毁,后仅留下一段遗址。尽管如此,讲学的回响在后代却一直流传。清雍正九年,邑侯陆方炳写有关于正学书院的一首五言长诗,其中有六句为:"疏表额高悬,正学动瞻顾。卓哉先生出,荷道乃情愫。千载微言绝,只身大声呼".① 由此可见信民讲学和正学书院在后代的影响。

脱粟会是张信民于天启五年(1625 年)在他六十二岁的时候创建的。之所以取"脱粟会","盖因在正学会所中,论世风奢靡,追忆古人脱粟一饭,情意相洽。今之罗列珍馐,而反面相仇者,在在皆是,岂不薄甚"②,表明讲会的起因,与现实生活中"俗尚侈靡而相仇"的实际情形有关。由此也可以看出,脱粟会并非纯粹讲学,而是通过讲学来促进世风的改变,故立脱粟会以警诫之。当然,既然相聚而讲,必有质疑问难,由改世风而进学风,则是自然的事。脱粟会的重要讲学成果,是《脱粟会语》的形成与传布。吕维祺指脱粟会"会语盈帙",李日宣"索脱粟会语刊之""以脱粟渑池荐先生"等语,都体现出脱粟会语在当时讲会中所具有的学术规范性,以及给政治推荐带来的正面影响。《脱粟会语》以师生问答的形式记录了当时讲会的主要内容,涉及良知说、格物说、为人、为学等诸多话题。值得一提的是,会中有奉佛教者亦来听讲,张信民与之进行了坦诚对话,指出佛家之不足,吾儒之有道。儒佛能在此种场合中展开如此对话,并未如阳明之时将佛学视为"异己之学"而刻意避之,表明儒佛之间已能彼此容纳对方存在,这在晚明讲会中是一个有趣的现象。另让人印象深刻的是,《会语》具体道出了诸多学者姓名,如冯奋庸、张日睿、何竹林、平

---

① 此诗附于《理学张抱初先生年谱》之后,为张信民六世孙张弘文补记。见《理学张抱初先生年谱》,《儒藏·史部·儒林年谱》第二十三册,四川大学古籍整理研究所编,四川大学出版社 2007 年版,第 843—844 页。

② (明)张信民:《张抱初先生印正稿》,四库全书存目丛书子部第 15 册,齐鲁书社 1995 年版,第 733 页。

赞画、上官允化、潘若璧、周天显、王向学、李实甫、上官汝敬、李海涵、周希孟、张本德、潘霖雨、潘彦甫、潘善述、张日复、程以忠、王汝德、马孙赏、鲁乐尹、陈宗正、郭允升、郑明翁、李培严、王近文、郭永翁、张端养、刘明德、崔子玉、刘育德、洪仁夫、张发甫、刘师曾等,共计三十余人。较之《正学会语》所载,《脱粟会语》明显加大了对学者姓名的记载力度。在《正学会语》中,只记载了王箴舆、冯奋庸、张本德、鲁乐尹、陈宗正、王永锡等数人,其他则语焉不详。《脱粟会语》将学者姓名大量载于会语中,除继承《论语》中孔门师徒互答的传统而留下弟子姓名外,在学术上亦有两点益处:一是可窥察问者学术思考的重点。如上官允化问良知之说①,又问何为"戒慎恐惧为乐"②,可知他对良知学有兴趣,进而可知阳明学在当时年轻学子中的流传情形。二是可测知脱粟讲会在当时的学术影响情况。如陈宗正携李姓学子、葛姓学子入会③,郑明翁、李培严偕士友来马岭同乐堂讲学④,可知脱粟会在当时的学术影响力日渐扩大,而这往往通过士子间的相互传递而得到实现。由于脱粟会拒绝侈靡之风,又孜孜于在讲学中求道有为,故而给当时的学界带来一股新风。清代学者唐鉴于此有言:"园蔬可供,何必珍馐之为美;醴酒不设,自有道义之醉心。而干索酒食、津津于齿颊之间者不与也,则有渑池张先生脱粟会之意焉。"⑤多年后,张信民学事学风还被人津津乐道,也足见当时讲会之真朴。

除正学书院和脱粟会外,张信民还建有其他讲会。早在二十七岁时,张信民就在渑池的马岭村建书舍读书,并在此大开讲筵,德望日隆。孟化鲤大为高

---

① (明)张信民:《张抱初先生印正稿》,四库全书存目丛书子部第 15 册,齐鲁书社 1995 年版,第 733 页。

② (明)张信民:《张抱初先生印正稿》,四库全书存目丛书子部第 15 册,齐鲁书社 1995 年版,第 734 页。

③ (明)张信民:《张抱初先生印正稿》,四库全书存目丛书子部第 15 册,齐鲁书社 1995 年版,第 740 页。

④ (明)张信民:《张抱初先生印正稿》,四库全书存目丛书子部第 15 册,齐鲁书社 1995 年版,第 744 页。

⑤ (清)唐鉴:《国朝学案小识(卷九)》,《唐鉴集》,李健美校点,湖湘文库编辑出版委员会编,岳麓书社 2010 年版,第 559 页。

兴,喜曰"吾道西矣",并亲自来马岭观学,留宿数日。① 三十一岁时(1594
年),又立柏林讲会,以每月十五日作为开讲之日,"海内同志悉向往焉,一时
有雍雍济济景象"。② 在张信民六十岁时(1623 年),又分别建有绿野堂和同
乐堂。绿野堂也位于马岭村,环境清幽,本是夏秋收获之时居住的地方,在农
事之余,张信民与族人于此一起习书讲学,后会友云集,张信民辟绿野堂三楹,
此地便慢慢成为讲会之所。受老师张信民关照,冯奋庸就曾携妻儿在此居住
过一段时间。③ 同乐堂与绿野堂建于同一年,因为会友商学者日众,绿野堂不
能容,乃于村西建同乐堂三楹,以安会友。④ 从位置上看,绿野堂位于村东,同
乐堂位于村西,两地互联互通,吸引了众多学者前来。

　　张信民不仅在渑池创立多处讲会,还多次走出渑池,周流其他讲学之地,与师
友相与讲学不辍,共传儒家之道。吕维祺特意提到信民在外地的两处讲学:

　　　　及云浦捐馆舍,先生恐会渐落寞,约王惺所分陕龙兴寺大会,学
者如归。⑤

　　　　盐台缉敬李公檄邑侯林公敦请先生主韶阳会,礼数备至。⑥

　　　　臬台李公又请先生结洛社会,共推首座,发明致中和之义,闻者
莫不叹服。⑦

　　① (明)冯奋庸:《理学张抱初先生年谱》,《儒藏·史部·儒林年谱》第二十三册,四川大学
古籍整理研究所编,四川大学出版社 2007 年版,第 763 页。
　　② (明)冯奋庸:《理学张抱初先生年谱》,《儒藏·史部·儒林年谱》第二十三册,四川大学
古籍整理研究所编,四川大学出版社 2007 年版,第 764—765 页。
　　③ (明)冯奋庸:《理学张抱初先生年谱》,《儒藏·史部·儒林年谱》第二十三册,四川大学
古籍整理研究所编,四川大学出版社 2007 年版,第 809 页。
　　④ (明)冯奋庸:《理学张抱初先生年谱》,《儒藏·史部·儒林年谱》第二十三册,四川大学
古籍整理研究所编,四川大学出版社 2007 年版,第 809—810 页。
　　⑤ (明)吕维祺:《张抱初传》,《明德先生文集》,四库全书存目丛书集部第 185 册,齐鲁书
社 1997 年版,第 183 页。
　　⑥ (明)吕维祺:《张抱初传》,《明德先生文集》,四库全书存目丛书集部第 185 册,齐鲁书
社 1997 年版,第 183 页。
　　⑦ (明)吕维祺:《张抱初传》,《明德先生文集》,四库全书存目丛书集部第 185 册,齐鲁书
社 1997 年版,第 184 页。

　　王以悟与张信民同为孟化鲤弟子。孟化鲤致力于讲会的实践精神,给两
个弟子很多鼓舞,而化鲤讲会所带来的影响,在很大程度上也得益于两位弟子
的不断努力。张信民与王以悟在龙兴寺的讲会,即是发生于孟化鲤去世之后。
关于王以悟的讲会实践,下节再作具体说明,这里简要谈下张信民与王以悟两
人的交往。王以悟年长于张信民,入孟化鲤之门也较张信民要早。王以悟自
称"余惟戊寅之岁,谒孟先师,而受学川上也"①,也就是在 1578 年执弟子礼于
孟化鲤之门。而张信民是在丙戌(1586 年)负笈新安,从学化鲤,入门时间较
王以悟要晚八年。② 在信民受学于化鲤之后,三人学术来往颇多。冯奋庸《年
谱》载,在信民入门之后不久,张信民、王以悟还有另一同门张见室俱在孟化
鲤处就学,孟化鲤曾就"孔颜所乐何事"征求三人看法,三人各有所答,而化鲤
独赞信民的"天理"之说。③ 万历二十四年(1596 年),化鲤受邀西行为曹月川
祠堂写碑记,又为尤时熙建祠堂往返于洛阳,张信民、王以悟都曾参与其中。④
在张信民创立正学会所的当年,王以悟即前来商学,两人同阐道奥,以悟月余
始归。⑤ 在孟化鲤丁艰家居期间,张信民同王以悟等人,终日执经问难,互相
切磋。⑥ 王以悟去世后,年已六十六岁的张信民还亲往王以悟的墓地祭奠。⑦
两人讲学实践和深入交往,由此可见一斑。

---

　　① (明)王以悟:《布衣梅山先生墓表》,《王惺所先生文集》,明别集丛刊第五辑第七册,沈
乃文主编,黄山书社 2016 年版,第 149 页。
　　② (明)冯奋庸:《理学张抱初先生年谱》,《儒藏·史部·儒林年谱》第二十三册,四川大学
古籍整理研究所编,四川大学出版社 2007 年版,第 759 页。
　　③ (明)冯奋庸:《理学张抱初先生年谱》,《儒藏·史部·儒林年谱》第二十三册,四川大学
古籍整理研究所编,四川大学出版社 2007 年版,第 762—763 页。
　　④ (明)王以悟:《云浦孟先生年谱》,《孟云浦集》,扈耕田等点校,中国文联出版社 2007 年
版,第 16 页。
　　⑤ (明)吕维祺:《张抱初传》,《明德先生文集》,四库全书存目丛书集部第 185 册,齐鲁书
社 1997 年版,第 797 页。
　　⑥ (明)王以悟:《布衣梅山先生墓表》,《王惺所先生文集》,明别集丛刊第五辑第七册,沈
乃文主编,黄山书社 2016 年版,第 149 页。
　　⑦ (明)冯奋庸:《理学张抱初先生年谱》,《儒藏·史部·儒林年谱》第二十三册,四川大学
古籍整理研究所编,四川大学出版社 2007 年版,第 820 页。

1624 年,张信民受盐台李缉敬之邀主持渑池韶阳会。会上人文济济,众人大发致知之旨。张信民甚喜,作《讲学吟》四首,王以悟、吕维祺、李日宣都有和诗。《讲学吟》及其和诗系列,涉及讲学的宗旨、途径与方法,对今天的教育教学仍有积极的借鉴意义。此摘录四人各一首,以见其讲学之意。①

> 从来至道待人行,尽道方无愧所生。若欲道明须讲习,葩经吃紧鸟嘤声。——张信民

> 大道原如日丽天,不分贤圣见偏全。皎然袖里珠常在,何用沿门乞火传。——李日宣

> 谈天终日不知天,率性而来天自全。会得鸢飞鱼跃意,天机到此可言传。——王惺所

> 吾曹所重在躬行,浩气还于集义生。若向口头敷衍去,宁知天载本无声?——吕维祺

张信民又有《和吕介孺儆学诗十首》②,是为吕维祺《儆学诗十首》③而和。这些诗,十分形象地表露了张信民和其他师友间的讲学往来。1626 年,时年六十三岁的张信民诣新安,与吕维祺大会于芝泉书院,讲论月窟天根之义,④为当时吕维祺在新安的讲会助力不少。实际上,张信民、王以悟、吕维祺和李日宣也多有讲会交流。吕维祺在新安建七贤书院,张信民、王惺所、吕维祺和李日宣多次联会讲学,在豫西形成了一个不小的讲学热潮。

---

① 四人诗句见张信民《讲学吟》及三人"附和诗",载明别集丛刊第四辑第七十四册,第91—92 页。《讲学吟》及"和诗"又见《理学张抱初先生年谱》,参见《儒藏·史部·儒林年谱》第二十三册,四川大学古籍整理研究所编,四川大学出版社 2007 年版,第810—813 页。在《渑池县志》中,诗名《讲学吟》则写成《正学书院》,文字不变。参见《渑池县志·艺文志》,中州古籍出版社 1995 年版,第 136—138 页。

② (明)张信民:《和吕介孺儆学诗》,《张抱初先生文集》,明别集丛刊第四辑第七十四册,沈乃文主编,黄山书社 2015 年版,第 92—93 页。

③ (明)吕维祺:《儆学诗十首》,《明德先生文集》四库全书存目丛书集部 185 册,齐鲁书社 1997 年版,第 296—297 页。

④ (明)冯奋庸:《理学张抱初先生年谱》,《儒藏·史部·儒林年谱》第二十三册,四川大学古籍整理研究所编,四川大学出版社 2007 年版,第 820 页。

　　由于资料限制,张信民从事的讲学活动大都记载不详或没有载录。现依据冯奋庸《年谱》,将张信民在外开展的其他讲学活动略述之。1605 年起,张信民授陇西知县三载,其间讲学于先天书院,曾就《中庸》"修""不睹不闻""致中和"等问题加以探讨。① 后赴任陕西按察司检校,又讲学关中书院,与关中大儒冯少墟探究身心性命之理,讲述人禽善利之分,并画有善利图。冯从吾尊其说,将善利图付梓宣讲。② 信民与冯氏在关中的会讲,表明洛学与关学之间有融合切磋,这于文化的多元发展而言,自有其文化意义。1611 年,信民任山西大同怀仁县知府,在此任职有三载,其间立塾馆,建文昌阁,招抚流移,颇有政声,后入祀怀仁县名宦祠。由于学人渐多,"士咸知学",张信民因另辟讲院,建成明善书院。书院有大门、仪门、正堂各五楹,斋房东西各三楹。③ 书院建成后,信民教声频传,太原布衣蔡继徒步商学于此。蔡继本为当时名儒、总制涂镜源的高弟,他千里迢迢赶赴明善书院,只为张信民讲学而来,由此间接可知张信民讲学的影响力。涂镜源巡视怀仁的时候,也亲自到明善书院,被信民谈论的性善之旨所喜,特书"疲邑竭力调停,劳民殚心抚字",以示赞赏和鼓励。④ 1628 年,李缉敬聘信民登洛社讲席。《理学张抱初先生年谱》记载:"先生(指李缉敬)复按河洛,至厚礼早聘,敦请先生诣洛讲学。先生率则中(冯奋庸)暨二子慎思、慎动往焉。至则登讲坛,推先生首座,大发致中、致和之义。同社仰如山斗,观听者万计,逾月始旋。"⑤张信民在洛阳一带的学术影响,通过这种讲学活动得以持续扩大。张信民的学术积累,也在讲学中日渐充盈,

---

　　① (明)冯奋庸:《理学张抱初先生年谱》,《儒藏·史部·儒林年谱》第二十三册,四川大学古籍整理研究所编,四川大学出版社 2007 年版,第 772—774 页。

　　② (明)冯奋庸:《理学张抱初先生年谱》,《儒藏·史部·儒林年谱》第二十三册,四川大学古籍整理研究所编,四川大学出版社 2007 年版,第 775 页。

　　③ (明)冯奋庸:《理学张抱初先生年谱》,《儒藏·史部·儒林年谱》第二十三册,四川大学古籍整理研究所编,四川大学出版社 2007 年版,第 779—780 页。

　　④ (明)冯奋庸:《理学张抱初先生年谱》,《儒藏·史部·儒林年谱》第二十三册,四川大学古籍整理研究所编,四川大学出版社 2007 年版,第 781—782 页。

　　⑤ (明)冯奋庸:《理学张抱初先生年谱》,《儒藏·史部·儒林年谱》第二十三册,四川大学古籍整理研究所编,四川大学出版社 2007 年版,第 822 页。

《理学荟萃》《四书庭训》《剖疑日抄》《洗心录》《印正稿》等都是在他生命的末期完成的。这既是他为学理论的总结，更是讲学实践的概括。张信民好友邢舜玄对此有一归纳："讲学之人伙矣，无如先生之理明。即讲学之理明矣，无如先生之躬行。"①可谓中肯之语。

以上主要梳理了张信民的讲学实践，其实还有必要就信民讲学过程中所涉及的讲学内容稍作讨论，以此探视他们的实际讲学名目，进而了解阳明良知学是如何在讲学中得到传递的。这里从张信民的《印正稿》中寻找相关痕迹。

《印正稿》载录了张信民与士子在正学会和脱粟会的讲学会语，分别为《正学会语》和《脱粟会语》。两会语涉及的内容比较广泛，凡学习中遇到的问题，以及生活中需要解决的疑难，都在讲会中提出并加以讨论，其中关于良知学的话题是讲会内容的重要组成部分，这里提取其中几点。其一，有学子指阳明无善无恶说是禅语。信民则谓："看先辈书，且当于其是处着力，其有不合者，姑放过以俟融通，不必深非也。"②尽管张信民对于无善无恶没有发表具体看法，但他承认在阳明有无善无恶之说，而不是将之推给王畿；且主张在融通之后再来评价前人是非，这也是吾辈求学问知的基本态度。其二，士子上官允化问良知之说。信民谓："良知是孩提知爱知敬，孺慕的一点心肠，无丝毫情欲夹杂，故谓之良。今人谁无良知？第不知讲学，反将此知埋没，故讲学为吃紧工夫也。"③阳明将良知视为人人先天完具之理，而求端用力则在于一"致"字，两相对照，可以发现信民此说与阳明之意若合符节。在张信民看来，良知人人自有，这本无须多说，重要的是把良知之理在讲学中贯彻好、运用好，或者说良知之理的本质就在于其活泼性和实践性。故张信民又说："良知人所同

---

①　(明)冯奋庸：《理学张抱初先生年谱》，《儒藏·史部·儒林年谱》第二十三册，四川大学古籍整理研究所编，四川大学出版社2007年版，第833页。
②　(明)张信民：《正学会语》，《北方王门集·印正稿》，邹建锋等编校，上海古籍出版社2017年版，第568页。
③　(明)张信民：《脱粟会语》，《北方王门集·印正稿》，邹建锋等编校，上海古籍出版社2017年版，第578页。

具,本自生生不息,即是活泼景象,但不致则不能自得,焉得左右逢源?惟致其良知,则尽心知性以知天,才能复其活泼之本体,而源头流派,一以贯之矣。"①其三,士子鲁乐尹问格物之说。张信民谓:"大抵圣人之学是求于内,不是求于外。故格物只是格吾心之物,何等简易!"②阳明以为,一念之所到必有事,事所在即为物,因而格物即为格心;格心又在正心,格其不正以归于正,便为格物。张信民将格物解读为格吾心之物,是求之于内,这与阳明格物说在总体上也是匹配的。以上数点表明,张信民在讲会中所阐释的良知之说,大体符合阳明语意,尽管没有更多新的阐发,然在北地能如实传递良知学,已是值得称道。可见,众多学子在听闻张信民的讲解之后,当有新的启悟,这于良知学在北方的传播,自然具有重要的学术意义。

第五节　王以悟与陕州讲会

王以悟(1557—1626),字幼真,号惺所,河南陕州人,出生于张茅。万历甲辰进士,授邢台令,升兵部主事,又历官山西参政。师从新安孟化鲤。其字由孟化鲤所起,化鲤为此专门写有《王生字幼真说》,以记其事。③孟化鲤给王以悟赐字一事表明师徒两人的深厚情感以及孟化鲤对弟子的学术期许。王以悟有志于讲学,这与他早期的求学经历有直接关系。孟化鲤汲汲于讲学,以悟常跟随身边,从游有年,成为孟化鲤讲学群体中的重要成员。以悟自述:"盖自戊寅贽见而后,悟之在师侧者十九,家居者十一。每过新安,即馆于堂之西

---

① (明)张信民:《脱粟会语》,《北方王门集·印正稿》,邹建锋等编校,上海古籍出版社2017年版,第586页。

② (明)张信民:《脱粟会语》,《北方王门集·印正稿》,邹建锋等编校,上海古籍出版社2017年版,第591—592页。

③ (明)孟化鲤:《王生字幼真说》,《北方王门集·孟云浦先生集》,邹建锋等编校,上海古籍出版社2017年版,第451—452页。

斋。"①两人之间交往很深,名为师徒关系,实有父子之情。长时间的追随,让他得以跟随孟化鲤拜谒尤时熙及同道前辈,见识大长。尤其是时熙,对王以悟很有好感,对孟化鲤能得此人才甚感欣慰。② 表明尤时熙很看重以悟的才华,将之视为同门一派的传人。王以悟自己也提到,"余自问学新安,同志交游众矣",其中与赵则映、夏叔正两人尤为密切,因为这两人曾与王以悟结社于张茅,对王以悟在张茅开展讲学有羽翼作用。③ 在渑池,又结识了张信民、张渐翁、马子厚、王体素、曹克统等人,其中曹克统为曹端的七世孙,前文提到的《渑池月川先生祠记》,就是孟化鲤受曹克统之邀而写。孟化鲤又写有《月川曹先生录粹序》,王以悟附和师意,亦写有《月川曹先生录粹序》。此外,王以悟还写有《月川曹先生年谱序》《谒曹月川先生祠》等诗文,并自称"先生乡人",这里的"先生"即指曹月川,可知月川之学在王以悟等后人中的影响。这些求学经历,为王以悟日后立志讲学奠定了基础。

王以悟居张茅时,承师友之志,即在家乡建立讲社,社友有李瓶山、夏绍麓、沈乐庵等人,他们常一起游学,心思相通。④ 其中李瓶山后来还成为王以悟的姻家,两人常就"习举子业"和"专性命学"等问题进行讨论。⑤ 不仅如此,王以悟还在家乡讲授尤时熙之学,在讲授过程中益发服膺时熙之学。为更多传播时熙之学,万历乙酉十三年(1585 年),也就是尤时熙谢世后的第六年,王以悟在张茅建时熙祠堂。祠堂建成后,孟化鲤喜其事,特嘱山东友人孟秋为

① (明)王以悟:《祭师母龚安》,《王惺所先生文集》,明别集丛刊第五辑第七册,沈乃文主编,黄山书社 2016 年版,第 161 页。

② 欧阳珍修、韩嘉会等纂:《陕县志·人物传》,《中国方志丛书·河南省》,(台北)成文出版社 1968 年版,第 560 页。

③ (明)王以悟:《处士夏公墓表》,《王惺所先生文集》,明别集丛刊第五辑第七册,沈乃文主编,黄山书社 2016 年版,第 151 页。

④ (明)王以悟:《巽山灵官祠记》,《王惺所先生文集》,明别集丛刊第五辑第七册,沈乃文主编,黄山书社 2016 年版,第 76—77 页。

⑤ (明)王以悟:《复李瓶山姻家》,《王惺所先生文集》,明别集丛刊第五辑第七册,沈乃文主编,黄山书社 2016 年版,第 104 页。

之作记。孟秋为此写有《陕州创建尤先生祠记》,其中有语云:"陕庠之英王以悟从学于洛阳西川尤先生。先生没,以悟述其教,服膺益厉,乡人化之。乃与其徒张腾霄、赵一麟及里民六十余人,集五十余金,即所居谋建祠祀,且游息焉。会郡守步泉康公雅慕先生,捐地一区,阔十步,长八步,中构祠三楹,左右翼以斋房各四楹。祠后旧有土洞,以居守者,周缭以垣"。① 孟秋指王以悟从学于尤时熙,是指曾有过直接面学的机会,更多则指从孟化鲤处求学而间接领学于尤时熙。王以悟在家乡建祠堂以祀尤时熙,既是对尤时熙之教泽的肯定与纪念,当然也是孟化鲤的心愿,故孟化鲤才有"喜其事"之心。此外,祠堂的修建是在郡守康步泉的帮助下完成的,康氏有官府身份,王以悟则是地方士子乡绅的代表,祠堂的完成实际上也意味着官民兴办讲会的成功尝试。由于时熙祠堂具有祭祀、讲学、游息等功能,使得该祠堂成为张茅较为集中的文化交流之地,这于偏远且狭小的张茅而言,自然弥足珍贵,其中更显示出以悟忠诚师说、力行讲学的学问人品。故孟秋盛赞王以悟"独尊师说,易世而俎豆之。非笃志力行,不能彼夫风教辽阔,率数十人翕然趋之如响,是足以观真机之无间矣"②。在王以悟的带动下,时熙祠堂成为张茅的讲学之地,师友常会聚其中,以讲学为乐。这样,在距洛阳二百里许的张茅,因有时熙祠堂的建成,使得时熙之学得以传播于此。当然,这对于阳明学在洛西偏远地区的传播,自然也意义重大,而王以悟在其中的讲学付出起了关键作用。

王以悟讲学不局限于张茅,他想将讲学之风再往外推展。前已述及,自张信民开设正学书院,王以悟与吕维祺等人常会于正学书院,同学者还有张泰宇、李虚齐、王文苑、孟守键、许松麓、刘澄远诸人,讲太极周易,发明致中和之

---

① (明)孟秋:《陕州创建尤先生祠记》,《中国方志丛书·河南省·陕县志》,欧阳珍修、韩嘉会等纂,(台北)成文出版社 1968 年版,第 827 页。
② (明)孟秋:《陕州创建尤先生祠记》,《中国方志丛书·河南省·陕县志》,欧阳珍修、韩嘉会等纂,(台北)成文出版社 1968 年版,第 827—828 页。

义。① 这对张信民的讲学是很大的支持,同时张信民对于王以悟的讲学也给予了积极回应。顺带提及的是,王以悟与张信民相友善,素有往来。王以悟记其事曰:"万历戊寅,余负笈东从云浦先师学。后十一年己丑,吾友张孚若与其邑同志数人亦相继来学,与余遂定交。比孚若归省,具述洛洞之学,其父春皋先生大悦,亦北面吾先师,执弟子礼。余幸交其子,又交其父也。自是往来渑池道上,必造其庐,每聚辄数日论学不辍。"②孚若即张信民。从王以悟所述看,他加入孟化鲤之门比张信民要早③,在两人成为同门后,遂有"定交"之谊,此后更往来讲学,论学不辍。有意思的是,张信民之父张春皋亦被孟化鲤之学所吸引,也成为孟化鲤的弟子,是共同的学术追求使三人聚合在一起,成为同道中人。王以悟在陕州开展讲学,正是诸人讨论交流的好时机。从已见文献中没有发现王以悟与张信民在张茅的讲学活动,而是转移到了龙兴寺。据王以悟自述,他在万历甲辰(1604 年)中进士后,"请告归里,移居郡城"。④ 郡城的龙兴寺成为他的第二个讲学之所。如果说,王以悟在张茅的讲学尚处于初创阶段,到陕州城的龙兴寺讲会则已初具规模。

王以悟将龙兴寺作为讲学之地,并不意味着他与佛学有甚关联。寺观本释道之所寓,有些县志对于寺观削而不载,以辟异端,但在陕县,由于其教颇盛,因而并没有废置。况陕州一带不崇信释道,很多古刹也已颓废,只存其名义,与真正的寺观已相去甚远。欧阳珍编次的《陕县志·庙寺》载录有陕州境内的多处

① (明)吕维祺:《张抱初传》,《明德先生文集》,四库全书存目丛书集部第 185 册,齐鲁书社 1997 年版,第 184 页。

② (明)王以悟:《儒官春皋张先生元配郭氏合葬墓志铭》,《王惺所先生文集》,明别集丛刊第五辑第七册,沈乃文主编,黄山书社 2016 年版,第 137 页。

③ 关于张信民何时加入孟化鲤之门,有两种说法。据冯奋庸所记,张信民于万历十四年丙戌(1586 年)负笈新安,从学孟化鲤之门(见冯奋庸《理学张抱初先生年谱》,《儒藏·史部·儒林年谱》,四川大学古籍整理研究所编,四川大学出版社 2007 年版,第 759 页);而王以悟所记时间则为万历己丑(1589 年),比冯奋庸所记要晚三年。

④ (明)王以悟:《州学生任庵王君墓志铭》,《王惺所先生文集》,明别集丛刊第五辑第七册,沈乃文主编,黄山书社 2016 年版,第 143 页。

寺观,在县志中以"丛载"的形式出现,以此表明"与政治无大关系而相沿已久,又觉不能遽删"①,让后人得以了解陕州历史上的地理文化。实际上,利用已有祠庙进行讲学,既作儒释的比较,又省去建筑费用,未尝不是一件两全其美的事。很多儒家学者都有此做法,孟化鲤和冯从吾就曾在寺庙多次讲学。

回陕州龙兴寺讲学之前,王以悟其实有一段为官经历。王以悟中进士后,不久受邢台令。由于为官清廉,注重教化,擢升兵部主事,在京城置立鼎新会,与士大夫论学。② 天启元年(1621年)出任山西参政,仅三月,即告归。其中缘由,王以悟有一段心路历程的告白:"悟半生落拓,往岁屡应举,屡不中,初不免郁郁,久之心辄喜,若曰今而后庶脚跟立得稍定,前此若早发,恐犹坏了生平也。比微幸一第,觉得站立实难,寓京半载,思不失吾夙昔,而于世情上又要通得去委蛇而用之,心独良苦,盖力于时沮则愿违,事于学非则郁起。昔人痛哭流涕而长太息者,于今正切不遇知巳,谁复言者? 从此前途正赊,中间种种世局恐未易处"。③ 在政治环境中站立实难,与其虚与委蛇,不如回归自己的夙愿本心;且王以悟知世将乱,"种种世局"难以预料,遂隐居不出,仍率同志会讲于古寺中。王以悟自致仕返归后,"日惟课士读书"④,与张抱初、张春宇、吕豫石诸人倡明师说,"一时学者多向风"⑤。同时在故里结交志同道合者,同里崔儒秀等忠义之士成为他的至交好友。⑥

---

① 欧阳珍修、韩嘉会等纂:《陕县志·庙寺》,《中国方志丛书·河南省》,(台北)成文出版社1968年版,第993页。

② (明)吕维祺:《请谥伊洛名贤公议·应谥未入访册今应续入者六人》,《明德先生文集》,四库全书存目丛书集部第185册,齐鲁书社1997年版,第100页。

③ (明)王以悟:《复李育吾先生》,《王惺所先生文集》,明别集丛刊第五辑第七册,沈乃文主编,黄山书社2016年版,第102页。

④ (明)吕维祺:《请谥伊洛名贤公议·应谥未入访册今应续入者六人》,《明德先生文集》,四库全书存目丛书集部第185册,齐鲁书社1997年版,第100页。

⑤ 欧阳珍修、韩嘉会等纂:《陕县志·人物传》,《中国方志丛书·河南省》,(台北)成文出版社1968年版,第560页。

⑥ 欧阳珍修、韩嘉会等纂:《陕县志·人物传》,《中国方志丛书·河南省》,(台北)成文出版社1968年版,第560页。

关于王以悟与张信民会讲于龙兴寺的记载，至少有两处。一是据冯奋庸《理学张抱初先生年谱》载，万历十四年丙戌（1586 年），也就是张信民负笈求学于孟化鲤的同年，张信民即抵陕州，与王以悟大会龙兴寺，发明致知格物之义。① 二是吕维祺所记《张抱初传》，提到"及云浦捐馆舍，先生恐会渐落寞，约王惺所分陕龙兴寺大会，学者如归"②，这条材料在上文讨论吕维祺讲学活动时已提及。孟化鲤于 1597 年去世，表明在此之后两人再有一次龙兴寺大会。对于这两次大会，冯奋庸与吕维祺都没有详细记载，在王以悟已见文献中也未有相关载录。

王以悟在龙兴寺的讲会引起了地方和巡视官员的关注。李日宣有记："余初过甘棠，州守谓此中有司马郎王惺所先生，日聚徒讲道于冷寺中。余闻而慕之，而以刻期入郇，不能从也。时司马亦第以折柬介其所论著见示，读之使人冷冷尘心销尽。闻司马自拂衣归，不见一客，即其门人有从官中相通问者，亦不答，余益奇之。迄以甘棠事竣，始相期于古寺中为竟日会。须鬓如银面如玉，端坐默然，至与余间有商量处，辄反复不倦。余甚快此行之不虚也，记之，作《甘棠会》。"③甘棠之说和召公有关。《陕县志·名宦》载："（召公）与周公分陕而治。自陕以西，召公主之官，无失职，甚得民和。巡行乡邑，偶憩棠树下。及公卒，而民人怀思，不忍伐其树，作《甘棠》之诗。"④召公与周公分陕而治，后人以为分陕之陕原即今之陕县，召公治陕以西。召公有"民和之政"，尝听讼于甘棠树，后人便在陕州城立祠以祀召公，故又称陕州为甘棠。李日宣在这里所说的"甘棠"，其实指的就是陕州。从李氏提到的"冷寺""古寺"来看，

① （明）冯奋庸：《理学张抱初先生年谱》，《儒藏·史部·儒林年谱》第二十三，四川大学古籍整理研究所编，四川大学出版社 2007 年版，第 761 页。

② （明）吕维祺：《张抱初传》，《明德先生文集》，四库全书存目丛书集部第 185 册，齐鲁书社 1997 年版，第 183 页。

③ （明）李日宣：《甘棠会》，《传是堂合编·河东会语卷二》，明天启（1621—1627）刻本，第 14—15 页。

④ 欧阳珍修、韩嘉会等纂：《陕县志·名宦》，《中国方志丛书·河南省》，（台北）成文出版社 1968 年版，第 453 页。

他们会讲的地点还是在龙兴寺。会间,两人与诸生共同讨论了立志、克己复礼、自信、颜氏之学、问学等话题。王以悟外表端坐默然,讲学商量处则热情不倦,致李缉敬有"甚快此行之不虚"之感,这与冷寺、冷冷尘心形成鲜明对比。李日宣将此次会讲内容辑成《甘棠会》会语。其中,将"立志"话题置于首位,李日宣指"王公开口便说立志"①,可见王以悟对立志的重视,"立志"也成为王以悟讲会首先要解决的问题。在这一问题上,两人看法一致:李日宣认为立志就是立孔子志于学、志于道,立功名富贵之志则非真正立志;王以悟认为李氏之说"正是先立乎大者",对其说表示赞同。② 在两人看来,讲会是解决立志问题的重要实践途径。

王以悟在会后亦写有《会讲臆说——附复李缉敬公祖书》,站在他的视角对这次会讲有补充说明:"自先师捐宾客,不肖久薄游在外,洛西讲会落落晨星。归田以来,与新旧诸同志订期约会,复寻前盟,一时远迩应求,群然向往,吾道庶几不孤。幸老公祖理学名家,虚怀乐善,惓惓以接引为念,日者枉驾会所,款曲开示,剖抉精详,无不人人鼓舞,真百年盛遇也"。③ 由此可见,王以悟带动了洛西一带的讲会,而李日宣的帮助则是推动讲会的重要外部因素,此时的讲会在陕州一带呈现出令人向往而热闹的景象。在《会讲臆说——附复李缉敬公祖书》中,王以悟又将"立志"的话题置于"臆说"的首位,并直言这是"立命之本",也是"圣学成始成终之本"。④ 王以悟将"立志"置于《会讲臆说——附复李缉敬公祖书》之中,将之视为会讲的重要内容,"立志"的本质又在于立圣贤道德之学,因而讲会的首要目的即在于确立人的道德性命之学,这与

---

① (明)李日宣:《甘棠会》,《传是堂合编·河东会语卷二》,明天启(1621—1627)刻本,第15页。

② (明)李日宣:《甘棠会》,《传是堂合编·河东会语卷二》,明天启(1621—1627)刻本,第15页。

③ (明)王以悟:《会讲臆说——附复李缉敬公祖书》,《王惺所先生文集》,明别集丛刊第五辑第七册,沈乃文主编,黄山书社2016年版,第170页。

④ (明)王以悟:《会讲臆说——附复李缉敬公祖书》,《王惺所先生文集》,明别集丛刊第五辑第七册,沈乃文主编,黄山书社2016年版,第170—171页。

儒家的一贯之旨是相应的。

　　尽管有张茅讲会、龙兴寺讲会，然这些讲会总的规模仍然较小，且终非自家之所，管理运营亦有不便。就李日宣而言，在他与王以悟会讲之后，似被王以悟讲学环境之"冷"所触，"旋为葺依仁书院，为以悟讲学之地"①，特意为王以悟修建书院作为他的讲学之所。

　　关于依仁书院，《陕县志·人物传》里有一段简要记载：

　　　　依仁书院在陕县城东门外驿路官厅之北。考王公年谱，明熹宗天启元年惺所王公自山西冀宁道谢病归陕州，适河东盐史缉敬李公日宣（江西吉水人）巡历过陕，与公讲学于萧寺中，旋筹款葺东郭书院，为王公聚徒讲学之地。李公颜其额曰"依仁"，榜其堂曰"与人为善之堂"。②

　　如果把这段记载和前文所述内容结合起来，就会对王以悟在陕州开展的讲会有更多了解。李日宣的《甘棠会》没有提到讲会时间，这里具体提到是天启元年（1621 年），可作为《甘棠会》的补充。李日宣所记会语较详细，又可补此处县志所记之疏阔。由此段也可得知，依仁书院其实就是东郭书院，只是面积大小和所属场地有所不同。关于依仁书院的创建过程，李日宣另有《新建陕州依仁书院记》，可为此提供更多细节。李氏提道："余过甘棠，与惺所王公谋于落日冷寺中，而甘棠地主遂毅然创始，未两月而报成事。"③"落日冷寺"的讲学环境和士子谋讲学的热情态度，成为李日宣修建依仁书院的主要考量。"甘棠地主"是指陕州知州张天德、同知华汝诰、判官周贵阳、学正刘洪养以及黄绥、李如桂等主要谋事者。在他们的努力下，书院前后未及两月便告成。在

----

　　①　欧阳珍修、韩嘉会等纂：《陕县志·人物传》，《中国方志丛书·河南省》，（台北）成文出版社 1968 年版，第 560 页。
　　②　欧阳珍修、韩嘉会等纂：《陕县志·古迹》，《中国方志丛书·河南省》，（台北）成文出版社 1968 年版，第 736 页。
　　③　（明）李日宣：《新建陕州依仁书院记》，《传是堂合编·河东日抄卷四》，明天启（1621—1627）刻本，第 29 页。

此记中,李氏用较多篇幅论述了力与志的关系,如谓"夫惟真能用力者,能信其原无不足;亦惟真能立志者,能信其无所不用。故始以志率力,志一而气自充;既以力赴志,力赡而神愈王"①,意在表明"力之实践"对于实现天地万物备于我之志的重要意义。而这其实就是仁的体现,也是王以悟躬行讲学的内在动力。李日宣对王以悟的行为甚是赞许:"固肫肫一仁者,自拂袖归熊耳,杜门不见客,日与诸门人讲究颜氏之学,故其论著率以求仁为法门,以深潜纯粹为造诣,以躬行实践为境地。"②在李日宣看来,只有有仁之人,才能谈自信;只有自信之人,才可谈立志,如此"不必以我依仁,将仁且依我"③,这就是仁者所具有的"大",而这也正是王以悟所具有的内在仁德。李日宣此记,是对王以悟讲学事迹的嘉许,也是对"用力于仁"的建设者的肯定,我们可以将之纳入儒家仁学实践的体系之中,这其实也是对儒家"何为仁学"的具体阐释。

上文提到,王以悟在京城为官时,曾置有鼎新会。归里后,王以悟在家乡又建有鼎新会,可视为王以悟京城讲会的继续,也可视为他在家乡开展讲学活动的新进展。京城鼎新会已无可考,陕州鼎新会可从王以悟写的《鼎新会簿序》和陈大道写的《叙惺所王先生语录》中略知其中的一鳞半爪。《鼎新会簿序》有云:"自余之应公车而游虎围也,吾乡讲学之会浸微浸散矣。比其归也,要诸同志而鼎新之,因以名其会簿焉。"④由此看出,王以悟是陕州讲学的主要推动者,他在外履官期间,陕州讲学就陷入浸微浸散的衰微之境。王以悟一回乡,旋即行于讲会,旧有讲学面貌得以鼎新。依王以悟之意,清理旧有不好的一面,才能做到有所新,而这也是《周易》鼎卦的核心思想。王以悟以此为会

① (明)李日宣:《新建陕州依仁书院记》,《传是堂合编·河东日抄卷四》,明天启(1621—1627)刻本,第29页。

② (明)李日宣:《新建陕州依仁书院记》,《传是堂合编·河东日抄卷四》,明天启(1621—1627)刻本,第30页。

③ (明)李日宣:《新建陕州依仁书院记》,《传是堂合编·河东日抄卷四》,明天启(1621—1627)刻本,第31页。

④ (明)王以悟:《鼎新会簿序》,《王惺所先生文集》,明别集丛刊第五辑第七册,沈乃文主编,黄山书社2016年版,第72页。

名,是想借此"以为同志鼎新之助"①,让会友时时保持讲会的创新意识和动力。陈大道在《叙惺所王先生语录》中署名为"苏岭山人"。据《光化县志·耆旧》载:"陈大道,号苏岭,万历丙戌进士,由推官迁到户部尚书。学富望隆,文章政事卓冠一时。天启中,上书辩江陵相冤,上俞允,复其官,直声震朝野。卒赠祭葬,崇祀府县乡贤祠。"②《王惺所先生文集》刻印于天启三年(1623 年),此时王以悟已年近古稀,陈大道也已六十余岁,是当朝重臣,由陈大道为其著作序,自然分量不轻。陈大道在其序语中提道:"惺所游虎围而归,引鼎新会,以固同志。今倡道宇内,引掖斯世,广于一乡,雅有俱立俱达之思。"③这种说法和王以悟之说是相一致的。也就是说,置鼎新会的目的,在于重振家乡讲学之风,传播儒家之学。

据《陕县志·人物传》记载,王以悟还与冯从吾在陕州有过讲学:"以悟为阳明之学,以良知为宗旨,时关中冯恭定公被劾归,过陕,与以悟讲学,不能契,盖同学姚江而微有不同也"。④ 前文提到,冯从吾 1622 年被劾归里,两人在陕州的讲学时间当在此年,由于资料有限,两人讲学的具体情节亦无可考。这段记载让人感兴趣的重点在于王、冯之学的不同:王以悟主张阳明良知之学,而冯从吾则倾向朱子学,两人在讲论时有意见不合之处。在冯从吾所复书信中,未见专门给王以悟的信函,仅见《和王惺所大参首尾吟二首》⑤,其中有"莫负男儿过一生,萧萧白发使人惊。韶光已往皆成梦,洛社于今喜结盟"之句。一

_____

① (明)王以悟:《鼎新会簿序》,《王惺所先生文集》,明别集丛刊第五辑第七册,沈乃文主编,黄山书社 2016 年版,第 72 页。

② 江苏古籍出版社编:《光化县志·耆旧》,《中国地方志集成·湖北府县志辑 60》,凤凰出版社 2001 年版,第 345 页。

③ (明)陈大道:《叙惺所王先生语录》,《王惺所先生文集》,明别集丛刊第五辑第七册,沈乃文主编,黄山书社 2016 年版,第 54 页。

④ 欧阳珍修、韩嘉会等纂:《陕县志·人物传》,《中国方志丛书·河南省》,(台北)成文出版社 1968 年版,第 560—561 页。

⑤ (明)冯从吾:《和王惺所大参首尾吟二首》,《冯从吾集》,刘学智等点校整理,西北大学出版社 2015 年版,第 530 页。

"惊"一"喜",足见王以悟在讲学之事上的殷勤辛苦及在家乡开展讲学活动所带来的实际成效。查《王惺所先生文集》,也未见王以悟复给冯从吾的书函,但从王以悟"向过长安,既得会冯先生,归来精神意气当自不同"①之语来看,王以悟对冯从吾应是充满了尊敬之情,对其学也有足够肯定。《陕县志·人物传》编次者欧阳珍又指两人"同学姚江而微有不同",则表明两人在为学基本方向上也具有一致性,至于细节差异,则是学术上的常有之事,无须定下统一的分际。这点在两人的讲学实践中更可见其相通点,冯从吾一生致力于讲学,王以悟也处处强调躬行,通过"以实心为之"②的切实工夫贯彻师道精神,可以看出晚明时期阳明学和朱子学在北方地区的传播情况。

需强调的是,王以悟是在"以讲学为讳"的风气中开展讲学的。他曾提道:"昔游桥门,海内同志大会,讲明圣学,意气向往,翕然同风,亦一时之盛也。后二十余年,弟五游都下,同志会聚落落晨星,至今日则以讲学为讳矣。"③讲学过程中的曲折变化,由此可见。作为这种现象的见证者,以悟自然更有深刻体会。即便如此,以悟仍坚持讲学。《洛学编》载王以悟论学之语,从中可以具体地见其讲学之志:

> 自道学不明,世往往薄躬行为无奇,其上者溺情训诂,籍口翼道;下者以文人援悬虚要妙之说,自列于儒林,此皆吾道之蠹耳。夫躬行岂易言哉?终身体之不能尽。尧舜之"犹病",文之"望道未见",孔子之"何有"、"未能",皆学不能尽处。又与张抱初《论学诗》云:"自昔由来说克艰,立心只在危微间。男儿事业参天地,合下先须透此关。"又云:"终日纷纷何所求,几人知向此中修。孩提一念通天地,

---

① (明)王以悟:《复杨瑞宇》,《王惺所先生文集》,明别集丛刊第五辑第七册,沈乃文主编,黄山书社2016年版,第127页。

② (明)陈大道:《叙惺所王先生语录》,《王惺所先生文集》,明别集丛刊第五辑第七册,沈乃文主编,黄山书社2016年版,第54页。

③ (明)王以悟:《复杜友白观察》,《王惺所先生文集》,明别集丛刊第五辑第七册,沈乃文主编,黄山书社2016年版,第122页。

翻弃宝山学比丘。"尝曰:"须回顾此担子如何担,究竟如何结果,岁月不多,恐碌碌过去。"①

王以悟以为,躬行是倡导道学的最可靠依据;他也意识到,躬行是一个不断推进提升的过程,没有终点,只有不断行进。这既是儒家所强调的"一贯之学",也是吾辈当继承的道学精神。在王以悟的文集中,也多有"碌碌"之语,时时透露出时不我待、图有作为的心志,这与《洛学编》中"男儿事业参天地""岁月不多,恐碌碌过去"之语是相通的。王以悟讲学的主要目的,在于"去吾道之蠹",因此当他听闻吕维祺在新安开展讲学时,显得分外高兴:"闻贵县讲学日新月盛,自先师山颓后二十余年,仅见今日可为吾道一快"。② 王以悟坚信,吾辈从事讲学,对社会的进步推动定有积极作用,"儒者之有益于世而果无负也,将在今日"③是这种心声的直白吐露。王以悟后来因为"提倡心学"而被称为"洛西儒宗",④是有其事理依据的。《陕县志·文征》也指出,王以悟学有渊源,讲习要旨在于知行合一;又特别提道:"盖洛西自先儒曹月川而后,尤、孟继起讲学,一时蔚为风气,而以悟实集其成,至今故老犹能言之"。⑤表明王以悟对朱学、王学有综合,并以讲学的方式加以宣说,成为洛西一带被人称颂的儒家学者。

---

① (清)汤斌辑:《王惺所先生》,《洛学编》卷四,四库全书存目丛书史部第120册,齐鲁书社1996年版,第529页。

② (明)王以悟:《复吕豫石》,《王惺所先生文集》,明别集丛刊第五辑第七册,沈乃文主编,黄山书社2016年版,第130页。

③ (明)王以悟:《都门别言》,《王惺所先生文集》,明别集丛刊第五辑第七册,沈乃文主编,黄山书社2016年版,第164页。

④ (清)张谐之:《壬辰科副贡候选分州长人王先生懿行碑》,《陕县志·文征》,《中国方志丛书·河南省》,(台北)成文出版社1968年版,第858页。

⑤ 欧阳珍修、韩嘉会等纂:《陕县志·艺文》,《中国方志丛书·河南省》,(台北)成文出版社1968年版,第758页。

第五章　北方王门区域学术
共同体的建构

　　阳明后学的学术倾向有其空间地理性,《明儒学案》中的人物安排在一定程度上就是这种观点的反映,如浙中之于泰州,南方阳明学之于北方阳明学。尽管不能以地域代替学域,但一定地理内的学术群体确实存在着相近学术风格的可能,如江右王门"独能破之"的扶坠意识①,粤闽王门"一郡之中"先后出现的"聪明特达,毅然任道之器"②,就很能说明这一点。我国自古有之的地理学著作,也很难说没有文化的影子,"文化"与"地理"实际上互为影响。

　　这里视阳明心学为古代文化的一部分,北方王门作为阳明心学的重要组成,也是我国古代文化之河中的点滴水珠。北方王门既然身处北地,其学除了有良知学特色之外,自然也有北地本有文化的特有成分,如此"文化—地理"的互动就成为可能。当然,这种论述首先是基于《汉书·地理志》中蕴含的"文化—地理"观而谈,进而将北方阳明学置于这一观念系统中,使之与"文化—地理"的理论论述相统一。在此基础上,提出"北方王门区域学术共同

---

　　① (清)黄宗羲:《江右王门学案一》,《明儒学案》,沈芝盈点校,中华书局 2008 年版,第331 页。
　　② (清)黄宗羲:《粤闽王门学案》,《明儒学案》,沈芝盈点校,中华书局 2008 年版第654 页。

体"这一概念并予以证成。

第一节　"文化—地理"的思想元素及内在体系

钱穆先生指出,《汉书·地理志》是根据《诗经》中的十五《国风》,来叙述推论当时各地区之历史传统和文化特点;且特别提醒,此一体统与特点之提示,大值我们注意。① 这一说法点出了文化与地理之间有其内在关联。钱先生同时也提到"文化地理"的概念,指地理与文化有关,并动情又带提醒地指出:"我们才知中国几千年来,能在这广大多异的地面上,自己抟成一民族,创立一文化到今天,其间确有不平凡的意义存在。若我们忽忘了此地理的一面,只像一条线般,由上而下来讲中国史,则将失去其中许多的精采和真实"。② 钱先生是从历史的角度来谈地理和文化的关系,但历史不能脱离文化,谈历史其实也就是谈文化,历史文化不能脱离地理空间而孤立存在。这是钱先生在这一问题上的基本立场。其实,我国古代多有地理学著作,《禹贡》《汉书·地理志》就具有典型性。依钱穆先生看法,《汉书·地理志》似乎更重要,《禹贡》"只注意在政治和经济方面",而《汉书·地理志》则"开始注意到各地区的文化背景",故而"其事极深微"。③ 这里便以《汉书·地理志》所包含的"文化—地理"内容为思考对象,探究二者之间的关系,以此作为下文谈良知学文化地理图像的理论基础和材料依据。

一、先知与先觉:先贤在文化地理中的地位和作用

《汉书·地理志》对齐鲁一带礼仪文化的形成有一描述:

---

① 钱穆:《如何研究历史地理》,《中国历史研究法》,钱宾四先生全集编辑委员会,九州出版社2017年版,第113页。

② 钱穆:《如何研究历史地理》,《中国历史研究法》,钱宾四先生全集编辑委员会,九州出版社2017年版,第123页。

③ 钱穆:《如何研究历史地理》,《中国历史研究法》,钱宾四先生全集编辑委员会,九州出版社2017年版,第113页。

周兴,以少昊之虚曲阜封周公子伯禽为鲁侯,以为周公主。其民有圣人之教化,故孔子曰"齐一变至于鲁,鲁一变至于道",言近正也。濒洙泗之水,其民涉度,幼者扶老而代其任。俗既益薄,长老不自安,与幼少相让,故曰:"鲁道衰,洙泗之间断断如也。"孔子闵王道将废,乃修六经,以述唐虞三代之道,弟子受业而通者七十有七人。是以其民好学,上礼义,重廉耻。①

这段话中有周公、伯禽、孔子三个人物,又有齐鲁、曲阜、洙泗几个地名;三个人物代表的是齐鲁一带的礼仪文化,三地则是这种文化得以施行的地理空间。对于齐鲁之学,班固点出:"天下并争于战国,儒术既黜焉,然齐鲁之间学者犹弗废,至于威、宣之际,孟子、孙卿之列咸遵夫子之业而润色之,以学显于当世"。② 齐鲁之学因政治形势有起伏,然齐鲁学者先后继起,将孔子之学传承下来,在当时成为"显学"。齐鲁之地因周公、伯禽而有政教之声,因孔子而有学术之名,先贤在齐鲁一带的学术带领可谓十分明显。班固又以"洙泗涉度"的行为细节,指出德性政教之于百姓生活道德的重要影响。由此看出,齐鲁文化的形成和发展,与孔子等人的学术推动密不可分,文化与地理的关系于此有具体体现。

这里还可讨论先知先觉者在"文化—地理圈"中的独特影响。班固在《汉书·地理志》中多次谈到这一点,此处提到的周公、伯禽、孔子即属此例。班固谈黄帝时也指出:"昔在黄帝,作舟车以济不通,旁行天下,方制万里,画野分州,得百里之国万区。是故《易》称'先王建万国,亲诸侯',《书》云'协和万国',此之谓也。"③"方制万里、画野分州"是置定地理区域,"亲诸侯""协和万邦"则是君臣之义、相处之道在一定区域内的道德行为,"亲近"与"协和"便具有道德的含义。这种将地理与德性文化相融的场景,在黄帝之时已有体现。

---

① (汉)班固撰、(唐)颜师古注:《汉书·地理志》,中华书局2011年版,第1662页。
② (汉)班固撰、(唐)颜师古注:《汉书·地理志》,中华书局2011年版,第3591页。
③ (汉)班固撰、(唐)颜师古注:《汉书·地理志》,中华书局2011年版,第1662页。

班固又议尧、舜、汤："昔尧作游成阳,舜渔雷泽,汤止于亳,故其民犹有先王遗风,重厚多君子,好稼穑,恶衣食,以致畜藏。"①凡尧、舜、汤曾经居住过的地方,由于有先王遗风,故这些地方仍有重德励行风气的存在。对于此类文化先知先觉者在一定区域所呈现的文化作用,班固以《楚辞》的出现与流传作为例子加以说明:"始楚贤臣屈原被谗放流,作《离骚》诸赋以自伤悼。后有宋玉、唐勒之属慕而述之,皆以显名。汉兴,高祖王兄子濞于吴,招致天下之娱游子弟,枚乘、邹阳、严夫子之徒兴于文、景之际。而淮南王安亦都寿春,招宾客著书。而吴有严助、硃买臣,贵显汉朝,文辞并发,故世传《楚辞》"。② 楚地文化的代表人物是屈原、宋玉、唐勒等人,在他们的带动下,楚地文化得以在后世流传,并扩展到楚地更广阔的范围。

上述言语表明,班固十分重视道德先觉者和知识传播者在"文化—地理"圈的引领作用。如在谈到河东一带的文化特征时,班固指出:"其民有先王遗教,君子深思,小人俭陋。故唐诗《蟋蟀》《山枢》《葛生》之篇曰'今我不乐,日月其迈'、'宛其死矣,它人是媮'、'百岁之后,归于其居',皆思奢俭之中,念死生之虑。吴札闻《唐》之歌,曰:'思深哉!其有陶唐氏之遗民乎?'"③河东本唐尧所居之地,唐尧以仁义治天下,亲亲任贤,因而在河东一带留下珍贵的思想遗产,民至于今仍传其德,仍受其益。此点在他所述撰写"地理志"卷缘由时亦有体现:"《坤》作地势,高下九则,自昔黄、唐,经略万国,燮定东西,疆理南北。三代损益,降及秦、汉,革铲五等,制立郡县,略表山川,彰其剖判。"④形势地理为黄、唐经营家邦提供了客观载体,黄、唐之作为也为东西南北之地理抹上了文化的色彩,"文化—地理"在人与"地势"的互渗中得以相互关照对方。

---

① （汉）班固撰、（唐）颜师古注:《汉书·地理志》,中华书局 2011 年版,第 1664 页。
② （汉）班固撰、（唐）颜师古注:《汉书·地理志》,中华书局 2011 年版,第 1668 页。
③ （汉）班固撰、（唐）颜师古注:《汉书·地理志》,中华书局 2011 年版,第 1668 页。
④ （汉）班固撰、（唐）颜师古注:《汉书·地理志》,中华书局 2011 年版,第 4243—4244 页。

二、十五"国风"的"文化—地理"内涵

《诗经》十五"国风"是地方民歌,其地理范围大体在黄河中下游以及长江与黄河之间的汉水流域一带,相当于今陕西、山西、河南、河北、山东和湖北北部等区域。依照《国风》的这种地理范围采撷形式,班固在《汉书·地理志》中将风俗不同的所在地列为十三地,即秦地、魏地、周地、韩地、宋地、卫地、齐地、鲁地、赵地、燕地、楚地、吴地、粤地。在叙述各地地理范围的同时,班固也述及各地的历史传统和文化特点。如秦地西北一带"民俗质木,不耻寇盗",周地一带"巧伪趋利,贵财贱义,高富下贫,喜为商贾,不好仕宦"。在班固看来,这种文化传统与水土地理有一定关联:

> 凡民函五常之性,而其刚柔缓急,音声不同,系水土之风气,故谓之风;好恶取舍,动静亡常,随君上之情欲,故谓之俗。孔子曰:"移风易俗,莫善于乐。"言圣王在上,统理人伦,必移其本而易其末,此混同天下,壹之乎中和,然后王教成也。①

据班固所述,"风"与地方水土风气有关,实际上是人生活的自然地理环境;"俗"与管理者的性情志态有关,体现的是居上者的好恶意愿,也就是管理者所倡导的社会风气。班固认为有些"风"和"俗"是有待移易的对象,移易的手段在于管理者实行人伦教化,达至中和之境,实现王教的目的。班固也看到了风俗中存在美恶、直邪的一面,因而需要加以移易。移易不是清除所有,而是采用礼乐教化的方式,使之归于中和,成就王教之业。

就此看,"风"与"俗"在班固这里相对而称,意义上有所不同,实际上二者又互为贯通,所谓"风与俗对则小别,散则义通"②。后人在谈论《诗经》之"风""俗"时,常将二者合称,如《毛诗序》:"先王以是经夫妇,成孝敬,厚人

---

① (汉)班固撰、(唐)颜师古注:《汉书·地理志》,中华书局 2011 年版,第 1640 页。

② (汉)郑玄笺、(唐)孔颖达疏:《十三经注疏·毛诗正义》,阮元校刻,中华书局 1980 年版,第 459 页。

伦,美教化,移风俗。"又如荀子:"论礼乐,正身行,广教化,美风俗,兼覆而调
一之,辟公之事也。国家失俗,则辟公之过也。"①可见"风俗"合称在先秦时
已比较普遍,已有地理、文化相合的意味。《汉书·地理志》也多次将风俗合
称,如在陈述《汉书·地理志》的缘由时,班固在分言"风"与"俗"的含义之
后,紧接着将二者合说:"汉承百王之末,国土变改,民人迁徙,成帝时刘向略
言其地分,丞相张禹使属颖川朱赣条其风俗,犹未宣究,故辑而论之,终其本末
著于篇"。② 从语意看,刘向于地理分野之说有发明,朱赣于风俗人伦之说有
见地,然二者未在地理与风俗方面有结合,故《汉书·地理志》是对两人之说
的宣合,于此也透露出班固的《汉书·地理志》有综合地理与人文之意。

　　"风俗"中的文化与地理呈现出怎样的关系,可在《汉书·地理志》中寻找
到相关线索。《左传·襄公二十九年》记载了吴公子季札"聘鲁观周乐"的情
形③:"为之歌《邶》《鄘》《卫》,曰'美哉渊乎! 忧而不困者也,吾闻卫康叔、武
公之德如是,是其卫风乎?'"又记季札听《颂》乐的情形:"为之歌《颂》,曰'至
矣哉! 直而不倨,曲而不屈,迩而不偪,远而不携,迁而不淫,复而不厌,哀而不
愁,乐而不荒,用而不匮,广而不宣,施而不费,取而不贪,处而不底,行而不流。
五声和,八风平。节有度,守有序,盛德之所同也。'"《邶》《颂》等为具体的音
乐形式,有曲调音律的变化,给人以艺术的美感,但《左转》所叙的重点不在于
音乐的外在形式,而在于这种音乐对人所产生的道德激发。如季札听《邶》
歌,就联想到了康叔、武公之德,称其乃"卫风"的体现;听《颂》歌,则生发出人
所应具的种种德性品格,并吐露出"节有度,守有序,盛德之所同也"的道德畅
想。由"风"至"音",再由"音"至"德","风音"就不仅仅表现为一种审美的音
乐艺术形式,而是能够给人带来道德享受和道德期盼的德性载体。由此表明,
《国风》所记音乐不仅具有陶冶人之性情的作用,也具有价值传输和道德塑造

---

① 《荀子·王制》。
② (汉)班固撰、(唐)颜师古注:《汉书·地理志》,中华书局 2011 年版,第 1640 页。
③ 《左传·襄公二十九年》。

的功能。班固的《汉书·地理志》呼应了《左传》这种看法,在记魏国风俗时再次指出了这一点:"吴札闻《魏》之歌,曰:'美哉! 沨沨乎! 以德辅此,则明主也。'"①显示国风音乐与人之德性的关联,以及这种德性在政治文化中的道德意义。

朱熹撰有《诗集传》,是《诗经》的重要注本。在《诗集传序》中,朱熹认为《国风》中的诗歌大都出于里巷歌谣,为男女相与咏歌言情之作,具有"风"之自然环境的特性;只有《周南》《召南》两诗,"亲被文王之化以成德,而人皆有以得其性情之正,故其发于言者,乐而不过于淫,衰而不及于伤,是以二篇独为风诗之正经"。② 朱熹对此的解释是:"自《邶》而下,则其国之治乱不同,人之贤否亦异,其所感而发者,有邪正是非之不齐,而所谓先王之风者,于此焉变矣。"③也就是说,由于国之治乱、人之贤否的不同,所感而发的风诗亦有邪正是非的不齐,因而圣人的"自反"就成为《国风》中的"言情之思"转化为"正经之思"的关键:"诗者,人心之感物而形于言之余也。心之所感有邪正,故言之所形有是非。惟圣人在上,则其所感者无不正,而其言皆足以为教。其或感之之杂,而所发不能无可择者,则上之人必思所以自反,而因有以劝惩之,是亦所以为教也"。④ 在这种条件下,朱熹将整个《诗经》作为涵具天理的素材:"此《诗》之为经,所以人事浃于下,天道备于上,而无一理之不具也"。⑤《国风》也因此融入他所设定的"天理"范围之中,成为其理学思想的一部分,《国风》的文化内涵自然也内具其中。

---

① (汉)班固撰、(唐)颜师古注:《汉书·地理志》,中华书局 2011 年版,第 1649 页。
② (宋)朱熹:《诗集传序》,《朱子全书》第一册,朱杰人等主编,上海古籍出版社 2010 年版,第 351 页。
③ (宋)朱熹:《诗集传序》,《朱子全书》第一册,朱杰人等主编,上海古籍出版社 2010 年版,第 351 页。
④ (宋)朱熹:《诗集传序》,《朱子全书》第一册,朱杰人等主编,上海古籍出版社 2010 年版,第 350 页。
⑤ (宋)朱熹:《诗集传序》,《朱子全书》第一册,朱杰人等主编,上海古籍出版社 2010 年版,第 351 页。

《汉书·地理志》在"地理—文化"上与《诗经》有匹对关系。就地理而言,《汉书·地理志》将《诗经》中的十五国设为十三地,每一地大体对应"一国"及其临近地区。如《汉书·地理志》中的秦地,其范围涵括陇西、天水以及京兆、扶风、冯翊三郡,与《秦诗》中的旧秦地和陇西六郡基本吻合。再如,魏地之"河内",即指《国风》中的邶、鄘、卫三地。又如,韩地所涉范围,乃《国风》中的陈、郑之国,"与韩同星分焉"。当然其中也有不完全重合处,如"楚地"包括今湖南广大地区,《国风》中"二南"和"陈风"所涉地理范围最接近这一带,但范围要窄于《汉书·地理志》。与这种地理分布相对应,《汉书·地理志》中的"风俗"描述也有与《国风》接近之处:如《汉书·地理志》是指秦地之民有"好稼墙,务本业"之风,与《豳诗》言农桑衣食之本就有关联;陇西六郡迫近戎狄,故民众"修习战备,高上气力,以射猎为先",这与秦诗中的《车邻》《驷驖》《小戎》之篇皆言"车马田狩之事"在所叙风俗上也有联系;又指陈国有"好祭祀,用史巫,故其俗巫鬼"之风,此点与《陈诗》中的诗句"坎其击鼓,宛丘之下,亡冬亡夏,值其鹭羽"所描述的巫祀活动相呼应。因此,我们承认《国风》是古代文化的一种表现形式,作为与《国风》相对应的《汉书·地理志》,就不仅仅是从地理的层次来"略表山川",也是从文化的角度来"彰其剖判","文化地理"的图像清晰且合理。

三、移易与教化:"文化—地理"的传播方式

《孝经·广要道》载孔子之言曰:"安上治民,莫善于礼;移风易俗,莫善于乐。""礼"和"乐"可以连用,孔子"兴于诗,立于礼,成于乐"之言,表明礼、乐既有各自的道德目标,又前后相继,构成个人和社会共进的道德基础,也成为古代社会传统秩序得以运转的伦理根基。但礼、乐之间也有区别,"礼"重在安上治民,"乐"重在移风易俗;前者指向管理者的政治运作,后者指向普通大众的生活行为。"乐"能承担起这种道德重任,与"乐"固有的内涵有关。班固将"乐"分为两种:一为圣之乐,二为民之乐。圣之乐由圣人制作而成,这种音

乐感人至深,可以善民心,做到移风易俗,因而先王"著其教焉"。民之乐有多种:"是以纤微憔瘁之音作,而民思忧;阐谐嫚易之音作,而民康乐;粗厉猛奋之音作,而民刚毅;廉直正诚之音作,而民肃敬;宽裕和顺之音作,而民慈爱;流辟邪散之音作,而民淫乱。"对于其中的"乱者",就有制作雅颂之声的必要,使其移风易俗,归之于人之善心。这在班固看来就是"先王立乐之方"。① 因此,《汉书·地理志》所指"移风易俗",就"乐"的角度而言,主要是指以圣人之所乐作为文化主流来影响各地的风俗习惯。至于能反映民众思忧、康乐、刚毅等内心情感的作品,可以作为文化支流而成为当地特有的"国风"作品。如此一来,既有体现国家主流意愿的文化形式,也有展现各地特色的地方支流文化形式,民众就能"安其位而不相夺,足以感动人之善心也,不使邪气得接"②,国家和社会的文化教育才会顺畅有效。

针对各地不同的自然地理特点和文化风俗,《汉书·地理志》总结了不同的移易教法。如对巴、蜀、广汉等地,"以文辞教人"就有独特效果:

> 巴、蜀、广汉本南夷,秦并以为郡,土地肥美,有江水、沃野、山林、竹木、疏食、果实之饶……民食稻鱼,亡凶年忧,俗不愁苦,而轻易淫泆,柔弱褊厄……及司马相如游宦京师诸侯,以文辞显于世,乡党慕循其迹。后有王褒、严遵,扬雄之徒,文章冠天下。由文翁倡其教,相如为之师,故孔子曰:"有教无类。"③

巴、蜀、广汉三地自然条件优良,故民风轻飘而柔弱。至司马相如诸人,民风才有转变。司马相如因其辞赋出众而受武帝赏识,两次受遣出使巴蜀一带。王褒以文章显于蜀地而受到宣帝欣赏,曾官至谏大夫。严遵和扬雄也受这股文风的影响,而在蜀地享有文采之名。段中提到的文翁,曾为蜀地郡守,为蜀地民风的转变立下了大功劳。《汉书·循吏列传》有记:"见蜀地僻陋有蛮夷

---

① (汉)班固撰、(唐)颜师古注:《汉书·地理志》,中华书局2011年版,第1037页。
② (汉)班固撰、(唐)颜师古注:《汉书·地理志》,中华书局2011年版,第1037页。
③ (汉)班固撰、(唐)颜师古注:《汉书·地理志》,中华书局2011年版,第1645页。

风，文翁欲诱进之，乃选郡县小吏开敏有材者张叔等十余人亲自饬厉，遣诣京师，受业博士，或学律令。减省少府用度，买刀布蜀物，赍计吏以遗博士。数岁，蜀生皆成就还归，文翁以为右职，用次察举，官有至郡守刺史者。"①又修学宫于成都，招县邑子弟，"数年，争欲为学官弟子，富人至出钱以求之。由是大化，蜀地学于京师者比齐鲁焉"。② 文翁采取的"受业""察举""修学宫"等方法，符合蜀地实情，又跟上当时汉赋广为流行的时代风潮，因而收到了很好的教育效果。由此表明，一种良好的文化激励制度，再加以数个具有较强文化影响力人物的带动，一种区域性的文化思潮是完全可以带动起来的，移风易俗的文化任务因而就具有时代色彩。

《汉书·地理志》又谈到"德化"教育在移风易俗中的可行性：

秦既灭韩，徙天下不轨之民于南阳，故其俗夸奢，上气力，好商贾渔猎，藏匿难制御也。宛。西通武关，东受江、淮，一都之会也。宣帝时，郑弘、召信臣为南阳太守，治皆见纪。信臣劝民农桑，去末归本，郡以殷富。颍川，韩都。士有申子、韩非，刻害余烈，高仕宦，好文法，民以贪遴争讼生分为失。韩延寿为太守，先之以敬让。黄霸继之，教化大行，狱或八年无重罪囚。南阳好商贾，召父富以本业；颍川好争讼分异，黄、韩化以笃厚。"君子之德风了，小人之德草也"，信矣！③

班固指南阳一带"其俗夸奢，上气力，好商贾渔猎，藏匿难制御"；颍川一带则"高仕宦，好文法"，有贪吝争讼之风。针对不同的风俗习气，郑弘、召信臣采用"富以本业"的方法，"民农桑，去末归本"，郡国因此殷富。韩延寿和黄霸先后任颍川太守，致力于推行民德文化，主张"敬让""笃厚"，终致民德归厚。这种做法应是收到了良好效果，故班固感叹"君子之德风"。这里强调的

① （汉）班固撰、（唐）颜师古注：《汉书·循吏列传·文翁》，中华书局 2011 年版，第3625 页。

② （汉）班固撰、（唐）颜师古注：《汉书·循吏列传·文翁》，中华书局 2011 年版，第3626 页。

③ （汉）班固撰、（唐）颜师古注：《汉书·礼乐志》，中华书局 2011 年版，第 1654 页。

一点是,德教思想在"文化—地理"中的作用问题。我们前面在介绍班固之所谓"风"时,是将人之性与水土之风气连在一起来谈。也就是说,人所具的五常之性离不开水土风气的浸染;反过来,当谈及水土风气的时候,自然也少不了人之性的内容,故班固才有"凡民函五常之性,而其刚柔缓急,音声不同,系水土之风气"的说法。在《汉书·地理志》中,班固将"地理志"分为上下两卷,如果说上卷着重于自然地理的话,那么下卷则着意于人文地理。不过,即便有这种重点的不同,然"自然"与"人文"又时常联系在一起。如上卷在谈到"徐、梁二州合之于雍、青,分冀州之地以为幽、并"这一地理事实时,其中就少不了"殷因于夏,无所变改。周既克殷,监于二代而损益之,定官分职"的历史变故和政治变动;在介绍各郡国时,也掺杂着众多历史人物的活动轨迹。下卷"风俗"与地理的融合则更为直接和明显。既如此,在"自然"与"人文"之间当有一条联结的线索,这里不妨称之为"德教"。当然,其中也富含"政教"的内容,然在儒学整体趋向于"德教"的情形下,"政教"可以划入"德教"范围之内,即"政教"也属于"德教"。《汉书·地理志》以南阳文化由偏转正的例子说明,在社会风俗转化为社会主流文化的路途上,"德教"承担了关键性的角色任务,由此亦可探知《汉书·地理志》所传达的儒学要求以及班固本人的儒学底色。

《汉书·地理志》对"仁贤"在教化中所起的作用给予了充分肯定。其语云:

> 殷道衰,箕子去之朝鲜,教其民以礼义,田蚕织作。乐浪朝鲜民犯禁八条:相杀以当时偿杀;相伤以谷偿;相盗者男没入为其家奴,女子为婢,欲自赎者,人五十万。虽免为民,俗犹羞之,嫁取无所雠,是以其民终不相盗,无门户之闭,妇人贞信不淫辟。……可贵哉,仁贤之化也![①]

---

① (汉)班固撰、(唐)颜师古注:《汉书·地理志》,中华书局 2011 年版,第 1658 页。

乐浪一带有民不相盗、门户不闭的风俗,与箕子的教导有关,这在班固看来是仁贤之所为,因而给予高度认可。箕子的"仁贤"作为,主要表现为三点:一是"教其民以礼义,田蚕织作",注重礼义在道德教化中的首要作用,并贯穿在田蚕织作的具体生产实践中。二是制定法律规范,设立"八条之教"。尽管"八条不具见",然从已有条目也足以看出当时法律的严厉。三是维护"俗犹羞之"的社会风气,将违法者置于道德监督的社会环境之中,形成持久的道德威力。这种教化手段至今仍有其实际意义。

四、《汉书·地理志》中的文化群体

《汉书·地理志》所涉对风俗文化有影响的正面人物,大体可分为五类。

第一类,黄帝、尧、舜、禹。《汉书·地理志》首段即指出,黄帝四出而行之,制定方域,确立边界,对当时地区区域的形成有首建之功。此后尧、禹继之,疆域划分更为清晰。重要的是,在划分疆域的过程中,黄帝、尧、禹施之以人文教化,水土地理与人文教化得以并行展开。从这点看,班固有将黄帝视为儒家道统人物之首的意味。

在《汉书·楚元王传》中,班固引录了刘向写给汉成帝的一封奏疏,此疏中有"明圣黄帝、尧、舜、禹、汤、文、武、周公、仲尼之制"之语。虽为引录,实际上也表明班固认同刘向的这种说法,即认为黄帝乃在尧、舜、禹之前,为"明圣"序列中的首位。班固另在《汉书·律历志》中也提道:"自伏羲画八卦,由数起,至黄帝、尧、舜而大备。三代稽古,法度章焉。"[1]从"法度章"的角度而言,黄帝之后为尧、舜。这似乎也表明班固视黄帝为儒家道统序列中的第一人。这种说法与此前的孟子和此后的韩愈稍有不同。孟子列举由尧、舜至汤、禹、皋陶、文王、伊尹、孔子、太公望等一系列圣人,起点人物则是尧。韩愈大体采用了孟子这种说法,只不过所列人物没有孟子那么详细。两相比较,班固的

---

① (汉)班固撰、(唐)颜师古注:《汉书·律历志》,中华书局 2011 年版,第 955 页。

这种序列法似乎更为可取,他将地理疆土的有意识开辟视为远古德治文化的开始,突出地理和文化的内在互动,这种思维视角显然是广阔且深邃的。不过,班固也意识到,由于文献资料的缺失,黄帝之事亦有"未可明"之处:"唐虞以前虽有遗文,其语不经,故言黄帝、颛顼之事未可明也"。① 显示出他在对待历史人物问题上的客观态度。也是基于这一客观事实,《汉书·地理志》更多论述尧舜禹的德治文化功绩,因而有"昔尧作游成阳,舜渔雷泽,汤止于亳,故其民犹有先王遗风,重厚多君子,好稼穑,恶衣食,以致畜藏"之赞,将地理风俗的形成与圣人之治合而视之。

第二类,文王、武王、周公、孔子诸人。《汉书·地理志》指出:"昔后稷封邰,公刘处豳,大王徙岐,文王作酆,武王治镐,其民有先王遗风,好稼墙,务本业,故《豳诗》言农桑衣食之本甚备。"②后稷、公刘、古公亶父、文王、武王等人对当地"好稼墙,务本业"之风有直接影响。对于孔子的文化影响,班固更有赞颂:"孔子闵王道将废,乃修六经,以述唐虞三代之道,弟子受业而通者七十有七人。是以其民好学,上礼义,重廉耻。"将其视为王道复兴的关键人物。至于班固之时,鲁地风俗已有很大变化,但因为有周公、孔子的振起,犹能胜于其他地方:"今去圣久远,周公遗化销微,孔氏庠序衰坏。地狭民众,颇有桑麻之业,无林泽之饶。俗俭啬爱财,趋商贾,好訾毁,多巧伪,丧祭之礼文备实寡,然其好学犹愈于它俗"。③《汉书·地理志》还多次引用孔子话语,以指证当地风俗的良善。如论秦地六郡民风"修习战备,高上气力,以射猎为先",因而六郡多出名将,《汉书·地理志》引用了孔子"君子有勇而亡谊则为乱,小大有勇而亡谊则为盗"的话语,以此说明数郡"民俗质木,不耻寇盗"之习俗。

第三类,韩延寿、黄霸等一批地方官员。前文所指颍川文化习俗的形成,与韩延寿、黄霸等人推行敬让、笃厚的道德品行密不可分。《汉书·地理志》

---

① (汉)班固撰、(唐)颜师古注:《汉书·司马迁传》,中华书局 2011 年版,第 2737 页。
② (汉)班固撰、(唐)颜师古注:《汉书·地理志》,中华书局 2011 年版,第 1642 页。
③ (汉)班固撰、(唐)颜师古注:《汉书·地理志》,中华书局 2011 年版,第 1663 页。

还指出了韩延寿任东郡太守时,实行文化善政,给当地留下了良好的文化风尚:"宣帝时韩延寿为东郡太守,承圣恩,崇礼义,尊谏争,至今东郡号善为吏,延寿之化也"。① 在论及儒家人物对思想史的贡献时,我们多有重视"思想本身"的倾向,而较少谈到思想人物的政治实践对思想推动所具有的真实意义。实际上,"从思想本身"和"从实践本身"应当成为衡量学术容量的两把标尺,这样才能说明此学术是否具有"理论活力"和"实践能力"。班固在《汉书·地理志》中特别提到具有儒学特质的地方官员对一方治理所具有的文化指引和文化创造价值,值得我们认真思考并加以施行。

第四类,屈原、司马相如、扬雄等文学人物。屈原的《楚辞》于楚地之风有很大影响。在班固看来,《楚辞》带来的文化影响,就是"失巧而少信"。尽管这种结论有待商证,然楚地文化在历史上确实与《楚辞》有着很大关联。此外,巴、蜀、广汉三郡有重文辞之风,《汉书·地理志》也指出与司马相如、扬雄的带动有很大关系。

第五类,民群体。这类人群也就是广大民众。《汉书·地理志》论"民",主要有三层面向:一是肯定民具有先王遗风,如"其民有先王遗风",又指鲁地"其民有圣人之教化",都是从积极的角度表明两地百姓所具的优良风气。二是认为民有"为失"的一面,如指颍川之地"民以贪吝争讼生分为失"。三是从人所共有的人性气质方面来谈民之性格趋向,如"凡民函五常之性,而其刚柔缓急,音声不同,系水土之风气。故谓之风"。三种面向中,最基本的仍是"五常之性",其他两种是"五常之性"在不同文化情境下的表现形式。需指出的是,民之性的变化,在班固看来都是在有文化影响力的人物的带动下产生的。在这种情形下,"民"就是有待教化的"不知者""不觉者"。"不知""不觉"是相对于"先知先觉""后知后觉"而言。《孟子》"天之生斯民也,以先知觉后知,以先觉觉后觉"实际上指出了人之觉道有先后的问题,先知先觉者有启

---

① （汉）班固撰、（唐）颜师古注:《汉书·地理志》,中华书局 2011 年版,第 1665 页。

蒙、开拓后知后觉者的道德能力和道德责任。对于广大百姓而言,往往是在"先知对后知、后知对不知"的道德传递中实现对"道"的理解。但"不知"并不意味着"无知",故又有"百姓日用而不知"之说,表明民众百姓仍然是接受、传播"道"的最主要力量。故《汉书·地理志》才有"酒礼之会,上下通焉,吏民相亲。是以其俗风雨时节,谷籴常贱,少盗贼,有和气之应,贤于内郡"①的赞语。也只有在民众的推动下,先知先觉者的道德影响才会显现出来,"周末有子路、夏育,民人慕之,故其俗刚武,上气力"②,其中"民人慕之"就意味着一种可能的文化潮流趋势在民众推动下的形成。

第二节　北方阳明学于"文化—地理"系统的多层建构

上节以专门篇幅论述《汉书·地理志》中的"文化—地理"关系,其用意有二:一是在我国古代的文化传统中,文化与地理相融相进的现象早已存在,因而"文化—地理"作为一独立名词,是完全成立的。二是本书研究的主要对象是北方王门,"北方"与"王门"本身也蕴含着"文化—地理"的内在沟通,且与"南方王门"形成一种比较视角。因此,以《汉书·地理志》中的"文化—地理"之义理来观察北方王门之学,便有其文化传统和思想依据。

学界没有"南北阳明学"的明确说法,不过从"文化地理"的视角,且依据《明儒学案》的地域划分法,我们仍然可以将阳明之学在其后学中的传播分出"南北"两个地理范围。《明儒学案》将山东、河南、陕西视为王学活动与传播的北方区域,北方数位王门学者也按照这一顺序排列。浙中学者张元忭所指"北地"则指淮河以北,这种说法尽管有点笼统,但毕竟在南北阳明学之间划了一条地理分界线,即淮河以北为"北阳明学"的学术区域。今有学者认为,

---

① （汉）班固撰、（唐）颜师古注:《汉书·地理志》,中华书局 2011 年版,第 1645 页。
② （汉）班固撰、（唐）颜师古注:《汉书·地理志》,中华书局 2011 年版,第 1665 页。

《明儒学案》将亲炙阳明的南大吉置于北方王门之末,于情理有所不通。如从《明儒学案》人物安排的地域性设定而言,则符合三省由东而西的顺序。阳明也曾经主试山东,为此地培养了一批学术人才,按钱明先生的说法,这些学者大都处于京杭大运河沿岸的鲁中地区,就此而言,"鲁中王门是阳明学传入北方地区的第一站,亦是北方王门最主要的分支"①,据此自东而西书写北方王门人物,也是可以理解的。钱明先生又勾勒出阳明学从绍兴而发的四条传播线路,其中经北方的一线为:从浙江经过江苏、安徽而到达北方的山东、河南、河北、陕西等地,这条线路中,还应包括阳明的弟子门人在北京讲学然后向四周辐射的辅助效应。② 就其传播先后而言,陕西也较山东为后。依此来看,就阳明学在山东、陕西两省的文化影响而言,山东则显得更为明显。当然,钱明先生在这里还划出了北方王学的大体范围,即山东、河南、河北、陕西以及北京等地。本书所指"南北阳明学"中的"北地",与钱明先生观点相应,主要涵指北京、山东、河南、陕西这一地理范围。

一、北方王门在"文化—地理"上的态度立场

事实上,北方王门诸子对"文化—地理"的相互关系很是看重。这里先略述尤时熙、南大吉、杨东明、孟化鲤在这一问题上的看法,在"结语"中再以张后觉的《禹贡集注》为代表,对此问题做出小结。尤时熙谓:

> 或曰:《禹贡》、周《职方》非王道乎? 其于教化也奚属? 亦何关于性情也? 夫《禹贡》锡圭告成,声教讫四海,而修守考职,无不敬戒,职方氏盖谆谆焉,所谓既竭心思,继之以不忍人之政者也。非察

---

① 钱明:《学脉·分布·传承——中国地域阳明学绪论》,《贵阳学院学报(社会科学版)》2018 年第 2 期。

② 钱明:《学脉·分布·传承——中国地域阳明学绪论》,《贵阳学院学报(社会科学版)》2018 年第 2 期。

于性情之间,而有是乎? 孰不由性情也?①

《禹贡》如《汉书·地理志》一样,也是地理学著作,其中也包含历史文化的成分;职方氏掌天下之地,亦与地理疆域有关。故学者研究历史文化地理,少不了对这几个方面的研究。在尤时熙看来,《禹贡》《职方》表面上只涉及地理,但其中包含着国之声教、人之性情等因素,因而又与文化风俗紧密相关。这样在尤时熙眼里,风俗便不是无关紧要的现象存在,而是与国之声教、与王道联系在一起的有关国家风教的文化现象:"予惟风俗,王道之大端,而观民省方,教化之实务也"。②"风俗"在这里成为体现王道的重要内容,而以"观民省方"的方式加以推行,又成为开展教化活动的实践形式。这样,尤时熙所主张的思想主张,实际上也成为推动地方文化教育的道德内容。

不仅如此,尤时熙还认为推动的一个地方的化导教育,关键在"士"。尤时熙指出:"习染既深,势难卒挽,倡率化导,其责乃在士类。苟移其希青紫而希圣贤,则淡泊明志,忠信进德,日察日著,善类朋从,风俗可还淳朴,元气由以滋息,岂独类锡于一乡,行将风动于四远矣。"③"其责乃在士类"既是尤时熙对士人发出的文化倡议,当然于此也可以看出尤时熙对士人推动地方文化建设所具作用的独到认识。尤时熙对士人的道德要求是"淡泊明志,忠信进德,日察日著,善类朋从",由此淳朴风俗,进而由一乡而达至四方,带动整个地方文化的"圣贤化"。这种观点,其实也就是我们前面提到的"先知先觉、后知后觉"思想的生活实践。在文化教育与地理风俗的相互关系上,时熙的观点无疑与《汉书·地理志》有相似之处。因此,在理解尤时熙之学之义理性的同时,也要体会这种义理性对推动北地文化发展所具有的作用。

---

① (明)尤时熙:《登封县志序》,《北方王门集·拟学小记》,邹建锋等编校,上海古籍出版社2017年版,第210页。
② (明)尤时熙:《登封县志序》,《北方王门集·拟学小记》,邹建锋等编校,上海古籍出版社2017年版,第210页。
③ (明)尤时熙:《新安县创建函关书院记》,《北方王门集·拟学小记续录》,邹建锋等编校,上海古籍出版社2017年版,第304—305页。

南大吉撰有《渭南县志》,对文化与地理的关系有更多论述。大吉论"封域"曰:"两壤相接,筑土而为之界曰封;八方所抵,计里而为之境曰域。封域也者,上以应乎天文而下以列乎地理者也。是故以妖祥则存乎分野,以广轮则存乎疆里,以灵秀则存乎山川,以阨塞则存乎形胜。是故察妖祥则知所以修德矣,辨广轮则知所以域民矣,侈灵章秀则知所以兴产矣,控形致胜则知所以固国矣。由是而山川宁,鬼神格,鸟兽草木鱼鳖亦咸若矣,则志之所以考夫封域者,抑岂藩篱之私也哉?"①"封域"乃一定的地理范围,其间少不了人的活动作为,人们可以从地理环境的变化中察知人的文化行为,如"修德""域民""兴产""固国"等。大吉又论"风俗"云:"风俗者,天下之大本;政教者,治世之先务。天下之治乱系乎风俗者也,故天曰大本;风俗之美系乎政教者也,故曰先务。"②大吉十分重视对于风俗的考证,认为风俗关乎天下之治乱。要实现风俗之美,则应施行"政教"。对于二者之间的关系,大吉另有一段论述:

> 风也者,气也;气,行天者也。土也者,质也;质,具于地者也。乾道变而气斯行矣,坤道合而质斯具矣。气质变合,则是乾坤交而性情见,天地泰而其化同也。是故万物生焉,居聚耕殖而百货兴焉,万事出焉。是故以风俗,则由习而成矣;以户口,则由聚而见矣;以田赋,则由生而出矣;以物产,则由殖而蓄矣;以力役,则由用而任矣。然皆由乎政教而本诸身者也。夫本诸身,则政德政也而民治,教德教也而民化。民治,则安居乐业有恒产矣;民化,则尊君亲上有恒心矣。然有恒产,斯有恒心,而后教斯可兴焉;有恒心,斯有恒性,而后政斯可成焉。教兴,则风淳俗美而户口无弗繁也;政成,则礼达分定,而贡赋

① (明)南大吉纂修:《嘉靖渭南县志·封域考》,《中国地方志集成·陕西府县志辑 13》,凤凰出版社 2007 年版,第 42 页。

② (明)南大吉纂修:《嘉靖渭南县志·风土考》,《中国地方志集成·陕西府县志辑 13》,凤凰出版社 2007 年版,第 59 页。

无弗时也。夫化育行而万物生,政教举而万事成,天人一贯者也。①

大吉在这里将"风"与"土"的关系看作"气"与"质"的关系;"气"与"质"变合,则形成相应的地理环境,人的活动也由此得以进行。在种种活动中,大吉特别强调"政教"之于人的活动的重要性,而"政教"显然涉及文化的含义。在这种文化体系中,作为文化主体的人承担着"民治""民化"的道德说教责任。只有在"教兴"得到真实贯彻的情形下,社会文化风俗的淳美也才会得以建立。因此,大吉所说的"天人一贯"在这里实际上表现为人与地理环境的统一,而人又是施行文化的主体,"文化—地理"的内部因素也得到确认。

杨东明在《兴学会约自序》里亦有一段言语,涉及文化与地理的关系:

或谓余曰:"夫道亦难言矣,子以剽窃余唾,自误而复以误人也,可乎?"曰:"不然。昔生人之初,天下无火也。燧人氏出,而火之用及于天下,万世而不穷,其初则颎然一粒之微也。然则余以是言告吾邑,其犹始燃之火乎? 充实而有光辉,在诸髦士之自力焉耳。"三先生曰:"果尔,则燎原一方,尤不若文明天下。"②

东明建兴学会的目的,小而言之,乃为传播知识学说,树立士人求知立德的品性;广而言之,则是以兴学会作为文化种子,先扩散至"吾邑",继而"燎原一方",进而"文明天下"。"吾邑""一方""天下"是一个地理范围逐步扩大的概念,在"文明之火"的充实下,这些地理名词显然不纯粹是地理方位上的,而是带有文化属性和文人风范的文化学概念。由地理而文化,再至"文化—地理",其中人的作用最为关键。东明于此提到,人在此过程中或许会受到种种非议和责难,但有志之人只要拿出燧人氏"以火明天下"的智慧和毅力,"一粒之微"照样能燎原四方。以此种视域返观北方王门学者在北地传播阳明学的

---

① (明)南大吉纂修:《嘉靖渭南县志·风土考》,《中国地方志集成·陕西府县志辑13》,凤凰出版社2007年版,第57页。
② (明)杨东明:《兴学会约自序》,《北方王门集—山居功课》,邹建锋等编校,上海古籍出版社2017年版,第846页。

心志与前行,可以发现地理的分隔其实是次要的,人在其中的作为才是最重要的。由此而论,我们讨论"文化—地理"的内涵,既要看到两者互为变动的趋势,更要把握引向两者互动的"人"的因素。

孟化鲤没有关于"文化—地理"的直接论述,不过我们仍可从他论述人心邑俗的话语中略知一二。孟化鲤对友人讲学带来的地方文化转变大有赞扬:"贵邑立会讲学,吾道之幸,人心邑俗不变之一大机括也。风声一播,远迩景从,关系政自不少。"①将讲学之类的文化活动与地方风气变化联系起来。实际上,在其他北方王门诸子中,凡涉及讲学的思想功用问题,除了他们身上自觉承担的文化传承和文化传播的使命以外,也都关联着讲学对地方文化的改变与塑造。

二、北方王门学者对"文化—地理"系统的多层建构

北方王门学者对北地文化的塑造,大体通过三条学术取径来进行,即阳明心学、传统程朱之学和地方乡贤之学。

(一)以阳明心学影响方邑文化

北方王门的讲学实践,实际关联着数个文化中心的成立。从地理位置看,虞城县毗邻山东,便于和山东王学展开交流;新安、渑池、陕州依次为近邻,既是河南西部的文化中心,又便于和陕西学者来往交流;至于虞城、新安、渑池、陕州内部的交流互动,则显得更为频密。据此看,从山东经河南再至陕西,实有一条清晰的文化交流传播路线,各个文化中心讲学活动开展的过程,自然也是阳明心学在北地不断传播的过程。这点我们在前文中已有论述。这里要说的是,在"茌平—虞城—新安—陕州"这条主线之外,依据北方王门学者的主要活动轨迹,实际上还有两条支线,分别是虞城至北京和茌平至河北。前条线

---

① (明)孟化鲤:《答陈连山》,《北方王门集·孟云浦先生集》,邹建锋等编校,上海古籍出版社 2017 年版,第 418 页。

路与杨东明在北京参与首善书院讲学活动有关,后条线路与孟秋治守昌黎县、山海关相联系。这里顺带讨论这两处讲学活动,以此进一步说明良知心学在北地的传播情况以及这种传播对地方文化的影响。

孟秋在昌黎的讲学活动在前文稍有提及,这里再作一些补充,以突出阳明之学在河北的传播。孟秋既得昌黎令,下车便问民众疾苦,处处以民生为职事;又整顿边邑,修建学宫,民风为之一变,民众因之有赞。不仅如此,孟秋在公事之余还开讲良知之学:"暇则进诸生三十余人,讲良知学,自以俸馀馆谷,不费县官钱,谓昌黎为乡先正,刺韩文以视诸生。先生心如太虚,视世界浮云,毫无芥蒂,虽居边圉繁邑,未尝一日辍讲。与诸生盟,必先行而后文,制外以兼内,讲肆以端其习,考核以程其规,标的以大其业,宏博以邃其思,抑扬以厉其志,金玉以宣其情,夏楚以鼓其气"。① 孟秋讲学的重点为良知学,且以定盟的形式在师生之间加以确立并强化,故而其效甚大,士子翕然而从。孟秋也将此视为"吾教行矣"之传讲目的的完成。通过这种讲学,在孟秋身边形成一个学术小团体,团体的学术宗旨即在讲诵良知之学。可以预知的是,以这三十余人为中心圈再辐射至其他地方,一个更大的文化学术圈便会在河北随之而成。事实上,在良知之教推动士子良好学风形成的同时,一种清朗的雍熙民风在乡土中也悄然形成:"去之日,父老立留遮道,时有鹿衔先生裾,亦若有恋恋者。父老为树碑,以识不忘。寻从祀名宦。先生小试于邑,邑皆弦歌也"。② "父老遮道""鹿衔裾""树碑""从祀名宦""邑皆弦歌"等数处细节,生动记录了孟秋在昌黎县从教从政所获得的民望。这种民望的展现,既表明当地学风民风的转变,也意味着良知之学在当地的推广并影响着他们的思想行为。

附带一笔的是,昌黎县乃京畿左辅,具有地理和文化的双重意义,向来为

---

① (明)姚思仁:《明尚宝司少卿我疆孟先生墓表》,《孟我疆先生集》,明别集丛刊第二辑第六十三册,沈乃文主编,黄山书社 2015 年版,第 483 页。
② (明)姚思仁:《明尚宝司少卿我疆孟先生墓表》,《孟我疆先生集》,明别集丛刊第二辑第六十三册,沈乃文主编,黄山书社 2015 年版,第 483 页。

朝廷和学界所重。清代学人阎允吉于此指出:"天子宅中艺极,俾宇下郡县各有志乘,盖将以考土壤之渥瘠,民物之登耗,贤才之隆替,风俗之醇薄,即以观吏治制度之厘举而因以施治焉。受命以治其邦者,亦将遵守其籍,敬天垦土,兴贤勤民,以无辱天子命。典綦重哉,匪第祖述汉《汉书·地理志》已也。我昌虽边隅地,而碣石、溟渤详于《禹贡》,且为京畿左辅,与汉之扶风埒,厥志宁可忽诸?"①通过写地方志来反映政情风俗,是叙写地方志的重要手段;作为受命一方的治邑者,则应依据地理环境的实际情况开展符合社会需要的政治和文化活动,以此在政治上赢得声誉,也推动地方文化走向良质之途。昌黎作为京畿左辅,其地理位置的重要性自不待言,而其文化的塑造对于京畿一带也具有辅助作用。作为一任地方首长,孟秋在昌黎的文化作为,在昌黎方邑文化的发展中应有其一席之地。在阳明心学的带动方面,孟秋也将《明儒学案》中的"北方"范围扩大至河北一带,因而也具有学术拓展的影响力,是值得肯定的学术之举。

前已提到,在首善书院修建过程中,杨东明部分参与了书院的修建工作,在修建过程中与冯从吾、邹元标都有思想交流。这样,京城书院就成为他们开展学术交流的重要场所。尽管东明之学有朱学的一面,然其对良知的肯认和维护也是不容置疑的。从这一角度看,北方王学在河南虞城与北京之间的交流互动就有迹可循。且东明有与孟化鲤关系友善,两人常有讲学来往,这样良知心学又在《明儒学案》所设定的北地中得到流传。从东明参与首善书院的活动情况,我们也有理由认为,所谓的北方王学,当不限定在山东、河南、陕西这一范围之内,而应扩展到周边省区。如此而言,与这三地区相邻的山西以及安徽、江苏以北地区,凡有良知心学影响的区域,都可视为北方王学的影响范围。

---

① (清)阎允吉:《民国昌黎县志·旧志序》,《中国地方志集成·河北府县志辑20》,上海书店2006年版,第167页。

(二) 对传统"程朱之学"的吸纳

仇兆鳌在给《明儒学案》写的"序"中言道:"孔、孟之学,至宋儒而大显。明初得宋儒之传者,南有方正学先生首倡浙东,北有薛敬轩先生奋起山右,一则接踵金华,一则嗣响月川,其学皆原本程、朱者也。独天台经靖难之余,渊源遂绝。自康斋振铎于崇仁,阳明筑坛于舜水,其斯道绝而复续之机乎!"①按照这种说法,在明初之时,南北两地之学各有一个学术首创人物,即方正学和薛敬轩,两人之学又分别承南地宋濂和北地曹月川而来。不管是南地还是北地,此时之学皆原本程朱。自中晚明吴康斋、阳明之学兴起后,学术中心则移至南方,南北两分的学术格局转而成为由南方主导。尽管吴康斋"一禀宋人成说"②,程朱之学也向来是正统学术主流,然阳明之学的兴起仍对朱子学形成重大冲击。且此时南学兴盛、北学不振,这种情形相较于明初之时的学术景观已有很大不同。

南北两地这种学术情势的变化,实际上也反映在北方王门学者之中。对于身处北地的王门学子,一方面受到传统程朱之学的影响,然随着南方阳明之学的兴起,尤其是在师承传递的直接影响下,他们的学术思想在另一方面又带有程度不同的程朱之学的色彩。因此,大吉之学被冯从吾列入程朱之学浓厚的关学学谱之中;尤时熙与地方乡贤丘方山同尊为"两贤","两贤祠"也成为孟化鲤在川上书院开展讲学活动的一个重要祭祀、讲学场所;赵贞吉则于洛阳祠堂匾额之上赞时熙为"程门继美"③。吕维祺的"七贤书院",所祀七贤为二程、邵雍、司马光、曹端、尤时熙、孟化鲤,此时北方王门中的时熙和化鲤,已与二程、曹端等人并祀,程朱之学与阳明之学在七贤祠中处于同等地位。自称岭

---

① (清)仇兆鳌:《明儒学案序》,《明儒学案》,沈芝盈点校,中华书局 2008 年版,第 5 页。
② (清)黄宗羲:《崇仁学案·序》,《明儒学案》,沈芝盈点校,中华书局 2008 年版,第 14 页。
③ (明)尤时熙撰、孟化鲤辑:《附录》,《北方王门集·拟学小记续录》,邹建锋等编校,上海古籍出版社 2017 年版,第 357 页。

南后学的苏楫汝指"古今理学之传,莫盛于伊洛。洛自程邵后,名贤接踵,如曹月川、尤西川先生,指不胜曲。而继西川起者,则又有云浦孟先生焉"①,也将尤时熙、孟化鲤置于伊洛的理学系列之中。张后觉被评有"潜心性学"②的倾向,这点也与程朱之学有相应关联。至于杨东明,"气质之外无性""无善无恶言心不言性"等命题,程朱之学的"性学"成分也多有流露。

不妨再以一具体案例来说明朱学与王学在北地相遇的情形。此事发生在王以悟和陕西淳化县知县高南浦之间。王以悟记道:"传新安讲道学,有会,窃异焉,遂裹粮而东,归述所闻于先生。其有与朱注不合者,先生争辩,愠形于色,至若敌国。然王生曰:'道无人我,学在信心,何昔之是而今之非乎?'先生乃过新安,趋洛阳谒尤、孟二先生,促膝剧谈,逾月而返。谓王生曰:'信哉!学之不可不讲也,君之往,得矣,若象山、阳明固魏然大儒乎! 予心终未契也。'此其意虽尊信紫阳,而其规矩准绳、提身好修,居然儒者之选,可概见矣。"③高氏痴信朱子学,与信奉阳明学的王以悟据理力争,神态宛然可掬。为求证学之明晰,又亲赴洛阳与时熙、化鲤促膝长谈,月余而返,其问学精神着实可嘉。尽管高氏承认象山、阳明之学为世之大儒,然他钟情朱子学的态度始终未变。高氏的这种学术精神,也赢得了王以悟的敬重。在王以悟看来,学者能规矩准绳、提身好修,都为儒门风范,或者说这本是朱学与王学的共同道德要求。这一案例也表明,在北地存在着朱学与王学的思想冲突,但二者并非不能相容,它们都是儒学的表现形式,在共同的价值追求上其实也是一致的。

对于穆孔晖之学的"宋儒"倾向,这里也稍作讨论。学人黄佐(字才伯,号泰泉,1490—1566)对穆孔晖、阳明两人之学的关系问题有一简单说法:"虽阳

---

① (明)苏楫汝:《重刻云浦孟先生年谱序》,《孟云浦集》,扈耕田等点校,中国文联出版社2007年版,第2页。

② (明)赵维新:《名公评附》,《北方王门集·感述续录》,邹建锋等编校,上海古籍出版社2017年版,第795页。

③ (明)王以悟:《陕西淳化县知县南浦高先生墓志铭》,《王惺所先生文集》,明别集丛刊第五辑第七册,沈乃文主编,黄山书社2016年版,第135页。

明所取士,未尝宗其说而菲薄宋儒。"①黄宗羲尽管不赞同这种说法,然就穆孔晖之学的倾向来看,也确有较强的"宋儒"意味。此举几例。其一,在穆氏现存的晚年之作《大学千虑》和《玄庵晚稿》中,多次出现引用朱子文本或话语来印证其思想主张的痕迹,而阳明对于《大学》的见解主张在其叙说中未见丝毫。阳明解《大学千虑》,意在救朱学之支离,故以《大学千虑》明之,因而《大学千虑》实乃阳明确立其学的经典原本,其观点主张在很大程度上也是通过解《大学千虑》而传递出来。而穆孔晖只字不提阳明对于《大学千虑》的观点,这在某种程度上可看出玄庵对阳明之学的"不宗"。其二,在心性观上,穆氏认为"肉心者,神明之舍,非神明也。以其中虚者方寸,故神明居之,则其方寸中之虚而无形者,即心也"②。玄庵这种说法其实就是朱子"心是神明之舍,为一身之主宰;性便是许多道理,得之于天而具于心者"之说的翻版,将心分为道心(性)和人心(肉心),肉心只是道心寄居之舍,因而与阳明之"所谓汝心,却是那能视听言动的,这个便是性,便是天理"③的说法大相径庭。其三,在理气关系上,玄庵也颇为赞同朱子"天以阴阳五行化生万物,气以成形,而理亦赋焉"之说,认为理是气之动静阴阳的依据。④ 以上思想倾向表明,孔晖之学的"宋儒"倾向的确十分明显,加以玄庵之学"流于禅,未尝经师门煅炼"⑤,故有学者亦认为"不可将之归于王门后学之列"⑥。附带一言,孔晖的"流于禅"并非"等于禅",《明儒言行录》对此亦指出:"玄庵先生在阳明门

① (清)黄宗羲:《文简穆玄庵先生孔晖》,《明儒学案》,沈芝盈点校,中华书局 2008 年版,第 635 页。

② (明)穆孔晖:《大学千虑》,《北方王门集》,邹建锋等编校,上海古籍出版社 2017 年版,第 7 页。

③ (明)王阳明:《传习录上》,《王阳明全集》,吴光等编校,上海古籍出版社 2017 年版,第 41 页。

④ (明)穆孔晖:《大学千虑》,《北方王门集》,邹建锋等编校,上海古籍出版社 2017 年版,第 72 页。

⑤ (清)黄宗羲:《文简穆玄菴先生孔晖》,《明儒学案》,沈芝盈点校,中华书局 2008 年版,第 635—636 页。

⑥ 钟治国:《穆孔晖的理学思想与其学派归属考论》,《中州学刊》2020 年第 11 期。

学,又小变,虽时有取乎释氏,然与遮盖掩藏而行不检择者异矣"。① 由此可见其学的复杂性。

这里对孔晖之学的"宋儒"倾向作出说明,也意在指出作为北方王门学者的一员,孔晖之学实际上深受程朱之学的影响,这种现象与时熙、东明等人有相似之处,只不过在玄庵身上表现得更为突出。正是有这种立场和倾向,吕柟也将玄庵划入程朱之学的序列之中:"道学近程正叔,乃且益笃其道,益邃于《易》,兼究老、佛,折衷孔孟"。② 这也表明,在讨论北地"文化—地理"圈的文化形态和文化影响时,需考虑程朱之学存在于北方王门中的实际情况,才能了解到北地文化圈在其形成和发展过程中所具有的多面性特征。

(三)以乡贤之学塑造"文化—地理"圈

地方志的一个重要文化功能,就是在叙述人物活动轨迹中注入道德性因素,以期为当地文化风俗的改良树立道德典型。因此,地方志中的"人物"实际上被赋予了彰德善俗的文化意义,所谓"县志人物,史书列传也,所以述前人之言行,资后人之观感,彰有德,善风俗耳"③说的就是这个意思。北方诸子之事功言行皆入当地地方志,在文化地理的塑造上也具有此种功能。我们在讨论北地的"文化—地理"内涵时,县志人物所创立的乡贤文化也是需要考虑的一个方面。事实上,北方王门诸子本就是乡贤的一部分,如尤时熙、孟化鲤俱以名贤入乡贤祠;王以悟去世后,乡人在陕州的东门内专门建有王公祠;赵维新所建"四先生祠",所祀对象为王道、穆孔晖、张后觉、孟秋诸人。

北方王门诸子与里中诸乡贤一道,家居期间以正风俗为己任,自觉地承担

---

① (清)沈佳:《明儒言行录卷八·穆孔晖》,景印文渊阁四库全书史部第458册,台湾商务印书馆1986年版,第903页。

② (明)吕柟:《送玄庵穆公致政序》,《吕柟集·泾野先生文集(上册)》,米文科点校整理,西北大学出版社2015年版,第334—335页。

③ 张钫修、李希白纂:《新安县志·人物》,《中国方志丛书·河南省》,(台北)成文出版社1975年版,第711页。

起化民成俗的道德责任,郁然而有可观处。孟化鲤曾言:"仆鄙陋,全靠师友,而里中幸有笃论老朋,曰黄道,曰郭士憲。黄年六十八,一贫如洗,而取与不苟,襟期融融,若有真乐和粹之气,望之令人鄙吝顿消。郭则聪慧过人,而又杜户读书,唯日不足。……两人皆布衣,宿志圣学而有味者。此外更有士人数辈,时与切劘,求寡过。"孟化鲤提到的黄道、郭士憲俱从孟化鲤学,以"淳行"称之,两人后来皆入"二贤祠",①是乡贤人物的典型代表。此外更有士人数辈参与进来,成为变其风俗主要力量,一个小范围的"文化—地理"圈便建立起来。

杨东明创办兴学会,起初也是在"邑庠三先生"及诸耄士会讲的基础上形成的。实际上,"邑庠三先生"及诸耄士其实就是虞城乡贤文化的代表,东明与他们之间的互讲是兴学会得以成立的外在机缘。此后兴学会会约的拟定,也是在"三先生"的要求下完成的。在这里,乡贤文化与东明所学之良知得以实现某种融合,对当地文化显然有很大助益。东明所创同善会,也得益于乡中"诸老"早已形成的"会事":"吾邑省斋任公、旸谷张公等,早解组绶,归憩林泉,爰约里中数高年,月为会事,大都披情倾抱,礼简意真,雅有洛下风韵。余闻而慕之,随蒙诸老不弃,引为忘年交"。② 在"居乡善俗,道在素位,心无旷闲"③的思想带动下,同善会得以形成并运转。东明另写有《诸老行实》,记载年高德崇老人的生活事迹,意在"明一邑之礼教,将以兴天下之淳风"④。"文化—地理"的意味在"敬老"的道德实践中得到体现。此外,就人心的生活指向而言,敬老也是人之本心的体现:"夫敬老者,人心本然之真也。人知敬老,

① 张钫修、李希白纂:《新安县志·人物》,《中国方志丛书·河南省》,(台北)成文出版社1975年版,第764—765页。
② (明)杨东明:《同善会序》,《北方王门集·山居功课》,邹建锋等编校,上海古籍出版社2017年版,第809页。
③ (明)杨东明:《同善会序》,《北方王门集·山居功课》,邹建锋等编校,上海古籍出版社2017年版,第810页。
④ (明)杨东明:《敬老录序》,《北方王门集·山居功课》,邹建锋等编校,上海古籍出版社2017年版,第828页。

而后乃能入孝悌,行而习之,则各识其本心,而太和在宇内矣"。① 人之本心在实际生活中有多重表现,敬老即是其一。东明山居期间,多有切合生活形式的具体作为,将人之本心转化为实际生活中的尊高年,本身也是良知观的真实体现。当然,邑中诸老所代表的乡贤文化,通过这些实践也在多样化的生活情境中得到推行。

孟秋在茌平"以风世教事"的情况可通过后人对他的评价看出。万历十九年(1591 年),也就是孟秋去世后的第三年,茌平知县朱爵、主簿张金月建祠以祀孟秋,并写有《孟我疆先生祠记》②。其赞语云:"(孟秋)存心无欲,制行有方,发圣贤之蕴奥,而直窥性命之精;抱豪杰之经纶,而凤树循良之绩。孜孜接引后学,蔼然万物同体之仁;汲汲追随前修,粹然织芥不污之节。"孟秋成为里人效仿的对象,"建祠桑梓之地,当顺舆情"表明民众有着强烈的道德呼声。建祠的目的,在于"俾四方学士瞻先生之像,宛然如见其人;登先生之堂,惕然若聆其教;后之安贫乐道者,皆有所感而兴矣"。祠堂建成后,"中为堂三楹,旁列左右夹室,门庭墙垣称之肖像于内,春秋以时享祀"。通过这种立祠的方式,一个具有极强激励作用的儒学人物就在茌平一带建立起来,以此励风俗,自然能使奔竞于陋俗的人观之而有愧,进而改变邑地落后风俗。

王以悟任职在外期间,尝奉差过里,里中长者向其询问社事。王以悟有如此答复:"盖返朴还淳,风俗美事,历阅往籍,未有不以节俭而昌,以侈靡而匮者,况人穷财尽,于今日正急。吾州迩来种种礼仪,大率从奢,不独祀神一节,即如前日社伙之斗,何益于事? 其劳力动气,后悔何及? 虽社祀之举,从来旧规,然亦主于报神和众,申精白之悃,叙敦睦之情,修岁事之常,明俗

① (明)王之机:《敬老录后序》,《北方王门集·山居功课》,邹建锋等编校,上海古籍出版社 2017 年版,第 834 页。
② (明)朱爵、张金月:《孟我疆先生祠记》,《孟我疆先生集》,明别集丛刊第二辑第六十三册,沈乃文主编,黄山书社 2015 年版,第 491—492 页。

尚之厚而已。"①社事是人们在其居住地祭祀神祇的各种活动,是反映地方风俗文化的重要载体。王以悟主张在社事活动中提倡节俭,修道德之事,如此才能做到返朴还淳,风俗美事。王以悟作为政府官员,将家乡风俗的改变视作自己的道德责任,展现了一个儒者士大夫的应有形象,对于我们理解儒学的生活向度,也有其学理启示。

吕维祺写有《请谥伊洛名贤公议》,意在向朝廷请求议定伊洛地区已故名贤的谥号,以此确认其事功道德和学术成就。该谥议中提到的"已奉旨下部者"有孟化鲤、尤时熙二人;"已入访册者"有魏养蒙、孙应奎二人;未入访册而"应续入者"六人,分别是汪辉、王正开、李炳、陈惟芝、王以悟、王价。这数人中,除尤时熙外,俱为进士;他们也都有为官经历,除李炳卒于任外,其他人都曾致仕归乡,在当地传播学术思想,展示了良好的道德风范,因而有"名贤"之誉。如孙应奎"生平大节,侃侃无所曲阿,有招不来、麾不去之风,至今脍炙人口"②;王正开"团结同志,谈性命之学,半刺不入公门"③;陈惟芝"训士善俗"④,以德化行。吕维祺也以其自身的道德品行,在一邑中享有很高威望。《明德先生年谱》载:"(吕维祺)务敦实,以厉风俗,一邑化之,皆称吕夫子。行有非礼,则急为悔改,且曰勿使吕夫子知。"⑤吕维祺俨然成为里中道德行为的监督者,善风俗的目标是完全可以期待的。在这种情形下,已很难将北方王门诸子与其他乡贤区别开来。由此也可说,正是在北方王门诸乡贤和其他乡贤

---

① (明)王以悟:《与里中诸亲友》,《王惺所先生文集》,明别集丛刊第五辑第七册,沈乃文主编,黄山书社 2016 年版,106 页。

② (明)吕维祺:《请谥伊洛名贤公议》,四库全书存目丛书集部第 185 册,齐鲁书社 1997年版,第 98 页。

③ (明)吕维祺:《请谥伊洛名贤公议》,四库全书存目丛书集部第 185 册,齐鲁书社 1997年版,第 99 页。

④ (明)吕维祺:《请谥伊洛名贤公议》,四库全书存目丛书集部第 185 册,齐鲁书社 1997年版,第 99 页。

⑤ (明)施化远等:《明德先生年谱》,四库全书存目丛书集部第 185 册,齐鲁书社 1997 年版,第 397 页。

的文化影响下,北地"文化—地理"圈才得以形成并得到发展。

这里还介绍与尤时熙友善的另一个乡贤人物丘方山。据《新安志·人物》记载,丘氏好读书,不属口耳,所常诵者乃《论语》《大学》《中庸》《礼记》等书;平日注重修洁名行,里人化之;所往来惟洛中尤时熙,时熙亦以他为益友。① 在《拟学小记续录》中,收录了尤时熙写给丘氏的五封书信,既有思想交流之语,亦有表达知己之情。孟化鲤受其师影响,也时常听闻于方山,后写有《乡贤丘方山先生实纪序》,指方山自始至终"简重孝友,乐道安贫,虽发迹异途,而砥行立德,真有凤翔千仞气象",认为方山之所以能冠以乡贤,正是因为有其德。② 又指其"训子姓以道,化及族里,靡弗质朴雅饬"③。因此,孟化鲤所创川上书院,特意设"两贤祠",给尤时熙和方山留下一席之地,以追怀他们在乡贤文化形成中的贡献。

从以上所述可知,北方王门各家之学实为一综合体,很难以非此即彼的绝对二分法将之对立开来。这点在孟化鲤概括尤时熙之学的话语中更能体现出来:"河南自两程夫子没,继此学者鲜矣。先生崛起五百余年后,以圣学为己任。盖自一见《传习录》,寝读寝入,寝入寝透。中堂左龛,设文成位,每晨焚拜。来学者率令展谒,尊信如此。而其精微洞彻,成己成物,学修而道明,德立而行尊,袖然谓一代真儒。盖尤有深造自得者,两程以来,一人而已。"④阳明之良知学和两程之洛学,在尤时熙身上得到很好融合。这种情形于尤时熙是如此,于北方王门其他各家亦是如此。在他们身上,不同程度地存在着阳明学、程朱之学和乡贤之学等思想倾向,这不仅没有导致思想观点间的矛盾冲

---

① 张钫修、李希白纂:《新安县志·人物》,《中国方志丛书·河南省》,(台北)成文出版社1975年版,第748—749页。

② (明)孟化鲤:《乡贤丘方山先生实纪序》,《北方王门集·孟云浦先生集》,邹建锋等编校,上海古籍出版社2017年版,第438页。

③ (明)孟化鲤:《明征仕郎南京龙骧卫经历方山丘》,《北方王门集·孟云浦先生集》,邹建锋等编校,上海古籍出版社2017年版,第467页。

④ (明)孟化鲤:《河南西川尤先生行状》,《北方王门集·孟云浦先生集》,邹建锋等编校,上海古籍出版社2017年版,第465页。

突,相反为它们的相互融入提供了可资思考的途径和方式。"文化—地理"系统的形成和运转,也从中得到理论支撑并产生实践活力,亦为区域学术共同体的建构奠定了思想基础。

第三节　北方王门区域学术共同体的建构

学术共同体与科学共同体的提出有关联。1942 年英国学者迈克尔·博兰尼在一次演讲中论述"科学的自治"时提出"科学共同体",其核心是群体内部以自律和监督为基础,倡导学术的原创性和科学价值。1962 年美国科学史家库恩在《科学革命的结构》中对"科学共同体"进行了较充分的论述,突出"范式"的建立,其核心为共同体成员拥有共同的信念、理论、方法,接受同样的价值标准。库恩之后,这一概念得到传播和推广,被移用于学术界等到其他领域。举凡与学术有关,具有相应"范式"的群体、组织或协会等,都可以冠之以"学术共同体"称号。及至今日,学术共同体的基本内涵是指共同体内部具有共同的价值观、理念,并围绕这些价值观和理念所凝聚而成的群体认同感。当然,因时代、行业或论述对象等的不同,学术共同体的具体内容亦有所区别。

"学术共同体"的含义与中国传统思想体系中的"儒林"一词有相通之处。《史记·儒林列传》张守节《正义》引姚承之语云:"儒谓博士,为儒雅之林,综理古文,宣明旧艺,咸劝儒者,以成王化者也。"①儒者在这里就担有"先知觉后知"的角色,"林"则是儒士群体的类称。要成为儒林中的一员,应当具有"综理古文、宣明旧艺"的知识能力和"以成王化"的道德能力。当然,《史记·儒林列传》的意义不仅在于确立了构建"儒雅之林"的基本标准,还在于形成了一个可追溯的学术源流体系。就前者而言,要成为儒林之士,既需"学有所

---

① （汉）司马迁:《史记·儒林列传》,中华书局 2013 年版,第 3115 页。

至",更需"德之成就",故黄宗羲认为:"统天地人曰儒,以鲁国而止儒一人,儒之名目,原自不轻。儒者,成德之名,犹之曰贤、曰圣也"。①"成德"是儒者的同义语,也是加入儒林的基本道德品质。就后者来看,自《史记》以"儒林传"记述儒学授受源流,此后"正史"书写儒林,均依此例,"传经"就成为加入儒林的主要思想品质,黄宗羲"儒林亦为传经而设,以处夫不及为弟子者,犹之传孔子之弟子也。历代因之,亦是此意"②即是此意。《宋史》将"道学""儒林"分为两传,在后世学者中有不同声音,黄宗羲弟子万斯同所撰《儒林宗派·提要》就是其一。此书纪孔子以下迄于明末诸儒,图列其授受源流,各以时代为次,尤其在"附录"中将老庄申韩之流也列入儒林之中,更是对《宋史》的重大修正。《四库全书提要》就此提道:"(《宋史》)非惟文章之士,记诵之才,不得列之于儒。即自汉以来,传先圣之遗经者,亦几几乎不得列于儒。儒遂专属于心性。"③实际上肯定了《儒林宗派·提要》的做法而对《宋史》提出质疑,并赞《儒林宗派·提要》"除排挤之私,以消朋党,其持论独为平允"④。当然,《提要》也对万斯同将老庄申韩之流列入儒林提出了批评。总体而言,"儒林"的设定比"道学"更为宽容,凡对儒林有贡献的思想人物,都可以被吸收到儒林中来,这是《宋史》"道学"传统所不具备的。就此而言,传统"儒林"既强调授受源流之间的相互传承,更突出前后思想间的创新发展,我们不妨将之称为"儒林意识"。"儒林意识"有强烈的道统、学统秩序观,也突出道德、学术对于维护道统、学统所具有的基础性意义;以儒学为主流思想观念,但不排斥对其他各流派有益思想成果的吸收;既看到儒学发展在各阶段的朝代性特征,也注意到渊

①　(清)黄宗羲:《移史馆论不宜立理学传书》,《黄宗羲全集》第十册,吴光主编,浙江古籍出版社2012年版,第222页。
②　(清)黄宗羲:《移史馆论不宜立理学传书》,《黄宗羲全集》第十册,吴光主编,浙江古籍出版社2012年版,第222页。
③　(清)永瑢等:《儒林宗派·提要》,景印文渊阁四库全书史部第458册,台湾商务印书馆1986年版,第519页。
④　(清)永瑢等:《儒林宗派·提要》,景印文渊阁四库全书史部第458册,台湾商务印书馆1986年版,第520页。

源有自、前后相继的动态性体系。这是我们在观察传统儒林时应具备的基本视角,前述黄宗羲和牟宗三的人物评选依据,是传统儒林意识的不同表现。

将"学术共同体"和"儒林"并说,意在表明相似的说法在中国传统思想中早已有之,我们在讨论"学术共同体"这一概念及其适用范围时,可以将之与"儒林"之说相比较而谈。或者说,这里采用"学术共同体"作为本书的讨论范畴,并非只是单纯地从外引入而进行悬空式的讨论,而是以中国传统文化中本有的思想内容加以充实,才使得这一概念符合其实质。北方王门无疑是儒林之士,在《儒林宗派·提要》中,南大吉、穆孔晖、张后觉、孟秋、尤时熙、孟化鲤等人都被列入"王氏学派"所属的不同支脉中,只有杨东明未被列入,这与东明强烈的"自得"色彩有关,但仍属于王门之内。既如此,在北地,由北方王门所推动,我们认为一种区域性的学术共同体已经形成,且具有以下几个典型学理特征。

其一,忠诚稳固的学术群体。这是形成学术共同体的成员基础。在北方王门,这种学术群体表现为三个层次:一是师承关系。这里以尤时熙—孟化鲤—吕维祺、王以悟、张信民一系略作说明。时熙常从刘魁教语中得到体悟,自言"如病遇明医,勃有生意,又如行者疑路,忽逢旱路之人"①。即便刘魁入狱,尤时熙也"书所疑,时时从狱中质问"②。这种常相授受且坚毅的师生关系,常让后人油然生出无限敬意。孟化鲤于二十一岁时拜师尤时熙,在其门下最久,操守素定,深受时熙器重,凡有来学者,尤时熙必引之与孟化鲤相见。孟化鲤也不负师望,设会讲学,寒暑不辍,多所兴起。尤时熙对此也多有鼓励和期待,每对人曰:"吾道西矣"。③ 孟化鲤学之于尤时熙,又授之于来者,王以悟即是其中突出

---

① (明)尤西川:《上晴川刘师(庚戌)》,《北方王门集·拟学小记续录》,邹建锋等编校,上海古籍出版社2017年版,第254页。
② (清)张廷玉等:《明史》卷二百八十三《儒林二》,中华书局2013年版,第7287页。
③ (明)吕维祺:《孟先生传》,四库全书存目丛书集部第185册,齐鲁书社1997年版,第179页。

者。孟化鲤专门写有《王生字幼真说》，记王以悟求学之事，并特以"幼真"作为其字，①足见师徒两人情感之真。王以悟德行成立后，及门之士甚众，亦四处讲学。孟化鲤之学有功于后人，门下弟子众多，且多有学行，东明谓"王以悟鸣于陕，张孔训鸣于洛，徐汝腾鸣于光、罗，其他饮醇含和、虚往实归者不可胜数"②，可见孟化鲤一门桃李之多。孟化鲤弟子张信民在渑池一带大兴讲会，又"会讲芝泉、甘棠、韶阳、川上，四方从游者犹云集"③，创立正学会、脱粟会，会中成员列姓名可查者四十余人，除来自河南外，亦有陕西、山西学者参与讲会讨论。二是讲会成员。上文东明所创兴学会就是一个典型例子。实际上北方一带的讲会，在成员构成上都带有此种特征。三是乡贤。北地许多讲会，是在纪念老师的基础上形成的，前文所述宗贤楼即是此例。乡贤丘方山去世后，丘氏后人建有克终会，并有会约相勖，每月朔望会讲其中。王以悟为嘉其行，曾作《丘氏克终会约序》以志其事，并勉励后人谆谆于讲学。④ 除此，吕维祺所创"七贤书院"，既有程颢、程颐等大儒，也有尤时熙、孟化鲤等乡贤，吕氏将之并为"七贤"，皆伊洛之地"尧舜以来相传之道之中之心"⑤。儒家道统和师贤学德就是通过这种方式步步传承下来，这是区域学术共同体形成的坚固群体基础。

其二，以良知为教。北方王门学者踏入心学之域，有一重要思想因缘，即获闻良知之学并为其所动。时熙初见《传习录》，就昼夜读之不休，叹"道不在

---

① （明）孟化鲤：《王生字幼真说》，《北方王门集·孟云浦先生集》，邹建锋等编校，上海古籍出版社 2017 年版，第 451—452 页。

② （明）杨东明：《祭云浦孟公文》，《北方王门集·山居功课》，邹建锋等编校，上海古籍出版社 2017 年版，第 1088 页。

③ （明）王篆舆：《印正稿序》，《北方王门集·印正稿》，邹建锋等编校，上海古籍出版社 2017 年版，第 563 页。

④ （明）王以悟：《丘氏克终会约序》，《王惺所先生文集》，明别集丛刊第五辑第七册，沈乃文主编，黄山书社 2016 年版，第 72—73 页。

⑤ （明）施化远等：《明德先生年谱（卷一）》，四库全书存目丛书集部第 185 册影印本，齐鲁书社 1997 年版，第 401 页。

是耶","自是深信而潜体之,毅然以圣学为己任"。① 在此过程中,时时以所闻良知之训,与诸友相切磋,并将良知之学传于弟子,成为阳明学在北地传播的中坚人物。后来孟化鲤亦指出:"先生(尤时熙)之学,盖得文成公正脉,且精凝神定,心虚气和。凡答问处,不费辞而微意自透;凡应酬处,不修词而真诚自见。深造自得之学,溢于言外。"可见时熙之学的良知学特性。张后觉早岁为诸生时即获闻良知之学于颜波石和徐樾,"辄自信此心与仲尼无二,久之益深思力践,洞朗无碍"②。后觉亦写有《良知歌》,其辞曰:"良知两字甚莫分,致良便是致知人。此中消息谁能得,好向羲皇路上寻。羲皇道路山中有,山中大路谁肯走?醒即睡兮睡即醒,此间便是羲皇友。"③可与阳明"良知即是独知时,此知之外更无知。谁人不有良知在,知得良知却是谁?"④之诗相媲美。"良即是知,知即是良;良外无知,知外无良"也与后觉对良知的深刻理解有关。孟化鲤平日讲学"一遵阳明、西川两先生,而出于自得者为多,大要以致良知为宗"⑤。孟秋初见张后觉,后觉授之以良知之学,孟秋欣然有省,即执弟子礼。东明之学有多层性,但其"得之杨复所,复所得之罗近溪,近溪得之颜山农,而渊源则良知一派也"⑥也有事实依据。况且,东明时常与邹南皋、冯少墟、吕新吾、孟我疆等人相与论辩,且以"无善无恶心之体乃言心不言性"之说

① (明)张元忭:《河南西川尤先生志铭》,《张元忭集》,钱明编校,上海古籍出版社 2015 年版,第 295 页。

② (明)张元忭:《茌平弘山张先生墓表》,《张元忭集》,钱明编校,上海古籍出版社 2015 年版,第 336 页。

③ (明)张弘山:《良知歌》,《北方王门集·张弘山集》,邹建锋等编校,上海古籍出版社 2017 年版,第 659 页。

④ (明)王阳明:《答人问良知二首》,《王阳明全集》,吴光等编校,上海古籍出版社 2017 年版,第 871 页。

⑤ (明)王以悟等:《云浦孟先生年谱》,《孟云浦集》,扈耕田等点校,中国文联出版社 2007 年版,第 19 页。

⑥ (明)吕坤:《杨晋庵文集序》,《北方王门集·山居功课》,邹建锋等编校,上海古籍出版社 2017 年版,第 802 页。

卫护阳明良知学,确能得阳明之肯綮。① 需指出的是,良知学在北方的流传,是在朱子学盛行的背景下进行的。王学北传之初,曾出现过士大夫"惊骇而排之"的现象,邹元标曾为此特赞北方王门学者:"是时新建之学,北地诸君子多疑而不信。笃信不惑,西川与茌平迨先生而三。然诸君子故不能不疑新建之言,而不能不信先生之人"。② 三先生成为良知学在北方传播的重要纽带。当然,这也并不妨碍朱、王之学在他们身上的合并。化鲤自述,尤时熙教之读书,只在六经、《论》《孟》,其次濂洛诸儒,亦尝令读阳明书,可见其学并不单一。③ 东明之学并驾程邵诸子,但他对于良知学的卫护,也是显而易见的。以良知为宗是北方王门学者共同的学术追求,其间所体现的道德追求是他们的一致目标,这也构成了北方王门这一区域学术共同体的精神纽带。

其三,开放活泼的文化地理圈。区域学术共同体影响力的扩展,与开放活泼的文化交流密不可分。孟化鲤与东明在创立讲会的过程中时有商讨,并相互邀请对方讲学。孟化鲤又与孟秋相互砥砺,时人称为"二孟",黄宗羲更指两人"如冰壶秋水,两相辉映,以绍家传于不坠,可称北地联璧"④,堪称学术交往的典范。这种互动不仅表现在北方王门内,也表现在北方王门与其他王门、关学学派间的交流互动。黄宗羲赞东明"能得阳明之肯綮",另一重要原因即在于东明"所与问辨者,邹南皋、冯少墟、吕新吾、孟我疆、耿天台、张阳和、杨

---

① (清)黄宗羲:《侍郎杨晋庵先生东明》,《明儒学案》,沈芝盈点校,中华书局 2008 年版,第 649 页。

② (明)邹元标:《奉政大夫吏部文选郎中云浦孟公墓碑》,《愿学集》,明别集丛刊第四辑第三十二册,沈乃文主编,黄山书社 2015 年版,第 648 页。

③ (明)孟化鲤:《答赵侪鹤》,《北方王门集·孟云浦先生集》,邹建锋等编校,上海古籍出版社 2017 年版,第 416 页。

④ (清)黄宗羲:《孟云浦化鲤、孟我疆秋、张阳和元汴》,《明儒学案》,沈芝盈点校,中华书局 2008 年版,第 11 页。

复所诸人"①。与东明同朝为官的乔胤也指东明所交游者有孟我疆、邹南皋、孟云浦、顾泾阳、潘雪松诸君子,"皆莫逆于心"②。东明自己在《司寇吕先生传》亦提到,"我疆、邹南皋、焦澹园、孙月峰、刘晋川、顾泾阳、徐匡岳、马见素、吕盆轩、康庄衢皆雅称同心之契"③。冯从吾在给东明的信中也指出:"吾三人(指杨东明、孟化鲤、冯从吾)鼎足谈学"④,立体地刻画了三人往来讲学、互相砥砺的情形。其中提到的邹南皋为江右王门学者,耿天台、杨复所为泰州学派学者,张阳和为浙中学者,而冯少墟、吕新吾则为关学学者,由此可知当时多家往来互动的生动情景。其实,不仅是杨东明,张后觉、孟秋等学者也与王门内外的学者互动频繁。前文提到的罗近溪、邹善为张后觉两建书院,可视为后觉与泰州学派、浙中学派开展学术交往的典型。邹元标与孟秋相交十余年,自称"递相诘难,相劝相规",可谓学问知己。在讲学中,讨论内容不全是在心学内部进行,朱子学与阳明学都时常进入讲会讨论的范围。东明之学带有朱子学倾向,东明与吕坤曾就"良知是否是离弦之箭"展开过激烈争论。化鲤之学的心学味道很浓,如前文所提化鲤所著《易训》,大都以心体立说,与程朱训不同,而东明则靠近程朱,表明两人在学术立场上有不同。但这并不妨碍两人的交往,而是将朱学和王学视为"斯文在兹"的共同目标。在这种情形下,就学术交流而言,北方王门已很难用"北方"一词加以限定,而是以"北方"为立足处,进而扩散至其他各地,区域性学术共同体的文化活力得以不断传递,也使得自身的文化共同体质地得以真正保持。

其四,"精思力践"的实践精神。一个学术共同体的形成和发展,还需要

---

① (清)黄宗羲:《侍郎杨晋庵先生东明》,《明儒学案》,沈芝盈点校,中华书局2008年版,第649页。

② (明)乔胤:《青琐烬言序》,《北方王门集·青琐荩言》,邹建锋等编校,上海古籍出版社2017年版,第1111页。

③ (明)杨东明:《司寇吕先生传》,《北方王门集·山居功课》,邹建锋等编校,上海古籍出版社2017年版,第1063页。

④ (明)冯从吾:《与杨晋庵都谏》,《冯从吾集》,刘学智等点校整理,西北大学出版社2015年版,第291页。

共同体内部成员身体力行的实践来推动其学术主张,并适时接触外界新的思想因素。诚如张元忭所言,北方学者"得一师则敬信而从之,得一书不成诵不置,得之弥艰,守之弥固"①,因而在传播阳明学时往往亲自过问,成为各讲会的创建者和主盟人物。孟化鲤成立川上书院,杨东明首创兴学会,张后觉主盟愿学书院和见泰书院,张信民于渑池设立正学会,都是讲学实践的心血凝结。在学遭厉禁的风潮中,是否从事书院讲学往往成为当时学者"政治正确"的重要测试依据,当然也成为衡量学者是否迎难而上、躬行实践的试金石。愿学书院被毁,并没有消除张后觉对讲学求道的热情,而是"北走燕,南走金陵,入水西,日与四方诸同志证其所学,归而与其门人孟子成秋,及赵遇、赵维新辈,日夕相琢磨,盖不知其身之不遇与老之将至也"②。这种求学问道的精神,上接孔子"不知老之将至"的乐观心灵情怀,下传后学坚持讲学的道德操守,给人很强的心灵震动。吕维祺将芝泉书院改为七贤书院,也是躲避拆毁书院的无奈之举,书院改名前后的艰苦努力,吾辈当有身临其境的体会。北方王门学者的讲学实践,成为区域学术共同体自新自进的推动力,牵引着各种讲会活动不断走向深入。

---

① (明)张元忭:《茌平弘山张先生墓表》,《张元忭集》,钱明编校,上海古籍出版社 2015 年版,第 335 页。

② (明)张元忭:《茌平弘山张先生墓表》,《张元忭集》,钱明编校,上海古籍出版社 2015 年版,第 336 页。

结　语

一、北方王门的"自得"之学

东明曾言:"凡学问之道,人之所是者,勿便以为是,须实见得是;人之所非者,勿便以为非,须实见得非,乃为自得。"①可见东明十分重视"自得之学","无善无恶言心不言性"的提出与证成,都与这种"自得"之法紧密相关。事实上,尤时熙"格训通解"、张后觉"良与知合一"之说,也都是以其心所独得者创言之,与两人的自家体察密切相关,因此亦可称之为"自得之学"。还需看到,北方王门学者的"自得之学"是在一个特殊的学术背景下形成的。按照仇兆鳖的说法,自明初开始,由曹月川和薛敬轩带动所形成的程朱学统,在北方一带一直有强大影响力,因此北方王门诸子在众多学子疑似之际创意立说,发明良知之义,确有"自得"的勇气和信心。从这点看,黄宗羲指北方王门学者"自得者鲜矣",恐与事理不符。当然,如果置于浙中、江右诸王门的比较视野中,北方王门学者在自得程度、传承谱系、会讲活动、自近而远的学术影响等方面,恐也有其不及之处;北方王门在宣扬良知之旨的同时,也带有某种程度的程朱之学色彩,如穆孔晖"论'亲'当作'新'"、杨东明"气质外无性"等,皆

---

① (明)杨东明:《柬汪户部斗仑》,《北方王门集·山居功课》,邹建锋等编校,上海古籍出版社 2017 年版,第 1020 页。

有朱学痕迹。因此,从黄宗羲纯粹阳明学立场来看北方诸子之学,"自得者鲜矣"之论亦有所立之处。

当然,北方王门的自得之学是通过艰苦的努力而实现的。诚如张元忭所言,北方诸子因地理阻隔,得阳明学不易,在既得之后即"珍重自师门"。刘魁以直言锢诏狱时,尤时熙向刘魁求学的途径并未间断;在家中也设守仁位,每天焚香肃拜。张后觉为得师友之教,又周游四方,"不知老之将至"的问道精神值得我们学习。其他诸子亦有类似情况。这种无私且坚韧的师友关系,常让后人油然生出无限敬意。北方王门学者获取刊刻书册,往往经由"托寄"和"抄录"的途径,较之江以南学子世胄之家或家学渊源,自然要艰难许多。尤时熙所见《传习续录》,就是从友人抄录而成;又恐此书有纰漏,特质疑于近斋,以求无误。① 时熙、后觉、东明之语录教言,由其弟子友人相与刻梓为卷,联手相传,使得北方诸子思想并阳明学得以流传开来。据此而言,张元忭指北方诸子"得一师则敬信而从之,得一书不成诵不置,得之弥艰,守之弥固,盖鲜有不成者"乃情理之言,亦符合王学北传的实际情况。这也表明北方王门的自得之学并非凭空杜撰,而是以可靠的心学传承路线为依托。因此,就义理的建构而言,自阳明推阐良知之教,门下学者各有发挥开辟,北方王门虽处淮以北之地,于阳明学也实有发明辨进、突出自得的一面,表明良知之学本无定论,各家所论之理,如有其头绪来历,并能验诸自身而实有自得,则亦无往而非道。

二、北方王门讲学与良知学的传播

孟化鲤在《川上会簿序》中有一段话语:"孔子曰:'德之不修,学之不讲,闻义不能徙,不善不能改,是吾忧也。'此万世之法程也。吾党每月会川上凡三日,可谓知讲学矣。试时一反观,不善果尽改乎? 闻义果尽徙乎? 德果修乎? 如是而讲,方谓之真讲;如是而学,方谓之真学;如是而会,方谓之真会。

---

① 　(明)尤时熙:《与近斋朱先生》,《北方王门集·拟学小记》,邹建锋等编校,上海古籍出版社 2017 年版,第 160 页。

将亲戚乡党善之,不但可以成己,亦可以成物。如徒阳务会讲之名而阴实悖之,梗中饰外,事弈慕鹄,甚者右利崇争,无异市贩之机井,岂但负却嘉会,亦且取嗤戚党。己不免为小人,而又沮人向善之心,其得谓之可乎?自今各务真修,饬躬砺行,过相规而德相劝,心相下而情相亲,会不可虚,亦不可间,庶几仰体孔子之忧,不辱川上,而讲会亦尚有益哉!"①这番话既是拳拳告诫,也是殷殷期待,由此亦可看出北方王门讲会的真讲、真学、真会与真修。做到"四真",方能体会孔子讲学之忧,又使现有讲会不致流于"虚"和"间",如此也才能做到成己成物。"真"贵在躬行不止,故化鲤又特别提点会友要有"躬行"和"志意":"余惟学者不患议论少,而患躬行之不至;不患切磋寡,而患志意之不亲"。② 孟化鲤所说的"议论"在当时确实存在。以杨东明为例。有人曾指责东明讲学是"引无知后生胥入魍魉之窟"③,显见当时讲会并非如意顺畅。东明的回应则是:"凡所称讲学者,非有意号召生徒,立赤帜而树党舆也。先觉者怀诲人不倦之意,后进者切就正有道之心,盛应气求,义重聚乐,其机自不容已耳。且人之精神每以感发激昂,索居懒散,而义理精微之妙,即激昂者犹难径造,而懒散者何以企及?故士人如欲有善无恶,大段不失其品格,则学可以无讲。如欲立天地生民之命,继千古神圣之统,非得强辅日相磨砺,恶足以及此哉?"④这种说法,与孟化鲤之说前后相和,都是站在讲学者的立场上指出何谓真正的讲学。在他们看来,一个群体当中,有"先觉者怀诲人不倦之意"和"后进者切就正有道之心"之"先"与"后"所形成的"不容已之机",贯之以"立天地生民之命,继千古神圣之统"之大义,加上义理精微之妙是在人之精神感

---

① (明)孟化鲤:《川上会簿序》,《北方王门集·孟云浦先生集》,邹建锋等编校,上海古籍出版社 2017 年版,第 439 页。

② (明)孟化鲤:《渑池正学会约序》,《北方王门集·孟云浦先生集》,邹建锋等编校,上海古籍出版社 2017 年版,第 440 页。

③ (明)杨东明:《论学篇》,《北方王门集·山居功课》,邹建锋等编校,上海古籍出版社 2017 年版,第 929 页。

④ (明)杨东明:《吴书二》,《北方王门集·山居功课》,邹建锋等编校,上海古籍出版社 2017 年版,第 964—965 页。

发激昂的状态下方能实现。这些正是当时讲会得以展开的内在精神要素。唯有此种精神,北方王门学者方能志意于躬行,排除各种干扰因素,使得各种会讲活动在北方一带盛传开来,阳明之学也乘势得以在北方传播。正如前文所言,其实这也正是一个区域学术共同体得以形成和发展的内在动能和机制。事实上,一次讲会的开展,涉及主盟、成员、讲所、会约等多项外在要素,更关联"学之不讲,是吾忧也"的内在道德驱动,以及"先觉者"与"后进者"之间的道德互进。同时,讲会的推展,又与深沉的学术信仰和更广的学术互动相关联。北方王门讲会从无到有、从流动到固定、从临时讲舍到学术中心的创建过程,无不与他们对良知的信仰有关,并在信仰的推动下开创了南来北往的学术交流,从而建立了一个与南方王学相并立的区域学术共同体,并以此为基础,推动阳明学在北方的传播。这在明代讲会史、心学发展史乃至儒学演进过程中,都具有显明意义。

三、北方王门的"心学—地理"观

关于北方王门的"文化—地理"观,在前文已有相关论述,这里以张后觉的《禹贡集注》为代表,对北方王门中的"心学—地理"观略作探讨,以加深对"文化—地理"观的理解。

据清道光丙申(1836年)任茌平教谕的张存素透露,除《语录》《教言》外,张后觉还写有《禹贡集注》,其孙张法辂将之藏于家中,张存素得以见之。张存素见后,很有感慨,为之写有《禹贡序》。① 从该注看,张后觉对《禹贡》的解释较为简明,注后附有《增改禹贡九州歌》,其注解内容和诗歌所赋也都与山水地理相关。仅从字面意思来看,《禹贡集注》关注的中心仍在山水地理,解释的方式也没有超出传统地理学的范围。然而,我们需要追问的是,《禹贡》在明代学界明显受到冷落的情形下,张后觉为何独钟情于此?是否可以从良

---

① (清)张存素:《禹贡序》,明别集丛刊第二辑第六十三册,沈乃文主编,黄山书社2015年版,第445页。

知心学的角度对此予以解读？对此,我们可以从张存素所写《禹贡序》中略知一二。

张存素写道:"余读之,而又爽然失也。自良知之学兴,承学之士类往往高谈性命,摒弃传注而守臆见以为高。其弊也,空虚固陋,反不若记诵之近实,论者遂以是为心学,病而不知其学原未得于心也。"①张氏在这里点出一个事实,即今之谈良知之学者,往往存在着高谈性命而忽视传注的情况,因而良知之学显得空虚固陋而缺乏近实之风,失却心学本旨。因此,在张存素看来,张后觉作为良知心学的传人,其所著《禹贡集注》,就具有心学的意义:其一,《禹贡集注》是对良知心学的真正充实。阳明提倡心学,本要人实实落落去做实有诸己的事,然在后儒中,又多存有希高慕大、高谈性命之人。这类人,要么是伪学,常饰名欺世,利害当前就会原形毕露;要么是禅学,将忠孝节义、国家社会置于一边而归之于空。张存素对这种现象深有不满,认为张后觉注解《禹贡》,正是对这种高谈性命现象的回击。因为《禹贡集注》关注的焦点在国家山水地理,实际上也是治理国家的方案设想,这是良知心学本应具备的内容。其二,地理亦非吾心外事。阳明之心外无事、心外无理,其理论趋势有可能导致只求心而忽视外在的事与理,空谈性命就是这种趋势之一。张存素指出,"心体湛然,包涵万有,自天地之经纬,民生之利害,以及财赋物产之盈虚,会而通之,何一为吾性外事,而况读圣贤书"。② 这就明确地将社会生活中的一切事务,尤其是与社会民生相关的事务,都纳入心体范围。《禹贡》为地理学之作,于九州、山脉、河流、土壤、田地、物产、赋税、道路等,无不详加论列,对之加以传注集解,本身便包含了对社会生活的强烈关注,"心中有地理"成为对阳明"心外无事"的最好诠释。其三,《禹贡集注》乃心为之,由之可以求其心。

① (清)张存素:《禹贡序》,明别集丛刊第二辑第六十三册,沈乃文主编,黄山书社2015年版,第445页。

② (清)张存素:《禹贡序》,明别集丛刊第二辑第六十三册,沈乃文主编,黄山书社2015年版,第445页。

张存素认为,此注能剖析其义类,条贯其脉络,乃主体之我的积极作为,也即他所说的"非心为之而孰为之"。既如此,"初学诵而习之,不独无支离之弊,而亦可免于空虚因陋"。尤为重要的是,由是注可以"因注以求其心,而得所为易简之原,将由是以读《语录》,释《教言》,其于先生即心见理之学,当必恍然更有会者"①。张存素在这里给我们提供了阅读张后觉《语录》《教言》的独特思路,即以《禹贡集注》为参照,两相对照,更能见后觉之即心见理之学。

张后觉之《禹贡集注》,在后人读来也往往将其视为解读山川地理的作品,然经张存素《禹贡序》的提醒,实际上可以在心学与地理间架起理论的桥梁。心学无疑是儒家文化的重要构成,儒家文化又乃中华传统文化的主流,以"良知学的文化地理图像"来阐说北方王门的心学思想,在张后觉之《禹贡集注》和张存素之《禹贡序》这里,可以找到直接的依据。梁启超亦曾指出:"文明之发生,莫要于河流。"②又指:"中国历史之荣光,亦中国地理之骨相也。"③文化与地理的这种内在关系,值得我们深思。吾辈践行良知学,"文化—地理"是其中的一个有益视角。

四、北方王门区域学术共同体的学理意义和时代启悟

前已提到,区域学术共同体的形成,涉及多方面的思想要素,其中最重要的,是对学术的信仰。当然,这里所指学术,是从"公共"角度而言。阳明谓:"夫学术者,今古圣贤之学术,天下之所公共,非吾三人者所私有也。天下之学术,当为天下公言之,而岂独为舆庵地哉!"④"公共学术"在程朱处为天理,

①　(清)张存素:《禹贡序》,明别集丛刊第二辑第六十三册,沈乃文主编,黄山书社2015年版,第445页。
②　梁启超:《中国地理大势论》,《梁启超全集》第三集,汤志钧等编,中国人民大学出版社2018年版,第338页。
③　梁启超:《中国地理大势论》,《梁启超全集》第三集,汤志钧等编,中国人民大学出版社2018年版,第339页。
④　(明)王阳明:《答徐成之(二)》,《王阳明全集》,吴光等编校,上海古籍出版社2017年版,第892页。

在阳明处为良知,总而言之,道乃天地万物公共之理。因此,此理不为朱子、阳明所独有,也不为其他人而特设,是人人所公共的。儒学从孔子之求仁、孟子之集义、宋儒之执礼到阳明之致知,便构成儒学千古学脉。① 不管是何种形式,凡能有助于道的开掘和拓新,都在儒学学脉之内。北方王门之学有其地域性,然都在儒学范围内,是明代儒学"牛茧之辨"的细节展示,也是对阳明良知学的多层辨进,更是对儒家之道的独特体悟。这其实是黄宗羲"丸不离盘"思想主张的体现。因此,学术信仰并不表明只忠守于一地一学,凡能为天下公言之,即是学之津梁。而这也正是区域学术共同体得以存在并发展的宝贵思想基础。

再者,我们研究阳明及其后学,北方王门是不能绕开的必要环节。也就是说,我们既要关注阳明后学中诸如浙中、江右、泰州等"显派"思想人物,也要留意北方、粤闽、南中等"微派"思想人物;既将眼光投射到《明儒学案》提到的思想人物,更要细挖与已知人物群体相关联的众多士子、教谕、乡贤、官员等人物群体。毕竟数人或数十人,一地或数地,很难说就能形成一个区域学术共同体。在分析陈述时,笔者尽可能把笔触延伸至更多的人,尤其是那些负笈来学的士子,他们既代表一种新的文化力量,也是传播阳明学的星星之火。因信奉良知心学而走在一起的学者,都是我们关注的对象,因为他们是阳明学在北地扩大其文化影响力的重要思想力量。其实,北方王门是一个区域学术共同体,其他王门各派也是如此,各区域学术共同体之间既独立发展,又相互往来,一个更大范围的学术共同体便会随之形成。这于良知学的传播而言,无疑是十分有益的。

将阳明的"公共学术"之说置于现代语境中,探寻天、地、我、他如何为"公共",如何保有"公共",其实就是现代意义学术共同体的建立。我们在这里讨论北方王门区域学术共同体,其观察视角显然不止于此,而是要追溯其由来,

---

① 此层语意由泰州学者耿楚侗说出,语见王畿《东游会语》。参见王畿:《王畿集》,吴震编校整理,凤凰出版社 2007 年版,第 83—84 页。

展望其未来。泰州学者何祥认为："为学在求放心,如思虑过去未来事,都是放心。但只存得此心常见在,便是善学了。"①以现有之"放心"来思考过去未来,原本是学人当做的事。从道之本性看,也不受时空之限,可以通贯前后,故顾宪成指出："以本体言,通摄见在过去未来,最为圆满"。② 梁启超也提道:"学问者,事物之最繁赜而高尚者也。故欲语一学问之沿革,不可不上下千古,溯端竟委,观前此萌达之际,为将来进步之阶。"③梁氏亦特别强调溯端竟委对将来学术进步的重要意义。我们建构现代意义的学术共同体,显然离不开早已有之的古代学术共同体。儒风赖以不坠,古贤学术精神的重现,当代"人文核心"的滋养,都需前后互发,相续而行。

由于北地诸子得阳明之学较晚,获取途径不易,亲炙阳明者如穆孔晖、王道等人,其学又有所偏,阳明学能在此种情形下独树一门,本就让人瞩目。因阳明之学"得之弥艰",故北方诸子"守之弥固",进而能在北方开出一片良知学的天空,其学术精神值得称道。这种"从而穷之"的学术精神和"人心邪正,系于学术"的道德担当,对当代中国学界的为学、为人与为道,自然有多方面的启示意义。需指出的是,由学术而命运,我们建构诸种形式的命运共同体,有多条路径可走,学术之路便是其中之一。北方王门的义理建构和讲学实践,及其表现出来的学术共同体精神,是学术之路中的"涓流"与"拳石",同时也可以为命运共同体的建设带来思想启发。

---

① （清）黄宗羲:《郎中何克斋先生祥·讲义》,《明儒学案》,沈芝盈点校,中华书局2008年版,第845页。

② （明）顾宪成:《当下绎》,《顾端文公遗书》,四库全书存目丛书子部第14册,齐鲁书社1995年版,第427页。

③ 梁启超:《格致学沿革考略》,《梁启超全集》第三集,汤志钧等编,中国人民大学出版社2018年版,第543页。

参考文献

一、古籍文献

(汉)班固撰、(唐)颜师古注:《汉书》,中华书局 2011 年版。

(明)查铎:《毅斋查先生阐道集》,四库未收书辑刊第七辑第 16 册,北京出版社 2000 年版。

(宋)程颢、程颐:《二程集》,中华书局 1981 年版。

董耀会主编:《秦皇岛历代志书校注·永平府志》,中国审计出版社 2001 年版。

董耀会主编:《秦皇岛历代志书校注·山海关志》,中国审计出版社 2001 年版。

(明)冯从吾:《少墟集》,景印文渊阁四库全书集部第 1293 册,台湾商务印书馆 1986 年版。

(明)冯从吾:《冯从吾集》,刘学智等点校整理,西北大学出版社 2015 年版。

(明)冯奋庸:《理学张抱初先生年谱》,《儒藏·史部·儒林年谱》第二十三册,四川大学古籍整理研究所编,四川大学出版社 2007 年版。

(明)方学渐:《心学宗四卷续编四卷》,景德镇市图书馆藏清康熙继声堂刻本,四库全书存目丛书子部第 12 册,齐鲁书社 1995 年版。

(明)方学渐:《桐城方氏七代遗书》,(清)方昌翰辑,彭君华校点,黄山书社 2019 年版。

(明)高攀龙:《高攀龙全集》,尹楚兵辑校,凤凰出版社 2020 年版。

(明)耿定向:《耿天台先生文集》,明万历二十六年刘元卿刻本,四库全书存目丛书集部第 131 册,齐鲁书社 1997 年版。

（明）顾宪成:《顾端文公遗书》,清光绪三年刻本,四库全书存目丛书子部第14册,齐鲁书社1995年版。

（明）顾宪成:《泾皋藏稿》,景印四库全书集部第1292册,台湾商务印书馆1986年版。

（明）顾允成:《小辨斋偶存》,景印文渊阁四库全书集部第1292册,台湾商务印书馆1986年版。

郭书身等点校:《渑池县志》,中州古籍出版社1995年版。

（明）何心隐:《何心隐集》,容肇祖整理,中华书局1960年版。

（明）胡直:《胡直集》,张昭炜编校,上海古籍出版社2015年版。

江苏古籍出版社编:《光化县志》,《中国地方志集成·湖北府县志辑60》,江苏古籍出版社2001年版。

（明）万廷言:《万廷言集》,张昭炜点校,中华书局2015年版。

（清）汪鸿孙修、刘儒臣纂:《恩县志》,《中国方志丛书·山东省》,(台北)成文出版社1968年版。

（明）黄绾:《黄绾集》,张宏敏编校,上海古籍出版社2014年版。

（清）黄宗羲:《黄宗羲全集》,吴光主编,浙江古籍出版社2012年版。

（清）黄宗羲:《明儒学案》,沈芝盈点校,中华书局2008年版。

（清）黄宗羲著、全祖望补修:《宋元学案》,中华书局2007年版。

（明）李材:《见罗先生书》,明万历刻本,四库全书存目丛书子部第11册、第12册,齐鲁书社1995年版。

（清）李亨特总裁、平恕等修:《绍兴府志》,《中国方志丛书·浙江省》,(台北)成文出版社1975年版。

（清）李淇修、席庆云纂:《虞城县志》,《中国方志丛书·河南省》,(台北)成文出版社1976年版。

（明）李日宣:《传是堂合编》,明天启(1621—1627)刻本。

（清）李颙:《二曲集》,陈俊民点校,中华书局1996年版。

（明）刘魁:《刘晴川集》,清康熙五经堂刻广理学备考本,明别集丛刊第二辑第八册,沈乃文主编,黄山书社2015年版。

（明）刘元卿:《刘元卿集》,彭树欣编校,上海古籍出版社2014年版。

（明）刘宗周:《刘宗周全集》,吴光主编,浙江古籍出版社2012年版。

（清）卢承琰修、刘淇纂:《堂邑县志》,《中国方志丛书·山东省》,(台北)成文出版社1968年版。

（宋）陆九渊：《陆九渊集》，中华书局 1980 年版。

（明）罗洪先：《罗洪先集》，徐儒宗编校，凤凰出版社 2007 年版。

（明）罗汝芳：《罗汝芳集》，方祖猷等编校整理，凤凰出版社 2007 年版。

（明）罗钦顺：《困知记》，阎韬点校，中华书局 2013 年版。

（清）龚崧林纂修、汪坚总修：《洛阳县志》，《中国方志丛书·河南省》，（台北）成文出版社 1976 年版。

（明）吕坤：《吕坤全集》，王国轩等整理，中华书局 2008 年版。

（明）吕柟：《吕柟集》，米文科点校整理，西北大学出版社 2015 年版。

（明）吕维祺：《明德先生文集》，四库全书存目丛书集部第 185 册，齐鲁书社 1997 年版。

（明）马理：《马理集》，许宁等点校整理，西部大学出版社 2015 年版。

（明）孟秋：《孟我疆先生集六卷》（存卷一、五、六），清康熙五年刻、道光十六年补刻、茌邑三先生合刻本，明别集丛刊第二辑第六十三册，沈乃文主编，黄山书社 2015 年版。

（明）孟化鲤：《孟云浦先生文集》，清光绪三十年鸿文局石印续中州名贤文表本，明别集丛刊第四辑第三十一册，沈乃文主编，黄山书社 2015 年版。

（明）孟化鲤：《孟云浦集》，扈耕田等点校，中国文联出版社 2007 年版。

《明实录·明神宗实录》，（台北）"中研院"历史语言研究所 1966 年版。

（明）穆孔晖等：《北方王门集》，邹建锋等编校，上海古籍出版社 2017 年版。

（明）南大吉：《南大吉集》，李似珍点校整理，西北大学出版社 2015 年版。

（明）南大吉：《嘉靖渭南县志》，明嘉靖二十年（1541）刻，《中国地方志集成·陕西府县志辑 13》，凤凰出版社 2007 年版。

（明）聂豹：《聂豹集》，吴可为编校整理，凤凰出版社 2007 年版。

（明）欧阳德：《欧阳德集》，陈永革编校整理，凤凰出版社 2007 年版。

欧阳珍修、韩嘉会等纂：《陕县志·人物传》，《中国方志丛书·河南省》，（台北）成文出版社 1968 年版。

上海书店出版社编：《民国昌黎县志》，《中国地方志集成·河北府县志辑 20》，上海书店 2006 年版。

（清）邵廷采：《思复堂文集》，祝鸿杰点校，浙江古籍出版社 2010 年版。

（清）沈佳：《明儒言行录》，景印文渊阁四库全书史部第 458 册，台湾商务印书馆 1986 年版。

（清）舒化民修、徐德城纂：《长清县志》，《中国方志丛书·山东省》，（台北）成文出版社 1976 年版。

(汉)司马迁:《史记》,中华书局 2013 年版。

(清)孙奇逢:《中州人物考》,景印文渊阁四库全书史部第 458 册,台湾商务印书馆 1986 年版。

(清)汤斌:《洛学编四卷》,清康熙树德堂刻后印本,四库全书存目丛书史部第 120 册。

(清)汤斌:《洛学编续编一卷》,(清)尹会一辑,清乾隆三年怀涧堂刻本,四库全书存目丛书史部第 120 册。

(明)唐伯元:《醉经楼集》,黄樹雄等整理,暨南大学出版社 2016 年版。

(明)唐伯元:《唐选部醉经楼集》,明别集丛刊第五辑第九十四册,沈乃文主编,黄山书社 2016 年版。

(清)唐鉴:《唐鉴集》,李健美校点,湖湘文库编辑出版委员会编,岳麓书社 2010 年版。

(明)陶望龄:《陶望龄全集》,上海古籍出版社 2019 年版。

(明)王时槐:《王时槐集》,钱明等编校,上海古籍出版社 2015 年版。

(明)王以悟:《王惺所先生文集》,明天启刻本,明别集丛刊第五辑第七册,沈乃文主编,黄山书社 2016 年版。

(清)万斯同:《儒林宗派》,景印文渊阁四库全书史部第 458 册,台湾商务印书馆 1986 年版。

(明)王艮:《重镌心斋王先生全集》,明万历三十四年耿定力、丁宾刻本,明别集丛刊第二辑第十七册,沈乃文主编,黄山书社 2015 年版。

(明)王襞:《新镌东厓王先生遗集》,明万历刻明崇祯至清嘉庆间递修本,四库全书存目丛书集部第 146 册,齐鲁书社 1997 年版。

(清)王世臣修、孙克绪纂:《茌平县志》,《中国方志丛书·山东省》,(台北)成文出版社 1976 年版。

(明)王阳明:《王阳明全集》,吴光等编校,上海古籍出版社 2017 年版。

(明)王宗沐:《敬所王先生文集》,明万历元年刘良弼刻本,明别集丛刊第三辑第二十四册,沈乃文主编,黄山书社 2016 年版。

(明)徐爱、钱德洪、董沄:《徐爱、钱德洪、董沄集》,钱明编校整理,凤凰出版社 2007 年版。

(明)许孚远:《敬和堂集》,四库全书存目丛书集部第 136 册,齐鲁书社 1997 年版。

(明)薛侃:《薛侃集》,陈椰编校,上海古籍出版社 2014 年版。

(明)颜钧:《颜钧集》,黄宣民点校,中国社会科学出版社1996年版。

(明)杨东明:《青琐荩言二卷》,明杨东蝘刻本,四库全书存目丛书史部第64册,齐鲁书社1996年版。

(明)杨起元:《证学编》,谢群洋点校,上海古籍出版社2016年版。

(明)杨起元:《太史杨复所先生证学编四卷》,明万历四十五年佘永宁刻本,续修四库全书第1129册,上海古籍出版社2002年版。

(清)永瑢等:《四库全书总目提要》,景印文渊阁四库全书第3册,台湾商务印书馆1986年版。

(明)尤时熙:《尤西川先生文集》,清光绪三十年鸿文局石印续中州名贤文表本,明别集丛刊第二辑第六十二册,沈乃文主编,黄山书社2015年版。

(清)章炳麟:《章太炎全集》,上海人民出版社2018年版。

(明)湛若水:《格物通》,景印文渊阁四库全书第716册,台湾商务印书馆1986年版。

(明)湛若水:《湛甘泉先生文集》,清康熙二十年黄楷刻本,四库全书存目丛书集部第56册,齐鲁书社1997年版。

(明)湛若水:《湛甘泉先生文集三十二卷》,四库全书存目丛书集部第56册,齐鲁书社1997年版。

(清)张伯行:《伊洛渊源续录》,四库全书存目丛书史部第125册,齐鲁书社1996年版。

张钫修、李希白纂:《新安县志》,《中国方志丛书·河南省》,(台北)成文出版社1975年版。

(明)张后觉:《张弘山先生集四卷附虞贡一卷》,清康熙五年刻、道光十六年补刻、茌邑三先生合刻本,明别集丛刊第二辑第六十三册,沈乃文主编,黄山书社2015年版。

(明)张信民:《张抱初先生文集》,清光绪三十年鸿文局石印续中州名贤文表本,明别集丛刊第四辑第七十四册,沈乃文主编,黄山书社2015年版。

(明)张信民:《张抱初先生印正稿》,四库存目丛书子部第15册,齐鲁书社1995年版。

(清)张廷玉等:《明史》,中华书局2013年版。

(明)张元忭:《张元忭集》,钱明编校,上海古籍出版社2015年版。

(宋)张载:《张载集》,章锡琛点校,中华书局1985年版。

赵亚伟主编:《峄县志》点注本,线装书局2007年版。

(明)赵维新:《感述录六卷续录四卷》,清康熙五年刻、道光十六年补刻、茌邑三先生合刻本,明别集丛刊第二辑第六十三册,沈乃文主编,黄山书社 2015 年版。

(明)赵贞吉:《赵文肃公文集二十三卷》,四库全书存目丛书集部第 100 册,齐鲁书社 1997 年版。

(汉)郑玄笺、(唐)孔颖达疏:《毛诗正义》,阮元校刻,中华书局 1980 年版。

(明)周汝登:《东越证学录》,四库全书存目丛书集部第 165 册,齐鲁书社 1997 年版。

(明)周汝登:《周海门先生文录十二卷》,四库全书存目丛书集部第 165 册,齐鲁书社 1997 年版。

(明)周汝登:《周汝登集》,张梦新等点校,浙江古籍出版社 2015 年版。

(明)朱得之:《宵练匣》,明嘉庆刻百陵学山本,四库全书存目丛书子部第 87 册,齐鲁书社 1995 年版。

(宋)朱熹:《朱子语类》,(宋)黎靖德编,王星贤点校,中华书局 2004 年版。

(宋)朱熹:《朱子全书》,朱杰人等主编,上海古籍出版社 2010 年版。

(明)邹德涵:《邹聚所先生文集》,四库全书存目丛书集部 157 册,齐鲁书社 1997 年版。

(明)邹守益:《邹守益集》,董平编校整理,凤凰出版社 2007 年版。

(明)邹元标:《邹子愿学集》,明万历四十七年郭一鹗、龙遇奇刻本,明别集丛刊第四辑第三十二册,沈乃文主编,黄山书社 2015 年版。

二、现代论著

[美]包筠雅:《功过格:明清时期的社会变迁与道德秩序》,林正贞等译,上海人民出版社 2021 年版。

蔡仁厚:《王学流衍:江右王门思想研究》,人民出版社 2006 年版。

陈来:《有无之境—王阳明哲学的精神》,人民出版社 1991 年版。

陈来:《宋明理学》,华东师范大学出版社 2004 年版。

陈来:《中国近世思想史研究》,商务印书馆 2003 年版。

陈来:《宋明儒学论》,复旦大学出版社 2010 年版。

陈立胜:《王阳明"万物一体"论:从身—体的立场看》,台湾大学出版中心 2005 年版。

陈荣捷:《王阳明传习录详注集评》,台湾学生书局 1983 年版。

陈时龙:《明代中晚期讲学运动:1522—1626》,复旦大学出版社 2007 年版。

[日]岛田虔次:《中国思想史研究》,邓红译,上海古籍出版社 2009 年版。

［日］岛田虔次：《朱子学与阳明学》，蒋国保译，陕西师范出版社 1986 年版。

邓洪波主编：《中国书院文献丛刊》，上海科学技术文献出版社 2019 年版。

邓洪波主编：《中国书院学规集成》，中西书局 2011 年版。

邓志峰：《王学与晚明的师道复兴运动》，社会科学文献出版社 2004 年版。

董平：《王阳明的生活世界》，中国人民大学出版社 2009 年版。

杜保瑞：《牟宗三儒学平议》，新星出版社 2017 年版。

杜维明：《道、学、政—论儒家知识分子》，上海人民出版社 2000 年版。

［日］夫马进：《中国善会善堂史研究》，伍跃等译，商务印书馆 2005 年版。

［日］冈田武彦：《王阳明与明末儒学》，吴光等译，上海古籍出版社 2000 年版。

［瑞士］耿宁：《人生第一等事——王阳明及其后学论"致良知"》，倪梁康译，商务印书馆 2014 年版。

［日］沟口雄三：《中国前近代思想之曲折与展开》，陈耀文译，上海人民出版社 1997 年版。

侯外庐等：《宋明理学史》，人民出版社 1987 年版。

侯外庐等：《中国思想通史》，人民出版社 1960 年版。

嵇文甫：《晚明思想史论》，东方出版社 1996 年版。

李书增等：《中国明代哲学》，河南人民出版社 2002 年版。

梁启超：《梁启超全集》，汤志钧等编，中国人民大学出版社 2018 年版。

梁漱溟：《梁漱溟全集》第四卷，山东人民出版社 1991 年版。

林月惠：《良知学的转折—聂双江与罗念庵思想之研究》，台湾大学出版中心 2005 年版。

刘增光：《晚明〈孝经〉学研究》，上海古籍出版社 2015 年版。

吕妙芬：《阳明学士人社群：历史、思想与实践》，北京师范大学出版社 2017 年版。

牟宗三：《心体与性体》，上海古籍出版社 1999 年版。

牟宗三：《从陆象山到刘蕺山》，上海古籍出版社 1999 年版。

彭国翔：《良知学的展开：王龙溪与中晚明的阳明学》，三联书店 2005 年版。

钱明：《王阳明及其学派论考》，人民出版社 2009 年版。

钱明：《阳明学的形成与发展》，江苏古籍出版社 2002 年版。

钱穆：《中国历史研究法》，钱宾四先生全集编辑委员会，九州出版社 2017 年版。

钱穆：《阳明学述要》，钱宾四先生全集编辑委员会，九州出版社 2017 年版。

钱穆：《宋明理学概述》，钱宾四先生全集编辑委员会，九州出版社 2017 年版。

阮春晖：《阳明后学现成良知思想研究》，广西师范大学出版社 2017 年版。

唐君毅:《中国哲学原论・原性篇》,台湾学生书局 1984 年版。

唐君毅:《中国哲学原论・原教篇》,台湾学生书局 1990 年版。

王格:《溯求正统:周汝登与万历王学》,上海人民出版社 2022 年版。

吴震:《泰州学派研究》,中国人民大学出版社 2009 年版。

吴震:《阳明后学研究》,上海人民出版社 2003 年版。

吴震:《明代知识界讲学活动系年(1522—1602)》,学林出版社 2003 年版。

吴震:《聂豹 罗洪先评传》,南京大学出版社 2001 年版。

杨朝亮:《北方王门学案研究》,商务印书馆 2021 年版。

杨国荣:《王学通论——从王阳明到熊十力》,三联书店 1997 年版。

杨国荣:《心学之思 王阳明哲学的阐释》,三联书店 2015 年版。

杨泽波:《贡献与终结:牟宗三儒学思想研究》,上海人民出版社 2014 年版。

俞樟华:《王学编年》,吉林大学出版社 2010 年版。

赵文会:《〈明儒学案〉研究》,黑龙江人民出版社 2018 年版。

张宏敏:《2020 阳明学研究报告》,浙江工商大学出版社 2021 年版。

张天杰:《蕺山学派与明清学术转型》,中国社会科学出版社 2014 年版。

张卫红:《由凡至圣——阳明心学工夫散论》,三联书店 2016 年版。

张卫红:《罗念庵的生命历程与思想世界》,三联书店 2009 年版。

张昭炜:《阳明学文献整理与研究的新进展》,上海古籍出版社 2018 年版。

张昭炜:《阳明学发展的困境及出路》,中国社会科学出版社 2017 年版。

朱汉民、肖永明:《宋代〈四书〉学与理学》(修订版),中华书局 2021 年版。

朱鸿林:《明人著作与生平发微》,广西师范大学出版社 2005 年版。

左东岭:《王学与晚明士人心态》,人民文学出版社 2000 年版。

三、论文

钱明:《学脉・分布・传承——中国地域阳明学绪论》,《贵阳学院学报(社会科学版)》2018 年第 2 期。

钱明:《中晚明的讲会运动与阳明学的庶民化》,《地方文化研究》2013 年第 3 期。

柴伟瑞:《孟化鲤思想研究》,河南大学硕士学位论文 2009 年。

陈畅:《〈明儒学案〉中的"宗传"与"道统"——论〈明儒学案〉的著述性质》,《哲学动态》2016 年第 11 期。

陈冠华:《明代中后期河南及陕西的地方理学发展及其叙述》,香港理工大学博士学位论文 2015 年。

陈寒鸣：《阳明后学在北京讲学活动述论》,《贵阳学院学报(社会科学版)》2019年第6期。

陈来：《〈大学〉的作者、文本争论与思想诠释》,《东岳论丛》2020年第9期。

陈来：《泰州学派开创民间儒学及其当代启示》,《江海学刊》2020年第1期。

陈立胜：《"以心求心""自身意识"与"反身的逆觉体证"——对宋明理学通向"真己"之路的哲学反思》,《哲学研究》2019年第1期。

胡志娟：《北方王门学术思想研究》,聊城大学硕士学位论文2018年。

兰军：《联讲会 立书院:浙江阳明学讲会研究》,湖南大学博士学位论文2017年。

廖晓炜：《明儒杨晋庵哲学探微》,《哲学动态》2014年第11期。

林月惠：《阳明与阳明后学的"良知"概念——从耿宁〈论王阳明"良知"概念的演变及其双义性〉谈起》,《哲学分析》2014年第4期。

林月惠：《唐君毅、牟宗三的阳明后学研究》,《杭州师范大学学报(社会科学版)》2010年第1期。

刘学智：《南大吉与王阳明——兼谈阳明心学对关学的影响》,《中国哲学史》2010年第3期。

吕妙芬：《圣学教化的吊诡:对晚明阳明讲学的一些观察》,(台北)"中研院"近代史研究所集刊第30期,1998年第12期。

孟成刚：《明代中后期北方王门思想析论》,陕西师范大学硕士学位论文2015年。

彭国翔：《中晚明阳明学的格物之辨》,《现代哲学》2004年第1期。

秦蓁：《从"北方王门"到"关学":阳明学的地域化研究——以关中南大吉为中心》,《福建论坛(人文社会科学版)》2020年第4期。

钱明：《学脉·分布·传承——中国地域阳明学绪论》,《贵阳学院学报(社会科学版)》2018年第2期。

阮春晖：《良知之教愈有发明:北方王门对阳明学的义理辨进》,《伦理学研究》2020年第6期。

宋文慧：《明代后期儒家伦理的世俗化研究——以泰州学派为中心》,南京大学博士学位论文2017年。

王胜军：《王阳明六经"删述"说发微》,《湖北大学学报》2020年第5期。

王晓娣：《阳明后学伦理思想研究》,东南大学博士学位论文2020年。

魏冬：《关学学人谱系文献中的"关学"观念及其意义指向——以〈关学编〉为中心的探讨》,《中国哲学史》2019年第6期。

吴震：《王阳明的良知学系统建构》,《学术月刊》2021年第1期。

吴震:《阳明学时代何以"异端"纷呈？——以杨慈湖在明代的重新出场为例》,《浙江社会科学》2020 年第 1 期。

肖永明等:《明代儒学气学传统的回归及走向——以"太虚"诠释为中心》,《哲学研究》2019 年第 10 期。

张波:《"关学"与"关学史"正名》,《常熟理工学院学报》2018 年第 3 期。

张天杰:《陆陇其的独尊朱子论——兼谈其对东林以及蕺山、夏峰等学派的评定》,《中国哲学史》2021 年第 3 期。

张卫红:《当下一念之别:阳明学现成良知之辨的关键问题——以王龙溪与聂双江、罗念庵的争论为中心》,《浙江学刊》2007 年第 4 期。

郑泽绵:《王阳明的"良知见在"说与儒家时间意识的突破》,《文史哲》2022 年第 2 期。

钟治国:《论河洛王门学者孟化鲤的一体、安分之学》,《现代哲学》2021 年第 6 期。

钟治国:《河洛王学的"万物一体之仁"说通论》,《西南民族大学学报(人文社会科学版)》2021 年第 4 期。

钟治国:《穆孔晖的理学思想与其学派归属考论》,《中州学刊》2020 年第 11 期。

钟治国:《北方王门后学孟秋之良知学发微》,《中国哲学史》2018 年第 3 期。

钟治国:《北方王门后学尤时熙的良知学思想发微》,《孔子研究》2018 年第 3 期。

朱汉民:《宋儒〈中庸〉学的学术渊源与思想发展》,《北京大学学报(哲学社会科学版)》2019 年第 4 期。

邹建峰:《王阳明〈传习录〉形成过程研究》,《浙江社会科学》2020 年第 3 期。

责任编辑：王彦波
封面设计：石笑梦
版式设计：胡欣欣

图书在版编目（CIP）数据

北方王门学理实践与区域学术共同体的建构/阮春晖 著. —北京：
  人民出版社,2024.3
ISBN 978－7－01－024861－5

Ⅰ.①北…　Ⅱ.①阮…　Ⅲ.①王守仁(1472-1528)-哲学思想-研究
  Ⅳ.①B248.25

中国版本图书馆 CIP 数据核字（2022）第 115440 号

北方王门学理实践与区域学术共同体的建构
BEIFANG WANGMEN XUELI SHIJIAN YU QUYU XUESHU GONGTONGTI DE JIANGOU

阮春晖　著

人民出版社 出版发行
（100706　北京市东城区隆福寺街 99 号）

北京九州迅驰传媒文化有限公司印刷　新华书店经销

2024 年 3 月第 1 版　2024 年 3 月北京第 1 次印刷
开本:710 毫米×1000 毫米 1/16　印张:19.75
字数:291 千字

ISBN 978－7－01－024861－5　定价:99.00 元

邮购地址 100706　北京市东城区隆福寺街 99 号
人民东方图书销售中心　电话 (010)65250042　65289539